刑事法研究

第九卷
检察权论

张智辉 著

中国检察出版社

图书在版编目（CIP）数据

刑事法研究．第九卷，检察权论／张智辉著．—北京：中国检察出版社，2023.2
ISBN 978－7－5102－2841－4

Ⅰ．①刑⋯　Ⅱ．①张⋯　Ⅲ．①刑法－中国－文集②检察机关－权力－中国－文集　Ⅳ．①D924.04－53
②D926.304－53

中国国家版本馆 CIP 数据核字（2023）第 025693 号

刑事法研究（第九卷·检察权论）
张智辉　著

责任编辑：吕亚萍
技术编辑：王英英
美术编辑：曹　晓

出版发行：中国检察出版社
社　　址：北京市石景山区香山南路 109 号（100144）
网　　址：中国检察出版社（www.zgjccbs.com）
编辑电话：（010）86423787
发行电话：（010）86423726　86423727　86423728
　　　　　（010）86423730　86423732
经　　销：新华书店
印　　刷：北京联兴盛业印刷股份有限公司
开　　本：710 mm × 960 mm　16 开
印　　张：26.25
字　　数：302 千字
版　　次：2023 年 2 月第一版　2023 年 2 月第一次印刷
书　　号：ISBN 978－7－5102－2841－4
定　　价：92.00 元

检察版图书，版权所有，侵权必究
如遇图书印装质量问题本社负责调换

作者简介

张智辉,男,陕西武功人,1954年10月生。法学博士,国务院政府特殊津贴享有者,首批"当代中国法学名家"。现任湖南大学教授、博士生导师,最高人民检察院咨询委员,中国行为法学会理论研究专业委员会主任。兼任国际刑法学协会中国分会副主席、中国刑法学研究会学术委员会副主任。曾任最高人民检察院检察理论研究所所长,中国检察官协会秘书长,中国检察学研究会秘书长,最高人民检察院司法体制改革领导小组办公室主任,国家检察官学院教授,中国廉政法制研究会副会长。

出版说明

本书是中国检察出版社 2007 年出版的《检察权研究》一书的修订版。此次修订，一是根据人民检察院组织法、刑事诉讼法等法律修改对检察职权的调整，对相关内容作了修正并对理论上的争论作了回应；二是根据近年来司法体制改革的进展以及检察工作的创新发展，对检察权运行机制作了补充修改；三是为了避免与本套丛书第五卷的重复，删除了部分内容。

需要特别说明的是，随着司法体制改革的不断深化，相关法律的修改，中国特色社会主义检察制度经过恢复重建、改革发展、逐步成熟，已经比较完善。本书第五章检察制度的完善也随之失去意义，故整章删除。

张智辉

2022 年 12 月 9 日

原版序言

检察制度是国家政治制度的重要组成部分。国家政治制度所要解决的核心问题是国家权力的配置问题。检察制度的核心也是国家权力在检察事务上的配置。因此对检察权的研究，在检察制度研究中具有基础性的作用，是检察理论研究的主线。而检察权的配置、运作与完善，在科学构建检察制度中具有至关重要的意义。随着检察理论研究的深入，已有几本关于检察权的著作问世。本书既不是追逐时尚的心血来潮，也不是名缰利锁的小题大做，而是对自己多年来研究检察理论的一个交代。

从1996年在《检察日报》上发表《论检察权的法律保障》一文和在《检察理论研究》上发表《检察机关接受监督的途径与方法》一文以来，本人先后发表过百余篇大大小小的与检察机关或检察工作有关的文章。这些文章，表达了自己在检察理论研究中的心得，其中不乏重复、累赘甚至谬误之处。2005年以来，很想仔细总结一下自己在检察理论方面的基本观点，推出一个小册子，并得到中国检察出版社袁其国社长的鼓励。无奈行政事务、学术活动缠身，始终无法集中时间和精力对自己的文章进行系统的梳理。简单地拼凑一本论文集出版，又觉得对不起读者。无奈之间，选择了现在这种做法，即就其中与检察权有关的内容进行整理，以《检察权研究》的名义出版。该书试图通过对检察权的性质、构造、运作与完善的研究，阐述检察权的基本理论。

在该书中，既有以前发表过的文章，也有新的研究成果和未经仔细推敲的内容。这些东西放在一起，能否自成体系，还有待读者的评说。

该书严格来说是用三个长假的时间完成的。其中难免有因为断断续续的写作过程而留下的思想断层，也难免有因为自身的学问半间不界而导致的穿凿附会，还望读者批评指正。

张智辉
2007年5月8日

自　序

人到了老年往往会怀旧，喜欢回忆曾经的辉煌和趣事。一个学者，当学术思想枯竭的时候，也会追溯以往的成就，一方面是总结学术研究之路，宽慰自己的一生没有白过；另一方面也是给自己的家人、同行、亲友及弟子一个交代，留下一生劳苦的瞬间喜悦。

我与大多数学者有所不同。一方面，我不是一个专门从事学术研究或教学的学者。自1984年从中国人民大学刑法专业硕士研究生毕业之后，在中国人民公安大学学报编辑部（后来并入中国人民公安大学出版社）当编辑、编辑部主任、副总编辑，到1996年调入最高人民检察院检察理论研究所（亦称"中国检察理论研究所"）担任编译部主任、《检察理论研究》副主编、《中国刑事法杂志》主编（2012年卸任），我一直从事为他人作嫁衣裳的工作。同时，在最高人民检察院检察理论研究所和司法体制改革领导小组办公室工作期间，我的主要精力是科研管理和行政管理工作。直到2014年退休以后被湖南大学聘为全职教授，才算专门从事法学教学研究工作。所以，我的理论研究，在很大程度上是一种业余爱好。另一方面，我虽然学的是刑法，但研究的范围并不全是刑法。围绕着刑法学的研究，我把自己的视野扩展到与刑法学密切相关的国际刑法学、犯罪学、犯罪被害者学、刑事诉讼法学、检察学、司法制度及其改革等多个领域,形成刑事一体化的研究领域。《刑事法研究》中所汇集的就是我这些年来围绕刑事法学进行研究所取得的部分成果。这些成果,对于现今的学者是否具有参考意义我不敢断言,但对我个人而言,是值得珍视的。

(一) 关于刑法学的研究

在大学读书时,我虽然每一门功课都是优秀,但自己还是比较喜欢刑法,觉得刑法是惩恶扬善、伸张正义的法律。大学三年级选择学年论文时,我写了《论过失犯罪》,其中第二部分以《试论过失犯罪负刑事责任的理论根据》为题发表在《法学研究》1982 年第 2 期上。1982 年 2 月,我提前毕业,考入中国人民大学,跟随高铭暄、王作富教授攻读刑法专业硕士学位。硕士学位论文《我国刑法中的流氓罪》,由群众出版社1988 年出版 (1991 年获北京市高等学校第二届哲学社会科学中青年优秀成果奖),成为新中国成立以来第一部以单个罪名为题出版的学术著作。1999 年重返中国人民大学跟随高铭暄教授攻读博士学位。博士学位论文《刑法理性论》(2003 年获中国人民大学优秀博士学位论文,2004 年获教育部和国务院学位委员会颁发的"全国优秀博士学位论文"),由北京大学出版社2006 年出版。

在刑法学研究中,我针对当时刑法立法中"宜粗不宜细"的指导思想,首次提出了刑法立法的明确性原则 (1991 年);针对不同地方的不同定罪标准,首次提出了刑法的公平观(1994 年);针对刑法适用中存在的问题,把刑事司法引入刑法学研究的视野,首次指出了刑事司法中的地方化、行政化、大众化对刑法适用的负面影响 (2002 年);首次在我国台湾地区出版了大陆学者撰写的"学术著作·大学用书"《刑事责任比较研究》(1996年)。

作为一名业余的刑法学者,我未能参加每年的全国刑法学年会,但在30年来的历届刑法学年会优秀论文评选中,我都获得了一等奖或特别奖,成为最幸运的学者:我撰写的《论刑法的公平观》一文,2000年获中国法学会"海南杯世纪优秀论文"(中国法学会刑法学研究会1984—1999优秀年会论文)一等奖;《论贿赂外国公职人员罪》一文,2006年获中国法学会"西湖杯优秀论文"(中国法学会刑法学研究会2000—2005优秀年会论文)一等奖;《社会危害性的刑法价值》(与我的博士研究生陈伟强联合撰写)一文,2011年获中国法学会"马克昌杯优秀刑法论文"(中国刑法学研究会2006—2010优秀年会论文)特别奖;《网络犯罪:传统刑法面临的挑战》一文,2016年获中国刑法学研究会(2011—2016)优秀年会论文一等奖;我撰写的《刑事责任通论》一书(警官教育出版社1995年出版),1999年获全国检察机关精神文明建设"金鼎奖"图书奖一等奖第一名;《刑法改革的价值取向》一文(《中国法学》2002年第6期),2003年获全国检察机关精神文明建设"金鼎奖"文章类一等奖第一名,并被收入《改革开放三十年刑法学研究精品集锦》(中国法制出版社2008年版)。

此外,我有幸参与了高铭暄教授主编的系统总结新中国成立30年刑法学研究的代表作《新中国刑法学研究综述》(河南人民出版社1988年出版),高铭暄、王作富教授联合主编的代表新中国成立30年来刑法学研究最高水平的著作《新中国刑法的理论与实践》(河北人民出版社1989年出版)的撰写;参与了中国与法国刑法合作研究项目(该项目的研究成果以中文版三卷本在中国人民公安大学出版社出版、法文版四卷本在法国巴黎第一大学出版社出版);参与了香港城市大学与中国人民大学为香港回归所做的香港法律中文文本的编撰工作。有幸作为最高人民检察院刑法修改研究小组成员参加了1997年刑法修改的相关工作。

(二) 关于国际刑法学的研究

我在1983年就与大学同学刘亚平合作翻译了巴西奥尼代表国际刑法学协会起草的《国际刑法及国际刑法典草案》(译稿全文经夏登俊、杨杜芳老师审校,西南政法学院《国外法学参考》以1983年增刊的形式印发),该书的部分内容收录在群众出版社1985年出版的《国际刑法与国际犯罪》和四川人民出版社1993年出版的《国际刑法概论》等著作中,是中国大陆最早出现的国际刑法学译著。1991年应邀撰写了《中华法学大辞书·刑法学卷》中国际刑法部分的全部词条。1993年出版了《国际刑法通论》(中国政法大学出版社1993年出版),1999年出版了《国际刑法通论》(增补版),2009年出版了《国际刑法通论》(第三版)。20多年来,该书一直被一些大学作为刑法专业研究生的教材或必读参考书。

我从1990年加入国际刑法学协会以来,参加了一系列国际刑法方面的会议、论坛及活动。1995年起担任国际刑法学协会中国分会秘书长,2002年起担任国际刑法学协会中国分会副主席,2009—2014年担任国际刑法学协会理事。2002年起草了中国分会向国际刑法学协会提交的国别报告《国际经济交往中的贿赂犯罪及相关犯罪》,2003年带领中国法学会代表团出席了在东京大学召开的第17届国际刑法大会专题预备会,2004年全程参与了国际刑法学协会第17届世界刑法大会的筹备和会务工作,并担任了第三单元大会讨论的联合主持人,2005年参加了在北京召开的第22届世界法律大会,并作为中方代表作了题为"惩治腐败犯罪应加强国际合作"的大会发言。这些活动,促使我不得不关注国际刑法问题,也为我研究国际刑法提供了素材和灵感。

(三)关于刑事诉讼法学的研究

尽管在大学读书时就学习过刑事诉讼法学,但只是初步地了解这门科学。1984年研究生毕业后分配到中国人民公安大学学报编辑部继而并入出版社工作期间,因为负责法学方面的稿件,就开始学习有关刑事诉讼法学方面的知识。在检察院工作期间,经常接触到刑事诉讼方面的问题,于是开始了对刑事诉讼法学的研究。特别是2000年,我带领最高人民检察院代表团应香港保安局的邀请赴香港对内地与香港的刑事诉讼制度进行比较研究,为香港市民撰写了宣传内地刑事诉讼制度的小册子,这件事进一步激发了我研究刑事诉讼法学的兴趣。2000年,我协助主编完成了国家哲学社会科学研究规划基金资助的重点课题"庭审改革后的公诉问题研究",并撰写了该项目的结题报告;2003年主持召开了"预防超期羁押与人权保障研讨会";2006年主持完成了国家哲学社会科学基金项目"刑事非法证据排除规则研究";2009年主持完成了福特基金会资助项目"辩诉交易制度比较研究";2011年主持完成了丹麦人权研究中心资助项目"附条件不起诉制度研究"。此外,我还主持完成了"认罪案件程序改革研究""强制措施立法完善""简易程序改革研究"等刑事诉讼方面重要课题的研究。作为最高人民检察院刑事诉讼法修改研究的职能部门负责人,我有幸参与了2012年刑事诉讼法修改后期的部门协商工作。

在刑事诉讼法学研究领域，我不仅是一个业余研究人员，而且是一个后学者，对刑事诉讼的许多问题都缺乏深入的研究。值得一提的是，从 2007 年起，我们单位就协同全国 8 个地方的公检法机关开展认罪案件从简从轻处理试点研究，2009 年在我主持召开的"认罪案件程序改革试点"总结会议上，我提出的对犯罪嫌疑人认罪的案件在程序上应当从简、在实体上应当从轻的观点，受到与会的全国人大法工委刑法室的领导和其他刑事诉讼法学界专家们的认同。这个观点与 2012 年修改后的刑事诉讼法关于简易程序的规定高度契合，即对认罪案件，除特殊情况外，都可以适用简易程序审理，对不认罪案件适用普通程序审理。此外，我在 1999 年就提出了刑事司法的理性原则；2005 年提出了检察机关有权介入死刑复核程序的观点；2006 年提出了"二审全面审理制度应当废除"的观点等，都受到了有关领导机关和刑事诉讼法学界的关注。

（四）关于犯罪学与犯罪被害者学的研究

在读研究生期间，我翻译了《经济犯罪学》（载北京政法学院 1984 年编印的《犯罪学概论》），和同届研究生一起翻译了《新犯罪学》（华夏出版社 1989 年出版）。此后，我出版了个人著作《犯罪学》（四川人民出版社 1993 年出版）。1992 年，中国犯罪学研究会成立时，我有幸成为第一批理事（以后担任常务理事，后来由于工作繁忙未能坚持参加研究会的活动而脱离了中国犯罪学研究会）。我参与了《美国犯罪预防的理论实践与评价》（中国人民公安大学出版社 1993 年出版）的翻译，参与了《中国劳改法学百科辞书》（中国人民公安大学出版社 1993 年出版）犯罪学部分的联合主编和部分词条的撰写，参与了《犯罪学大辞书》（甘肃人民出版社 1995 年出版）部分犯罪被害者词条的撰写,参与了国家哲学社会科学"九·五"规划重点科研项目《中国预防犯罪通鉴》(人民法院出版社1998年出版)第一编的联合主编和部分章节的撰稿,参与了司法部法学教材编辑部编审的高等学校法学教材《犯罪学》(法律出版社1997年第一版)的撰写,该书此后曾多次再版。2009年,我与国务院法制办副主任张穹联合主持完成了国家社会科学基金重点项目《权力制约与反腐倡廉》。

在犯罪学与犯罪被害者学的研究方面,我首次提出了犯罪的制度性原因;首次把日本学者宫泽浩一的《犯罪被害者学》三卷本编译成中文;针对国内学者多数运用第二、第三手资料研究西方犯罪学的状况,邀请从国外留学回国的学者,首次运用不同国家的第一手资料共同编写了《比较犯罪学》;首次提出了治安预防、技术预防、刑罚预防三位一体的犯罪预防思路。

(五)关于检察学的研究

我调入最高人民检察院检察理论研究所(原称"中国检察理论研究所")工作后,研究重心转向了检察学。特别是在我主持检察理论研究所工作期间,我力主检察机关的研究机构要把研究检察理论作为自己的中心工作,并身体力行带领研究人员从事检察理论研究。幸运的是这期间的三任检察长和主管领导都非常重视检察理论研究,最高人民检察院还专门下发了《关于加强检察理论研究的决定》。据此,我主持筹备了12届全国检察理论研究年会(2000—2011),主编了《中国检察》(1—20卷),创办了《中国检察论坛》,先后主持完成了加拿大刑法改革与刑事政策国际中心资助项目"检察官作用与准则比较研究"(2001年)、最高人民检察院重点研究课题"检察改革宏观问题研究"（2004年）、国家社会科学基金重点项目"检察权优化配置研究"（2014年）等课题，主持编写了最高人民检察院教材编审委员会审定的《拟任检察官培训教程》（2004年），与朱孝清副检察长联合主编了《检察学》。我独立撰写的《检察权研究》（中国检察出版社2007年版）于2008年获得了最高人民检察院2007年度检察基础理论研究优秀成果特等奖；同年获得了中国法学会首次评审的"中国法学优秀成果奖"三等奖。此外，我主持了《法制日报》"检察话语"专栏52期（2004—2005年）。

在检察学研究领域，我重点论证了中国把检察机关作为国家的法律监督机关来建设的历史必然性和现实合理性，论证了法律监督的基本内涵及其与其他类型监督的异同，论证了检察权的基本构造和运行机制，提出了检察权优化配置的指标体系。

（六）关于司法改革的研究

1997年党的十五大报告提出司法改革的任务之后，与国内的多数学者一样，我对中国的司法制度及其改革投入了较大的热情，一直关注司法改革的进程，并就司法改革中的问题进行研究。2000年，在与刘立宪联合主编的《司法改革热点问题》一书中，我提出了把理想与现实结合起来，理性地对待司法改革的观点。同年，我在《检察日报》上分期介绍了法国、澳大利亚、日本、德国的司法改革，希望借鉴国外司法改革的经验，冷静地思考和对待中国司法制度和司法实践中存在的问题。由于工作原因，我对司法改革的研究重点在检察制度的改革方面，先后提出了检察改革的宏观目标和切入点。特别是2012年担任最高人民检察院司法体制改革领导小组办公室主任以后，有幸参与了第四轮司法体制改革的顶层设计，并主持完成了司法部重点课题"司法体制改革问题研究"（2014年）和国家社会科学基金重点项目"优化司法职权配置研究"（2018年），就司法体制改革中的一些重大问题提出了自己的看法。

马克思说过"人是最名副其实的社会动物"[1]。人的一生，都与他所处的社会有着千丝万缕的联系，既离不开前人所创造的物质财富和精神文明而独自生存，也不能摆脱社会环境的羁绊而天马行空地去遐想。一个人的学术道路和学术思想总是不可避免地印着他所处时代的烙印。我们这一代人处在新旧交替的改革年代，我们的学术研究无论是在内容上还是在深度上都难以避免地带有这个时代的特殊性和局限性。就个人而言，我是在农村长大的孩子，骨子里有着天然的吃苦耐劳的精神，从不吝啬自己的体力和智力，但是在学术上的每一个成就，一方面离不开部队的锤炼、老师的教诲、领导的要求、同学同事的帮助、家人的支持，另一方面离不开改革开放的时代所提出的研究课题、所提供的学术环境，以及研究空间所能供给的学术资源。加之我本人又是在工作与生活的缝隙中进行学术研究的，难以进行深邃的思索和系统地考证。在我个人的学术生涯中，我虽然奉行刑事一体化的道路，倡导理性地对待犯罪问题，力图多视角地研究犯罪及其对策，但还没有能够把这些方面有机地结合为一个整体。所研究的成果也未必都是自己的理想之作。但它毕竟是时代的产物，是自我思考的成果。诚望这个《刑事法研究》能给后来的学者提供一些研究的线索和批判的笑料。

---

[1]《马克思恩格斯全集》（第12卷），人民出版社1962年版，第734页。

需要说明的是,为了反映研究的历史足迹,《刑事法研究》中收集的文章基本保留了发表时的原貌,只是为了减少重复,对个别文章作了删节。原文中引用的法律条文,也是以当时有效的法律为蓝本。由此给阅读带来的不便,敬请读者见谅。

张智辉

2019 年 10 月 12 日于北京广泉小区

目 录

第一章 检察制度的中国特色 …………………………… （1）
  一、检察制度的不同类型 ……………………………… （1）
    （一）大陆法系的检察制度 ………………………… （1）
    （二）英美法系的检察制度 ………………………… （7）
    （三）社会主义法系的检察制度 …………………… （11）
  二、中国检察制度的基本特色 ………………………… （14）
    （一）中国检察制度的渊源与发展 ………………… （14）
    （二）中国特色社会主义检察制度的基本内涵
        ………………………………………………… （19）

第二章 检察权的性质 …………………………………… （23）
  一、关于检察权性质的争论 …………………………… （24）
  二、从检察机关的定位看检察权的性质 ……………… （34）
    （一）检察机关作为国家的法律监督机关设置的
        价值合理性 ………………………………… （35）
    （二）检察机关作为国家的法律监督机关设置的
        历史必然性 ………………………………… （44）

（三）检察机关作为国家的法律监督机关设置的现实必要性 …………………………………………（49）
三、从检察权的具体职能看检察权的性质 …………（59）
　（一）公诉权的法律监督性质 ……………………（61）
　（二）检察侦查权的法律监督性质 ………………（68）
　（三）批准逮捕权的法律监督性质 ………………（71）
四、法律监督的概念 …………………………………（75）
　（一）法律监督的含义 ……………………………（75）
　（二）法律监督的特征 ……………………………（78）
　（三）法律监督的价值追求 ………………………（83）
　（四）法律监督的类型 ……………………………（86）
　（五）法律监督与其他监督的异同 ………………（91）
五、关于法律监督几个争议问题的探讨 ……………（100）
　（一）法律监督能否脱离诉讼环节而存在 ………（100）
　（二）检察机关要不要变成纯粹的公诉机关 ……（104）
　（三）法律监督能否包括对民事诉讼、行政诉讼的监督 …………………………………（106）

第三章　检察权的构造 ……………………………（109）
一、构成检察权的基本要素 …………………………（109）
　（一）构架检察权的理论依据 ……………………（110）
　（二）检察权的构成要素 …………………………（116）
　（三）检察权的内部结构 …………………………（122）
二、检察机关的调查权 ………………………………（129）
　（一）调查权是检察机关普遍享有的一种权力 …………………………………………（129）

（二）检察机关行使调查权的范围 …………………（143）
（三）检察机关行使调查权的类型 …………………（150）
（四）检察机关行使调查权的方式 …………………（157）
（五）被调查者的配合义务 ……………………………（171）
三、检察机关的追诉权 ……………………………………（174）
（一）追诉权是检察权的核心要素 …………………（174）
（二）追诉权的类型与范围 ……………………………（178）
（三）追诉权的效力 ……………………………………（199）
（四）追诉权的行使 ……………………………………（209）
四、检察机关的建议权 ……………………………………（214）
（一）检察机关建议权的基本内容 …………………（214）
（二）检察建议的权力特征 ……………………………（228）
（三）检察建议权的适用范围 …………………………（233）
（四）检察建议权的行使方式 …………………………（235）
五、检察机关的法律话语权 ………………………………（240）
（一）检察机关法律话语权的内容 …………………（241）
（二）检察机关法律话语权的行使 …………………（250）
（三）检察机关法律话语权的限制 …………………（259）

第四章　检察权的运行机制 ……………………………（262）
一、检察权行使的独立性 …………………………………（263）
（一）为什么要强调检察权的独立行使 ……………（263）
（二）依法独立行使检察权的内涵 …………………（265）
（三）依法独立行使检察权与党的领导的关系
……………………………………………………（271）
（四）依法独立行使检察权的制度保障 ……………（281）

二、检察权行使的客观公正性……………………（286）
　　（一）客观公正对检察权行使的必要性…………（287）
　　（二）客观公正的基本要求………………………（294）
　　（三）坚持客观公正应当注意的问题……………（298）
三、检察权运行的一体化……………………………（307）
　　（一）一体化在检察权运行中的普遍性…………（307）
　　（二）检察一体化的基本特征……………………（318）
　　（三）一体化中的领导关系………………………（323）
　　（四）一体化中的分工与合作……………………（345）
　　（五）一体化中的责任制…………………………（354）
四、检察权运行的保障机制…………………………（364）
　　（一）法律授权的明确性…………………………（365）
　　（二）经费保障的充足性…………………………（372）
五、检察权行使的制约机制…………………………（376）
　　（一）检察机关接受监督的主要内容……………（376）
　　（二）检察机关外部的监督制约机制……………（378）
　　（三）检察机关内部的监督制约机制……………（387）

第一章 检察制度的中国特色

检察制度是司法文明发展到一定阶段的产物,因而也是人类社会的共同财富。这就使世界各国的检察制度具有许多内在的本质上的一致性。但是,检察制度如同其他司法制度一样,总是在一定的社会中存在的,而一定社会的法律传统和社会环境以及社会发展不同阶段的不同需要,必然对检察制度的具体内容及其运行方式产生重大的影响,由此就导致了不同国家检察制度的差异性。

在世界各国的检察制度中,中国检察制度独树一帜,具有鲜明的中国特色,同时又包含着世界各国检察制度中许多共性的内容,是世界各国的检察制度同中国传统与现实交融的产物。

一、检察制度的不同类型

纵观世界各国的检察制度,大致上可以分为三种类型:

(一)大陆法系的检察制度

大陆法系检察制度的基本特征是:实行国家公诉主义,所有刑事案件都由检察机关提起公诉。为了保证公诉的有效性,法律赋予检察官指挥警察侦查和直接进行侦查的权力。同时,为了维护国家追诉的权威性和公平性,检察官的自由裁量权受到严格的限制：检察官只有对轻罪案件不起诉的裁量权，没有对重罪案件不起诉的裁量权；检察官对犯罪人没有降格起诉的权力，不能豁免他人的罪行；检察官行使自由裁量权受到监督程序的制约。

大陆法系检察制度的发祥地是法国。

法国在封建社会制度确立以前，属于古代奉行日耳曼法传统的法兰克王国的一部分，其刑事诉讼方式采取个人或团体私诉的方式。封建制度形成以后，法兰克王国分裂为法兰西、德意志和意大利三个国家。法兰西继承了法兰克的传统，在承袭日耳曼法的基础上，也继受罗马法和教会法。随着王权的加强，王室领地不断扩张。到十三世纪国王路易九世实行司法改革，把大领主的司法权置于国王法院的管辖之下，凡涉及作为王室收入的罚金和没收财产的诉讼，都不准采取私人起诉的方式提起，而转由作为国王代理人的代理官提起，并赋予其监督地方官吏的权力。13世纪开始，法国的领主就使用"检察官"控诉犯罪人，以维护他们的税收利益。1355年12月28日国王颁发敕令，将公诉的职责赋予检察官，以独立于任何私人控诉。这种专门的控诉人机关在14世纪初就被称为检察院。1789年国民议会通过的法令中明确规定：检察官是行政机关派驻在各级法院中的代理人。依据该法令，法国在各级法院内设立了检察处。1808年的《法国刑事诉讼法典》以及1810年的《法国刑法典》等法律，赋予检察院主动提起公诉的权力，由此确立了国家追诉制度，形成刑事诉讼中预审（侦查）、追诉、审判三大职能的格局。尤其是刑事诉讼法典，全面规定了检察官在刑事诉讼中的地位和职权，规定了公诉活动的基本原则和具体程序，扩大了检察官追诉犯罪的范围。从法国检察制度的产生构成看，检察制度是中央王权对付封建司法的重要手段。

检察官的职权,最初是和民事诉讼领域有关,但发展到后来,却以提起刑事诉讼为主。检察官派驻法院内的做法和当年法国国王派代表进驻法院的传统有关。[1]

现在,法国检察院的体制是:最高检察院即最高法院总检察院,由总检察长、首席总检察官、总检察官组成。驻上诉法院检察院,法国共有35个上诉法院,在每个上诉法院均设有一个检察机关,由上诉法院检察长、上诉法院检察官、代理检察官组成。大审法院检察院,在全国的181个大审法院中都设有一个检察机关,由共和国检察官、代理(或助理)共和国检察官组成。在轻罪法院,检察机关的职能由驻大审法院检察院行使。在违警罪法院,检察院的职能由大审法院检察官、法院所在地的警察局长或检察长指定的警官行使。

法国检察院的特点包括四个方面:第一,上级检察院领导下级检察院。"检察院的司法官由其等级上级领导和监督,并被置于护玺大臣即司法部长的权威下。"[2] 在每一级别,检察院各成员都由上级长官与检察长进行评价。但是,法国检察机关"下级服从上级"的原则受到两个方面的限制:一是不同级别的检察院之间具有独立性,即检察长在没有上级命令或者不顾已经接到的上级指令的情况下,仍然可能进行合法、有效的追诉,而上级不能取代他们。但是在同一检察院内部,代理检察官应当服从其所隶属的检察官的意见,否则,检察官可以取代代理检察官。二是下级检察官在提出书面意见中应当按照接到的指令办理,但是在法庭上,仍然可以说出自己的看法。"笔杆时听从上司,口头上听便自己"。第二,检察院具有不可

---

[1] 何勤华主编:《检察制度史》,中国检察出版社2009年版,第142页。
[2] 参见魏武:《法德检察制度》,中国检察出版社2008年版,第27页。

分割性。检察院的司法官在法律上被视为同一个人，即职责吸收了每一个成员的个人身份。就同一个检察院而言，每位检察官都可以代表整体意义上的检察院。检察官采取行动、出面说话，并不代表他本人，而是代表整个检察院。因此，检察院的各成员始终可以相互替代履行职责，即使是在同一案件的审理过程中，本检察院的成员亦可以相互替代，不同诉讼行为也可以由不同的助理检察官实施，而法官则没有取而代之的可能，否则，所进行的程序无效。第三，不可回避性。法国《刑事诉讼法》第669条规定，"不得申请检察机关的司法官回避"。一是因为检察院的代表是诉讼的一方当事人，法律不能允许让诉讼的对手回避；二是因为检察官在法庭上代表的是整个检察院而不是他个人。但是在民事诉讼中，当检察机关只是从当事人时，则可以被要求回避。因为在这种情况下，检察官并不是真正的当事人。第四，检察院享有豁免权，不承担责任。检察机关即使是错误地提请了公诉，也始终不会对宣告无罪的被告人给予损害赔偿。但是检察官个人如果有过错，却可能承担民事责任。

  检察机关对侦查和预审活动具有指挥权。共和国检察官在案件进行侦查的任何时候都可以提出补充侦查意见书，由此要求预审法官进行其认为对查明事实真相有必要的任何行动。按照刑事诉讼法的规定，预审法官签发逮捕令、撤销对当事人实行司法监督的决定，都应当事先听取检察机关的意见。并且，检察机关对预审活动具有监督权，可以随时要求预审法官向其报送预审卷宗。[1] 此外，现行法国刑事诉讼法规定，共和国检

---

[1] 以上参见〔法〕卡斯东·斯特法尼等：《法国刑事诉讼法精义》（上）罗结珍译，中国政法大学出版社1998年版，第122—136页。

察官是在其管辖区内履行职责的全体司法警察的首长。司法警察获悉有关现行犯罪发生后,应当做到的第一件事就是立即通知共和国检察官。全体司法警察的活动所产生的各种文件、资料,均应在最短的时间内送达共和国检察官。[1]

受法国影响,德国、芬兰、意大利、俄罗斯及前法国殖民地的一些国家,在继受大陆法传统的同时,也相继采用或选择了法国的检察制度。

1806年,拿破仑率领的法国军队攻入德意志,导致德意志帝国的解体。1810年以后,莱因邦、巴登邦、汉诺威等地陆续建立了检察机关。到1860年,德国大多数邦都采用了法国式的检察制度。其中最有影响的是1846年7月17日通过并公布的柏林法院预审程序法。该法首次赋予检察官侦查权、赋予其保护被告人的义务,以及将警察置于检察官的控制之下,并首次实现了德国刑事诉讼中的控审分离原则,确立了法官受检察官起诉书中指控的行为约束的原则。德国统一后,联邦帝国于1871年制定宪法,突出了在法律传统方面学习继受法国大陆法系的倾向。1877年1月,德国颁布了《法院组织法》和《刑事诉讼法》,明确规定检察制度是司法制度的重要组成部分,各检察机关附置于各级法院,行使刑事公诉权。德国检察机关组织与法国不同,未在全国采用继受法国大陆法系传统的检察机关唯一不可分的独立官僚体制。德国检察机关由帝国检察机关和各联邦成员国检察机关组成。在帝国检察机关系统,包括帝国检察机关派驻到各成员国帝国法院的检察官,内部确立唯一不可分原则,即统一行使帝国检察权,而在各联邦成员国的

---

[1] [法]卡斯东·斯特法尼等:《法国刑事诉讼法精义》(下),罗结珍译,中国政法大学出版社1998年版,第492页。

检察机关，则并不以服从帝国检察机关的指挥为前提。各成员国中央及地方检察机关自成系统，实行唯一不可分原则，统一行使成员国国内检察权。帝国检察机关与成员国检察机关之间，没有形成像法国那样的上下级隶属关系。德国检察官行使职权不代表检察机关，而代表其所属的检察机关的长官。法国传统中视检察官为检察机关的代表，其职权行为属国家权力行为。

  第二次世界大战以后，德国被分割为联邦德国与民主德国。联邦德国在"自由法治"的旗帜下进行了一系列改革，包括对检察制度的改造。民主德国则颁布了《民主德国检察院法》（1952年），建立了新的检察制度。1990年10月3日两德重新统一后，联邦德国时期的法律制度包括检察制度适用于全德。现行德国的检察机关及其职权规定在法院组织法（1975年5月9日公布，2007年4月13日修订）中，检察官制度则规定在法官法（1972年4月19日公布，2006年12月22日修订）中。按照现行的德国法院组织法的规定，联邦德国设有联邦最高法院检察院（总检察院）。联邦总检察院设联邦总检察长和副总检察长，受联邦司法部长的领导，联邦总检察长和联邦检察官有联邦总统基于联邦司法部长的提名并经联邦参议院同意而任命。联邦内16个州的法院内均设有州检察院，各州的检察长受州司法部长领导。各州下属的市法院内分别设有市检察院。各个检察院的案件管辖范围与相对应的法院一致。但检察机关独立于法院，不受所驻法院的管辖。州的检察系统设有检察长、副检察长、主任检察官和普通检察官、副检察官及书记员等，州检察院检察长统一领导本州的检察工作。所有检察人员均属国家公务员。州检察系统的检察官编制由州司法部统一控制，司法部对各个检察院每年所办理的案件进行监控，并根据案件量调配检察官。

与法国一样,德国检察机关的职权,在刑事诉讼中,具有侦查指挥权和侦查监督权、提起和支持公诉权、刑事审判监督权和刑事执行监督权等;在民事诉讼和行政诉讼中,检察机关有权作为国家利益或社会公共利益的代表提起诉讼或者参加诉讼。

(二) 英美法系的检察制度

英美法系检察制度的基本特征是:检察官作为政府律师,主要是向政府提供法律咨询意见,同时负责部分刑事案件的起诉工作。警察负责绝大多数刑事案件的起诉,任何人都有起诉权。检察总长负责对试图破坏国家安宁和危害政府的犯罪提起公诉。检察长负责对政府部门移交给他的案件、疑难或重大案件或检察总长交付的案件,提起刑事诉讼。除此之外,任何人均可自行提起刑事诉讼。警察在理论上视为私人,负责绝大多数的刑事起诉。[1] 此外,英美法系国家的检察官拥有广泛而几乎不受限制的自由裁量权:检察官的自由裁量权不受案件性质的限制,检察官不仅对轻罪案件享有起诉或不起诉的裁量权,而且对重罪案件也享有较大的自由裁量权;检察官在决定提起公诉的案件中享有以何种罪名提出指控的选择权以及在构成数罪的案件只对部分罪名提出指控的选择权;检察官还享有降格起诉的裁量权以及对证人罪行进行豁免的权力。[2]

英美法系检察制度的发祥地是英国。

英国在 1164 年亨利二世颁布的《克拉伦登法》中,就规定王室法院的巡回法官在审理地方土地纠纷时,可以从当地骑

---

[1] 参见〔英〕戴维·M. 沃克:《牛津法律大辞典》,光明日报出版社 1988 年版,第 296 页。

[2] 参见何勤华主编:《检察制度史》,中国检察出版社 2009 年版,第 148—149 页。

士和自由民中挑选12名知情人,经宣誓向法庭告诉真相,法官被要求在12位知情人的确认下解决纠纷。1166年法令进一步规定,由郡的每个百户邑中选出12名乡绅对犯罪进行控告。1194年查理一世发布《巡回法庭章程》,就这种控诉方式规定为巡回审判的规则。由此确立了大陪审团负责起诉的制度。[1] 1275年,英王爱德华一世颁布了《威斯敏斯特条例》,肯定了亨利二世司法改革的成果,并将陪审制度固定下来,明确规定刑事案件必须实行起诉陪审制。大陪审团根据诉状对案件进行秘密调查,听取证人证言,经过调查决定是否应当对被告人进行起诉。1352年,英国金雀花王朝国王爱德华二世,为促使起诉与审判分离的进一步改革,颁布诏令,另设一个由12人组成的陪审团参与法庭审判案件事实的活动。至此,英国的陪审团发生变化,原负责起诉职能的陪审团称"大陪审团";而专司审理案件事实的陪审团称"小陪审团"。1933年大陪审团制度基本上被取消,1948年以后,由大陪审团起诉的情况荡然无存。[2]

  检察总长的头衔第一次出现于1461年,源于中世纪的国王代理人和王室高级律师职务。大约从1570年起成为国王的首席法律顾问。检察总长几乎总是议会和枢密院的成员,有时还是内阁成员。在英格兰,检察总长是律师界和政府界的成员,而且是国王的首席法律顾问。他要对有关政府的法律问题负责任,掌管涉及司法和其他法律技术事项的法案,协助下议院处理法律问题。作为国王的首席法律顾问,检察总长尤其要

---

[1] 参见〔英〕戴维·M.沃克:《牛津法律大辞典》,光明日报出版社1988年版,第494—495页。

[2] 参见〔英〕戴维·M.沃克:《牛津法律大辞典》,光明日报出版社1988年版,第383页。

第一章　检察制度的中国特色

向国王提供有关国际法、公法和宪法问题的咨询，并且向上议院特权委员会提供咨询。作为国王的资深律师，检察总长依据职权是律师协会的当然领导人，主持律师协会的全体大会。检察总长代表国王管理国家主要税入，指控刑事罪犯以及对其他案件进行起诉。检察总长作为国王的代理人，如同政府监督一样，对慈善事业行使普通监督权。[1] 检察长作为英国的一个官职，1878年被首次任命。其职责是在检察总长的监督下，提起并执行刑事诉讼程序并指导其他人执行。检察长可以接管由私人起诉人提起的诉讼。[2]

由于直接沿习原国王法律顾问的做法，英国的检察长和检察官的主要工作，被确定于行政法律顾问及政府监督的职能范围内。其内容包括：运用衡平法救济方法，督查纠正地方行政机关的违法侵权；督促政府各机关各部门及地方政府履行法律、贯彻法律；为政府各部门提供法律协助；代表政府对所有的法律提案给予解释，回答议会的质询等。但是也要看到，同属英国的苏格兰，始终保持着与英格兰和北爱尔兰不同的检察制度。"在苏格兰的每一个郡法院都有检察官及其助理和副手，他们的主要职责是调查以立案的刑事案件的事实，对证人证据预审，在典型诉讼中制作政府法律总顾问和王室法律顾问意见书，在郡法院的公诉案件中担任案件的起诉工作，制作起诉书和简要诉状；在地区法院刑事诉讼中以及在调查突然并可疑的死亡案件中，他亦有上述职能。在简易诉讼中，地方检察官以其自己的名义为维护公共利益起诉……他们作为公诉人，享有

---

[1] 参见〔英〕戴维·M.沃克：《牛津法律大辞典》，光明日报出版社1988年版，第68页。
[2] 参见〔英〕戴维·M.沃克：《牛津法律大辞典》，光明日报出版社1988年版，第735页。

相当大的特权,对恶意控告的起诉享有豁免权。"[1]

20世纪中叶以后,英国的检察制度进行了一系列重大的改革。1985年5月,英国制定颁布了《犯罪起诉法》(Prosecution of Offence Act 1985),规定从1986年1月1日起,英格兰和威尔士的刑事诉讼,必须由警方送移给皇家检察机关审查,以决定是否起诉。由检察机关承担刑事诉讼的制度的确立,标志着英国对传统的放任私诉的做法的否定。随着1985年《犯罪起诉法》的实施和贯彻,英格兰和威尔士均设立了国家刑事检察机构,隶属于总检察长。总检察长领导英格兰及威尔士管辖范围内的13个区的首席检察官及若干检察官。地方首席检察官多聘请事务律师或出庭律师充任检察官。英国不允许检察官行使刑事侦查的权力。严格实行侦诉审分开,在英国得到坚决的维持。1988年英国检察机关内设了专门调查和追诉这类犯罪的机构——"打击严重欺诈案件办公室"。该机构由检察长领导,直接向议会负责并报告工作。其成员由检察官、律师、警察、会计师组成,有权直接侦查严重欺诈的案件,采取强制措施,审查和起诉被告人。该机构的成立,打破了检察机关没有侦查权的英国旧习,反映了英国社会加强检察权的倾向。1994年,英国出台了《皇家检察官准则》,进一步扩大了检察官在刑事诉讼中的职权,明确了皇家检察官对"公共利益审查"和"证据审查"的权力。

英国的检察制度形成过程较长,随着英国在18世纪及19世纪的殖民扩张,其检察制度亦流传到马来西亚、爱尔兰、巴拿马、斯里兰卡、澳大利亚、加拿大、巴基斯坦、美国、哥伦

---

[1] 参见〔英〕戴维·M.沃克:《牛津法律大辞典》,光明日报出版社1988年版,第727页。

比亚等国家和地区,并为这些国家或地区摆脱殖民统治独立后沿习继受。其中,美国在继承英国检察制度的过程中,结合本国的国情进行了重大的改造,形成了既有英国检察制度的传统又有自己特色的检察制度,与英国的检察制度一起被视为英美法系的具有代表性的国家之一。

美国在独立以前就受到英国、法国、荷兰等国司法制度的影响,在一些地方设有检察长的职位,如康涅狄格、马里兰、弗吉尼亚、北卡罗来纳等地均有检察长研究副手负责刑事案件的起诉。独立以后,英国的检察长制度、法国的公诉人制度、荷兰的司法行政官制度等不同的理念、传统交织在一起,形成了美国特色的检察制度。特别是由于美国独立后的国家结构采取了联邦制,中央与地方各州的立法又多不相同,因而美国的检察制度与英国相比,有很大的不同。美国1789年国会通过了《司法条例》,授权总统任命联邦检察长。联邦检察长的职权是在联邦最高法院审理的刑事案件中提起公诉、参见联邦政府可能为一方当事人的民事诉讼、对联邦总统或政府部长的有关法律问题咨询提供建议等。1870年成立司法部后,美国逐步形成了由总检察长兼任司法部长的制度。在这样的制度下,总检察长身负双重责任,行使双重职权,在美国法制社会生活中扮演着十分重要的角色,与英国总检察长不承担司法行政首长职能的制度有根本区别。美国的检察机构分为两个不同的系统。联邦检察机关负责在联邦司法管辖范围内行使职权,地方检察机关则在地方司法管辖范围内行使职权,形成各自独立的检察系统,分别隶属于联邦或州的司法部。

(三) 社会主义法系的检察制度

十月革命创造了崭新的社会主义法律制度,其中包括新型的检察制度。

十月革命胜利后，列宁给俄共中央政治局写了题为《论双重领导和法制》的著名的长信，阐述了成立检察机关并在检察机关实行单一垂直领导体制的必要性，在党内统一了思想。新型的实行垂直领导、具有一般监督职能的苏维埃检察制度诞生了。苏联成立后，建立了联盟检察系统。1933年6月，成立了新的、独立的苏联检察院，取代了原来的最高法院检察署。1936年7月，各加盟共和国检察院从各自的共和国司法体系中分离出来，直属苏联检察长。1936年12月，苏联通过了宪法，进一步明确规定了检察机关在国家体制中的地位、作用、职权和组织原则等，至此，苏联特色的高度垂直统一的检察制度基本完成。第二次世界大战后相继成立的一些社会主义国家，借鉴苏联的模式，建立了自己的检察制度。

以苏联模式为代表的社会主义检察制度，有四个突出的特点：一是赋予检察机关与法院和政府平行的法律地位，使检察机关在国家政治结构中具有独立地位，对外自成体系。检察机关由最高权力机关直接产生，并直接对权力机关负责，受权力机关监督。二是在保留公诉权的基础上，赋予检察机关一般监督权，即检察机关对各级政府、地方各级权力机关、企业、事业单位和公民，就其所发布的文件和所实施的行为是否合法，实行监督，是一种无所不包的"一般监督"。三是检察机关对一切国家机关及其工作人员职务活动的监督具有极大的权威性，被1936年苏维埃宪法定位为"最高监督"。四是检察机关对内实行高度统一的垂直领导。全国检察系统直属于国家最高权力机关，不受行政机关、地方各级权力机关的领导和干涉。在检察机关内部，实行检察长负责制。最高检察机关的首长领导全国检察机关的工作。

苏联解体后，一些独联体国家明确宣布废除苏联的社会制度，包括司法制度。但是很快，在俄罗斯等主要独联体国家又建立了与苏联的检察制度相类似的检察制度。如2009年修订的《俄罗斯联邦检察院组织法》明确规定："俄罗斯联邦检察院是统一性联邦中央集权机构系统，以俄罗斯联邦名义对俄罗斯联邦领域内现行法律执行状况及俄罗斯联邦宪法遵守情况进行法律监督。俄罗斯联邦检察院，应同时履行联邦性法律赋予的其他职能。"按照该法的规定，俄罗斯联邦检察院，以保障法律至上、法制统一与巩固，保卫人与公民的权利与自由，以及法律所保护的国家与社会利益为目的，履行下列职责：（1）对联邦各部、国家委员会、公务部门与其它联邦执行权力机关、俄罗斯联邦各主体代议（立法）机关与执行机关、地方自治机关、军事管理机关（以下简称军管机关）、检查机关及其公职人员、商业性与非商业性组织管理机构及其负责人员的法律执行状况，以及上述机关颁布适用的法令是否具有合法性情况予以监督；（2）对联邦各部、国家委员会、公务部门与其它联邦执行权力机关、俄罗斯联邦各主体代议（立法）机关与执行机关、地方自治机关、军管机关、检查机关及其公职人员，以及商业性与非商业性组织管理机构及其负责人员对人与公民的权利与自由恪守状况予以监督；（3）对从事侦讯活动、预侦（初步调查）与预审机关的法律执行状况予以监督；（4）对司法警察的法律执行状况予以监督；（5）对刑罚执行与法院下达的强制性处罚措施予以适用的行政机关与机构、关押被捕人员与被拘人员行政管理机关的法律执行状况予以监督；（6）遵循俄罗斯联邦刑事诉讼立法赋予职能行使刑事追诉权；（7）对各执法机关预防与惩治犯罪活动予以配合；（8）检察官依据俄罗斯联邦诉讼立法规定应当参与法院与仲裁法院（以下简称法院）的案件审理，就法院刑事判决、民事案裁决以及下达的命令与决定中有违法律的事项提请抗诉;(9) 俄罗斯联邦检察院有权参与法律创制活动。[1]

除了苏联解体后出现的独联体国家之外,第二次世界大战后成立的社会主义国家也都根据本国社会经济发展的状况,相继修改完善了各自的检察制度,使之更加符合本国法治发展的需要。

二、中国检察制度的基本特色

(一) 中国检察制度的渊源与发展

中国在历史上就有专司监督权的国家机关。中国古代长期盛行御史制度。御史最初的功能接近于皇帝的秘书,没有司法权力,监督政府官员只是其很小的一部分职能,不过这部分权力逐渐扩大。到汉朝(公元前 206 年至公元 220 年),御史作为一项法律和政治制度建立起来。御史的主要职责就是"纠举官吏不法",以维护封建国家法律、政令的统一,并受理申诉,纠正错案,平反冤狱,监督官吏的断案。汉朝的御史有九项职能,其中就有查办"吏不廉""狱不直"。唐朝时,御史的侦查职能进一步加强,它有自己的监狱,而且其任免不归管理一般官员的吏部掌握,而是由皇帝亲自决定,并且可以参加刑部、大理寺会审。宋朝时,御史台设台狱,凡违法失职的官员,在送大理寺审判前,先送御史台侦查。明朝规定,御史的职责是"纠查内外百司之官",发现问题"大事奏裁,小事立决"。元朝设御史台,为三大中央机关之一,被称为"天子耳目",它的一个机构为"内八道肃政廉访司",负责纠查"百官善恶"。御史制度是中国封建社会独立发展起来的一项特殊的政治制度,它被控制在皇权之下,备受历代封建统治者的重

---

[1] 参见赵路:《俄罗斯联邦检察院组织法》,载《中国刑事法杂志》2010 年第 5 期。

视，并逐步扩大它的组织，提高它的地位，使之在维护封建刚纪、肃清吏治、整饬风纪，巩固中央集权制度，发挥官僚机构的统治效能方面，起了举足轻重的作用。[1] 在2000余年的历史中，御史制度的形式和内容都发生了一些变化。但是一般来说，御史的主要职能始终是监督政府官员和监督司法活动。这种专门化的监督体制，是保证政令和法律的统一实施，维护政权稳定的一种比较有效的方式，也为后世检察制度的诞生奠定了法律文化基础。

清末法律改革时从日本引进了大陆法系的司法制度包括检察制度。1906年清政府制定了《大理院审判编制法》（1910年改为《法院编制法》），1910年制定了《检察厅调度司法警察章程》。这些规定确立了近代中国检察制度的基本原则。在南京国民政府时期，起初是沿续清朝的检察制度，后来进行了一些改革，检察机关虽然依附于法院，但其独立性大大增强。1931年监察院成立，从而使监督和弹劾官员的职能与追诉犯罪的职能相分离，分别由不同的国家机关行使。1935年施行的法院组织法明确规定了检察机关的职权。1942年以后，检察院从法院独立出来，划归行政院，但检察官的职权仍然规定在1946年修订的法院组织法中。

1931年11月，中国共产党在江西瑞金中央革命根据地成立了中华苏维埃共和国。在中华苏维埃共和国的政权组织中，全国苏维埃代表大会为最高权力机关，大会闭会期间的中央执行委员会为最高政权机构。中央执行委员会下设的中央人民委员会为最高行政机关。中央人民委员会设有九部一局，其中就包括中央工农检察人民委员部，它同国家政治保卫局的检察科

---

[1] 刘树选、王雄飞：《法律监督理论与检察监督权》，载《人民检察》1999年第9期。

共同承担着新政权中的部分检察职能,与其后设立的军事检察所、最高法院及其各级裁判部内设的检察机构,共同组成了中央苏区的检察机构体系。中央工农人民检察委员部于1934年2月更名为中央工农人民检察委员会,并在省、县、区设工农检察部。工农检察部的职能就是监督苏维埃机关、企业及其工作人员正确执行苏维埃的政纲及各项法律法令,保护工农群众的利益,并检举、查处混进苏维埃组织中的阶级异己分子、贪污腐化分子等。

中央苏区的检察工作,开创了代表普通民众利益的人民检察制度。抗日战争时期,中国共产党领导的八路军、新四军在积极促成全民抗战的同时,领导人民建立起19个有效管理、秩序井然、民心稳定的革命根据地。在这些革命根据地,人民政权的各项制度逐步建立,其中就包括人民检察制度。如在延安革命根据地,1937年7月12日就正式成立了陕甘宁边区高等法院及其检察处,内设检察长及检察员,直接受高等法院领导和管辖,但独立行使检察权。1941年3月,检察工作改为直接对边区参议会负责,受边区政府直接领导(1946年5月5日,陕甘宁边区第三届参议会议常驻会决定,重新在边区高等法院设置检察处)。按照陕甘宁边区高等法院组织条例的规定,检察处中的检察长及检察员独立行使检察权,检察长的职权是执行检察任务,指挥并监督检察员的工作,处理检察员的一切事务,分配并督促检察案件的进行,决定案件的裁定或公诉等;检察员的职权是侦查案件,裁定案件,收集证据,提起公诉并撰拟公诉书,协助担当自诉,充当诉讼当事人或公益代表人,监督判决的执行,在执行任务时如有必要可要求当地军警帮助等。解放战争时期,各个解放区的检察工作进一步发展,有的地方还颁布了规范性文件,如1947年6月关东行政公署颁布的《关东各级司法机关暂行组织条例草案》。其中规定：各级检察机关不受其他机关及审判机关之干涉，独立行使其职权，只服从上级检察机关首长之命令。高等法院首席检察官秉承人民之旨意，与法院院长共同领导关东地区之司法工作；各级地方法院检察官，受上级检察官之监督等。

正是在新民主主义革命时期检察制度实践的基础上，中华人民共和国一成立，在中央人民政府中就独立设置了最高人民检察署。随着新中国各级政权组织的建设，检察机关在全国各地各级政权组织中普遍建立。

新中国的检察制度，是依据根据地政权建设的经验，并借鉴苏联检察制度的模式建立起来的。从一开始，新中国的检察机关就是独立于法院和行政机关的。最高检察署拥有最高的监督权。全国各级检察院只服从于最高检察署。这就是所谓"垂直领导体制"。1951年，垂直领导体制因受到地方党委的非议，被改为"双重领导体制"，即地方各级检察院同时受最高检察署和地方党委领导。但是1954年新中国第一部宪法，再次确立了检察机关实行垂直领导的检察领导体制，使检察机关的独立性得到了加强。然而从50年代后期开始，一是中国与苏联发生了严重的分歧和争论，二是中国国内发生了反右派运动，排斥监督的思想取得了主导地位。这两个方面的因素结合起来，使检察制度受到严重冲击，以致宪法和法律规定的检察制度难以运行。1961年，以精简机构为借口，将公安机关、检察机关和法院三个部门合并。1968年，正式撤销了检察机关。1975年的宪法规定："各级检察机关的职权由公安机关行使。"自1978年"文化大革命"结束以后，检察制度开始了恢复和重建工作。1978年宪法、1979年人民检察院组织法以及1982年宪法，不仅肯定了检察机关依法独立行使职权的原则，而且明确了检察机关作为国家法律监督机关的性质。

在新的历史时期,检察制度面临着新的问题和新的挑战,需要通过改革来发展完善。于是,党的十五大报告明确提出了司法改革的任务,党的十六大、十七大、十八大、十九大报告不断为司法体制改革指明方向、提出任务。在司法体制改革不断深化的基础上,2018年人民检察院组织法和检察官法得以修改完善,伴随着刑事诉讼法、民事诉讼法、行政诉讼法及其他法律的修改,中国特色社会主义检察制度日臻完善,检察机关在建设社会主义法治国家中的作用日益凸显。

中国现行的检察制度与苏联的检察制度,虽然同属于社会主义检察制度,具有许多共同的特征,但是中国检察制度又具有自己的特殊性。与苏联的检察制度相比,中国的检察制度具有三个显著特点:(1)中国检察机关依法享有的监督权不是一般监督权,而是法律监督权,即只能在法律规定的范围内就法定事项行使监督权,不能对一切社会活动主体特别是一切政府部门的活动进行监督。(2)不是"最高监督",而是专门监督。苏联1936年宪法把检察机关的监督明确规定为"最高监督",认为检察机关是享有最高检察权的机关,认为检察长的监督,一是直接由最高国家权力机关授权,居于主管部门的监督之上;二是监督的范围十分广泛;三是拥有最有效的监督手段。中国检察机关是在全国人民代表大会和地方各级人民代表大会的监督下行使监督权的,地方各级检察机关履行法律监督职责的活动要向同级人民代表大会及其常务委员会负责,因而不具有"最高监督"的特点。(3)不具有指挥侦查的权力。苏联检察长对侦查活动的决定和措施,具有批准、变更、终止的权力。但我国检察长对公安机关的侦查活动没有指挥权。

中国的检察制度之所以能够在世界各国的检察制度中独树

一帜,形成自己的鲜明特色,不仅仅是与中国的传统文化有关,最重要的是因为有了中国共产党的领导。中国共产党代表了中国最广大人民群众的根本利益。"中国共产党人的初心和使命,就是为中国人民谋幸福,为中华民族谋复兴。"中国共产党始终坚持以人民为中心的发展理念,坚持人民的主体地位,坚持立党为公、执政为民,践行全心全意为人民服务的根本宗旨,把党的群众路线贯彻到治国理政全部活动之中,把人民对美好生活的向往作为奋斗目标。[1] 中国共产党缔造的中华人民共和国是人民当家作主的国家,以此为理论基础建立的国家一切权力属于人民,全国人民代表大会成为国家的最高权力机关。人民代表大会制度,不仅为检察机关作为国家的法律监督机关独立设置提供了制度基础,使检察机关在国家权力结构中有了独立的法律地位,而且把检察机关设置在各级人民代表大会之下,向人民代表大会负责,使中国的检察机关始终把人民利益放在首位,进一步从组织上保证了检察机关的人民性。正是检察机关作为国家法律监督机关的独立性和职权行使宗旨中的人民性,成为检察制度中鲜明的中国特色。

(二) 中国特色社会主义检察制度的基本内涵

新中国的检察制度经过70多年的不断探索、修正和完善,特别是伴随着中国法治建设的起伏与推进,伴随着司法体制改革的不断深化,逐步走向成熟,形成了独具特色的社会主义检察制度。中国特色社会主义检察制度的基本内涵是:

1. 在检察权的性质上,确认检察权具有法律监督的性质。宪法明确规定,人民检察院是国家的法律监督机关。检察权以监督刑事法律的实施为重点,依法对民事诉讼活动和行政诉讼

---

[1] 参见党的十九大报告。

进行监督、对涉及国家利益和社会公共利益的案件进行检察，结合办案，采取提起诉讼、提出检察建议等方式对行政工作和其他社会活动中执行法律的情况进行监督。检察机关运用法律规定的手段和程序，通过对守法、执法、适用法律各个环节上严重违反法律的行为的监督，保障国家法律的统一正确实施。

2. 在检察权的定位上，规定检察权是国家权力中一个独立的组成部分。在中国，检察权只能由人民检察院来行使，人民检察院行使检察权，不受任何行政机关、社会团体和个人的干预。为了保障人民检察院依法独立行使检察权，在全国范围内设立了自上而下、自成体系的检察机关，直接由人民代表大会产生并向人民代表大会负责，并强调最高人民检察院领导地方各级人民检察院的工作、上级人民检察院领导下级人民检察院的工作。这种组织体系，从制度上保障了检察权的独立性。

3. 在检察权的范围上，法律赋予了检察机关广泛的职权。这些职权不仅包括追诉权，而且包括部分犯罪案件的侦查权、决定和批准逮捕权、诉讼监督权、调查核实权，以及法律赋予的其他职权。这些权能，都是法律监督的必要手段，是实施法律监督的具体形式。检察机关通过这些职能活动，追诉犯罪，维护国家安全和社会秩序，维护个人和组织的合法权益，维护国家利益和社会公共利益，保障法律正确实施，维护社会公平正义，维护国家法制统一、尊严和权威，保障中国特色社会主义建设的顺利进行。在推进依法治国的过程中，这些职权不断得到加强和完善。

4. 在检察权的行使上，强调依法独立行使检察权与坚持依靠党的领导和接受人大监督相结合。依法独立行使检察权并不是不要党的领导和人大监督。历史已经证明并且还在证明，只有始终坚持并且依靠党的领导，才能保证我们各项事业前进的方向。检察机关在依法独立行使检察权的过程中，不断探索和完善依靠党的领导和接受人大监督的实现形式，坚定不移地把检察工作置于党的领导和人大监督之下，保障了检察权行使的正确方向。这是因为，与执法水平和执法环境相适应，我国现阶段的司法独立，只能是相对的而不是绝对的。我们决不能一提依法独立行使检察权，就放弃党的领导和人大监督，也不能一提依靠党的领导和人大监督，就不依法独立行使检察权。只有把坚持依靠党的领导和人大监督与依法独立行使检察权有机结合起来，才能保障检察权行使的有效性，才能保证检察权行使的正确性。

5. 在检察权的运行机制上，强调依法独立行使检察权与坚持党的领导相结合、专门机关的工作与群众路线相结合，实行检察长领导下的民主集中制、检察官办案责任制。在办理具体案件的过程中，发动和依靠群众，倾听人民群众的批评和建议，是中国检察机关的优良传统，也是新时代检察工作中应当坚持的工作作风。在重要问题的决策和重大案件的处理上，坚持检察委员会集体讨论制度，充分发扬民主，认真倾听各种意见，充分发挥集体决策的优势；而在一般案件的办理中坚持检察官办案责任制，充分发挥案件承办人员的积极性，是保障检察权高效运行的两个重要方面。

6. 在检察权的运用宗旨上，坚持服务中心、服从大局，维护人民群众的根本利益。人民检察院是人民的检察机关。检察权的行使以人民为核心，必须为中国先进生产力的发展服务，必须考虑中国社会发展的大局，把最广大人民群众的根本利益作为检察工作的出发点和归宿。

上述六个方面的有机结合，构成了社会主义检察制度的中国特色。这种检察制度，既是学习借鉴别国检察制度的结果，也是植根中国国情的理性选择，是在汲取中国社会主义法治建设正反两个方面经验教训的基础上逐步形成的。它既符合中国人民民主专政的国体和人民代表大会制的政体中权力运行的内在本质，符合新时代社会主义政治、经济、文化的实际，也符合检察制度的一般规律。它既适应中国经济体制改革和社会主义市场经济发展的现实需要，也适应全面依法治国、建设社会主义法治国家的历史发展要求。

第二章　检察权的性质

检察权是法律赋予检察机关的各种职权的总称。凡是法律赋予检察机关的职权，都是检察权的组成部分，因而也都可以称之为检察权。当人们谈到检察机关的法律监督权的时候，并不意味着在检察权之外还独立存在着一种职权，而是强调检察权的法律监督性质。

检察权的性质所要回答的是检察权在国家权力结构中区别于其他权力的特殊本质和特有属性。检察权的性质，不仅决定着检察权的静态特点和功能，是科学配置检察权的根据，而且决定着检察权的动态运行，是充分发挥检察权功能作用的出发点。因此，对检察权性质的深刻认识，无论是在立法层面，还是在司法实务层面，抑或在理论研究层面，都具有特别重要的意义。特别是在司法体制改革和检察工作机制改革中，只有正确认识检察权的性质，才能牢牢把握和始终坚持改革的正确方向，保证各项改革举措始终沿着同一方向进行，才能有利于中国特色社会主义检察制度的发展和完善。否则，司法体制改革和检察工作机制改革就可能因为缺乏一以贯之的目标而走弯路，甚至可能出现盲目的、任性的改革举措，使中国特色社会主义检察制度的发展遭受不应有的挫折，影响检察权功能的充分发挥。正是在这个意义上,我们说,检察权的性质问题,既是一个需要澄清的重大理论问题,也是一个关系到检察机关和检察制度前途命运的重大现实问题。

一、关于检察权性质的争论

在司法改革的研讨中,关于检察权的性质和检察机关的法律地位,长期以来一直是法学界争论的问题之一。

有的学者对检察机关的法律地位提出了诸多质疑。有的学者认为,将检察院定位为法律监督机关并不十分清晰、准确,因此需要重新定性。某种意义上,我国的党和国家机关都是"法律监督机关"。并且,"法律监督"作为法律术语,在逻辑上欠妥,也与实际难符。因为,法律本身不需要监督,需要监督的是法律的制定和实施。"法律监督",其实也就是"监督法律的实施"。[1] 有的学者提出,宪法和法律将检察机关的性质界定为专门的法律监督机关,是缺乏法理根据的命题,带有极强的主观色彩。将检察机关定性为专门的法律监督机关,缺乏科学的理论根据:现代检察制度起源于公诉制度,检察官的诉讼职能就是公诉职能。诉讼机制要求控辩双方权利平等,而法律监督是一种单向的、绝对的国家行为,具有绝对的国家性、权威性、专门性和超然性,这与公诉行为的性质是冲突的。因此,承担控诉职能的检察机关是完全不具备"专门法律监督机关"主体资格的。检察机关是监督对象,不应成为监督主体。检察机关在我国宪政体制以及刑事诉讼中,都不应当定位为国家法律监督机关,更不应该具有国家法律监督权的主体资格。[2] 有的学者认为,检察机关要改变"国家法律监督机关"

---

[1] 张步文:《论人民检察院制度的改革与完善》,载《中国律师》1998年第8期。
[2] 郝银钟:《检察权质疑》,载《中国人民大学学报》1999年第3期。

的性质，应定性为"国家的公诉机关和司法监督机关"。其理由是：（1）宪法的定性已不符合实际。（2）法律规定的检察机关的一般监督权实际上没有实施。（3）现代国家中对法律的监督权已经多元化了，不可能由一个国家机关统揽法律监督权。[1] 有的学者认为，法律监督的有效性来自它的超然性。在监督关系中，监督者处在超然独立的地位，与被监督者没有任何权益关系。而检察机关对法院的审判活动实施法律监督，就有可能使检察机关站在本案控诉方的立场上而不是站在超脱、独立的立场上进行法律监督，从而影响监督的公正性。[2]

与之相联系，有的学者对检察权的性质也提出了质疑，认为检察权不是司法权，而是行政权。有的学者提出，就检察权的性质而言，它实质上是行政权的一部分。因为，与司法权的被动性不同，检察权是主动性权力，检察机关如果不主动地行使职权去侦查、控诉违法犯罪行为就是失职；与司法权的中立性不同，检察机关行使权力是以国家的名义出现的，也就是说它是站在国家的立场上行使权力的；与司法权的判断性不同，检察权具有命令执行性，上下级检察机关之间，检察机关与其组成人员之间均是命令与服从关系；与司法权的终局性不同，检察权属执行性权力，它最终要接受司法权的裁判。[3] 有的学者认为，检察权是行政权中的侦控权，按照西方法治的原则，政府行为必须接受司法审查，作为行政权一部分的检察权，也应当接受司法审查，因而不能由检察机关来监督法院的审判活

---

[1] 蔡定剑：《司法改革中检察职能的转变》，载《政治与法律》1999年第1期。
[2] 参见董皞：《改革我国司法机关多重职能体制之思考》，载《人民司法》1997年第10期。
[3] 徐显明：《司法改革二十题》，载《法学》1999年第9期。

动。[1] 检察机关的权力特征及其机构设置，与国家司法权的内在属性是完全背离的：司法权具有终结性、独立性、中立性、消极性和被动性、个别性、专属性，而检察机关的公诉权不具有终结性，检察一体化的管理体系是非司法性的，代表国家追诉犯罪不具有中立性。因此，检察机关的权力特征与国家司法权不存在任何内在的、必然的联系，而与国家行政权的基本特征相吻合。[2] 有的学者提出，检察权在现行权力体系中的定位失当，一方面导致自身的尴尬，一方面徒增了权力体系的不稳定和不安全。[3] 有的学者甚至主张"中国检察院体制应予取消"，认为中国检察机构的设置只是根据列宁个人的一篇文章产生的，没有经过科学的论证，没有扎实的理论依据；混淆了司法权与行政权的区别；导致国家整个权力系统的不协调；并且在实践中产生了不良的影响。因此，应该恢复检察权作为行政权的本来面目，把检察院体制从司法体制中取消。[4]

对此，有的学者针锋相对地指出"中国的检察体制不能取消"，认为中国检察机关的设置不仅是基于现实的迫切需要产生的，而且具有充分的理论根据。苏联检察机关的设置虽然源于列宁的《论"双重"领导和法制》一文，但列宁是在对国家政权和法制体系进行了相当深刻、完善的研究之后提出的。那种认为检察权是行政权、检察院是一种打着司法机关旗号的行政机构的观点，是非常错误的，这实际上混淆了司法与行政的根本区别。[5] 有的学者指出："检察机关是为保障法律的正

---

[1] 李德海：《论司法独立》，载《法律科学》2000年第1期。
[2] 郝银钟：《检察权质疑》，载《中国人民大学学报》1999年第3期。
[3] 《依法治国与廉政建设研讨会纪要》，载《法学研究》1998年第4期。
[4] 夏邦：《中国检察院体制应予取消》，载《法学》1999年第7期。
[5] 冰青：《中国的检察体制不能取消》，载《法学》1999年第7期。

第二章 检察权的性质

确、统一实施而设置的专门监督机关,检察权从司法权的再次剥离,上升为与行政权、审判权并列的国家权力,则是社会主义民主与法治建设的重大成果。"[1]

关于检察权的性质,有的学者认为,我国检察权的定位应是司法权,而不是行政权,检察机关应当定位为司法机关。我国检察机关虽然具有双重属性,但是,其一,将检察机关定位为司法机关从总体效应上看,利大于弊,有利于保障检察权行使的独立性,有利于检察机关严格执法和有效监督;其二,从我国检察机关特殊的法律地位看,一则担当法律监督职能,二则在体制上相对独立,检察机关作为司法机关更具有职能和体制上的依据,而且这种有别于其他国家的特殊法律地位系我国宪法所确立的;其三,从世界范围看,强调检察机关的司法性并由此而强化检察机关的独立性,应当说具有普遍的趋势。[2]将检察权等同于行政权,抹煞了检察官在一定程度上的独立判断权和处置权,抹煞了检察官受法定原则的严格限制,应将依法办事置于上命下从的组织关系之上等特征;行政权说最突出的弊端是使检察权服从于行政权,检察官服从于政府首长,严重损害法治原则;从宪政结构上论证检察权属于行政权,抹煞了检察权可能在司法权内定位以及在三权之外定位的可能。[3]

应当看到,关于检察权究竟是司法权还是行政权的争论,在很大程度上是基于"三权分立"的理念提出来的。只有在把所有国家权力划分为立法权、司法权和行政权的大前提下,才存在一个检察权应当归属于这三个权力中的哪一个的争论,而这种争论的结果只能是在"行政权"与"司法权"之间进行

---

[1] 见上海法制报1998年5月27日,唐周绍文。
[2] 龙宗智:《论检察权的性质与检察机关的改革》,载《法学》1999年第10期。
[3] 龙宗智:《论检察权的性质与检察机关的改革》,载《法学》1999年第10期。

推论。

我们国家的政权组织形式根本不同于"三权分立"的国家结构。众所周知，我国的根本政治制度是人民代表大会制度，国家权力统一由人民代表大会行使。在人民代表大会下设立若干个国家机关分别执行人民代表大会的决议，代行部分国家权力，即行政机关、审判机关、法律监督机关和军事机关以及新设立的监察机关。相应地，在完整的统一的国家权力下形成若干个分权力，即行政权、司法权、法律监督权和军事权、监察权。这种一个总权力加若干个分权力的国家权力结构模式，与"三权分立"国家中的"三权"概念虽然有相同之处，但是不论在性质上还是在范围上都是不对等的。例如，在三权分立的国家结构中，议会的权力被归结为立法权，但是在中国，国家的一切权力属于人民，人民行使国家权力的机关是全国人民代表大会和地方各级人民代表大会。全国人民代表大会作为国家的权力机关，是国家的立法机关，但又不是单纯的立法机关，全国人民代表大会的职权与西方国家议会的职权，虽然具有许多相同之处，但是又有很大的不同，如果用三权分立国家结构中的立法权来类比全国人民代表大会的职权，将全国人民代表大会的职权简单地归结为立法权，显然是非常不恰当的。同样，在中国，人民法院、人民检察院都是国家的司法机关，关于司法权的观念，与三权分立的国家结构中司法权的观念，自然会有很大的差异。

在人民代表大会统一行使国家权力的国家结构中，检察权既不是一种行政权，也不是一种司法权，而是一种具有独立存在价值的法律监督权。

第二章　检察权的性质

首先，检察权并不是完整意义上的司法权[1]。诚然，检察权具有浓厚的司法权的色彩：（1）对证据材料的审查判断，对侦查结果的处分，同法官的裁判行为极为近似，都是适用法律的行为；（2）检察权的行使不仅是启动司法程序的重大步骤和必要环节，而且对司法程序的完成具有重要的推动力；（3）检察官在诉讼活动中具有相对的独立性，具有一定的自由裁量权；（4）检察官的身份与法官一样，具有同等或相近的职业保障。这四种特性表明检察权不应当被视为行政权而是更接近于司法权。但是按照某些西方国家学者关于司法权的理解即狭义司法权的观念，检察权并不完全具有司法权最本质的特征，即中立性和终极性。检察权的基本权能之一是公诉权，公诉权在诉讼过程中实际上是代表国家与被告人相对立，而不是站在双方当事人之间进行裁判。检察权的行使具有明显的倾向性，即要求追究被告人的刑事责任。同时，检察权在许多情况下都是一种程序性的权力，它能够引起对犯罪嫌疑人或被告人的追诉活动，但不具有最后的处分权，不能最终决定是否追究以及如何追究被告人的刑事责任。所以，简单地说检察权就是一种司法权是不准确的。

其次，检察权也不是本来意义上的行政权。不可否认，检察权具有明显的行政权的特征：（1）检察权的另一个基本权能是侦查权。侦查权的行使要求参与侦查的人员服从统一指挥和上下左右协调一致的行动，这是行政权的特点之一。（2）在检察权的运行中，检察官的独立性是相对的。检察官在办案中接受上司的指令，在世界各国都认为是极为正常的，但是法官接受

---

〔1〕　司法权在理论上有广义与狭义之分。广义的司法权包括审判权和检察权；狭义的司法权仅指审判权。

院长或其他人的指令则被视为非法治、非正常的表现。(3) 检察官之间,其履行职务的行为可以互相替换,一个检察官没有办完的案件,另一个检察官可以接着办,但是法官的职务不能互相替换,一个法官正在审理的案件,如果要由另一个法官审判,必须一切从头开始。正是这些行政色彩,使得检察权并不是西方国家的那种司法权,而是具有一定的行政性质的权力。但是这并不意味着检察权就是一种行政权。如上所述,检察权不仅具有行政性质,而且具有司法性质。

近年来,亦有学者认为,检察与法律监督是两个不同的概念,检察权与法律监督权是两种彼此联系但又不同的权力。检察是指人民检察院依法对认为可能发生的违法犯罪行为进行的详细查验,以发现犯罪并进而使犯罪受到追诉的刑事诉讼活动。检察权是实施这种职能的所有权力的总称。而法律监督是指人民检察院依法对于特定国家机关执行法律行为是否违法进行察看,并进而督促违法者纠正违法行为所进行的活动。法律监督权,则是履行这类职能的所有权力的总称。人民检察院的检察权和法律监督权,各自实际包含的保证实现职能作用的具体公权的多少和种类不同。[1] 类似的观点有:检察权与法律监督权是两个不同的概念,二者所针对的行为对象性质不同、时态不同、权力行使的目的和手段也不同。所以,我国检察机关具有双重国家权力,即检察权和法律监督权。[2]

当然,也有学者认为,"一元分立权力架构下的检察权,其本质属性就是进行法律监督。在分设的权力体系中,检察权并不依附于任何一种权力之中,而是作为独立的法律监督权,

---

[1] 傅宽之:《人民检察院的检察与法律监督》,载《人民检察》2008年第17期。转引自傅宽之著:《论检察》,中国检察出版社2013年版,第35—37页。
[2] 蒋德海:《论我国检察机关的双重国家权力》,载《复旦学报》2010年第5期。

第二章 检察权的性质

参与保障权力的有效行使"。[1] 这就意味着，在我们国家，检察权是作为法律监督权而存在的。

事实上，在我国的国家权力结构中，无论是从宪法的"刚性"规定上看，还是从我国权力运行的实际情况看，检察权都是作为一种独立的国家权力即法律监督权存在的。检察权的行政性质和司法性质有机结合，构成了法律监督权所特有的属性，使它既不同于行政权，又不同于司法权，而成为国家权力分类中一种独立的权力。

法律监督权与检察权，是一个事物的两种命题，或者说是从不同的角度表述同一件事物。当我们提及法律监督权的时候，强调的是它的性质和功能；当我们提及检察权的时候，强调的是它的具体权能和实际行使。有时提法律监督权，有时提检察权，并不意味着概念上的混乱或矛盾，只能说不同的地方使用不同的术语，关注的着重点不同。

我们说，检察权的性质是法律监督。这个结论，源自两个方面的根据：一是宪法关于检察机关性质的定位；二是检察权在法治社会中的功能。因为检察权本身就是检察机关依法享有的职权，检察机关的法律监督性质也就直接决定了检察权的法律监督性质，检察机关的所有职权都应当与法律监督机关的要求相适应。在现实社会中，检察机关行使职权的基本功能是运用法律手段监督法律的实施和遵守，维护国家权力机关制定的法律的统一正确实施，具有不容置疑的法律监督功能。这种法律监督功能正是检察权特殊本质的表现。

进入新时代以来，随着宪法的修改和监察法的通过以及监察委员会的成立，检察机关作为国家的法律监督机关的定位再

---

[1] 樊崇义主编：《检察制度原理》，法律出版社2009年版，第117页。

次受到质疑。《监察法》第 3 条明确规定："各级监察委员会是行使国家监察职能的专责机关，依照本法对所有行使公权力的公职人员（以下称公职人员）进行监察，调查职务违法和职务犯罪，开展廉政建设和反腐败工作，维护宪法和法律的尊严。"这个规定意味着监察委员会是专司国家监察职能的国家机关，具有调查职务违法和职务犯罪、维护宪法和法律尊严的职责。而在中国传统文化的语境下，监察就是监督[1]。更何况监察委员会是运用国家权力进行监督的专门机构。这就涉及监察委员会的监督与检察机关的法律监督到底有无区别的问题。甚至有的学者认为，这种由各级监察委员会针对公职人员所行使的"监察权"，对检察机关的法律监督权带来了极大冲击。[2] 监察权的横空出世势必取代法律监督在宪法体系中的原有地位，从而降低检察机关的政治话语权。[3] 可见，对检察职权法律监督性质的认识，是一个长期争论的话题。尽管这种争论随着人民检察院组织法的修改，可以说是尘埃落定，但不同的声音和论证还会随着形势的变化而不断地以新的方式出现。我们有必要始终对此保持清醒的头脑。

值得珍视的是，全国人大常委会于 2018 年 10 月 26 日修订的《中华人民共和国人民检察院组织法》不仅再次明确规定"人民检察院是国家的法律监督机关"，而且在第 20 条规定了人民检察院行使的职权之后，第 21 条紧接着规定："人民检察院行使本法第二十条规定的法律监督职权，可以进行调查核实，并依法提出抗诉、纠正意见、检察建议。"这个规定并没

---

[1] [监察]犹监督。《辞源》（三），商务印书馆 1981 年修订第一版，第 2191 页。
[2] 陈瑞华：《论检察机关的法律职能》，载《政法论坛》2018 年第 1 期。
[3] 胡勇：《监察体制改革背景下检察机关的再定位与职能调整》，载《法治研究》2017 年第 3 期。

有对该法第 20 条规定的人民检察院的职权作出进一步的区分，而是笼统地使用了"本法第二十条规定的法律监督职权"，这就意味着，《人民检察院组织法》第 20 条规定的人民检察院的职权都是法律监督职权。由此可以说，全国人民代表大会常务委员会以法律的形式确认了人民检察院行使的职权（通常所说的检察权）是"法律监督职权"。这表明，在我国的法律中，检察与法律监督、检察权与法律监督权，具有同一性：检察就意味着法律监督，检察权具有法律监督的性质。

其实，对这个问题，权威学者均有论述。如王桂五先生早在 20 世纪 90 年代就指出：法律监督是检察制度的本质属性，检察机关的各项职能，都应当统一于法律监督。[1] 陈光中教授指出："从宪法层面理解，检察机关行使的一切职能都属于法律监督职能，都是为了维护法制的统一实施，是一种广义的法律监督。"[2] 樊崇义教授也指出："宪法和法律明确将我国检察机关定性为法律监督机关，即检察机关的任务在于通过诉讼方式督促和纠正有关法律执行、实施中的严重违法行为，这是我国检察制度最为重要的特征。检察机关的所有职能都是围绕这一点设置的。"[3] 龙宗智教授认为："法律监督，是宪法和法律对中国检察权的定位。这一定位对中国检察制度具有多方面的影响：其一，以法律监督统揽检察活动，使检察行为不再是单纯的诉讼行为，而成为国家法律体系及其运行机制的基本组成部分之一，而各项具体的检察行为，均应纳入法律监督的

---

[1] 参见王桂五主编：《中华人民共和国检察制度研究》，法律出版社 1991 年版，第 242—256 页。
[2] 陈光中等：《中国司法制度的基础理论问题研究》，经济科学出版社 2010 年版，转引自陈光中：《论检察》，中国检察出版社 2013 年版，第 34 页。
[3] 樊崇义主编：《检察制度原理》，法律出版社 2009 年版，第 18 页。

范畴，受法律监督属性及其制度要求的约束。"[1] 可见，作为一种主流观点，检察机关的职能，在广义上，都应当属于法律监督职能，为保证这种职能发挥作用而赋予检察机关的权力即检察权，也就因此而具有法律监督的性质。

二、从检察机关的定位看检察权的性质

"法律监督"一词，有的学者认为，是由毛泽东首次提出的[2]。也有学者认为，李六如于1950年1月所著《检察制度纲要》（系1949年以后中国的第一本检察专著）以及1950年6月所著《各国检察制度纲要》两部著作中首次相继提出了"法律监督"和"法律监督机关"概念。李六如先生将苏联的检察机关定性为"法律监督机关"，认为苏联检察的主要任务是"法律监督"[3]。1950年9月4日，中共中央发布的《关于建立检察机构问题的指示》中明确指出："苏联的检察机关是法律监督机关，对于保障各项法律、法令、政策、决议等贯彻实行，是起了重大作用的。我们则自中华人民共和国成立以后，才开始建立这种检察制度……必须加以重视。"[4]

尽管早已形成了法理共识与制度事实，但"法律监督机关"的定性首次写入法律则是1979年《人民检察院组织法》。该法第1条规定："中华人民共和国人民检察院是国家的法律监督机关。"之后，该条规定内容又正式写入了1982年宪法第129条。之所以1979年人民检察院组织法和1982年宪法予以专门法条规定，乃是鉴于检察机关被错误对待甚至取消的惨痛

---

[1] 龙宗智：《中国法语境中的检察官客观义务论》，载《法学研究》2009年第4期。
[2] 参见宋军：《法律监督理论的来龙去脉》，载《首都检察官》创刊号（北京市人民检察院、北京市检察官协会主办）2004年7月。
[3] 参见田夫：《什么是法律监督机关》，载《政法论坛》2012年第3期；闵钐编：《中国检察史资料选编》，中国检察出版社2008年版，第829—836页。
[4] 参见闵钐、薛伟宏：《共和国检察历史片断》，中国检察出版社2009年版，第36页。

历史教训,从而要拨乱反正、更加旗帜鲜明地肯定检察机关的法律监督机关性质。

我国现行《宪法》第134条明确规定:"中华人民共和国人民检察院是国家的法律监督机关。"这个规定,准确无误地规定了我国检察机关的法律性质,即检察机关是代表国家行使职权的"法律监督机关"。这也意味着法律赋予检察机关的职权即检察权,在性质上是一种法律监督权。这是正确认识我国检察权性质的根本依据。尽管宪法以根本大法的形式确认了检察机关作为国家的法律监督机关的宪法地位,但是有的学者认为,现行法的规定是实然法的层次,而对检察权的性质进行理论上的定位属于应然法的层次,不能以合法性来说明理论上的应然性。[1] 那么,从应然性的层面来看检察权是否应当具有法律监督的性质呢?笔者的结论依然是肯定的。其理由如下:

(一)检察机关作为国家的法律监督机关设置的价值合理性

从理论上讲,法律监督机关存在的价值合理性,首先来自法律本身的内在需求。

1. 法律效力的普适性要求法律监督

立法者制定法律,总是希望在其权力所及的范围内把法律的规定适用于所有对象,希望每个人都能够遵守法律,按照法律发布的命令或者授权选择自己的行为,从而赋予法律普遍适用的效力。但是事实上,法律作为凝结在规则中的国家意志,不仅相对于个人的意志是独立存在的,而且在本质上要求个人意志服从它。而个人意志天然地具有不愿服从他人意志的本性,这与法律要求人们服从的本性之间,必然会发生矛盾和冲突。这种矛盾和冲突,在客观上就决定了国家只有通过强有力

---

[1] 参见陈卫东:《我国检察权的反思与重构》,载《法学研究》2002年第2期。

的检查督促手段促使人们服从和遵守法律,并对违法者给予制裁,才能维持法律效力的普适性,才能保证法律的被遵守。于是法律便借助国家强制力强制人们服从它。正如哈特指出的:"在任何时间和地点,法律都有一个最为显著的普遍特征,这就是它的存在意味着特定种类的人类行为不再是任意的,而是在某种意义上具有强制性。"[1] 法律的强制性,不仅意味着运用国家权力对违法者进行制裁,而且首先意味着督促人们遵守法律、发现并追诉违法者的法律监督机制在国家权力结构中的确立。没有有效的、以国家强制力为后盾的法律监督机制,就不可能维持法律效力的普适性,就不可能建立起秩序井然的法治社会。从这个意义上讲,法律监督是法律存在的基础和保障,是法律本身的逻辑要求。

早在古希腊时期,柏拉图就在其《法律篇》中反复提到"法律维护者"。他在谈到理想的社会和国家以及最好的法典时强调:"你们必须指派一个官员,他要有极锐利的目光去监督规则的遵守情况,这样,各种各样的犯法行为都会引起他的注意,而犯法者受到法律及神的惩罚。"[2] 在谈到指派国家官员时,他首先提出的是选举一个37人团体,然后才是依次推选其他官员。而37人团体成员的职责永远是:"第一,他们应该作为法律维护者来行动;……"[3] 古罗马的著名法学家西塞罗认为,希腊人在保存法律文本方面较为用心,他们选举法律保管员,"这些法律保管员不仅保管法律文本,而且甚至监督

---

[1] 〔英〕哈特:《法律的概念》,张文显等译,中国大百科全书出版社1996年版,第7页。

[2] 〔古希腊〕柏拉图:《法律篇》,张智仁、何勤华译,上海人民出版社2001年版,第152页。

[3] 〔古希腊〕柏拉图:《法律篇》,张智仁、何勤华译,上海人民出版社2001年版,第166页。

人们的行为，引起他们遵从法律。这件事可委托给监察官去完成，因为我们希望他们在我们的国家永远存在"。[1] 西塞罗在他宣布的法律中指出："监察官维护法律的纯洁。"[2] 这说明，自从有法律以来，在国家权力结构中，就有法律监督者的地位和监督法律的必要。监督法律的实施，是保障法律被遵守的必要手段。

2. 法制的统一性需要法律监督

法律作为一种制度性设计，其目的是为人们的行为提供统一的规则和界碑，总是要求在它的效力发生作用的范围内统一适用。维护法制的统一，始终是与法律的存在结伴而生的一种制度性要求。但是从另一方面看，法律的适用又总是具体的、个别的。对违法者适用法律，总是通过具体的执法者根据具体的案件把法律的一般原则适用于具体的对象。这就决定了法律的每一次适用，都只能是个别进行的。如果各个执法者都根据自己的好恶和对法律的理解来适用法律，同一部法律就可能产生出五花八门的裁判结果，法制就没有统一性可言。因此要保证各个场合下、各个案件中的法律适用彼此协调地维护一个统一的法律原则，除了按照统一的标准训练执法者之外，就必须有一种监督制约机制，以保障每个执法者都能按照统一的原则和标准适用法律，以保持法制的统一性。特别是在统一的单一制国家，或者在需要加强中央国家权力的时期，对法制统一性的需求，始终在法律建设中占有特别重要的意义。而在古今中外的历史上，大凡强调中央国家权力的时期，总是会出现一个

---

[1] 〔古罗马〕西塞罗：《论共和国论法律》，王焕生译，中国政法大学出版社1997年版，第279—280页。

[2] 〔古罗马〕西塞罗：《论共和国论法律》，王焕生译，中国政法大学出版社1997年版，第260页。

强有力的监督机构来维护法制的统一。

3. 司法的公正性离不开法律监督

公正是司法的灵魂，也是司法的价值追求。但是司法活动要做到公正却是非常困难的。司法不仅要建立在对法律的正确理解和适用上，而且要建立在对案件事实的准确认定上。由于法律适用的对象永远是已经发生过的事实，执法人员适用法律时首先必须根据事后发现的证据对已逝的事实作出判断，而执法人员作为职业特点的先入为主的思维定式，以及执法者个人认识能力的局限性，往往会影响到其对事实认定的准确性；同时，执法者的政治立场、基于个人利益或阶层利益的考虑，以及有关方面的压力，都可能影响执法者对证明案件事实的证据的采信，影响对法律规则的把握，从而导致司法的错误或不公。司法的错误和不公，必然违背法律制定者的初衷，必然背离法律适用的目的，导致司法权对公民权利的不当侵害，使法律的适用走向适用法律的目的反面。因此，任何一个国家，在制定法律的时候，总是要设置一定的监督制约机制和司法救济手段，以防止和纠正法律适用的错误和不公对法制的破坏和影响。

从历史上看，司法权的分割以及司法机关的分工与分设，是为了保证司法的正确性和公正性。这种分工本身就意味着监督制约。法律监督既是督促执法者正确地理解和适用法律，也是在司法不公的场合对被害者提供的一种救济措施。

4. 全面依法治国更需要法律监督

法治的初衷是为了用法律来限制政府及其官员的权力。正如"法治"一词的创始人戴西指出的，法治首先"意味着正常的法律保有绝对的至高无上或压倒一切的地位，并且排斥专制的存在、特权的存在、乃至政府之自由裁量权的存在"[1]。江泽民同志在党的十五大报告中指出:"依法治国,就是广大人民群众在党的领导下,依照宪法和法律规定,通过各种形式管理国家事务,管理经济文化事业,管理社会事务,保证国家各项工作都依法进行……"[2] 要保证一切国家权力的行使严格依法进行,保证法律在国家事务管理、经济文化管理、社会事务管理等活动中真正发挥规范作用,就必须有健全的监督制约机制,就必须采取有效的手段检查督促国家机关和国家机关工作人员切实遵守和严格执行法律,坚决同一切违反法律的现象作斗争。

党的十八大以来,我国开启了全面深化改革和全面依法治国的新征程。随着依法治国的推进,执法机关和执法人员的法律素质和执法水平会逐渐提高,执法犯法、执法不公的现象也会相应减少。但是同时也要看到,依法治国的推进,必将大大提高人民群众对法律在社会政治生活、经济生活、文化生活中的重要性的认识,人民群众对执法的要求也会越来越高,对执法活动中的违法现象会越来越难以忍受,要求遏制司法腐败、减少司法不公的呼声也会越来越强烈。因此,依法治国的推进,并不意味着执法人员和执法活动不再需要监督制约,也不意味着可以削弱甚或取消对法律适用情况的监督,恰恰相反,依法治国的推进对监督法律适用情况的要求更加迫切,对法律监督的有效性更加关注。因此,健全和强化法律监督机制,不仅在建设法治国家时是必不可少的,而且在法治国家建成之后,依然是须臾不可舍弃的。

---

[1] 参见[英]戴维·米勒、韦农·波格丹诺:《布莱克维尔政治学百科全书》,邓正来主编,中国政法大学出版社1992年版,第675—677页。

[2] 《中国共产党第十五次全国代表大会文件汇编》,人民出版社1997年版,第31页。

以上理由说明，有法律就有监督，法律的正确实施和法治国家的建设，离不开有效的法律监督机制。这个结论，不仅是理论上的推论，而且是为世界各国的历史核心现实反复证明了的事实。

在古罗马，"元老院"的设置，曾经在其法律制度中占据重要地位。元老院最重要的职权，就是制约执法官的权力行使。在英国，枢密院一直分享着司法权，有权审理对英联邦国家一切法院审判的案件提起的上诉。而长期奉行的陪审团制度则从限制法院审理案件的范围的角度限制着审判权的行使。在中国历史上，御史制度在维护封建法制的过程中曾经发挥着极为重要的作用。其设置的初衷当然是为了纠察百官。而在中国古代，并没有司法权与行政权的区分，官吏既是行政官员，也是司法官员，执掌着适用国家法律的权力。对百官的监督，实际上就包含着对法律实施情况的监督。这种监督亦是由独立的机构进行的。

即使是在现代一些所谓发达的法治国家，照样存在着有效的监督制约机制，对执法人员和执法活动的监督制约。例如在美国，司法权与立法权、行政权的分设以及相互之间的制衡本身就是对司法权行使的一种制约。此外，就司法权本身的设计而言，也存在着一系列制约因素。首先，美国（包括类似国家）把司法权限定为一种完全是消极的裁判权，没有当事人或一个机关的起诉，司法权不得介入其他国家权力运行的领域和社会生活的各个领域。其次，法官的遴选和任命要受行政权的控制，对法官任职资格的过分严格的要求保证了担任法官的人必定是精通法律并具有良好品行的人。最后，诉讼机制上对法官审判案件的制约，如对于被告人不认罪的刑事案件，法官只能组织庭审活动，而无权对案件事实作出裁判，无权认定被告人有罪还是无罪；即使是量刑权，法官也不能任意决定，而必须遵循先例；法官不得参与判决的执行等。这种制度设计本身就大大限制了法官行使审判权的范围和自由裁量的余地。在大陆法系国家，检察官作为国家的法律代表，不仅具有监督一切国家机关和公民遵守法律的情况，并对违法者进行起诉的权力，而且对审判机关的活动以及判决的执行情况也具有一定的监督权。

这些事实说明，有法律就需要有人来监督法律的遵守和实施，就需要有健全的法律监督机制。至于对法律的遵守和适用情况由谁来监督，法律监督机制如何建立、如何运行，则只能是由各国特殊的历史发展过程和社会环境决定的。各国所具有的不同的监督制约机制，并没有也无法否定对法律实施情况进行监督制约的必要性。而且，监督制约机制的不同恰恰说明，世界上并不存在可以适用于一切国家的法律监督机制模式，各国只能根据自己的国情来选择法律监督机制。这是世界各国法律监督机制建立的基本原理，也是中国法律监督机制建立所应当遵循的法理。

特别是在中国，法律制度的不完备性，决定了把检察机关作为法律监督机关来设置对于保障法律正确实施的极端重要性。虽然随着社会主义法制建设的不断深入，我国陆续制定了许多法律，在社会生活的各个方面，基本上改变了无法可依的状况，但是应当看到，中国过去是而且目前仍然是一个发展中国家。作为发展中国家的一个突出标志是我们国家目前还处在社会主义初级阶段，社会主义市场经济体制正在建立，与之相适应的法律制度也只能是伴随着社会的转型而处于不断的修改完善之中，法律中的缺憾和漏洞也在所难免，因而还缺乏成熟的可以保持长期稳定的法律规范，立法和修改法律的任务十分繁重。这本身就意味着我们国家的法律存在某些明显的缺陷，使它的实施离不开法律监督的保驾。

一是法律条文的伸缩性太大，为人为地随意解释和适用法律留下了太多的余地。我们的许多法律规范都是弹性条款，缺乏对基本法律术语的明确定义，以致就同一问题作出的相去甚远的决定，都不违反法律的规定。就连刑事法律这种制裁性质非常严厉的法律，仍有许多条款把行为是否构成犯罪的标准留给了执法者。刑法分则的350个条文（其中规定罪名的只有315个条文）中，有130个条文是以"情节严重""数额较大""后果严重"等不确定词汇作为犯罪构成要件的，另有74个条文是以这类不确定词汇作为加重处罚条件的，而整部刑法中并没有对这些决定特定行为是否构成犯罪、是否应当从重处罚的要件加以任何限制性或解释性规定，以致在相当一部分犯罪中，虽然有刑法条文的规定和"罪刑法定原则"的限制，是否构成犯罪仍要取决于司法机关和司法人员对何为"情节严重"或"数额较大"的解释和理解。这种解释和理解的正确与否，直接关系到刑法适用的正确性。因此，要保障法律适用的正确性，就必须通过法律监督机制，监督法律的解释和适用。

二是法律的运行机制不够严密，司法过程中人为的因素对法律的适用影响太大。由于法律文化传统上的差异，我国没有西方国家的那种陪审团制度，对于决定案件命运的案件事实，其证据的审查和认定完全取决于司法人员的认识。如果司法人员有意无意地采信有利于一方当事人的证据，而无视有利于另一方当事人的证据，那么，即使"严格依法"来判决，也会导致案件处理的结果丧失实质公正。因此就有必要设立一个专门的法律监督机关，深入案件的审理过程，去发现司法活动中存在的违反法律或者裁判不公的问题，督促司法机关正确地适用法律。这也表明，法律监督机关的设置，是从我国法治建设的实际需要出发作出的一种理性的选择。

三是司法机关在内部管理上具有浓重的行政化色彩，难以保证严格依法办案。长期以来，我们国家在司法机关内部实行行政化的管理模式，司法人员在各个方面都要听命并服从于自己的行政长官。在这种管理模式下，司法人员办理案件很难做到"只服从法律"。并且，我国长期以来把司法人员混同于一般国家工作人员，只强调法官检察官的"国家干部"身份，而不关注其职业的技术性和专门化。在制度设计上，司法人员的选任缺乏严格的资格限制，司法人员的工资福利与其他国家工作人员一样，司法人员的职业缺乏保障。这种制度长期实行的结果，造就了一大批大众化的司法人员。一方面，大众化的司法人员，缺乏对司法职业必要的神圣感，缺乏强有力的自律动力，容易产生趋众心理，心甘情愿地混迹于世俗关系之中，而对司法的职业要求和职业纪律无所顾忌，甚至某些司法人员自身也乐于利用职务上的便利，寻求更多的可运用和可支配的社会关系资源；大众化也使司法人员在来自社会的各种诱惑面前没有可以抵御人情、关系、私欲等侵蚀司法公正的超凡脱俗的盾牌，以致社会上有什么腐败现象，司法人员中间就可能出现什么样的腐败。另一方面，大众化的司法人员操持着非大众化的权力。具有大众化的身份和意识而缺乏职业保障的司法人员，司掌着关系到公民权利生杀予夺的司法权，并且这种司法权具有很大的自由裁量余地。这种巨大的反差，使司法人员有更多的理由和机会用司法权来牟取私利，以追逐社会上物质生活和文化生活的时尚，而把司法的公正与否置于社会一般价值的层面。

在这样一种制度设计中，设置一个专门的法律监督机关来监督法律实施过程中可能出现的各种违反法律的情况，对于保障法律的正确实施，维护国家法制的统一，应该说是一种非常明智的选择。

（二）检察机关作为国家的法律监督机关设置的历史必然性

检察制度本身是应维护国家法制统一实施的需要而诞生的。众所周知，检察制度起源于中世纪的法国和英国。检察制度在法国和英国产生的共同背景是，两国当时都处于封建割据状态，为加强以国王为代表的中央集权，同宗教势力进行斗争，实现民族国家的统一，对抗封建司法专横这一历史需要，根据本国的实际情况，设立了检察官制度。最初的检察官是作为国王的法律代表出现的。在封建割据的社会环境下，检察官出现的必要性，并不是为了给国王提供法律意见，而是为了解释国王制定的法律（这些法律最初仅限于税收方面的法律，后来逐渐扩展到各个领域的法律，直至完全取代领主的法律），监督该法律在全国各地的实施。在法律的实施中，由于犯罪是对社会危害最严重的行为，而追诉犯罪的活动是对人们影响最大的活动，所以检察官作为国王的代表，逐渐地从维护国王税收法律的实施扩张到担负起追诉所有犯罪[1]，并监督对犯罪人的审判和判决执行的使命。

在法国大革命之后形成的现代检察制度，是在废除纠问式诉讼制度的基础上，由国王代理人制度发展而来的。我国台湾地区学者林钰雄研究了欧陆现代检察官制度创设的目的，他认为，创设现代检察官制度的目的有三：第一，为了废除当时的纠问制度，确立诉讼上的权力分立原则。"纠问制度，深受诉

---

[1] "国王代理人"以维护公共利益之名进行追诉，最初只是为了保护国王的财产利益，从十四世纪起，由于国王的利益已经从财产利益扩张到治安上的利益，国王代理人的工作也扩张到检举、追诉有害于社会安宁的所有犯罪。

第二章 检察权的性质

病,因为一来法官独揽追诉审判大权,欠缺监督制衡管道;二来法官自行侦查追诉,心理上早已先入为主,因而,根本不可能无偏颇之虞,更遑论公正客观的裁判了;更甚者,由历史文献可知,当时纠问法官所奉行者,实乃由警察国家精神发展出来的调查手法:不计代价,穷追猛打被告,面对强大但却不公正的纠问法官,被告几无招架之力。为杜绝流弊,改革的刑事诉讼制度将刑事程序拆解为侦查(追诉)、审判两阶段,由新创之检察官主导侦查程序,原来纠问法官之权力则被削弱为单纯之审判官。"第二,创设检察官制度的另外一项重要功能,在于以一受严格法律训练及法律拘束之公正客观的官署,控制警察活动的合法性,摆脱警察国家的梦魇。第三,设置检察官还有另一项重要的法治国功能:守护法律,使客观的法意旨贯通整个刑事诉讼程序,而所谓的客观法意旨,除了追诉犯罪之外,更重要的是保障民权。检察官乃国家法意志的代表人。综合上述三点可知,"检察官之职责不单单在于刑事被告之追诉,并且也在于'国家权力之双重控制':作为法律之守护人,检察官既要保护被告免于法官之擅断,亦要保护其免于警察之恣意"。[1] 这个分析,在一定程度上也说明,设置检察官制度的重要目的是控制警察的侦查活动和监督法官的审判活动。我国台湾地区另一位学者黄东熊也认为,法国的检察官自1810年以来,即具有监督之责。他指出:经过1808—1810年间的改革、整顿,法国检察制度乃告奠定。检察官不仅在刑事诉讼上拥有(1)指挥司法警察而从事犯罪侦查;(2)提起公诉、维持追诉;(3)指挥、监督预审法官;(4)执行裁判等权限,而且在民事诉讼上,对公益有关的案件,在审判时,亦有莅庭

---

[1] 参见林钰雄:《检察官论》,学林文化事业有限公司1999年版,第15—18页。

陈述意见、监督审判之权限。同时，在司法行政上，并具有监督警察、律师、执达吏、法院书记官之权限。在德国，基于法治观念之发达，将检察官塑造成"法的守护人"，使之监督刑罚法规确实被执行，虞警察遵守法之约束，以期维持法治国之秩序。

这种历史事实表明，检察制度的起因使其从诞生时，就是为了维护王室制定的法律在全国范围内统一实施。特别是在现代，世界各国都强调检察权的独立行使和检察官的独立地位，并且，扩大和强化检察权是西方国家司法改革的趋势之一。只是郁于三权分立的国家结构理念，检察权在国家权力结构中没有独立的法律地位。检察机关隶属于行政机关又不同于行政机关，被称为"特殊的行政机关"；检察权不同于审判权（狭义的司法权），又不得不附属于审判权，被称为"准司法权"，检察事务由"司法委员会"来管理；检察官不是法官又完全按照法官来对待，被称为"站着的法官""准司法官"。这种尴尬境地的出现，是由三权分立学说的根本缺陷造成的。

社会主义国家的权力结构克服了三权分立的弊端，为检察权的有效行使创造了条件。在统一的国家权力中，检察权作为国家权力中一项相对独立的权能存在成为可能，检察机关作为国家机关的一个独立机构被法律正式确认。

新中国成立以后，根据我们国家的历史文化传统和人民政权性质的需要，国家既没有选择"三权分立"的宪政制度，也没有继承历史上的帝王制度，而是实行了人民代表大会制度。人民代表大会制度的根本特点是一切国家权力属于人民，人民通过由自己选举的代表组成的各级人民代表大会及其常委会统一行使国家权力。在国家权力结构中，人民代表大会是兼管立法、司法和行政的国家权力机关。在人民代表大会下，我国设立了行政机关、监察机关、审判机关、检察机关和军事机关，分别行使国家职能中的行政权、监察权、审判权、检察权和军事权。这些机关彼此分立，但都源于国家权力机关，并各自向国家权力机关负责。在这种国家权力结构模式中，检察机关作为由人民代表大会产生并向人民代表大会负责的一个独立的国家机关即国家法律监督机关，专门行使检察权，履行法律监督职能。

随着国家社会经济的发展和全面依法治国的推进，我们国家 2018 年对宪法进行了修改，在国家机构中增设了监察委员会，作为国家专门的监察机关。但检察机关的职责是对所有行使公权力的公职人员进行监察，调查职务违法和职务犯罪，开展廉政建设和反腐败工作，而不是实行法律监督。因此，监察委员会的成立，虽然引起了检察机关职权范围的调整，但并没有引起检察机关和检察权性质的改变。

如果说，人民代表大会制度是中国人民的历史性选择，那么，把检察机关作为国家的法律监督机关就是这种选择的必然结果。

首先，在人民代表大会制度下，需要有一个专门的法律监督机关。全国人民代表大会作为最高的国家权力机关，享有广泛的权力。按照《宪法》第 62 条的规定，全国人民代表大会享有 16 项职权；按照《宪法》第 67 条的规定，全国人民代表大会常务委员会享有 22 项职权。如此广泛的职权，在客观上就决定了人民代表大会对于由它产生并对它负责的其他国家机关的监督只能是宏观的监督，只能是对影响重大的事项进行监督，而不可能是一种经常性的、对遵守和执行法律的具体情况的监督。为了防止其他国家机关滥用国家权力，就有必要设置一个专门机关，承担常规性的监督职责，来检查督促其他国家机关正确执行全国人民代表大会制定的法律，以保障法律的切实遵守和正确适用。

其次，在人民代表大会统一行使国家权力的前提下，需要分权制衡。我国的其他国家机关都是由人民代表大会产生并直接对人民代表大会负责的。这些国家机关之间，各负其责，各自独立，互不隶属，难以形成像某些西方国家的那种权力制衡关系。在这种情况下，其他国家机关的日常事务即具体的执法活动，难以受到有效的制约。而按照权力运行的一般规律，缺乏制约的权力必然导致权力的滥用。因此，在人民代表大会制度下，就有必要设置一个专门机关来监督其他国家机关执行法律的情况，发挥以权力制约权力的作用。法律监督机关的设置，正是人民代表大会制度下的具体运用。

最后，在人民代表大会制度下，法律监督机关的权力是十分有限的。一方面，我国的法律监督机关是由人民代表大会产生并直接向人民代表大会负责的一个国家机关，它所具有的法律监督权只是人民代表大会统一行使的国家权力的一部分，是根据人民代表大会的授权代行部分监督权；另一方面，我国宪法和法律所赋予检察机关的法律监督权主要是程序性的权力即检查督促和提请追诉的权力，这种权力的行使本身必然要受到享有实体处分性权力的国家机关的制约，同时也要受到产生它的人民代表大会的监督。

因此，从宪法制度上看，法律监督机关的设置，在人民代表大会制度下，有其存在的必然性和合理性。既符合权力制约的内在要求，也符合权力运行的普遍规律。特别是在全面推进依法治国、建设社会主义法治国家的进程中，法律监督机关的独立设置和法律监督权的高效运行，对于督促各级国家机关依法行政、防止公共权力的滥用，对于促进国家治理体系和治理能力现代化，都具有极为重要的不可替代的作用。[1] 正如有的学者指出的：我国的政治制度决定了需要设立法律监督机关，以维护国家法治的统一和法律的正确实施。任何国家无论采取何种政体，都要采取一定的方式对权力进行监督制约。采三权分立政体的国家，一般采取分权制衡的方式；采一元分立政体的国家，一般采取设立专门监督机构的方式。我国实行的是共产党领导下的人民代表大会制度，采一元分立政体，这就需要设立专门监督机构的方式对权力进行监督。[2]

（三）检察机关作为国家的法律监督机关设置的现实必要性

在中国，把检察机关作为国家的法律监督机关来设置，除了具有价值合理性和历史必然性之外，还具有现实的必要性。有的学者认为，我国的基本国情决定了应坚持检察机关作为法律监督机关的宪法定位。这是因为我国尚处在社会主义初级阶段，存在诸多影响法治统一和法律正确实施的因素，如封建社会遗留下来的重权轻法、重情轻法、重关系轻法的思想广泛存在，规则意识淡薄，讲究"变通"之风盛行；片面的政绩观和顽固的地方利益；发展不平衡等客观现实，都影响法治统一和法律正确实施。[3]

---

[1] 如果无视我国的宪法制度，按照"三权分立"的国家权力结构模式，就看不到法律监督机关设置的必要性和重要性。有的学者正是由于忘记了我国宪政与西方某些国家宪政的根本区别，仅仅从诉讼的角度甚至仅仅从刑事诉讼的角度，考察把检察机关作为法律监督机关设置的必要性，自然无法认识法律监督机关与我国根本政治制度之间的内在联系，因而也就不可能真正认识到法律监督机关在中国存在的宪政基础。

[2] 参见朱孝清：《国家监察体制改革后检察制度的巩固与发展》，载《法学研究》2018年第4期。

[3] 参见朱孝清：《国家监察体制改革后检察制度的巩固与发展》，载《法学研究》2018年第4期。

1. 在中国这样一个缺乏法治传统的国度里推行依法治国的方略，本身需要一个强有力的法律监督机关

党的十一届三中全会以来，我国大力加强社会主义民主与法制建设，先后制定了许多法律法规，在强调依法办事的同时，不断进行普及法律的宣传教育，使整个社会的法律意识有了明显的提高。但是应当看到，我们的社会环境与法治国家的要求还有一定差距。

我国几千年来一直是一个权力本位的国家，人治传统深深地扎根于国民意识之中。一方面，人们把权力看作法律的本源，把法律视为当权者手中的工具。与法律相比，人们更崇尚个人手中的权力及其影响力。另一方面，人们对权力的期望值很高，而对法律的期望值较低。许多人认为有权的人无所不能。在这种社会心态下，不论是行政管理人员、执法人员，还是普通老百姓；不论是文化程度较高的知识分子，还是文化程度较低的工人、农民和其他劳动者，人们无论遇到什么事，往往首先想到的是"关系"而不是"法律"，都希望通过"关系"找个有权的人"说说情"，希望通过有权的人的影响力促成自己想办的事或者阻止不利于自己的事。即使是明知触犯了法律，要希望通过"关系"使执法人员对自己"网开一面"。在国家大力推进全面依法治国的社会环境下，许多公民特别是一些领导干部，仍然认为依法治国是用法律来管理社会、管理别人，而不是甚至不愿意用法律来管自己。这种淡漠法律的社会意识形态，给自觉地遵守法律和严格地执行法律造成了很大的思想障碍，使法律的遵守和执行在很大程度上不能不依赖于强有力的法律监督机制。

权力本位的另一个特点是对权力的崇尚反过来刺激着权力的膨胀，加剧了权力的滥用。孟德斯鸠指出："一切有权力的

第二章 检察权的性质

人都容易滥用权力,这是万古不变的一条经验……从事物的性质来说,要防止滥用权力,就必须以权力制约权力。"[1] 孟德斯鸠的这段话,正确地揭示了权力运行的基本规律,被认为是现代法治国家宪法制度的理论支撑。的确,权力本身具有支配他人意志和行为的力量,具有被滥用的扩展性。权力通常"被理解为实现强制服从的能力"[2]。权力的本性是在一种意志与其他意志相互作用的过程中强制他人服从自己的意志。权力的运行实际上是权力主体运用自己的强制力推行其意志的过程。由于意志本身所具有的无限扩展的主体性的支配力,权力的运行过程如果没有有效的监督制约,权力必然要被滥用。并且,仅仅或者主要依靠权力机关内部的自我约束是不足以防止权力滥用的。在我们的现实生活中,确实有一些有权的人"神通广大",能够在法律规定之外办成许多事情;确实有一些人通过有权的人的说情,使某些按照规定不能办或不该办的事办成了,或者使某些应该受法律处罚的人没有受到法律处罚或减轻了处罚。于是,权与法之间的冲突和较量,往往成为我国法治建设中时常出现的一道风景线。

这种社会现实,迫使国家要实行法治就不得不设置一个专门的法律监督机关来监督和保障法律的实施,防止权力对法制的破坏。事实上,我国法律监督机关的创建、恢复和发展,每一步都是与我国法制建立、加强和发展同步出现的。新中国成立前后,在彻底废除旧法统、建立人民司法的过程中,《中央人民政府最高人民检察署试行组织条例》[3] 即于新中国正式成立两个月之后颁布施行。该条例明确规定,最高人民检察署

---

[1] 孟德斯鸠:《论法的精神》中译本上册,第154页。
[2] 《布莱克维尔政治学百科全书》,中国政法大学出版社1992年版,第45页。
[3] 现已失效。——编者注

负有"对政府机关、公务人员和全国国民之严格遵守法律"进行检察的责任。1954年宪法正式确认了检察机关作为国家法律监督机关的地位。从1957年下半年开始,政治生活中出现了"左"的思潮,法律监督机关首当其冲地受到了政治上的非难。而在以破坏国家法制为基本特征的"文化大革命"一开始,公、检、法三机关中首先被撤销的又是检察机关。1978年,当国家提出"加强社会主义民主、建设社会主义法制"时,检察机关亦被恢复,并再次用根本大法的形式确认了其法律监督机关的地位。这个历史说明,没有中国社会主义法制的发展,国家权力结构和社会生活中就没有法律监督机关的地位。同理,加强社会主义法制,实现依法治国,也离不开法律监督机关的发展和法律监督权的强化。

2. 中国执法和司法队伍的现状本身需要法律监督

我们国家在建设社会主义法治国家的进程中面临的另一个不容忽视的现实是执法和司法队伍的现状。

从实行法制的司法环境上看,中国目前还缺乏一大批崇尚法律、精通法律的司法人员队伍,并且还没有完备的造就这样的司法人员的司法制度。就法治的发展阶段而言,中国目前还不能说已经进入了法治国家,只能说我们正在建设法治国家,尚处在法治还不够完备的阶段。司法人员的高薪制和职业化、司法权行使的独立性,这些维持和保障司法廉洁和公正的不可或缺的条件,我们尚不完全具备。相反,中国的司法制度长期形成的现状是:(1)司法权的地方化。我国的地方各级司法机关长期隶属于地方权力机关,司法机关的人、财、物主要是由地方管理和供给,各级地方司法机关都由同级地方权力机关产生并对地方权力机关负责。这种状况,与单一制国家法制统一的要求之间,总是存在着或多或少的矛盾。特别是在经济体制改革和市场经济的建设过程中，本地经济发展的状况对本地社会生活的各个方面都会产生重大的影响。地方保护主义不仅渗透在地方行政权力的行使中，渗透在地方经济管理活动中，而且不可避免地要渗透到司法机关的执法活动中。在这种状况下，要保证国家法律的统一实施，就必须有一个专门的法律监督机关，监督地方各级司法机关正确执行法律，防止为了地方利益而不公正地适用法律。（2）司法人员的大众化。我国长期以来把司法人员混同于一般国家工作人员，只强调法官检察官的"国家干部"身份，而不关注其职业的技术性和专门化。在制度设计上，司法人员的选任缺乏严格的资格限制，司法人员的工资福利与其他国家工作人员一样，司法人员的职业缺乏保障。这种制度长期实行的结果，造就了一大批大众化的司法人员。大众化的司法人员，缺乏对司法职业必要的神圣感，缺乏强有力的自律动力，容易产生趋众心理，心甘情愿地混迹于世俗关系之中，而对司法的职业要求和职业纪律无所顾忌，甚至某些司法人员自身也乐于利用职务上的便利，寻求更多的可运用和可支配的社会关系资源；大众化也使司法人员在来自社会的各种诱惑面前没有可以抵御人情、关系、私欲等侵蚀司法公正的超凡脱俗的盾牌，以致社会上有什么腐败现象，司法人员中间就可能出现什么样的腐败。另外，大众化的司法人员操持着非大众化的权力。具有大众化的身份和意识而缺乏职业保障的司法人员，司掌着关系到公民权利生杀予夺的并且有很大自由裁量余地的司法权。这种巨大的反差，使司法人员有更多的理由和机会用司法权来牟取私利，以追逐社会上物质生活和文化生活的时尚，而把司法的公正与否置于社会一般价值的层面。（3）司法管理的行政化。司法机关在内部管理上，长期实行行政化的管理模式，司法人员在各个方面都要听命并服从于自己的行政长官。在这种管理模式下，司法人员办理案件很难做到"只服从法律"。尽管随着司法体制改革的不断深入，这些问题正在逐步受到重视，并部分地得以解决，但制度性的问题并没有从根本上解决，这种状况还将在一定时期内长期存在。

正是由于这些制度性问题的存在，在我们的法治实践中，司法腐败和执法不公现象，是一个不争的事实，甚至在某些地方还是一个人民群众反映强烈的社会问题。一些行政执法机关和司法机关有法不依，执法不严、不公，利用执法权牟取个人或小单位私利的现象时有发生。不仅如此，无论是从理论上分析还是从社会现实中看，导致执法不公、司法腐败的原因，不是一天两天、一年两年能够彻底清除的，司法制度不可能通过一次两次改革就十分完善，司法人员队伍更不可能一夜之间就变得十分纯洁。这种客观现实，决定了执法不公和司法腐败的现象将会长期存在。

我们国家司法腐败和执法不公现象长期存在的现实，使专门的法律监督机关的设置，在我国，对保障法律的正确实施，对于消除和遏制司法腐败，对于防止司法权的滥用和误用，对于维护司法公正，具有特别重要的意义[1]。可以说，社会现实决定了我们国家设立法律监督机关的客观需要，是法律监督机关独立存在的现实根据。因此，我们有充分的理由认为，在中国，法律监督机关的独立设置和高效运行，是中国国情所决定的依法治国的必然要求和必要保障。

---

[1] 随着监察法的颁布和国家监察委员会的设立，检察机关职务犯罪侦查权移交给国家监察委员会，但随之而来的刑事诉讼法修改时又赋予检察机关对司法人员职务犯罪案件的侦查权。如果说所有国家工作人员的职务犯罪案件都由检察机关立案侦查过于宽泛，检察机关力不从心，那么把司法人员职务犯罪的案件交由检察机关立案侦查，就更加凸显了检察机关在法律实施中的法律监督职能。

3. 检察机关是中国国家机关中最适格的法律监督机关

以上论证了法律监督机关的存在，不仅具有理论上的合理性，而且具有实践上的合理性。但是如何设置法律监督机关，却是一个仁者见仁智者见智的问题。有的认为，人大本身就是法律监督机关，法律监督权应当由人大来行使；有的认为应当另外设立一个法律监督机关，专门行使法律监督权；有的认为把检察机关作为国家的法律监督机关，由检察机关来行使法律监督权是最佳的选择。这个问题确实值得进一步研究。

笔者认为，在中国现有的政治框架内，把检察机关作为国家的法律监督机关并赋予其法律监督权，无论是从制度经济的角度看，还是从权力行使的有效性上看，都应当说是最为适当的。其理由如下：

第一，检察机关在履行法律监督职能方面已经积累了丰富的经验。

新中国成立以来，检察机关始终是作为国家的法律监督机关来建设的。特别是检察机关恢复重建以来，伴随着国家法制建设的加强，全国各级检察机关在履行法律监督职能的过程中，严格遵守和执行法律，认真查办各类刑事案件、全力遏制职务犯罪，努力维护国家法律的尊严，在维护法律统一正确实施方面发挥了法律监督机关特有的职能作用。同时在这个过程中检察机关也积累了关于如何做好法律监督工作的丰富经验，在全国各级检察机关中健全了监督机构，培养和锻炼了一大批业务骨干，形成了一支数量可观的法律监督队伍。这些经验、机构和人才，是我们国家进行法律监督的宝贵财富。如果说，在中国，必须有一个专门的法律监督机关，那么，我们没有理由不珍惜这支队伍和这些经验。

那种主张法律监督权统一由人大行使，在人大建立一个常设的法律监督机关来监督法律的实施的观点，本身在理论上就是不能成立的。因为人大是国家的权力机关，而不是具体的办案部门。尽管人大享有监督宪法和法律实施的权力，但是人大的这种监督只是一种权力监督，即从权力来源方面如行政机关、审判机关、检察机关的机构设置、权限范围、行使权力的依据和规范、领导成员的选举任免等方面来对授权和监督其他各国家机关遵守和执行法律的情况的，而不是对遵守和执行法律的具体情况的监督。如果让人大来行使对具体的执法活动和违法案件的监督，就有把国家权力机关降格为具体的办案部门之嫌，就可能削弱人大在国家权力结构中作为国家权力机关的宪法地位，就可能使国家权力机关陷入具体的案件审理之中，从而转移人大的工作重心，改变人大的宪法定位。如是，既有损于国家政权建设和法治建设，也不利于法律监督权的充分行使。

即使是在人民代表大会下设置一个监察委员会来专门行使对公职人员的职务违法和职务犯罪进行监督，也不可能完全替代检察机关对法律实施情况的法律监督。因为法律实施的范围远不止于公职人员的职务违法和职务犯罪。监察委员会的监督与检察机关的法律监督都是人民代表大会统一行使的国家权力中的一个部分，具有相互独立、互为补充的功能。

第二，把检察机关作为法律监督机关能够保证法律监督权的有效行使。

检察机关最基本的权力是公诉权，公诉权本身就决定了检察机关最有条件、有能力胜任法律监督的职责。与其他任何国家机关相比，由检察机关行使法律监督权最有可能有效地发挥监督作用。首先，检察机关的公诉职能使检察机关有可能对一切社会活动主体严重违反法律以致构成犯罪的行为进行追诉，并且这种追诉活动由于国家权力的支撑,能够有效地引起人民法院的审判,导致犯罪人的刑事责任,从而有力地维护国家法律的尊严、保障法律的遵守。如果没有追究刑事责任的手段,法制宣传也好,说服教育也好,行政处罚也好,都不足以引起违法者的足够重视,从而也就难以有效地完成监督公民和法人遵守法律的任务。其次,检察机关直接参与诉讼活动,通过审查公安机关侦查终结的案件和出庭支持公诉的活动,可以亲自了解和发现诉讼过程中可能出现的违反法律规定的执法行为,并且能够直接运用法律赋予检察机关的诉讼监督权力要求公安机关和人民法院纠正违法行为,从而有效地对适用法律的情况进行监督。如果是在诉讼环节之外另设一个专门的监督机构,或者由人大或其他国家机关来监督适用法律的活动,则会由于这种监督主体没有机会和条件深入诉讼过程而难以发现诉讼过程中的违法行为,难以实现法律监督的任务。如果其在诉讼过程结束之后,对一个个案件进行审查以求从中发现有无违法行为,则会出现事倍功半的效果。最后,检察机关作为独立于国家行政机关、审判机关之外的国家机关,无论是对国家工作人员的职务犯罪行为进行侦查,还是对公安机关、审判机关和刑罚执行机关以及其他执法机关的违法行为提出纠正意见,都会引起监督对象的足够重视。而普通公民或法人尤其是执法对象和诉讼当事人对执法活动中出现的违法行为提出的批评意见或申诉,由于缺乏国家权力作后盾,在权力本位主义长期盛行的社会环境下,很难引起有关执法单位和执法人员的足够重视。与之相比,检察机关的监督无疑是更有效的监督。

　　基于以上理由,笔者认为,在中国,必须有一个专门的国家机关来监督法律的实施,而把检察机关作为国家的法律监督机关,是各种可能的方案中最为可取的、最具合理性的。可以说，把检察机关作为国家的法律监督机关来设置的合理性，深深地植根于中国的特殊国情之中，是建设有中国特色社会主义法治国家的客观要求和理性选择。

正如有的学者指出的，将检察机关定位为法律监督机关，是党和国家根据我国的政治制度和基本国情作出的重要制度安排，是马克思主义权力监督制约理论和法治建设理论与中国实际相结合的产物。[1] 在中国特色社会主义进入新时代，检察机关具体职能作出调整的背景下，坚持检察机关宪法定位，彰显了中国特色社会主义政治体制、司法体制的鲜明特色。因为坚持检察机关法律监督宪法定位是坚持马克思恩格斯民主监督思想和列宁法律监督思想的体现，是由我国政治体制所决定的，是全面依法治国和新时代检察工作发展的要求。[2]

正是基于以上理由，在法学界对检察机关的法律监督性质质疑之声络绎不绝的情况下，在中华人民共和国监察法已经通过、国家监察委员会已经成立的情况下，2018年修改的中华人民共和国宪法和人民检察院组织法依然重申了"人民检察院是国家的法律监督机关"的规定。不仅如此，为了确保检察机关依法履行宪法法律赋予检察机关的法律监督职责，中共中央于2021年6月15日专门印发了《关于加强新时代检察机关法律监督工作的意见》。在2022年10月16日召开的中国共产党第二十次全国代表大会上，习近平总书记在报告讲到坚持全面依法治国，推进法治中国建设时，再次特别强调"加强检察机关法律监督工作"。这些权威性的表述，都意味着检察机关肩负

---

[1] 参见朱孝清：《国家监察体制改革后检察制度的巩固与发展》，载《法学研究》2018年第4期。

[2] 参见孙谦：《新时代检察机关法律监督的理念、原则与职能》，载《人民检察》2018年第21期。

着法律监督的政治责任和历史使命，意味着检察权的法律监督性质。

三、从检察权的具体职能看检察权的性质

在汉语中，"检察"就是检查督促的意思[1]。所谓"察院"，在唐代，就是监察御史的官署。明代把御史台改为都察院，简称察院[2]。而御史台和都察院，都是专司监察弹劾官吏、参与审理重大案件的官署。在历史起源上，中国古代的御史制度起源于监理督察朝廷内外、地方诸官的违法事宜。御史台和都察院，实际上就是专门行使监督职能的国家机关，具有维护皇帝颁布的法律统一实施和监督行政权力、审判权力正确行使的功能。只不过中国古代对官吏的监督是皇权之下的行政监督，与现代检察所具有的法律监督，在性质上不可同日而语。

在现代西方国家，尽管各国检察机关享有的法定权力并不完全相同，但是任何国家的检察机关都有一个最基本的共同的职权即公诉权。除了公诉权之外，检察机关一般拥有指挥侦查权、监督判决执行权、监督监狱行刑权等监督司法活动或诉讼活动的权力。许多大陆法系国家的法律还赋予检察机关以广泛的法律监督权。在法国，总检察长的主要职责是"对国家整体执法活动进行监督"。检察机关的职权，除了在刑事诉讼中行使侦查、起诉、支持公诉和指挥刑事裁判的执行等职权之外，还享有广泛的监督权，其中包括：（1）监督司法辅助人员；（2）监督检察书记官；（3）监视司法救济制度的营运；（4）监督户政官员；（5）对私立教育机构的监督；（6）对公

---

[1] 按照《辞源》的考证，"检察"一词最早出自《后汉书·百官志》五："里魁掌一里百家。什主十家，伍主五家，以相检察。"《晋书·曹攄传》："时天大雨雪，宫门夜失行马，群官检察，莫知所在。"——《辞源》，第1642页。

[2] 《辞源》第860页。

立精神病院的监督；（7）对开设咖啡店、酒店等特种营业的资格审查；（8）对新闻、杂志等定期刊物进行审查；等等。[1]"检察机关还对预审有监督权。这种监督权表现在许多方面。检察机关可以随时要求向其报送预审案卷。"[2] 检察官可以作为一名监督人或法庭之友出庭。检察官"在所有案件中，他主要关心的是法律应被正确地解释和运用。在最高法院上如果法律的解释有问题的话，总检察长可以提请最高法院注意低级法院的判决，这些判决可能需要适当地检查。在所有的法院，由公诉人作出的解释，对法庭具有说服力"[3]。在德国，检察机关介于司法机关和行政机关之间，在业务上独立行使职权，"具有一定的法律监督和保障国家法律统一实施的职能"。除了对刑事诉讼的侦查、审判和执行具有广泛的监督职能之外，"对律师执法活动的合法性，也负有一定的监督职责"。《葡萄牙检察署组织法》明确规定，检察机关具有"监督司法官员的工作；在自身权限内，维护法庭的独立，并监督司法职能依照宪法和法律进行"；"监督常规法律的合宪性"等职权。检察机关享有的这些职权，也表明西方国家的检察权也具有法律监督的性质，只是不像中国这么突出而已。

在中国，检察机关除了具有公诉权之外，法律还赋予其其他重要的职权，即部分犯罪案件的侦查权、决定和批准逮捕

---

[1] 我国台湾地区学者黄东熊认为，法国检察官有十项干预监督职权，其中包括：(1) 对司法辅助人员之监督；(2) 对书记课之监督、检查；(3) 监视司法救济制度之营运；(4) 对户政官员之监督；(5) 对私立教育机构之监督；(6) 对无谋生能力者，及无保护人者之保护；(7) 对盈余分配程序，及破产与审判上清算之监督；(8) 对公私立精神病院之监督；(9) 对开设咖啡店、酒店等特种营业之资格审查；(10) 对新闻纸、杂志等定期刊物之审查等。

[2] [法] 卡斯东·斯特法尼等：《法国刑事诉讼法精义》（上），罗结珍译，中国政法大学出版社1998年版，第134页。

[3] 参见 [英] 戴维·M. 沃克：《牛津法律大辞典》，光明日报出版社1988年版，第610页。

权、诉讼监督权、公益诉讼提起权等。诉讼监督权具有法律监督的性质，是不言而喻的。其他职权是否具有法律监督的性质，尽管学术界存在着不同的看法，但是笔者认为，其法律监督的性质是不容置疑的。

（一）公诉权的法律监督性质

公诉权，从其功能作用上看，它的显著特征就在于其具有法律监督的性质。公诉的对象是犯罪。犯罪包括两种情况：一种是一切社会活动主体都可能实施的严重违反法律构成犯罪的各种行为；另一种是依照法定职责行使国家权力或公共管理职能的国家工作人员在职务活动中实施的严重违反法律构成犯罪的行为。无论对哪种犯罪主体提起公诉，都具有三个方面的功能：一是通过对犯罪的刑事追究，使行为人痛切地感受到犯罪行为在危害社会的同时也必然地会给自己带来不利的法律后果，强迫其尊重和遵守法律；二是通过对犯罪的刑事追诉，防止违法状态继续存在，比如，防止犯罪人逍遥法外，防止抢劫、盗窃、诈骗、贪污、受贿等犯罪所得继续控制在犯罪人手中，从而剥夺犯罪人希望从犯罪中得到的好处；三是教育一切社会活动主体自觉遵守法律，促进法律的正确实施。因此刑事诉讼中的公诉活动，从国家法治建设的角度看，其本身具有监督法律实施、维护法律尊严的功能。这种功能表明公诉权具有法律监督的性质。公诉权的这种性质，可以从以下几个方面得到证明：

第一，公诉权的基本功能是维护法律的遵守和保障法律的实施。

公诉权是一种追诉权。公诉机关在查清犯罪事实的基础上，有权代表国家提请法院追究犯罪人的刑事责任。这种提请追究刑事责任的活动本身，既是国家对违反法律情况所进行的具有法律效力的监督,也是对国家法律不可侵犯性的宣示和维护。追诉权的有效行使,必然引起追诉对象的刑事责任,从而使犯罪人受到应有的法律制裁。公诉权所能产生的这种法律效果,在社会心理包括犯罪人的心理上能够促使人们尊重法律,能够抑制违反法律的冲动,从而达到维护法律尊严、促使人们遵守法律的结果。这是侦查活动所不具有的功能。正是公诉权所具有的国家追诉功能,使它在性质上有别于仅仅具有查明事实功能的侦查权,使它在维护国家法制方面担负着法律监督的使命。

并且,公诉权的国家强制性和依照法定程序行使的规范性,使它区别于一般社会活动主体对法律实施情况所进行的任意性监督和国家权力机关的宏观监督,是一种依照法定职权对具体对象进行的法律监督。

第二,公诉权在依法治国中具有主动纠察的"法律宪兵"的功能。

依法治国的关键是在治理国家的活动中严格"依法",而运用国家权力监督法律的遵守和执行是"依法"的基本保障。通过追究违反法律的人的法律责任的方式,督促一切社会活动主体遵守和执行法律,正是依法治国的重要环节。

追究违法者的法律责任,最终要通过审判权的运用来实现。但是在现代法治国家,审判权只是一种被动的裁判权。审判机关只能在公诉机关提起公诉的前提下行使审判权,而不能主动运用审判权来追究犯罪人的刑事责任。没有公诉权的实际运用,审判权就不能发挥制裁犯罪人的作用。并且,审判权行使的范围要受到公诉权的制约,审判机关只能对公诉机关提起公诉的被告人及其犯罪事实进行审判。审判机关既不能自行决定审判的对象,也不能自行选择审判的范围。因此在法治建设中，审判权并不具有法律监督的功能。

与审判权的被动性相反，公诉权是一种具有自主追诉性质的国家权力。公诉机关可以对任何违反法律构成犯罪的行为和行为人进行追诉。因此公诉权的触角可以触及任何领域的犯罪行为，无论哪里，只要有犯罪发生，公诉机关都有权在查明案件事实的基础上依法提起公诉，通过追究刑事责任的方式遏制犯罪行为的继续和危害结果的蔓延，以维护法律的尊严，恢复正常的法律秩序。这种主动纠察的功能是审判权所不具有的，同时又是法律监督权最基本的功能和最显著的特征。

有的学者指出："在现代检察制度中，检察官的基本职责是维护国家的法制，主要采取刑事追诉的手段，同一切破坏法制的行为作斗争。"[1] 这也说明，公诉权的价值取向是通过追诉手段同一切破坏法制的行为作斗争。

第三，公诉权本身具有监督侦查权和审判权依法行使的功能。

一方面，公诉机关的基本职责是对侦查机关侦查终结的刑事案件进行审查以决定是否需要提起公诉，并对提起公诉的案件出席法庭支持公诉。因此公诉机关通过审查侦查终结的案件能够发现立案侦查活动中存在的违反法律的情况；通过出席法庭支持公诉，有可能发现审判活动中存在的违反法律的情况和确有错误的判决裁定。而公诉活动的目的是对违反法律构成犯罪的行为进行追诉，如果公诉机关在公诉活动中发现侦查活动和审判活动中存在着违反法律的情况而不提出纠正意见，那就违背了公诉活动的宗旨，因此公诉机关有责任并且必须对侦查活动和审判活动中可能存在的违反法律的情况进行监督，监督

---

[1] 龙宗智：《检察制度教程》，法律出版社2002年版，第33页。

侦查权和审判权的依法行使也就成了公诉权的应有之义。

有的学者指出：检察机关在刑事诉讼中"要求公安机关说明不立案的理由、审查批捕及通知公安机关纠正违法情况、向人民法院提出纠正意见等，都是诉讼中应有的制约机制"；"请求法院正确定罪量刑、对法庭的违法行为提出意见、对判决裁定提出抗诉等，都是公诉权中的必然含义"，"是一个公诉机关所必须拥有的最基本的权力"。[1] 无论是要求公安机关说明不立案的理由，还是通知公安机关纠正侦查活动中的违法情况；无论是对法庭的违法行为提出纠正意见，还是对人民法院的判决裁定提出抗诉，其目的都是纠正违法以维护法律的正确实施，因而都具有法律监督的性质。这些权力之所以是公诉机关"必须拥有的最基本的权力"，无非是因为，公诉权作为一种国家追诉权其本身包含着监督法律正确实施、维护法律尊严的性质，其内在的需要具有对侦查和审判活动中可能存在的违法情况进行监督的权力。这种性质恰恰说明，享有公诉权的检察机关是国家的法律监督机关而不是单纯的诉讼主体。

另一方面，公诉权作为从审判权中分离出来的一种独立权力，它的独立存在以及检察机关的独立设置，本身就意味着对审判权的制约。这种制约主要表现在三个方面：一是限定审判的范围。审判机关对公诉案件的审判必须以检察机关起诉的事实为对象，不能在起诉事实之外对起诉书中没有提出指控的任何人、任何事进行审判。二是渗透审判的全过程。检察机关不仅仅是提起公诉，对于提起公诉的案件，检察机关有权参加法庭审理的整个过程，有权在审判过程中进一步阐述自己的公诉主张，提供证据、与辩护方展开法庭辩论，有权根据法庭调查

---

［1］ 陈卫东：《我国检察权的反思与重构》，载《法学研究》2002 年第 2 期。

的情况变更诉讼主张。检察长按照法律规定还有权列席审判委员会的会议。其目的既是贯彻自己的公诉主张，更是监督审判活动的合法性。三是对审判结果进行监督。对于确有错误的判决裁定，检察机关依法享有监督权。这种监督权，既表现在对尚未生效的一审判决裁定按照二审程序提出抗诉的权力，也表现在对已经生效的判决裁定按照审判监督程序提出抗诉的权力。这种权力再明确不过地说明公诉权所具有的法律监督性质。

第四，公诉权行使的目的在于维护法律的尊严。

从现象上看，公诉和自诉都是请求法院制裁犯罪人的活动。但是为什么要提请法院制裁犯罪人？公诉与自诉的目的是不同的。自诉人请求法院制裁犯罪人的目的是确认被侵犯的事实，以便保护自己的权利、抚慰自己心灵的创伤或者发泄愤怒的感情。但是公诉并不涉及公诉人个人的权利、利益或情感问题，公诉机关提请法院制裁犯罪人的目的是通过制裁犯罪人揭示法律的不可违反性，维护法律的尊严，保障法律的实施。

这种目的的不同决定了公诉与自诉的显著区别：

第一，起因不同。自诉的起因是当事人自己的合法权利受到了犯罪行为的侵犯。如果不是案件中的被害人或其近亲属，即使有犯罪行为发生，也不能向法院提起自诉。而公诉的起因是法律秩序遭到了破坏。只要有人实施了法律禁止的行为并且这种行为依法应当追究刑事责任，公诉机关就有权向法院提起公诉，要求法院追究犯罪人的刑事责任。

第二，立场不同。自诉人是站在个人的立场上提起诉讼的，因此它只需要收集和提供能够证明被告人有罪的证据就可以了。而公诉机关是站在国家的立场上，为了维护国家法律的尊严，为了恢复遭到破坏的法律秩序而对犯罪嫌疑人提起诉讼的，因此它必须全面地收集和审查证据，确信有犯罪事实的存在并且确信有追究刑事责任的必要时，才可以提起诉讼。对于能够证明被告人无罪或者罪轻的证据，公诉机关有义务如实地向法庭提供，而自诉人则没有这种义务。

第三，目标不同。自诉人提起诉讼的目标是给自己讨个公道或者报复对方或者寻求赔偿。因此自诉人在诉讼过程中往往极力追求胜诉的结果，所关注的主要是法庭是否判定被告人有罪。公诉机关提起诉讼的目标是伸张法律正义。因此公诉机关在诉讼过程中所追求的是公正，一方面极力使有罪的人依法受到应有的追究，另一方面也努力保护无罪的人不受法律追究，对于公安机关侦查终结移送起诉的案件，认为不应当追究刑事责任时，有权作出不起诉的决定。特别是在发现公诉对象没有实施所指控的犯罪时，公诉机关有义务撤回公诉。公诉活动所关注的是法律秩序是否得到了维护，法律正义是否得到了伸张，而不是公诉机关自己的权利和利益是否受到了保护。正是这些区别，使公诉不仅具有启动审判程序的功能，还具有自诉所不具有的维护法律被切实遵守、保障法律实施的功能。这些区别也使公诉机关和公诉人在国家法治建设中扮演着法律监督者的角色。

以上理由说明，尽管在诉讼领域公诉只是诉讼的一个环节，但是在国家法治视野中，公诉权承载着法律监督的重任，具有维护法律的功能。对此，有的学者可能会反诘到：既然公诉权具有法律监督的性质，那么把检察机关称为公诉机关不就可以了，还有什么必要非得称为法律监督机关；为什么西方发达国家不把检察机关称为法律监督机关？

回答这个问题，至少有如下三个理由：

第一，公诉权具有法律监督的性质，并不是对中国公诉权牵强附会的引申，而是具有普遍意义的结论。正如西方学者指出的："在刑事诉讼中，公诉人决定是否提请公诉……在民事案件中，公诉人以自己的名义或以政府代理的名义起诉，也可以作为一名监督人或'法庭之友'出庭。但在所有的案件中，他主要关心的是法律应被正确地解释和运用。如果法律的解释有问题的话，总检察长可以提请最高法院注意低级法院的判决，这些判决可能需要适当的检查。在所有法院中，由公诉人作出的解释，对法庭具有说服力。"[1] 可见公诉权的行使对于监督法律正确实施的意义，具有一定的普遍性，并不是只有中国的公诉权才具有法律监督的性质。

第二，西方国家之所以不把检察机关称为法律监督机关，只是由于西方发达国家监督法律适用的需求不像中国这样明显、这样迫切，检察机关的工作重心主要集中在公诉职能方面罢了。即使是单纯的公诉机关，也不意味着就没有法律监督的职能。公诉是对国家追诉犯罪的活动的外在形式的表述，而法律监督是对其本质属性的表述，二者之间并没有根本性的矛盾和冲突。不能说，承认检察机关是公诉机关，就必须或必然否定检察机关是法律监督机关。西方学者也没有断然否定其检察机关具有法律监督的职能。

第三，在中国，之所以要把检察机关称为法律监督机关，而不能视为单纯的公诉机关，是因为检察机关除了履行公诉职能之外，还担负着其他方面的监督职责，具有公诉权所不能完全包括的内容。例如，法律赋予检察机关的对人民法院的民事诉讼活动和行政诉讼活动进行法律监督的权力，对人民警察的执法活动进行法律监督的权力，对刑罚的执行活动实行法律监

---

[1] [英]戴维·M. 沃克：《牛津法律大辞典》，光明日报出版社1988年版，第610页。

督的权力，以及其他方面的监督权力，这些权力都是公诉机关所不具有的职权，并且，这些权力具有明显的法律监督的性质。由于这种情况的存在，把中国的检察机关定位为公诉机关，至少是不全面、不准确的，因而有必要用法律监督机关的称谓来定义检察机关的法律性质，以便涵盖法律赋予检察机关的各项监督法律实施的权力。

（二）检察侦查权的法律监督性质

长期以来，法律赋予检察机关行使部分职务犯罪侦查权。随着国家监察委员会的成立，法律对检察机关的侦查权作了一些调整。按照现行刑事诉讼法的规定，检察机关依然行使着部分侦查权，如人民检察院在对诉讼活动实行法律监督中发现的司法工作人员利用职权实施的非法拘禁、刑讯逼供、非法搜查等侵犯公民权利、损害司法公正的犯罪，可以立案侦查；对于公安机关管辖的国家机关工作人员利用职权实施的重大犯罪案件，需要由人民检察院直接受理的时候，经省级以上人民检察院决定，可以立案侦查；人民检察院审查案件，对于需要补充侦查的，可以退回公安机关补充侦查或者退回监察机关补充调查，也可以自行侦查。这种侦查权本身具有法律监督的性质是不容置疑的。其理由主要是：

第一，侦查权不是一种独立的权力。有的学者质问：说检察机关的侦查是法律监督，为什么公安机关对违法犯罪行为的发现、证明、检举即侦查、追诉就不是法律监督呢？[1]类似这样的质问，都涉及一个对侦查权的看法问题。其实，侦查，说到底，只是发现犯罪行为存在的一种手段，一种带有一定强制性的调查手段。这种调查手段是谁都可以用的，侦查权在国家

---

[1] 陈卫东：《我国检察权的反思与重构》，载《法学研究》2002年第2期。

第二章 检察权的性质

权力结构中不是一种独立的权力。我们知道,检察权有自己的内涵,它是只能由检察机关来行使的;行政权也有它的特色,只能由行政机关来行使;审判权同样具有自己的特定内涵,只能由审判机关来行使。而侦查权,它有没有自己的独立性呢?它只能由哪个机关来行使?从世界范围内来看,规定是不一样的;从我们国家的情况来看,也是不一样的。我们法律规定可以行使侦查权的,至少有六个:检察机关可以行使侦查权,公安机关可以行使侦查权,国家安全机关可以行使侦查权,海关可以行使侦查权,监狱部门可以行使侦查权,军队保卫部门也可以行使侦查权。此外,国家监察委员会对职务犯罪案件的调查权也相当于侦查权(因为监察委员会可以行使"留置"这种带有强制性限制人身自由的权力)。我国香港五个纪律部队都可以行使侦查权。实际上,侦查是一种调查的方法,这种职权赋予哪个机关就由哪个机关行使,它本身并不具有独立权力的品格,所以不好笼统地说侦查权是不是法律监督权,也不好笼统地说侦查权是司法权还是行政权或是别的什么权力。有的人强调侦查权就是行政权,那么法国由预审法官来行使侦查权又如何解释呢?法国多年来,侦查权都是由预审法官来行使的。因此,抽象地谈论侦查权的性质是没有意义的。侦查权作为一种运用强制手段进行调查的权力,它的性质依附于调查的对象和行使权力的目的。只有在特定的语境下,结合侦查的对象、内容和目的,才能认识侦查权的性质。

第二,侦查的目的决定侦查权的功能和性质。侦查权为什么目的服务,就具有什么性质。检察机关享有的侦查权是否属于法律监督权,并不在于这种权力本身具有什么样的性质,而是在于它为什么目的服务。如果行使侦查权的目的是及时发现执行法律的活动中存在的违法行为,那么,它就具有维护法律统一正确实施的功能；如果行使侦查权的目的是发现危害国家安全的犯罪活动，那么，它就具有维护国家安全的功能；如果行使侦查权的目的是发现走私行为，那么，它就具有维护国家关税安全的功能。这些不同的功能意味着侦查权在不同的场合具有不同的性质，可以为不同的目的服务。正是在这个意义上，我们说，检察机关的侦查权具有法律监督的性质，因为检察机关的侦查权不是泛指针对所有案件的侦查，而是特指对法律实施过程中某些职务犯罪，特别是司法人员在司法活动中实施的职务犯罪的侦查，是为维护法律的正确实施这个目的服务的。如果不考虑侦查权行使的目的，抽象谈论侦查权的性质，那就很难说它是否具有法律监督的性质。

第三，侦查对象的特殊性本身反映侦查权的性质。按照中国法律的授权，检察机关直接立案侦查的对象，以前是国家工作人员的职务犯罪（这种规定过于宽泛），现在主要是司法工作人员利用职权实施的某些侵犯公民权利、损害司法公正的犯罪。这些犯罪直接危害到国家法律的正确实施，妨碍了司法公正。检察机关对这类犯罪立案侦查，正是为了维护国家法律的正确实施，具有明显的法律监督的性质。此外，按照法律的规定，对于公安机关管辖的国家机关工作人员利用职权实施的重大犯罪案件，需要由人民检察院直接受理的时候，经省级以上人民检察院决定，人民检察院可以立案侦查。所谓"需要由人民检察院直接受理的时候"，是指公安机关立案侦查这类案件可能受到行政机关的干预或者不便于开展侦查活动的时候。这时候，之所以需要人民检察院直接受理，也是因为人民检察院依法独立行使检察权，不受任何行政机关的干预，有可能依法独立进行侦查，有可能排除有关方面的干预，保证侦查活动的依法进行。这本身既对权力运行的制约与监督的需要，也是维护法律统一正确实施的需要。

(三) 批准逮捕权的法律监督性质

批准逮捕的权力,其本身就是为了控制侦查行为而设置的,具有监督侦查活动的功能和目的。侦查机关提请批准逮捕时,必须提供犯罪嫌疑人涉罪的证据并证明犯罪嫌疑人的行为已经构成了犯罪,可能判处有期徒刑以上刑罚,而检察机关是否批准逮捕,不仅必须审查侦查机关提供的证据是否真实、犯罪嫌疑人的行为是否构成犯罪,而且必须讯问犯罪嫌疑人以核实有关犯罪的事实,要询问证人、听取辩护律师的意见。这个过程,就使检察机关有可能了解侦查机关的活动是否合法。并且,《刑事诉讼法》第100条规定:"人民检察院在审查批准逮捕工作中,如果发现公安机关的侦查活动有违法情况,应当通知公安机关予以纠正,公安机关应当将纠正情况通知人民检察院。"这个规定进一步说明,批准逮捕的权力不仅具有控制侦查机关适用强制措施的功能,而且具有对侦查活动实行法律监督的功能。因此,法律赋予检察机关批准逮捕的权力,与检察权的法律监督性质是完全吻合的。

当然,批准逮捕的权力究竟应该由法院行使还是应该由检察机关行使,应当在国家司法制度基本框架内进行权衡。笔者认为,在中国现行的司法制度框架内,由人民法院行使批准逮捕的权力,既不符合权力制约的原理,也不利于对犯罪嫌疑人权利的保护。其理由主要有以下几点:

第一,由法院行使批捕权,与庭审改革的宗旨相悖。众所周知,我国庭审改革的宗旨是维护司法公正、保护被告人的人权。而庭审改革的具体措施正是减少法院在庭审前对案件进行实质审查的职权。这是因为法院是行使审判权的机关,审判的公正性来自它的中立性。特别是在以审判为中心的诉讼制度改革中，人民法院对审判的实质化提出了更高的要求。法院在开庭审理之前对案件事实了解得越少，越有利于减少审判人员的先入为主，越有利于发挥法庭调查的作用，越有利于控辩平等原则的贯彻。但是如果由法院来行使批捕权，法院必然要在法庭审理之前对案件进行实质审查，以确认"有证据证明有犯罪事实"，并且确认对犯罪嫌疑人"可能判处徒刑以上刑罚"，否则，法院就不敢、客观上也不能要求法院对关系到公民人身自由的逮捕问题轻易作出决定。法院的这种庭前对案件的实质审查，正是庭审改革所要改掉的。

第二，由法院行使批捕权，与审判权的中立性相悖。审判权是一种裁判权，审判权的行使要求法院在控辩双方之间居中裁判。但是如果由法院来行使批捕权，就使法院在审判之前陷于与审判结果的利害关系之中。因为按照我国国家赔偿法中规定的错案赔偿原则以及人民法院内部管理上实行的错案责任追究制，法院一旦经过审判宣告被告人无罪，很可能就意味着批捕权的不当行使，从而可能引起赔偿责任。这种情况本身就可能导致审判委员会为了保证批准逮捕决定的正确性而置法庭审理的情况于不顾。一旦审判委员会决定对某个犯罪嫌疑人批准逮捕，法院为了避免赔偿难免会千方百计地作出被告人有罪的判决。这对犯罪嫌疑人是极为不利的。基于我国国家赔偿法的规定，如果由法院来行使批捕权，在犯罪嫌疑人或被告人已被逮捕的案件中，法院为了避免承担赔偿责任，必然要尽可能地不宣告被告人无罪。这样一来，显然不是有利于保护犯罪嫌疑人或被告人的人权，恰恰相反，对保护犯罪嫌疑人或被告人的人权极为不利，甚至会损害司法公正。

第三，由法院行使批捕权，与权力制约的原理相悖。由于法院的裁判权具有终极性，如果由法院行使批捕权，这种批捕

第二章 检察权的性质

权的行使就难以进行有效的监督，被告人认为批捕权行使不当时就无处申诉。

第四，认为西方国家批捕权是由法院行使的，所以我国也应当把批捕权交给法院的观点，是建立在对西方刑事诉讼制度望文生义的基础上的。确实，许多西方国家的批捕权是由法院行使的，但是这种权力是由法院中的"治安法官"或者"预审法官"行使的。而这种治安法官或预审法官，除了违警罪，即相当于我国的不构成犯罪的违反治安管理的行为之外，并不负责对需要逮捕犯罪嫌疑人的犯罪进行审判。例如在英国，治安法院除了对刑罚不超过3个月监禁和2000镑罚金的简易罪进行审判外，还负有批准逮捕和搜查、对可诉罪进行预审的职责，但是对可诉罪进行一审的，不是治安法院，而是刑事法院。[1] 美国法院中的治安法官也只有批准逮捕的权力，而没有审判案件的权力。又如，在法国，预审法官的职责是"负责进行侦查"（《法国刑事诉讼法》第49条），有关预审法庭的职责和活动，在刑事诉讼法中被规定在"进行公诉及预审"卷中，而不是规定在"审判法院"卷中，具有审判职能的重罪法庭、轻罪法庭和违警罪法庭，都不具有批准逮捕的权力。并且，在这些国家的司法制度中，法官独立行使职权不受任何外来的干预，包括不受法院院长的干预。治安法官与审判法官之间并不存在主宰案件命运的共同上级。因此，从形式上看，批捕权是由法院行使的，但是实际上，批捕权与审判权是分离的。相反，在我们国家，刑事审判并没有实行预审法官与审判法官分离的制度，把批捕权交由法院行使，实际上必然导致批捕权与审判权合二为一的结果。因为我们国家是人民法院依法

---

[1] 参见肖扬主编：《当代司法体制》，中国政法大学出版社1998年版，第2—5页。

独立行使审判权,而不是法官依法独立行使审判权。即使我们可以学习西方国家,在法院内部设立一个专门行使批准逮捕权的机构,但是这样一个机构同样是在审判委员会的统一领导下行使职权的。审判委员会集体讨论决定重大疑难案件的制度,必然使批准逮捕与审判活动紧密地连接在一起,使批准逮捕的决定最终影响对案件的判决。这与西方国家批捕权与审判权分设的法理恰恰是相反的。

人民法院由于实行审判委员会制度因而缺乏法院行使批准逮捕权所赖以存在的制度基础。与之相反,批准逮捕的权力由检察机关行使,在我们的司法制度框架内,具有其制度合理性:

首先,检察机关没有最终决定犯罪嫌疑人有罪的权力,检察机关行使批准逮捕的权力必然会受到审判权的制约,从而有利于纠正错误和防止批准逮捕权的滥用。检察机关一旦对批准逮捕权运用不当,就可能导致检察机关承担赔偿责任。特别是随着司法责任制的贯彻落实,这在一定程度上可以促使检察机关谨慎地行使这种权力。

其次,随着检察改革的深入和人民监督员制度的试行,犯罪嫌疑人认为检察机关批准逮捕的决定不当,可以向人民监督员申请复议,要求检察机关改变错误的逮捕决定;犯罪嫌疑人或被告人还可以向法院提出申诉,获得法院的最后裁决。这些都有利于实现对犯罪嫌疑人的权利保护。因此,由检察机关行使批准逮捕的权力,在客观上就增加了对逮捕这种强制措施的救济渠道。而一旦把批准逮捕的权力交给具有决定案件命运的终极裁判权的法院来行使,这种救济渠道就荡然无存。所以说,法律把批准逮捕的权力赋予检察机关,有利于贯彻批捕权与审判权分离的原理,防止批捕权的滥用。

最后,批准逮捕权的行使是建立在对案件事实的实质性了解的基础之上的。因为我国刑事诉讼法规定的逮捕条件是"有证据证明有犯罪事实,可能判处徒刑以上刑罚的犯罪嫌疑人、被告人,采取取保候审尚不足以防止发生下列社会危险性"。只有实质性地了解案件事实情况,才有可能判断具体的犯罪嫌疑人是否符合逮捕的法定条件,进而作出是否批准逮捕的决定。这与检察机关所担负的审查起诉职能的要求是一致的。

当然,笔者并不认为由检察机关行使批捕权就是唯一的最好的选择,但是,与法院或其他任何机关行使批捕权相比,检察机关行使批捕权,至少在现行的司法体制下是更为适当的,因此不失为在我们的司法制度框架内最优化的权力配置。

四、法律监督的概念

我们讲检察权的性质是法律监督,必然带来的问题就是如何理解法律监督。一些反对检察权是法律监督权的学者,往往把法律监督理解为上级对下级的监督,认为检察机关具有法律监督权,就会凌驾于法院之上,成为"法官之上的法官"。一些学者虽然承认检察机关是法律监督机关,但是又认为法律监督的主体具有广泛性,并不是检察机关独享的一种权力。凡此种种,都反映了对法律监督的不当认识。因此,坚持检察权的法律监督性质,首先必须正确理解法律监督的含义。

(一) 法律监督的含义

在法学研究领域,经常有人望文生义地来理解"法律监督"的含义。如有的学者认为,"广义的法律监督是指由所有的国家机关、社会组织和公民对各种法律活动的合法性所进行的监察和督促"[1]"广义的法律监督泛指一切国家机关、社

---

[1] 乔克裕主编:《法学基本理论教程》,法律出版社1997年版,第316页;马新福主编:《法理学》,吉林大学出版社1995年版,第369页。

会团体和组织、公民对各种法律活动的合法性所进行的检查、监察、督促和指导以及由此而形成的法律制度。"[1] "所谓法律监督，是国家和社会对立法和执法活动进行的监视、督促，并对违法活动进行检举、矫正的行为的总称。"[2] 有的学者甚至认为，法律监督"是国家和社会对立法、行政、司法活动进行的监视、督促，并对一切违法行为进行检举、矫正、处分及对合法行为予以表彰、支持等行为的总称，是社会对法律活动的监督与国家对法律活动监督的集中反映。其目的在于维护法律的正确、统一的创制与实施。"[3]

这些观点，都有意无意地忽视了"法律监督"这个概念在中国法律中产生的历史背景和出现的具体语境，想当然地对法律监督给出一个看似科学的定义。有的学者甚至认为，"法律监督权的本质属性是国家依法控制、约束立法、执法机关及其工作人员的行为，并对其行为进行矫正的权力形式。这一权力形式外在表现为对立法行为的再立法（如撤销、废止），对行政管理行为的再管理（如处分、纠正），对司法行为的再制裁（如赦免、决定再审等）"。按照这种观点得出的必然结论，就是法律监督权的普遍性，并且在"三权分立"的国家体制中也存在着法律监督权。"在'三权分立'的国家体制中，立法、执行（行政）、司法作为国家权力的基本形式是独立而且相互平等的，在这种分权基础上进行制衡是可能的而且是必需的，法律监督权作为制衡制度中的一种手段贯穿于立法、执法、司

---

[1] 孙国华主编：《法理学教程》，中国人民大学出版社1994年版，第523页。
[2] 钟海让：《法律监督论》，法律出版社1993年版，第11页；汤志勇：《论检察监督与司法公正的相洽互适性》，载孙谦、张智辉主编《检察论丛》（第5卷），法律出版社2002年版，第50页。
[3] 洪浩：《检察权论》，武汉大学出版社2001年版，第110页。

法权的实施过程中。因此，在'三权分立'的国家形式中，法律监督权为立法者（议会）、执法者（总统及其政府）、司法者（法院）所共享，其没有最高及专门的法律监督机构也是极为正常的，也是符合其结构模式的。"[1] 在"三权分立"模式的西方国家，"法律监督权则是其主要而且常见的一种手段，它贯穿于立法、行政、司法互相关心之中。诸如议会对政府的决定、命令的撤销与制止，对法院审判案件的最终监督；而政府首脑享有对议会立法的批准、对法院最高法官的任免与免职；法院对议会成员及政府高官享有司法弹劾权，对议会的法令、政府的决定有最终的判断权。这一切均贯彻了法律监督权的内容，是法律监督权的表现"[2]。

这种观点，似乎在理论上也能自圆其说，但是不幸的是，事实上，我们在所能看到的有限的西方国家法学家们的著作中，只发现了关于权力制衡的论述，并没有哪位学者将权力制衡的模式解释为或理解为法律监督权模式，没有学者认为立法权、行政权和司法权同时也是法律监督权。这种结论，难免使人觉得是学者坐在书斋里奇思冥想的结果。至于谈到在社会主义国家为了解决立法权、行政权、司法权之间存在的监督真空问题，"就必须抽象出一个法律监督权形式，赋予其高于一般立法、司法、行政权的地位，对之实施监督，或者效仿'三权分立'模式赋予立法权、行政权、司法权互相实施法律监督的权能。因此，法律监督权作为一个高于立法、行政、司法权的上位权力形式而独立存在，是社会主义体制下'议行合一'模式必然的产物"[3] 的论断，更是没有事实根据的。即使是实

---

[1] 参见洪浩：《检察权论》，武汉大学出版社2001年版，第131页。
[2] 洪浩：《检察权论》，武汉大学出版社2001年版，第154页。
[3] 洪浩：《检察权论》，武汉大学出版社2001年版，第132页。

行"最高监督"的苏联检察机关,也是在最高苏维埃领导下进行监督的,也没有对国家的立法权进行监督的权力,更不用说中国的检察机关,根本就不存在作为高于立法权、行政权和司法权的上位权力的法律监督权。

事实上,"法律监督"作为中国法律中特有的一个专门术语,具有其特定的含义。

从宪法和法律的有关规定看,法律监督是指为了维护国家法制的统一和法律的正确实施,专门的国家机关根据法律的授权,运用法律规定的手段对法律实施情况进行检查督促并能产生法定效力的专门工作。"法律监督"的基本含义包括以下四个方面:第一,法律监督是对法律实施中严重违反法律的情况所进行的监督。法律监督是对法律实施情况的监督,至于哪些问题作为法律监督的对象,要由法律来规定。第二,法律监督是一种专门性的监督。检察机关的法律监督是中国特色社会主义监督体系中的一个重要组成部分。与其他各种形式的监督相比,检察机关的法律监督是一种专门性的监督。第三,法律监督是一种程序性的监督。法律对检察机关的法律监督规定了一定的程序规则,这些程序规则可能因监督的对象不同而有所不同。第四,法律监督是一种事后性的监督。只有当法律规定的属于法律监督的情形出现以后,检察机关才能启动法律监督程序,实施监督行为。[1]

(二) 法律监督的特征

关于法律监督的特征,笔者曾在《法律监督三辨析》[2]一文中指出:法律监督的特殊性主要表现在四个方面:

---

[1] 参见孙谦主编:《中国检察制度论纲》,人民出版社2004年版,第55—59页。
[2] 参见张智辉:《法律监督三辨析》,载《中国法学》2003年第5期。

第一，法律监督的主体具有唯一性。

我国《宪法》第62条规定了全国人民代表大会的16项职权，第67条规定了全国人民代表大会常务委员会的22项职权，第89条规定了国务院的18项职权，其中没有一个地方提到"法律监督"。整部宪法唯一提到法律监督的是关于检察机关定位的规定，即《宪法》第134条明文规定："中华人民共和国人民检察院是国家的法律监督机关。"可见，只有检察机关才是宪法规定的"国家的法律监督机关"，只有检察机关的监督才具有法律监督的性质。

2006年8月27日通过的《中华人民共和国各级人民代表大会常务委员会监督法》规定，进一步表明国家立法机关在这个问题上的基本态度。监督法共有九章48条，这里面也没有任何一个地方提到"法律监督"一词。由于监督法规定的是人大常委会的监督行为，所以其中没有任何地方提到法律监督这个概念，表明立法者并不认为人大的监督是一种法律监督，也表明立法者鲜明地把"法律监督"的概念只用于指称检察机关的性质。如果有人怀疑1982年宪法关于人大及其常委会职权的规定有疏漏的话，那么2006年的监督法应该说不存在这方面的任何疏漏。即使是在监察法通过后修改的2018年宪法，仍然坚持了检察机关是国家的法律监督机关的定位。所以，只有检察机关才能称为法律监督机关。

我国宪法和法律中对"法律监督"这个词的使用是非常准确和恰当的。因为从内容看，人大的监督和检察机关的监督是不同的，按照宪法和监督法的规定，全国人大是最高权力机关，它的权力体现在哪里？或者说它对法律实施的监督体现在哪些方面呢？对此监督法作了明确而具体的规定。在监督法通过的时候，全国人大法律委员会负责人答记者问时讲到，人大监督的重点是对重大问题的监督,包括听取和审议政府、法院、检察院的工作报告、财政预算报告、审计工作报告、对法律法规实施情况的检查、规范性文件的备案审查、对特定问题的调查,等等。这些与检察机关的监督形成鲜明的对比。检察机关的监督不可能介入上述领域,它是对具体案件和行为的监督。所以,人大作为一个权力机关,它是从宏观上对重大问题、重点事项的监督,而检察机关是对具体案件的监督。这是两个不同层次的问题。就监督的方式而言,人大监督主要是通过听取和审议、审查和批准、任免和罢免、询问和质询等方式进行。这些方式与其国家权力机关的定位是相适应的。而检察机关的监督是不可能通过以上方式进行的。从监督的效果看,检察机关不管行使哪一项权力,其作出的决定,虽然也具有法定性,但主要是启动程序的功能;而人大监督所作出的每一个决定,或者是指令性的,或者是决策性的,都具有实体处分的功能。

第二,法律监督的手段具有专门性。

从我国法律的现有规定看,法律赋予检察机关进行法律监督的手段,主要有对部分犯罪案件进行立案侦查,对公安机关立案侦查活动进行监督,批准逮捕,提起公诉包括提出量刑建议,对于人民法院确有错误的判决裁定进行抗诉,对于有关执法机关的违法行为通知纠正等。这些职权是其他机关所不享有的、保障法律监督有效进行所必需的。这种由专门的机关运用专门的手段所进行的法律监督是其他任何一种监督方式所无法替代的,也是法律监督在国家监督体系中具有重要意义的根本保障。

法律不仅赋予检察机关专门的监督手段,而且还给这些手段的运用设置了专门的法律程序。无论是人大监督、政党监督、民主监督还是舆论监督，都没有明确的程序规则，监督主体如何进行监督具有一定的随意性。但是法律对检察机关行使职权的活动规定了必要的程序，检察机关必须严格依照法律规定的程序进行法律监督，不得违反程序规则任意进行监督。这也是法律监督区别于其他类型监督的一个重要特点。

第三，法律监督的对象具有特定性。

如前所述，法律监督作为一种专门的监督，必须依照法律的授权进行。因此法律监督的对象范围是由法律明确规定的。

按照我国现行法律的规定，检察机关进行法律监督的范围主要是：依照法律规定对部分刑事案件行使侦查权；对刑事案件进行审查，批准或者决定是否逮捕犯罪嫌疑人；对刑事案件进行审查，决定是否提起公诉，对决定提起公诉的案件支持公诉；依照法律规定提起公益诉讼；对诉讼活动实行法律监督；对判决、裁定等生效法律文书的执行工作实行法律监督；对监狱、看守所的执法活动实行法律监督；法律规定的其他职权。检察机关只能根据现行法律的规定，对于法律规定的监督对象，运用法律规定的手段，并依照法定程序进行监督，不得任意扩大监督的范围。

第四，法律监督的效果具有法定性。

检察机关的法律监督，按照法律的规定要产生一定的法律效果。检察机关对有关刑事案件行使侦查权，必然会涉及对有关犯罪嫌疑人人身权利的限制。检察机关对报请逮捕的案件进行审查，认为对犯罪嫌疑人不应该逮捕从而决定不批准逮捕，必然引起公安机关立即释放被拘留的犯罪嫌疑人的法律效果；认为对犯罪嫌疑人应当逮捕而决定批准逮捕的，必然引起公安机关对犯罪嫌疑人执行逮捕的法律效果。检察机关对公安机关应当立案而不立案情况提出纠正意见，必然产生公安机关必须立案的法律效果。检察机关提起公诉的案件，必然引起人民法院依照法律规定的程序对被告人的审判；检察机关对人民法院的判决裁定提出抗诉，必然引起人民法院按照再审程序对生效判决裁定的再行审理；检察机关提起公益诉讼的案件，必然引起人民法院的审判活动。检察机关对判决裁定执行活动的监督也必然引起有关执行机关对执行活动的审查。这是法律监督与其他任何监督的显著区别之一。

但是，需要指出的是，法律监督并不是一个终极性的权力，它所能产生的法律效果是有限的。这是因为：首先，在社会主义监督体系中，各种监督尽管对象、范围和方式不同，但是互相促进、互相补充，构成了一个有机统一的整体。检察机关法律监督的作用不能被其他监督所替代，同样也不能替代其他监督的作用。只有综合运用各种监督，才能有效地保证法律的统一正确实施。其次，由于检察机关法律监督的范围是由法律规定的，因而对超出法定范围的违法现象，检察机关无权进行监督。同时由于法律监督具有规范性的特点，法律关于监督程序和手段的规定是否完备，也会影响法律监督的效力，制约法律监督的作用。最后，检察机关对诉讼活动的法律监督基本上是一种建议和启动程序权。对诉讼中的违法情况提出监督意见，只是启动相应的法律程序，建议有关机关纠正违法，不具有终局或实体处理的效力。诉讼中的违法情况是否得以纠正，最终还是要由其他有关机关决定。特别是要解决人民群众反映强烈的司法不公问题，不仅需要检察机关依法履行监督职责，也需要有关机关认真接受监督，自觉纠正违法现象。否则，检察机关法律监督的效力就会大打折扣，甚至起不了作用。因此，对检察机关法律监督的作用要全面、正确地认识，既不能夸大，也不能忽视和否定。

法律监督本身所具有的这些特殊性,决定了它在我们国家的监督机制中独立存在的必要性和可能性。法律监督的这些特殊性也决定了法律监督在依法治国中担负着特别重要的使命,它的功能是任何其他形式的监督所无法替代的。

(三)法律监督的价值追求

国家设立专门的法律监督机关,一方面是为了在"一元分立"的国家权力架构下实现权力制约,但更重要的是为了维护法律的尊严和统一正确实施。法律赋予检察机关的各项职权都与维护法律的尊严和统一正确实施紧密相连。因此,检察机关在履行法律监督职责的过程中,除了政治使命之外,要始终牢记自己的法律使命,把维护法律的尊严和统一正确实施作为法律监督的价值追求。

事实上,检察机关履行法律监督职责,无论是行使哪一项具体职权,都应当以维护法律的尊严和统一正确实施为宗旨,以是否有利于维护法律的尊严和统一正确实施为衡量工作成绩的标准。在行使追诉犯罪的职权时,既要看到使确实实施了犯罪的人受到法律的制裁是维护法律的尊严,也要看到使无罪的人不受法律的制裁同样是维护法律的尊严;检察机关既要保护被害人的合法权益,也要尊重和保障犯罪嫌疑人、被告人的人权,特别是在涉及公司企业的经营活动时,更要考虑公司企业的利益。在审查当事人对法院生效判决裁定的申诉时,既要维护当事人的合法权益,也要维护司法裁判的权威,要站在客观公正的立场上实事求是地依照法律规定来审查生效判决裁定是否确有错误。在对侦查活动、审判活动进行监督时,同样地,既要保证法律的正确实施,也要充分考虑侦查机关、审判机关的职能,即使是纠正违法,也要对侦查人员、审判人员给予应有的尊重。在审查公益诉讼案件时,既要考虑公共利益,也要考虑有关行政机关的职能，既要维护公共利益和社会的公平正义，也要保证行政机关依法行政。这些都要求检察机关及其检察人员全面考虑行使检察职权的活动可能带来的法律效果和社会效果，做好监督涉及的各方主体的工作。如果能够做到这一点，就可能实现双赢、多赢、共赢的效果。

但是，在以往的检察实践中，有的检察人员过分看重追诉犯罪的职能，把成功地追诉犯罪作为自己的价值追求，忘记了追诉犯罪本身所具有的"护法"功能；有的检察人员为了在公诉中求得胜诉，罗织罪名，强词夺理，无视当事人的申辩，甚至置犯罪嫌疑人、被告人的合法权益于不顾。有的检察机关片面强调追诉犯罪的成功率，简单地把法院的无罪判决作为衡量检察工作质量的重要指标。有的检察人员以监督者自居，有意无意地试图把自己凌驾于监督对象之上，如果监督对象没有接受自己的监督意见，就会感到"丢了面子"，甚至发牢骚、讲怪话，抱怨法律监督没有权威性。有的检察人员在民事行政检察中片面听取一方当事人的诉求，对生效的判决裁定未做深入具体的分析就提出抗诉意见。凡此种种，都背离了法律监督的价值追求。

为了纠正检察实践中的偏差，最高人民检察院新一届党组提出了双赢、多赢、共赢的法律监督理念，要求各级检察机关和全体检察人员在履行法律监督职责的过程中，准确把握自己的角色定位，正确处理监督与被监督的关系，真诚帮助监督对象解决问题，实现双赢、多赢、共赢的目标。

双赢、多赢、共赢的法律监督理念，体现了法律监督的价值追求。法律实施的活动往往涉及多元主体的行为与利益，法律监督必须兼顾不同主体的活动特点和权益保护，才能受到监督对象的认可，取得良好的法律效果。检察机关行使审查批准逮捕和决定逮捕的职权或者审查起诉的职权,并不是单纯地为了打击犯罪,而是要通过惩罚犯罪来教育人们尊重和遵守法律,以维护法律的尊严和实施。这里的"人们"既包括实施了犯罪行为的人,也包括受到犯罪行为侵害的人,既包括犯罪人、被害人的亲戚朋友,也包括与犯罪行为没有直接关联的一般群体。通过追诉犯罪,让更多的人看到法律正义和法律适用的公正性,感受到法律的不可侵犯性,就实现了多赢的目标。检察机关根据当事人的申诉,审查生效的判决裁定(无论是刑事的、民事的还是行政的),并不仅仅是满足申诉人的要求,而是要通过审查来评估生效判决裁定是否存在着适用法律错误的问题。如果认为判决裁定确有错误,应向人民法院提起抗诉,帮助法院发现和纠正错误裁判,这既是维护法律的正确实施,也是维护申诉人的合法权益;如果认为判决裁定在认定事实和适用法律方面没有错误,就应当耐心细致地做好申诉人的息诉工作,帮助其正确认识和对待生效的判决裁定,这既是维护审判权威,保障法律正确实施,也是帮助当事人正确认识法律、正确处理现实问题,防止其因不服判决裁定铤而走险,一错再错。检察机关对侦查活动、审判活动、判决裁定的执行活动进行监督,并不是单纯地给有关机关的工作挑毛病,而是为了帮助有关机关纠正错误,改进工作,更好地执行和适用法律,保障法律的正确实施。同样地,检察机关开展公益诉讼活动也不是单纯地为了帮助不特定多数人"打官司",或者单纯地给行政机关找茬子。对行政机关可能或已经危害到不特定多数人利益的不履职或者不当履职行为提出纠正建议或者提起诉讼,既是为了维护更多人民群众的共同利益,避免其受到不当行政行为的侵害或挽回已经受到的损失,也是为了帮助有关行政机关更好地履职,促进其依法行政。总之,把维护法律的尊严和统一正确实施作为法律监督的价值追求,就不能片面强调监督与被监督的关系,片面坚持自己的立场,而要同时考虑法律监督可能涉及的各个方面的利益,既要尊重监督对象,又要兼顾不同主体的利益诉求,追求法律统一正确实施基础上的双赢、多赢、共赢效果。

双赢、多赢、共赢的法律监督理念,体现了检察工作的时代精神,是检察机关根据新时代社会主要矛盾的变化,对检察工作提出的新要求。中国特色社会主义进入新时代,我国社会的主要矛盾发生了变化。如何更好地满足人民群众在经济、政治、文化、社会、生态等方面日益增长的需要,不仅是党和国家的工作重心,也是检察机关应当时刻关注的问题。检察机关在行使检察职权的过程中,认真思考检察工作不平衡不充分发展与人民日益增长的美好生活需要之间的矛盾,就不能片面强调自己单方面的工作,而应当把履行检察职能的活动与满足人民群众对检察工作的需求联系起来思考问题,兼顾法律监督与被监督的关系,既要保证法律监督的依法顺利进行,也要充分顾及被监督的个人和单位利益以及被监督机关的工作,由此就提出了把双赢、多赢、共赢作为履行检察职能的工作目标和法律监督的价值追求,在行使检察职权中维护当事人的合法权益,在行使检察职权中帮助有关机关改进工作,既维护法律的尊严和统一正确实施,也维护有关个人、单位或机关的利益。可以说,这是对检察工作的更高更新的要求,是法律监督的题中应有之义。

(四) 法律监督的类型

由于法律监督涉及范围的广泛性,法律赋予检察机关的职权也是多种多样的。为了更好地履行法律监督职责,有必要对法律赋予检察机关的各项职权进行分类,以便遵循不同类型权对此，有的学者认为，将检察权确定为法律监督权，这样的权力定位不仅符合检察权本身具有的多重属性，也是中国社会主义国家权力制约机制内在规律的必然选择，是国家权力分配和有效控制的重要保障。但是，公诉权与诉讼中的法律监督权二者适用的主体、客体以及适用中所遵守的原则和规律都有着原则区别。诉讼监督权的启动性、建议性特点同公诉权的强制性有着本质的区别。因此主张"检察职权二元论"，即把公诉权从法律监督权中分离出来。[1] 按照这些学者的观点，检察权应当区分为两种类型，即公诉权与诉讼监督权。

也有学者认为，检察机关的法律监督，可以分为三种类型：第一种类型，主要基于检察机关的刑事追诉权所实施的诉讼监督行为，这种监督所针对的对象是个人和单位被追究刑事责任的行为；第二种类型，主要基于司法监督权实施的监督行为，这种监督所针对的是有司法权的机关及其工作人员的司法行为；第三种类型，既是基于刑事追诉权又是基于诉讼监督权的诉讼监督行为，这种监督既针对有关个人和组织的违法犯罪行为，又针对司法机关及其官员的司法行为。[2]

从理论上看，上述两种观点都有一定的道理。以公诉权为核心的刑事追诉权，确实是针对个人和单位的犯罪行为的，而诉讼监督权主要是针对国家机关及其工作人员的。这两种监督应当遵循各自不同的原理原则来进行。

但是，即使是在理论上，"检察机关的控诉职能和监督职能是难以截然分离的，从广义角度看检察机关进行的自侦案件

---

[1] 参见樊崇义：《论检察》，中国检察出版社2013年版，第83、154、155页。
[2] 参见龙宗智：《检察制度教程》，中国检察出版社2002年版，第116—117页。

的侦查和提起公诉的活动,都包含在法律监督职能之中"[1]。并且,诉讼监督涉及刑事、民事、行政等不同的领域,很难按一个模式来进行。更为重要的是,从实践的角度看,这两种类型的监督,在多数情况下都是融合在一起进行的。例如,检察机关在行使审查批准逮捕的职权时,不仅要审查案件的证据材料以决定是否要对犯罪嫌疑人采取最严厉的强制措施,而且要审查侦查活动是否合法。按照《刑事诉讼法》第100条的规定,人民检察院在审查批准逮捕工作中,如果发现公安机关的侦查活动有违法情况,应当通知公安机关予以纠正,公安机关应当将纠正情况通知人民检察院。同样地,按照《刑事诉讼法》第171条的规定,人民检察院在审查起诉过程中,除了审查案件本身是否符合提起公诉的条件之外,还要审查侦查活动是否合法。检察机关出庭支持公诉,可以说是典型的公诉活动,但是出庭支持公诉的活动本身也承载着对审判活动实行法律监督的任务。曾记否,2012年修改刑事诉讼法的过程中,无论是人大代表还是专家学者都认为,对简易程序审理的案件,检察机关都应当派人出庭。其最重要的一个理由就是:检察机关担负着对审判活动进行法律监督的任务,不出席法庭怎能发现审判活动是否违法?这就意味着,检察机关所行使的刑事追诉权与诉讼监督权在实践中难以避免地交织在一起,很难将它们完全区分开来,交给两个独立的主体去行使。另外,公诉权只是检察机关的一项职权,与公诉权相对应的是刑事诉讼监督权,除此之外,检察机关还负有其他方面的法律监督职权,如在民事诉讼领域的监督权、在行政诉讼领域的监督权等。这些职权与狭义上的公诉权之间并不具有对应关系。简单地把检察

---

[1] 卞建林:《论检察》,中国检察出版社2013年版,第87页。

职权划分为公诉权与诉讼监督权，显然不能涵盖检察机关的所有职权，也不利于检察权的组织实施。

因此，有必要按照法学学科的领域划分，把法律赋予检察机关的职权分为：刑事诉讼领域的职权，如侦查权、逮捕权、刑事公诉权、刑罚执行监督权、监管场所监督权、刑事诉讼活动监督权等；民事诉讼领域的职权，如对生效的民事判决裁定提起抗诉的职权、对民事诉讼活动的监督权、对民事判决裁定执行的监督权等；行政诉讼领域的职权，如对生效的行政判决裁定提起抗诉的职权、对行政判决裁定执行的监督权、对行政诉讼活动的监督权等；公益诉讼方面的职权等。由此构成法律监督的四大类型，或称四大板块，即刑事法律监督（刑事检察）、民事法律监督（民事检察）、行政法律监督（行政检察）、公共利益监督（公益检察或称公益诉讼）。这样划分法律监督类型的优点是：

第一，便于区分法律监督的不同领域，根据不同领域的特点和规律来实施法律监督。刑事法律监督（刑事检察）、民事法律监督（民事检察）、行政法律监督（行政检察）、公共利益监督（公益检察或称公益诉讼）中的每一个类别，不仅所适用的法律门类不同，监督的对象不同，所遵循的原理原则也存在着很大的差异。比如刑事诉讼监督与民事诉讼监督，虽然都包含了对诉讼活动的监督，但刑事领域与民事领域，无论是监督的对象还是适用的法律，无论是遵循的原理还是认定事实的证据标准，都存在着很大的差异。只有把它们区分开来，才有利于检察人员更深入地学习掌握不同领域的规律，更好地履行法律监督的职责。俗话说，"隔行如隔山"，不区分不同的法律部门，不了解不同法律部门的原理和规律，就很难做好该领域的工作。

第二,便于组织实施法律监督工作。徒法不足以自行。法律赋予检察机关的各项职能,在检察机关内部,必然要分部门来组织实施。如果把具有刑事追诉职能的逮捕权、公诉权与对刑事诉讼活动的法律监督权分别开来,由不同的部门来实施,那么,负责批捕、起诉工作的部门,在审查批准逮捕、审查起诉过程中就可能不会关注对侦查活动的监督,而负责诉讼监督的部门由于不能介入审查批准逮捕、审查起诉的过程,也就没有渠道来发现侦查活动中是否存在违反法律的情况,难以进行有效的法律监督[1]。相反,按照诉讼领域来设置检察机关的内设机构,把与刑事诉讼有关的检察职权交给一个部门来行使,把与民事诉讼或者行政诉讼有关的检察职权分别交给另外的部门来行使,就便于统一行使该领域相关的检察职权,达到法律监督的目的;便于检察机关的内部管理和对业务活动质量的考核。

第三,便于不断改进法律监督工作。按照不同的领域来组织实施检察职权,这种专业分工有利于检察人员学习和把握不同领域的活动规律,提高专业化水平,有利于检察机关及时发现法律监督过程中存在的问题,因而更有利于针对问题采取改进的措施,同时也有利于上级检察机关分析情况、指导工作。

当然,按照"四大检察"的格局来组织实施检察工作并不是无视检察职权内部的差异性,不是要完全按照相同的规则来行使检察职权或者按照相同的标准来考核衡量检察工作的优劣。把法律赋予检察机关的各项职权分为四大类,是为了便于

---

[1] 前些年,有的地方检察机关曾进行过诉讼职能与诉讼监督职能适当分离的实践。这种构想在理论上是可行的,但实践的结果并不理想。一是能够分离的范围很有限(只是把刑事案件的抗诉权从公诉权中分离出来,设立刑事诉讼监督部门);二是对诉讼活动的监督仍然需要通过审查批准逮捕、审查起诉来进行。分离的实践意义并不明显。

检察职权的组织实施,但在具体实施每一类检察职权时,还应当考虑同一领域中的检察职权之间的差别,遵循权力行使的规律和规则。例如,在刑事检察领域,应当充分注意到刑事追诉权与刑事诉讼活动监督权的不同要求,在决定是否批准逮捕、是否提起公诉时,注重对案件事实和证据材料的审查判断、对法律适用标准的正确把握;在决定是否启动对诉讼活动的法律监督时,则应注重对违法情况的调查和对监督必要性的分析。在民事检察领域,同样要重视对生效的民事判决裁定进行审查与对民事诉讼活动中违法情况的监督之间的差别,不仅要按照不同的标准进行审查,而且要遵循各自的规律和规则进行监督,不能混同不同类型的法律监督行为。

此外,把法律监督分为刑事法律监督(刑事检察)、民事法律监督(民事检察)、行政法律监督(行政检察)、公共利益监督(公益检察或称公益诉讼),是为了促进检察工作的全面协调发展,为了全面履行法律赋予检察机关的各项职责。但每一类检察并不是平分秋色,而是要根据各自的特点和工作任务的轻重,合理分配检察资源。既要保证每一项检察工作都有足够的人员来做,都受到同样的重视,都能够遵循自身的规律来运行和管理,又要保证各项检察工作的协调有序,共同发展,避免顾此失彼所导致的发展不平衡问题。

(五)法律监督与其他监督的异同

在我们这样一个"一元分立"权力结构的国家,对权力的监督是多元化的。为了深入理解法律监督的概念,有必要进一步分析法律监督与其他各种类型监督之间的异同,正确认识法律监督在国家监督体系中的地位。

笔者曾在《检察机关的宪法地位》中分析了检察机关的监督与人大监督的异同、与纪律检查和行政监察的异同、与社会监督的异同。其中指出：人大的监督与检察机关的监督都是为了维护国家法制的统一，保障宪法和法律的正确实施，具有目的的同一性，但是从根本上讲，人大的监督是"权力监督"，人大及其常委会对法律实施情况的监督，是对权力运行过程中发生的违反宪法和法律的决策性行为进行的宏观性的监督，而检察机关的监督是对法律实施过程中发生的具体行为的监督，是个别的程序性的监督；纪律检查和行政监察都是一种内部监督，一种上级对下级的具有实体处分权的监督，而检察机关的法律监督是一种外部监督，是平等主体对平等主体的不具有实体处分权的监督；人民群众对法律实施情况所进行的监督即社会监督，是作为权利而不是作为权力来行使的，这种监督不仅具有一定的随机性，而且缺乏拘束力，而检察机关的法律监督具有法定性和强制性的特点。[1]

进入新时代以来，随着司法体制改革的不断深化以及相关法律的颁布和修改，随着理论研究的不断深入，检察机关的法律监督再次受到了质疑。在此，着重对新的争议加以辨析。

1. 法律监督与监察监督的异同

随着宪法的修改和监察法的通过以及国家监察委员会的成立，有的学者认为，各级监察委员会针对公职人员所行使的监察权，对检察机关的法律监督权带来了极大冲击。[2] 监察权的横空出世势必取代法律监督在宪法体系中的原有地位。[3]

笔者认为，监察委员会的监督与检察机关的监督都是国家监督体系中的组成部分。监察委员会的监督与检察机关的监

---

[1] 参见孙谦主编：《中国特色检察制度论纲》，人民出版社2004年版，第68—76页。
[2] 陈瑞华：《论检察机关的法律职能》，载《政法论坛》2018年第1期。
[3] 胡勇：《监察体制改革背景下检察机关的再定位与职能调整》，载《法治研究》2017年第3期。

督，具有某些共同的特点：同执政党的领导（也是一种监督）和权力机关的监督相比，前者具有专门性、具体性的特点，而后者更具有权威性、普遍性的特点；同民主监督、社会监督、舆论监督（媒体监督）等相比，前者是运用国家权力所进行的监督，具有对象的法定性和效果的法定性，而后者是运用民主权利所进行的监督，具有对象的广泛性和效果的不确定性。但就监察委员会的监督与检察机关的监督相比，二者之间又存在着明显的区别：

首先，监督的范围不同。监察委员会监督的对象相对比较具体，监督的范围明确而有限；检察机关监督的对象相对广泛，并且具有弹性。按照监察法的规定，监察委员会监督的对象是所有行使公权力的公职人员，是公职人员的职务违法和职务犯罪行为。对非公职人员，如果不是与公职人员的职务行为相关联，监察委员会就没有权力监督。即使是公职人员，如果不与职务行为相关联，也不受监察委员会的监督。检察机关监督的对象是所有主体遵守和执行法律的行为，既包括个人以及公司企业在日常生活、经济活动、社会交往中所实施的犯罪行为，也包括国家机关实施和执行法律的行为。检察机关的监督涉及法律实施的每一个环节，几乎囊括了人们社会生活的各个方面。即使是公职人员的职务犯罪行为，也有一部分是由检察机关来监督的（即司法人员在司法活动中的职务犯罪行为）。

其次，监督的方式不同。监察委员会的监督尽管也是通过案件的方式进行的，也要遵守一定的规则，但不具有诉讼的特征。从是否立案调查，是否采取强制措施，是否移送司法机关处理，是否给公职人员以实体性的处罚，都是通过内部的行政审批的方式进行的，不受其他国家机关的制约，具有明显的封闭性特征。只有在决定将案件移送检察机关审查起诉后，才会受到检察机关、审判机关的制约，而这种制约不是对监察委员会行使职权活动的制约，只是对案件处理结果的制约。与之相反，检察机关的监督是通过诉讼或建议的方式进行的，具有开放性。检察机关对犯罪行为的监督是通过对侦查机关侦查的案件进行审查批准逮捕、对移送审查起诉的案件进行审查起诉，并向法院提起公诉等方式进行的。在这个过程中，检察机关的监督活动，每一个环节都受到有关国家机关的制约。检察机关对国家机关实施和执行法律的活动所进行的监督都是以"建议""抗诉"等方式提出来的，最终如何处理都要由有关机关来决定，检察机关没有实体处分性质的权力。

最后，监督的目的不同。监察委员会对公职人员进行监督，最主要的目的是开展廉政建设和反腐败工作。尽管对公职人员进行监督本身也具有维护宪法和法律尊严的作用，但其出发点是深入开展反腐败工作，目标是保证国家公职人员职务行为的廉洁性。而检察机关法律监督的目的是维护法律的尊严和统一正确实施。检察机关进行监督的出发点是为了保障法律的统一正确实施，目标是建设社会主义法治国家。正如有的学者指出的：监察权与（人民检察院的）监督权是两种完全不同类型的权力，指向的对象亦有较大的差别。具体而言，前者的聚焦点主要围绕"人"展开，即具有公职身份者，而涉及的内容则涵盖了两个方面：廉洁性和严谨性。这是一套具有中国传统文化底蕴的政治监管规范，以确保公务人员的职业操守为核心旨趣。[1]

由以上三个特点所决定，监察委员会的监督，行政化、政治性相对比较突出，从根本上讲，应该说是一种行政监督或政

---

[1] 李奋斗：《检察再造论》，载《政法论坛》2018年第1期。

治监督；而检察机关的监督则具有鲜明的法律性特征，因此是一种法律监督。

有人会质疑：职务犯罪侦查权在检察机关的时候，我们将其视为法律监督的组成部分，为什么由监察委员会行使时就不是法律监督了？对此，可以做出的解释，除了前文提到的侦查权并不具有独立权力的品格之外，另一个重要的理由是：检察机关行使的是职务犯罪侦查权，监察委员会行使的是职务犯罪调查权。"侦查权"与"调查权"虽然在本质上是相同的，但也存在着微妙的差别。而这种差别正是不同属性的反映：侦查是一种诉讼行为，要受到诉讼法的严格约束。不仅要遵守诉讼法所规定的诉讼程序，而且要受到当事人辩护权的制约。如我国《刑事诉讼法》第34条规定："犯罪嫌疑人自被侦查机关第一次讯问或者采取强制措施之日起，有权委托辩护人"。《刑事诉讼法》第85条、93条规定：侦查机关拘留、逮捕犯罪嫌疑人时必须出示拘留证、逮捕证，并且应当在24小时以内通知被拘留、逮捕人的家属。这意味着，侦查不仅要依法进行，而且要遵循诉讼的规律，侦查是一种法律行为。但是调查则无需遵循诉讼的规律。尽管监察委员会对职务犯罪的调查活动也要遵守监察法的规定以及内部管理的规则，但是这种调查不是诉讼活动，被调查人不是与调查机关相对立的诉讼主体，没有诉讼主体应当享有的权利。因此，监察委员会对职务犯罪的调查，虽然也是对国家工作人员职务活动的一种监督，但不能视为法律监督，因为它不具有法律监督必须具有的法律属性。

这些情况说明，监察委员会的监督与检察机关的法律监督是不同的，监察委员会作为国家专门的监察机关，并不影响检察机关作为国家的法律监督机关的宪法定位。所以在监察法通过之后修改的宪法和人民检察院组织法，都仍然坚持了"人民检察院是国家的法律监督机关"的定位。这进一步说明，国家最高权力机关注意到国家监察委员会的成立，而没有因此动摇对检察机关宪法定位的认识，检察机关仍然是国家唯一的法律监督机关，检察机关的职权也都应当从属于法律监督。

2. 法律监督与行政执法的异同

有人认为，检察机关的职能活动具有维护法律的尊严和统一正确实施的功能，行政机关的执法活动同样具有维护法律的尊严和实施的作用，为什么检察机关行使职权的活动是法律监督，行政执法机关行使职权的活动就不是法律监督？

诚然，行政执法机关行使职权的活动与检察机关行使职权的活动，都具有维护法律的尊严和实施的作用，甚至都可以说是为了保障法律的实施，都具有"护法"的功能（这正是二者可以衔接的原因）。但是，这种相似背后所蕴含的法理是不同的。

第一，从权属上看，行政执法权是行政权的组成部分，而检察权恰恰是独立于行政权的一种国家权力。在我们国家，行政执法机关隶属于行政机关，是行政机关的一个部门，行政执法权必然要从属于行政权。而行政权在本质上是一种执行权，即执行法律、执行权力机关意志的权力。行政执法权同样在属性上是执行权。行政权的基本特征是上下一体、上命下从。行政执法机关行使职权的活动，同样必须遵循行政权的基本原则。检察机关虽然也强调"检察一体化"，但这是在检察官独立的基础上的"一体化"，即组织结构和管理体系上，全国各级检察机关是一体化的，其目的是保证法律适用的统一性。但在行使职权方面，检察机关更强调检察官的独立性，每一个检察官对自己所办理的案件要独立承担责任。特别是实行司法责任制以后，检察官在办理案件中的独立性进一步得到强调和保障。这与行政执法机关的上下级关系形成鲜明的对照。所以，即使是在一些把检察机关设在行政机关的国家，也强调检察权与行政权的区别，强调检察官行使职权的独立性。

第二，从目的上看，行政执法权行使的目的是实现国家对公共事务的行政管理，而检察权行使的目的是维护法律的尊严和统一正确实施。尽管行政执法权的行使在客观上也具有维护法律的尊严和遵守的作用，但它本身不是为了"护法"，而是为了执行法律，是国家对公共事务进行行政管理的辅助手段。行政权行使的目的在于谋求和保护国家、集体、社会的公共利益，行政执法权的行使同样是为这个目的服务的。行政执法机关运用法律法规赋予的执法权，对违反法律法规的具体事件进行处理，是国家行政机关在"执行"宪法、法律、行政法规或履行国际条约时所采取的具体办法和步骤，其根本目的是保证行政法规的有效执行，因而具有行政权的执行特征。检察权并不具有执行权的特征，除了不具有"上命下从"的特征之外，最主要的是，它不是为了管理公共事务，不是作为"管理权"来行使的，而是为了维护法律的尊严和统一正确实施；不是实施法律，而是监督法律的实施、保障法律实施的正确性。所以，检察权的一个十分重要的方面是对其他国家机关执行法律的情况进行监督，以保障法律实施的正确性，而行政执法权是不可能具有这种属性的。

第三，从行使方式上看，行政执法权行使的方式是"行政化"的。这种"行政化"，不仅表现为行政执法活动必须遵循"上命下从"的原则，而且表现为行政执法活动是一种单向式的法律行为，即行政执法机关行使职权的活动虽然也要受法律的约束，要遵守法律的规定，但执法的标准、程序、后果都是由行政执法机关自己决定的，行政执法机关对违反法律的行为，自行进行调查、自行制定处罚的标准、自行收集和认定证据，并直接进行行政处罚，无需第三方的介入。这与检察机关行使国家追诉权的活动是完全不同的。如前所述，检察机关行使的国家追诉权是一种诉讼活动，要有第三方的介入和参与，追诉权的行使要通过人民法院的审判活动来最后裁判。

正是因为行政执法机关行使职权的活动与检察机关行使职权的活动之间存在这种本质上的差异，所以，行政执法活动是一种"可诉"的法律行为，即当事人（行政相对人）对行政执法机关的执法活动不服，有权提起行政诉讼，请求人民法院进行裁判，而检察机关行使职权的活动是不可诉的。

3. 法律监督与互相制约的异同

有人认为，公安机关、人民检察院、人民法院之间是互相制约的。这种制约都是为了制衡对方的权力，其作用是相同的。为什么公安机关、人民法院对检察机关的活动进行监督叫制约，唯独人民检察院对公安机关、人民法院的活动进行监督，就叫法律监督？

诚然，监督与制约之间具有密切的联系。这两个词既可以做同义词使用，也可以做相互区别的两个词使用。因为它们都包含着对权力的制衡作用。

但是，监督与制约对权力制衡的方式和效果是不同的。制约意味着双方相互依存[1]，有甲方才有乙方，没有甲方，也就没有了乙方。而监督意味着彼此独立存在，没有乙方，甲方照样存在。

制约通常是双向的活动。在刑事诉讼中，公安机关、人民

---

[1] "制约，指一种事物的存在和变化以另一种事物的存在和变化为条件，如：自然界和社会上各种现象是互相联系而又互相制约的。"——《辞海》（缩印本），上海辞书出版社1980年第一版，第185页。

检察院、人民法院相互制约，是因为公安机关行使的侦查权、人民检察院行使的公诉权、人民法院行使的审判权之间存在着相互依存的关系。公安机关侦查终结的案件，必须通过人民检察院的审查并提起公诉的行为，才能进入审判阶段。公安机关不把案件移送给人民检察院，人民检察院就不能对其行使公诉权；人民检察院对公安机关移送的案件，可以提起公诉，也可以不提起公诉，这就是相互制约。同样地，只有人民检察院把案件起诉到人民法院，人民法院才可以对该案件行使审判权，人民检察院没有提起公诉的案件，人民法院就不能启动审判活动；另外，人民法院的审判活动又制约着人民检察院提起公诉的活动，对于人民检察院提起公诉的案件，人民法院经过审判，可以判定被告人有罪，也可以判定被告人无罪，从而直接决定了人民检察院提起公诉行为的结果。

监督与之不同，监督通常是单方面的行为。按照刑事诉讼法的规定，人民检察院有权对公安机关的侦查活动进行审查，发现有违法行为时可以提出纠正意见，督促公安机关纠正违法，但是公安机关不能对人民检察院的公诉活动进行审查，不能通知人民检察院纠正公诉活动中的违法行为。人民检察院对人民法院的审判活动包括对生效的判决裁定有权进行监督，但是人民法院不能对人民检察院的公诉活动进行监督，不能向人民检察院提出纠正违法的建议。尽管公安机关不服人民检察院的决定时可以提请人民检察院复议甚至可以提请上一级人民检察院复核，但这种行为只是一种（不服决定时的）意愿表达。这种行为对人民检察院行使职权的活动虽然也具有一定的制约作用，但不具有督促纠正的性质和效果。人民法院可以通过审判活动否定人民检察院提起公诉的请求，但不能就人民检察院的公诉活动是否违法进行审查。这是制约与监督的区别之一。

不仅如此，制约通常是以决定权为基础的，而监督通常是以建议权为基础的。公安机关、人民检察院、人民法院之所以能够相互制约，是因为它们对刑事案件都享有一定的决定权。公安机关有权决定是否立案侦查、是否移送起诉，人民检察院有权决定是否提起公诉、如何提起公诉，人民法院有权决定如何对案件进行审判、如何作出判决。各自享有的这种决定权能够在彼此之间形成权力的制衡（即否定另一方的行为），这种制衡必然会影响到另一方行使权力的结果。而人民检察院对公安机关、人民法院的监督，说到底，是一种督促纠正的建议权。公安机关、人民法院认为人民检察院的监督意见正确，就可以接受，认为不正确，完全可以不接受，是否接受最终要取决于被监督一方的意志。人民检察院作为监督者，只能发现并指出公安机关、人民法院在诉讼活动中存在的违法行为，不能干预公安机关、人民法院行使职权的活动，更不能代替公安机关、人民法院作出是否纠正的决定。这也是监督与制约的区别之一。

五、关于法律监督几个争议问题的探讨

近年来，一些学者对检察机关的法律监督进行了许多探索，提出了某些质疑。这些问题，即涉及对法律监督的理解，也涉及对中国司法制度架构的反思。这无疑对检察制度的发展完善和检察机关的工作是有益的。但是其中某些观点也值得进一步研究，特别是某些缺乏科学性或合理性的观点，有必要在学术探讨中予以澄清。

（一）法律监督能否脱离诉讼环节而存在

有的学者认为，根据我国法制建设的实际状况，必须加大法律监督的力度，树立法律监督的权威性，切实保障监督机关依法监督，保障法律监督有效进行。但是，法律监督的有效性

来自它的超然性。监督是处在超脱独立位置的主体对其权力对象实施监察和督促的行为。在监督关系中，监督者处在超然独立的地位，与被监督者没有任何权益关系。而检察机关对法院的审判活动实施法律监督，就有可能使检察机关站在控诉方的立场上而不是站在超脱、独立的立场上进行法律监督，从而影响监督的公正性。[1] 按照这些学者的观点，法律监督只有超然于司法职能之外，才能保持其独立性、公正性和权威性，因此司法改革的目标应当是使法律监督权与侦查权、公诉权相分离，以便建立一个超脱的、权威的、全面的、专门的法律监督机关。这种观点，在理论上是难以自圆其说的，在实践中是极为有害的。

从理论上讲，独立性与超然性之间并不具有必然的联系。第一，独立性是相对的，而不是绝对的，任何个人、任何机关都只能在一定的范围内、一定的条件下才具有独立性，不存在完全超脱的、不受任何制约的独立性。司法机关独立行使职权是在"依法"的前提下进行的，而不是不受任何制约的为所欲为。因此，强调司法权的独立性，并不意味着司法权的行使可以不受任何监督制约。公、检、法三机关在刑事诉讼中的互相制约也并不意味着妨碍各自独立的行使职权。第二，司法机关是否具有独立性，关键在于司法机关在行使自己的职权时能否独立自主地作出决定，而不在于它的活动是否受制于其他机关。独立是就其不依赖于或者不依靠他人而言的。按照刑事诉讼法的规定，法律监督机关作为公诉机关，具有独立诉讼主体的法律地位。其行使公诉权的活动，不受任何机关、团体和个

---

[1] 参见董嗥：《改革我国司法机关多重职能体制之思考》，载《人民司法》1997年第10期。

人的干预；其对刑事诉讼活动进行法律监督，同样不受任何机关、团体和个人的干预。公安机关、检察机关和审判机关之间的相互制约，是在共同完成刑事诉讼任务的过程中独立主体之间相互配合必然伴随的状态。这种制约关系，本身并不必然影响法律监督机关作为公诉机关参与诉讼时保持其独立性，如同检察机关对法院的审判活动所进行的监督和制约并不影响法院独立公正地行使审判权一样，公安机关、法院对检察机关的制约，并不影响检察机关独立公正地行使检察权。那种认为"在相互制约的环境中，检察机关往往不能进行公正的监督"的观点，毫无疑问地暗示着"在相互制约的环境中，人民法院往往不能进行公正的审判"的逻辑。这恐怕是连作者自己也不能接受的结论。第三，监督并不是裁判，法律监督机关参与诉讼并不具有最终决定诉讼结局的权力。公安机关立案侦查的案件，检察机关可以通过审查起诉而予以否定公安机关的意见；检察机关提起公诉的案件，法院同样可以通过宣判无罪或判处较轻的刑罚而全部或部分否定检察机关的意见。这是刑事诉讼中的正常现象，也是相互制约的具体表现。法律并没有因为检察机关既是法律监督机关又是公诉机关而赋予检察机关改变法院判决的权力。按照法律规定，检察机关对于法院的判决只有提出抗诉的权力，既不能自己改变法院的判决，更不能指令法院改变其判决。因此，断言检察机关身兼法律监督机关和公诉机关两重身份，就是"自己为自己案件的法官"，就违背了司法公正原则的要求，是没有任何根据的。第四，超脱并不是权威。监督需要权威，但是权威并不是来自超脱的法律地位。一方面，参与执法活动是进行法律监督的基本途径。如果不置身于执法活动之中，就很难了解执法的实际状况，很难发现执法不当、不公的现象。特别是在法律监督机关的检查督促权缺乏有力的法律保障的情况下，如果法律监督机关超然于执法活动之外，根本就无法了解执法活动的真实情况，哪里还谈得上监督。另一方面，监督者的超然地位与监督的权威性并没有直接关系。试想一下，与案件无关的人认为法院的某个判决不公而提出异议，有几个法院会因此而重新审查自己的判决？那种认为唯有"处在超脱地位，以纯粹第三者的身份实施监督"才能加大法律监督的力度、树立法律监督的权威性的观点，不能不说是一种不切实际的自欺欺人。因此，以法律监督权的独立性为由，试图建立一个凌驾于司法机关之上的、超脱于相互制约的诉讼环节的法律监督机关的主张，在理论上是难以自圆其说的。

从实践中看，超脱的地位不利于发挥法律监督机关的监督职能。其理由主要是：

第一，多年来，我国法律监督的实际情况一直是，检察机关对刑事诉讼活动的监督力度远远大于对民事诉讼活动和行政诉讼活动的监督力度，这是不争的事实。其中一个很重要的原因，正是检察机关作为法律监督机关，直接参与刑事诉讼活动，而没有直接参与民事诉讼活动和行政诉讼活动。如果让检察机关放弃参与刑事诉讼活动的职能，检察机关法律监督的职能只会更加弱化，而不可能强化。

第二，检察机关重建40多年来的实践反复证明，作为诉讼主体参与刑事诉讼的中间环节，既有利于检察机关及时发现诉讼活动中的违法现象，监督诉讼行为的合法性，查处诉讼活动中发生的职务犯罪，也有利于增强检察机关履行法律监督职能的责任心和使命感，有利于发挥检察机关监督诉讼活动的积极性和主动性。如果建立一个不参与任何诉讼活动的法律监督机关，那么，如何发现诉讼活动中的违法现象，就是一个难以解决的问题，更谈不上对诉讼活动中的违法现象的监督问题。

第三，刑事诉讼不同于民事诉讼。在民事诉讼中，原告与被告的法律地位是平等的，双方的人身自由和活动自由都没有受到特别的限制。而在刑事诉讼中，一方面，公、检、法机关办理刑事案件的活动并不完全公诸于案件当事人和社会，有些活动甚至是在保密的状态下进行的，其中是否具有违法现象，案件当事人以及与案件无关的人员并不了解，难以进行监督；另一方面，刑事案件中的犯罪嫌疑人或被告人在刑事诉讼过程中，绝大多数都处于人身自由受限制的状态，不仅其与办案人员的法律地位不平等，而且其行动自由受到一定程度的限制，不可能及时有效地反映刑事诉讼中的违法现象。法律监督机关如果在刑事诉讼中处于完全超脱的地位，不直接参与刑事诉讼活动，就难以了解刑事诉讼活动中有无违法办案的现象，更谈不上履行法律监督的职能。因此，那种看似公允的超脱的法律监督机关，有无存在的价值，本身就是一个值得怀疑的问题。

如果司法改革的目的之一是要强化法律监督职能，加强对执法活动的有效监督，那么，无论是基于理论的思考，还是基于实际问题的解决，都应当是从拓宽监督领域、改善监督手段、增强监督权威入手，而不是从改变法律监督机关的所谓"多重职能"入手。

（二）检察机关要不要变成纯粹的公诉机关

有的学者认为，检察机关就是公诉机关，不应当具有法律监督的职能。这种观点也是值得商榷的。

如前所述，中国在法治传统、法律特点和国家权力结构等方面的特殊性决定了中国必须有一个强有力的法律监督机关。没有一个专门的、强有力的法律监督机关，中国就不可能实现"依法治国"。但是不论是从精简机构的原则和司法经济的原则出发，还是从保障法律监督的有效性出发，另外设立一个超脱于诉讼环节的法律监督机关，都是不现实的和不必要的。在这种情况下，由哪个机关来履行法律监督职能更为有利，这个问题不是不可以探讨。但是我们认为，我国现行的由检察机关来履行法律监督职能的体制，应该说是最佳选择。因为，检察机关既可以通过审查起诉来了解和监督公安机关在侦查活动中有无违法现象，又可以通过出庭支持公诉来了解审判活动、监督审判活动是否合法，同时还可以通过对监狱、看守所等场所的检察监督刑罚的执行情况。而其他任何机关都不可以像检察机关这样对刑事诉讼的各个环节进行全面的法律监督，都不可能替代检察机关来履行法律监督职能。如果检察机关仅仅是一个公诉机关，除了行使公诉权之外，不享有对诉讼活动的法律监督权，那么，我国的诉讼活动特别是刑事诉讼活动就将处于无人监督或无法监督的状态。这在我国现实的执法环境下是很难保证法律的正确实施的。

另外，公诉权本身就是法律监督权的一个组成部分。公诉权是从追诉犯罪的角度来督促社会活动的各类主体遵守法律的。而遵守法律本身又是法律实施的重要内容，所以监督法律的正确实施，本身就包含着监督法律的遵守情况，法律监督权本身就包含着对犯罪的公诉权。运用国家的公诉权追诉犯罪，不仅包括追诉一般公民和单位所实施的犯罪，而且包括追诉司法人员和司法机关所实施的犯罪。对司法人员和司法机关所实施的犯罪行使公诉权，既是公诉机关应有的职能活动，又是对执法活动的法律监督，是监督执法活动是否合法的一个十分重要的方面。这表明，公诉本身就具有法律监督的性质，公诉权本身就是法律监督权的一个组成部分，公诉机关本身就是法律监督机关。没有必要人为地把公诉权从法律监督权中分离出来，设立两个不同的机关来分别行使统一的法律监督权。

当然，公诉权只是法律监督权的一个组成部分，而不是法律监督权的全部内涵。除了审查、决定和提起公诉之外，法律监督权还包括对部分犯罪案件的侦查权、对诉讼活动中尚未构成犯罪的违法行为的监督权等广泛的内容。因此，不能用公诉权来取代法律监督权，同样也不能把法律监督机关变成单纯的公诉机关。

（三）法律监督能否包括对民事诉讼、行政诉讼的监督

有的学者认为，检察机关对民事、行政等审判活动的法律监督是不必要、不可行的，并且有悖民事诉讼主体的平等性[1]。但是，也有学者认为，检察机关对民事、行政诉讼活动的监督是真正的法律监督，因为在这类职能活动中，检察机关处在超脱地位，可以以纯粹第三者的身份实施监督[2]。

我国法律之所以设定检察机关对民事诉讼和行政诉讼活动的法律监督，其初衷有两个方面的考虑：一是防止审判权的滥用，通过外部力量督促审判机关纠正诉讼活动中的违法行为；二是解决当事人对不公正裁判告状无门的状况，通过审判监督来帮助当事人寻求司法公正。无论是防止审判权的滥用，还是解决当事人告状无门的状况，都离不开审判机关自身强化监督职能、完善申诉机制，但是仅仅依靠审判机关内部的纠错机制是难以实现上述目标的。如前所述，目前我国法官队伍的素质、法官的任免和管理体制、执法的外部环境、审判机关的内部管理等方面的实际状况，都决定了审判机关不可能、事实上也没有做到完全依靠自身的力量来解决违法办案和裁判不公的

---

[1] 参见夏克勤：《推进我国司法改革的几点思考》，载《法学》1998年第2期。

[2] 参见董皞：《改革我国司法机关多重职能体制之思考》，载《人民司法》1997年第10期。

问题。特别是在民事审判和行政审判中,由于法律监督机关不直接参与审判活动,审判监督的力度相对较弱,以致民事审判和行政审判中违法办案的情况和裁判不公的情况甚为严重。这种状况表明,中国的国情决定了纠正审判活动中的违法现象、保障当事人的合法诉权和实体权利,离不开来自外部的监督。而在外部的监督中,法律监督的法定性和制度性决定了它是最为有效的、不可或缺的组成部分。

那么,检察机关对民事、行政审判活动的监督是否会导致主体资格和诉讼能力的失衡,从而破坏诉讼主体地位的平等原则呢?我们认为,不会。这是因为:

第一,从法律上讲,检察机关对民事、行政审判活动的监督,是代表国家而不是代表任何一方当事人提出抗诉的,不存在"当事人+检察院"的诉讼主体,因而也就不存在破坏诉讼主体地位的平等原则的问题。检察机关对民事、行政审判活动的监督,完全是站在维护民事行政法律正确适用的立场上进行的,其诉讼地位完全超然于当事人双方之外,不与诉讼双方发生任何利害关系,既不是一方当事人的"盟友",也不是一方当事人的"对手"。检察机关的抗诉并不改变诉讼主体任何一方的诉讼地位。

第二,从事实上看,检察机关在对民事、行政审判活动进行监督时,可能采纳一方当事人的意见,或者检察机关的抗诉可能不利于一方当事人,但是这种状况本身是由案件事实和法律规定决定的,与检察机关是否提出抗诉并无关系。并且,检察机关对民事、行政审判活动的监督只是提请审判机关再审,而不直接决定审判的结果。民事、行政案件的审判结果究竟有利于哪一方当事人,完全取决于审判机关对案件事实的认定和对有关法律的适用,而不取决于检察机关是否提出抗诉。抗诉只是为了提请审判机关纠正在认定事实和适用法律方面确有错误的裁判。如果由于检察机关的抗诉，审判机关改变了确有错误的判决裁定，以致不利于某一方当事人，那么，这种情况应该说是维护了法律的正确实施，而不存在侵犯其合法权益的问题。

第三，检察机关对民事、行政审判活动的监督，本身是一种特殊的司法救济，是当事人的合法权益在诉讼过程中有可能没有得到应有的保护而诉讼过程已经终结的情况下，通过法律监督程序，提请审判机关重新审查其所认定的事实和所适用的法律的一种特别措施。这种司法救济的设置、发动和目的，是为了保护当事人的诉权和实体权利，因而不存在忽视或侵犯其权利的问题。

第三章 检察权的构造

检察权的构造所要研究的是检察权的构成要素及其相互关系。检察权应当由哪些要素构成,为什么应当由这些要素构成,这些要素的内涵及其相互之间具有什么样的关系,是本章所要研究的问题。

检察权的构成要素,是构成检察权必不可少的组成部分。这些要素之所以是不可缺少的,就在于它们在发挥检察权的功能作用方面,具有极为重要的功能价值,是检察权的性质所决定的、实现检察权配置的宗旨所必需的和必要的手段。深刻认识检察权的构造,不仅对于全面理解检察权的科学内涵,而且对于合理配置检察权,具有十分重要的意义。

研究检察权的构造,应当以法律实际赋予检察机关的职权为基础,从检察权的根本属性和充分发挥其功能作用的内在要求出发,探讨检察权应当包含哪些不可或缺的功能性的权力。因此,对检察权构造的研究,既是对法律赋予检察机关的现有职权合理性的论证,也是对科学合理配置检察权的内在要求的理论探索。

一、构成检察权的基本要素

检察权作为法律赋予检察机关的职权,本身具有多样性。

但是其中的某些内容作为实现检察权的使命所不可或缺的权力，是基本的、不能没有的。这些权力便是构成检察权的基本要素。

（一）构架检察权的理论依据

如前所述，检察权就是法律赋予检察机关的职权。法律应当赋予检察机关哪些职权，在各国的法律制度中，既有某些共同的因素，也有某些不同的内容。例如，世界各国的检察机关都有刑事公诉权，但是在公诉权与侦查权的关系上，各国赋予检察机关的职权就不完全相同。又如在民事诉讼和行政诉讼中、在法律起草活动中，检察机关有没有职权以及有什么样的职权，各国的法律规定又是很不一致的。检察权具体内容上的区别，至少是由以下三个因素决定的：

1. 检察机关的性质和任务

检察权的构造，首先是由检察机关的性质和任务决定的。在英美法系国家，由于检察机关被定位为国王或政府的首席法律顾问，因而检察机关除了具有代表政府（即国家）追诉犯罪的职权之外，通常还具有代表政府起草法律议案和法律报告的职权，具有代表政府在民事诉讼中提起诉讼或者应诉的职权。在美国，检察机关还具有监管国有土地的买卖和租让的职权。在英国，总检察长曾经是全国律师协会的当然领导。这些职权都与首席政府法律顾问的性质密切相关。而在大陆法系国家，由于检察机关被定位为国家公诉人，因此检察机关的职责主要是代表国家追诉犯罪，其职权也就相应地集中在刑事诉讼领域。在刑事诉讼领域，检察机关往往具有领导和指挥警察的侦查活动的权力。在俄罗斯，俄罗斯联邦检察院以俄罗斯联邦名义对俄罗斯联邦领域内现行法律执行状况及俄罗斯联邦宪法遵守情况进行法律监督，因而享有广泛的职权。按照《俄罗斯联邦检察院组织法》第 1 条的规定，俄罗斯联邦检察院以保障法律至上、法制统一与巩固，保卫人与公民的权利与自由，以及法律所保护的国家与社会利益为目的，履行下列职责：（1）对联邦各部、国家委员会、公务部门与其它联邦执行权力机关、俄罗斯联邦各主体代议（立法）机关与执行机关、地方自治机关、军事管理机关（以下简称军管机关）、检查机关及其公职人员、商业性与非商业性组织管理机构及其负责人员的法律执行状况，以及上述机关颁布适用的法令是否具有合法性情况予以监督；（2）对联邦各部、国家委员会、公务部门与其它联邦执行权力机关、俄罗斯联邦各主体代议（立法）机关与执行机关、地方自治机关、军管机关、检查机关及其公职人员，以及商业性与非商业性组织管理机构及其负责人员对人与公民的权利与自由恪守状况予以监督；（3）对从事侦讯活动、预侦（初步调查）与预审机关的法律执行状况予以监督；（4）对司法警察的法律执行状况予以监督；（5）对刑罚执行与法院下达的强制性处罚措施予以适用的行政机关与机构、关押被捕人员与被拘人员行政管理机关的法律执行状况予以监督；（6）遵循俄罗斯联邦刑事诉讼立法赋予职能行使刑事追诉权；（7）对各执法机关预防与惩治犯罪活动予以配合；（8）检察官，依据俄罗斯联邦诉讼立法规定应当参与法院与仲裁法院（以下简称法院）的案件审理，就法院刑事判决、民事案裁决以及下达的命令与决定中有违法律的事项提请抗诉；（9）俄罗斯联邦检察院有权参与法律创制活动。

2. 本国的法制传统

各个国家的法律制度和法律文化的传统直接制约着其检察权的构造。现代检察制度起源于国家追诉违反国王制定的法律的犯罪，所以公诉权构成现代世界各国检察权最重要的组成部分。法国在历史上就有预审制度。预审作为刑事诉讼中一个独立的阶段，直接涉及检察权的构造。而英美法系国家则在历史上有大陪审团制度，它同样影响到检察权的构造。在英美法系国家，由于传统上就把犯罪分为"普通法中的犯罪"和"制定法中的犯罪"，所以犯罪的概念与罪恶的概念之间没有必然的联系。而在法国，很早就把犯罪分为重罪、轻罪、违警罪，从而把所有违反法律的行为都纳入"犯罪"的概念之中。因此在西方国家，犯罪的概念所包含的行为非常广泛。与之相适应，检察权中的刑事追诉权也具有很大的范围。而在中国，在文化传统上，人们就把犯罪与邪恶密切地联系在一起[1]。一旦某人被定罪，人们都会对其嗤之以鼻，使其在社会上抬不起头。因此，法律在规定和认定犯罪的时候就十分慎重，法律所划定的犯罪圈也很小。一般性的违反法律的行为，并不作为犯罪来处理。与之相适应，检察机关追诉犯罪的职权在范围上也就受到很大程度的限制。

3. 本国的实际情况

各个国家的实际情况是构架检察权的具体要素时必然要考虑的因素。在美国，各个州与联邦政府之间的分离状况直接决定了美国检察机关的多元化和检察权的不统一。但是同样是联邦制国家的德国，检察机关的组织机构和检察机关的职权，却没有出现像美国那样的多元化。日本在学习大陆法系国家的法律制度构建自己的检察制度的过程中也根据日本的实际情况进行了许多改良，形成日本特色的检察制度。不仅如此，各个国家的检察机关具体享有的职权也会随着国家法治建设的状况和

---

[1] 罪，即作恶。罪不容诛，即罪大恶极，死有余辜。参见《辞源》（三），商务印书馆1981年修订版，第247—248页。

经济社会发展的需要予以调整，在国家发展的不同阶段出现收缩或扩放。

因此，我们在研究中国检察权的构造时，也应当充分考虑中国检察机关的性质定位、中国法律文化的传统和中国的法律体系及发展阶段等实际情况。

在中国，宪法明确规定："中华人民共和国人民检察院是国家的法律监督机关。"这一规定，确立了检察机关作为国家法律监督机关的宪法地位，从而也明确了法律赋予检察机关的各项职权即检察权具有法律监督的性质。如前所述，"法律监督"作为中国法律中的一个专门术语，是指为了维护法律的统一正确实施而运用法律赋予的权力和法律规定的方式对法律实施的情况所进行的能够产生法律后果的监督。[1] 检察机关作为国家的法律监督机关，其设置的目的和存在的根本价值，在于保障法律的统一正确实施。

保障法律的统一正确实施，既是检察权的性质，也是检察权在国家权力结构中独立设置的根本目的。因此，检察权的构建应当紧紧围绕实现法律监督目的的内在需求来设置。离开了法律监督的目的要求，谈论检察机关应当具有哪些职权、不应当具有哪些职权，都将是无的放矢的空谈，检察权的构建也就会迷失方向。

那么，法律监督的目的如何决定检察权的构造呢？

首先，从哲学上讲，目的决定手段。所谓目的，"是指那种通过意识、观念的中介被自觉地意识到了的活动或行为所指向的对象和结果"。[2] 人提出目的总是为了实现目的。所以，

---

[1] 参见张智辉：《法律监督"三辨析"》，载《中国法学》2003年第5期。
[2] 夏甄陶：《关于目的的哲学》，上海人民出版社1982年版，第227页。

目的作为人类实践活动的直接动因。立志于某个目的的人，也应立志于求得实现某个目的的手段，这是人的有目的的对象性活动的一种内在的、合乎逻辑的必然性。因为人的一切对象性活动都是一个主体与客体之间相互作用的过程，在这个过程中，除了主体与客体这两个前提之外，还有三个必然的构成要素，即：（1）目的—主体改造或创造客体的对象性要求；（2）手段—主体作用于客体的中介；（3）结果—主体目的在客体对象中的实现。在主体的对象性活动中，目的和手段之间具有极其密切的内在相互制约性。手段是达到或实现目的的桥梁、媒介、方法、工具，是为实现一定目的的对象性活动的一个必不可少的要素。所谓手段，广义地说，就是置于有目的的对象性活动的主体和客体之间的一切中介的总和，包括实现目的的工具和运用工具的活动方式或操作方式、方法等，其中具有决定意义的是工具。手段的总和是人们提出目的并决定此种目的的现实性的实现条件，只有实际地运用或通过手段作用于客体，目的才能摆脱自己的观念形式而与客观现实相结合，达到目的自身的实现。"威尔曼（V. Wellman）认为使手段适合目的是法律中所使用的合理性证明的唯一手段；他说得很对。重视一贯性—重视逻辑——是因为一贯性有助于使手段适合目的。这种适合是理性的核心"。在决定法律问题时，"关键的一步是从先前的案件或其它资料中得出一个目的，然后才能确定在新案件中哪些决定最有效并以最少费用推进这一目的"。[1]

就权力设置而言，目的性既是权力配置的指导原则，也是权力设计的出发点和归宿。在国家权力配置中，既然要把检察

---

[1] 以上参见波斯纳：《法理学问题》，中国政法大学出版社1994年版，第138页。

机关作为国家的法律监督机关来设置，其目的显然是要通过检察机关的职能活动来保障法律的统一正确实施。因此设置检察权的目的，也就只能是保障法律的统一正确实施。这个目的，就从根本上决定了检察权的具体权能。也就是说，检察权的具体权能，即检察机关的各项职权，必须按照法律监督的需要来配置。只有这样，检察权设置的目的才有可能实现。如果不考虑法律监督的实际需要，对检察权的配置，就可能是盲目的、非理性的，其合理性和科学性也就难以保证。

其次，从法律上看，检察权的配置要能够保证检察机关完成法律监督的任务。法律监督是对法律实施情况的监督，而法律的实施包括执法、守法和司法三个方面。与之相适应，检察机关的职权在范围上也就应当能够延伸到这三个领域，检察权行使的范围应当包括对执法活动的监督、对守法情况的监督和对司法活动的监督。为了能够有效地对这三个领域实施法律的情况进行监督，法律赋予检察机关的监督手段即职权在内容上也就应当能够保证检察机关及时准确地了解法律在这三个领域实施的具体情况，及时发现法律实施中存在的问题，以便有可能进行监督。除了发现法律实施过程中存在的违反法律的情况之外，检察机关要对其进行监督，还必须有阻止其发生的手段。这种手段，在法律上，主要是追究违反者的法律责任的手段。通过追究违反者的法律责任，可以引起其对法律的尊重和遵守，可以阻止违法行为的继续和蔓延，可以教育其他的人不要去违反法律。对于不能或无法追究法律责任的情况，检察机关还应当具有提出意见、督促纠正的职权，这样才能有效地防止违法现象的发生。这些职权都是完成法律监督的任务所不可或缺的手段。没有这些手段，检察机关就无以担负起法律监督的重任。

最后，从实际情况看，检察权的配置必须符合中国的实际。尽管从法律监督的需要上看，检察机关的职权应该延伸到法律实施的各个领域，但是一方面，我们国家虽然已经建成小康社会，却还存在着各地经济发展不平衡的状况，检察机关在机构设置和人财物的配置方面资源还很有限，没有充分的司法资源使法律监督的触角延伸到法律实施的一切领域、一切场合。另一方面，我们国家不仅人口众多，而且人们的法律意识和法律素养相对比较淡薄，违反法律的现象还比较普遍，这种客观现实也决定了检察机关不可能对法律实施过程中出现的所有违法行为都进行监督，而只能是有重点地进行监督。不仅如此，新中国成立以来，经过70多年的不断努力，我们国家逐渐形成了具有中国特色的社会主义监督体系，在这个监督体系中，检察机关的法律监督只是监督的一股力量、一个方面。因此，检察机关的职权配置，不仅要充分考虑中国社会发展和法治建设的实际情况，而且要充分考虑法律监督在国家监督体系中的地位。这在很大程度上也就限定了检察机关行使职权的范围。与之相适应，检察机关对法律实施情况的监督就不可能是全方位的一般性的监督，而只能是特定范围内的有限的监督。

（二）检察权的构成要素

在中国，既然检察机关是国家的法律监督机关，检察机关行使职权的目的是实现法律监督的任务，那么，检察机关的职权配置就应该紧紧围绕法律监督的内在需要来配置，以保障检察机关有足够的能力充分行使法律监督职责，从而担负起法律监督的使命。从法律监督的内在需要出发，笔者认为，检察机关应当具有以下四个方面的具体权能，这四个方面的具体权能即构成检察权的基本要素：

1. 调查权，即发现违法的权力

法律监督的根本任务是督促纠正严重违反法律的情况。检察机关只有享有调查权，才能及时发现严重违法行为的存在，进而才谈得上督促纠正严重违法的问题。

调查权是检察权构成要素中极为重要的一项权能。因为，违法行为存在与否，对于检察机关来说，始终是已逝的事实。检察机关要对其进行监督，首先就必须具有必要的手段发现违法行为的存在。只有发现了违法，才能够对其进行监督。而发现违法最基本的手段就是调查。只有通过调查，才有可能发现违法。

有人认为，检察机关既然是宪法规定的法律监督机关，就应该集中精力进行法律监督，没有必要再行使侦查权，对有关犯罪的侦查交给其他机关就行了，检察机关没有必要把时间和精力花费在侦查上，以致影响法律监督工作的开展。这种观点，应该说是不了解法律监督规律的一厢情愿，其在实践中根本行不通。这是因为：

第一，侦查是进行法律监督的必要手段。法律监督的前提和基础是及时发现法律实施过程中可能出现或存在的违反法律的情况。如果不能及时发现违反法律的情况，实行法律监督就只能是一句空话。因此，当任何一个国家把检察机关规定为监督机关时，它就毫无例外地赋予了检察机关侦查权。如苏联、俄罗斯、越南等国的法律，都赋予检察机关侦查权。我国1954年的人民检察院组织法和1979年的人民检察院组织法，也都赋予检察机关侦查权。因为这是履行监督职责所必不可少的。试想，如果检察机关不能对犯罪案件直接进行立案侦查，那么发生了犯罪以后，靠什么来监督？如果完全依靠其他机关提供的侦查情况来监督，在其他机关不立案侦查的情况下，检察机关如何能履行法律监督的职责？检察机关如果不享有对犯罪案件直接进行立案侦查的权力，既不能及时准确地了解犯罪是否发生的真实情况，也不能快速有效地收集证据、查明真相，追诉破坏法律实施的行为。如是，法律监督也就无从谈起，还怎么可能集中精力进行法律监督呢？

第二，法律监督需要主动性，不像司法裁判那样静等他人来请求裁判。法律监督的含义就在于发现法律实施过程中违反法律的情况，提请有权裁判的机关进行处理。检察机关只有积极主动地运用法律赋予自己的侦查权去发现法律实施过程中违反法律的情况，才能履行法律监督职责。如果检察机关没有侦查权或侦查控制权，而任由其他机关去侦查法律实施过程中的违法行为，检察机关就会对法律实施的情况两眼摸黑，更谈不上进行法律监督了。如果等其他机关把法律实施过程中违法行为侦查清楚了，再把案件移交给检察机关，那么检察机关就只有对其中构成犯罪的部分提起公诉的权力，那也就只是一个公诉机关，而不是名副其实的法律监督机关。

第三，对于法律实施过程中发生的违法行为，虽然既可以由检察机关来侦查，也可以交给其他机关去侦查，但是根据何在？任何权力的划分都需要一定的理由。哪些案件由哪个机关行使侦查权，既要看案件的性质和类型，也要看有关机关的职能与使命。由检察机关直接立案侦查的案件，应当是直接影响到法律统一正确实施的案件。因为检察机关是宪法规定的法律监督机关，有责任去发现法律实施过程中发生的违法行为，有责任督促有关机关和有关人员及时纠正这种违法行为。

因此，对法律实施过程中严重违反法律的案件的侦查权是检察机关进行法律监督不可或缺的保障性手段。要保证法律监督及时有效地进行，要充分发挥法律监督在维护法律正确实施中的作用，检察机关就必须及时准确地发现法律实施过程中存在的违法事实，并且能够提供确实充分的证据证明自己的监督意见具有客观存在的事实基础。正是在这个意义上，笔者认为，侦查权是构成检察权的一项必不可少的权能。

2. 追诉权，即对严重违法行为进行责任追究的权力

法律监督的根本目的是维护法律的统一正确实施，而维护法律统一正确实施的最重要的手段就是追究违反法律的行为以引起人们对法律的尊重和遵守。违反法律的行为如果不能得到及时有效的追究，法律的尊严和权威就会荡然无存。追诉违法的权力，是检察机关履行法律监督职责必须具有的不可或缺的职权。只有享有追诉违法的权力，才能维护法律的权威，保障法律的正确实施。

追诉权是检察权区别于其他国家权力的显著特征。如果说，立法权是一种创制权，具有为社会活动的各类主体创制行为规则的功能；行政权是一种处分权，具有依照职权对管理对象进行处置的功能[1]；审判权是一种裁决权，具有站在第三者的立场上对争纷进行裁判的功能。那么，检察权就是一种诉请权，它既不能像行政权特别是行政执法权那样直接对违法行为作出处罚，也不能像审判权那样直接对违法行为进行裁判，而只能根据自己所掌握的有关主体违反法律的情况，提请有权作出处罚决定的机关追诉违法者的法律责任、行政责任或纪律责任。因此，在任何法律制度中，追诉权都是检察权中不可或缺的构成要素。

---

[1] 有人认为，检察机关的权力类似于行政执法权。其实，二者之间具有一个根本性的区别，那就是行政执法权是一种实体处分性的权力，而检察权仅仅是一种诉请权，不包含任何实体处分性的权力。

3. 建议权，即提出意见、督促纠正违法的权力

为了维护法律的统一正确实施，对于法律实施过程中出现的违法情况，及时提出纠正意见，督促有关主体予以改正，是阻止违法行为的继续，防止违法行为再次发生的重要途径，因而也是履行法律监督职责的内在要求。

针对法律实施过程中出现的问题包括违反法律的情况，提出意见，是民主法制国家一切社会主体包括公民个人所享有的一项基本的民主权利。这种民主权利对于维护法律的正确实施具有积极的意义。但是与其他社会主体所享有的提出意见的民主权利不同，检察机关针对违反法律的情况提出纠正意见，是作为一项国家权力来行使的，因而具有明显的强制性的效力，比作为民主权利提出意见的行为，更能引起实施违法行为的个人和单位的重视，更能够产生督促纠正的效果，从而更有利于维护法律的正确实施。

4. 法律话语权

作为法律监督机关，检察机关在制定、修改法律的过程中，在解释法律应用问题的过程中，理所当然地应当具有发言权。特别是对于违反宪法和法律的规范性文件，检察机关更应当具有指出其违法性并要求有关国家机关修改或者废除其规定的权力。

检察权中之所以应当包含法律话语权，是因为，第一，检察机关作为专门的法律监督机关，其本身就应该了解法律的规定，能够准确把握法律的精神，否则就难以胜任法律监督的重任。所以检察机关和检察官通常被认为是法律方面的专家，在法律问题上具有发言权。第二，检察机关的基本职责是法律监督，因而比其他任何主体都更了解法律实施的实际情况，因而在法律的制定和修改问题上最有发言权。第三，规则本身是分

层次、分效力的，按照法律优先原则，下位法不得与上位法冲突，更不得违反上位法的精神。检察机关要履行法律监督职责，维护法律的实施，本身就包含着维护下位法不得侵犯和违反上位法的原则。因此对于其他国家机关制定的法规和规章，检察机关如果发现其违反全国人大及其常委会制定的宪法或国家基本法律，就应该有权提出请求审查的意见，要求有权修改或者废除其效力的国家机关修改或者废除与宪法和国家基本法律相冲突的下位法。这是法律监督的题中应有之义。

上述四种职权是构成检察权的基本要素。如果不同时具有这四个方面的职权，至少在中国，检察权作为法律监督机关的职权就是残缺不全的。由于这四个方面的职权尤其是前三项职权是履行法律监督职责不可或缺的职权，所以，如果检察机关不同时享有这些职权，检察机关就难以成为名副其实的法律监督机关，维护法律统一正确实施的功能作用就难以有效发挥，检察机关作为国家的法律监督机关存在的功能价值就难以充分显现出来，建设和完善中国特色的社会主义检察制度就将是一句空话。

我们说，在中国，检察权必须包含这四个基本的构成要素，是因为它们对检察机关发挥功能作用而言，是不可或缺的。但是这并不意味着这四种权力都是检察机关独享的[1]，更不意味着检察机关只能具有这四个方面的职权。无论是在理论上，还是在实践中，国家立法机关根据法治建设的实际需要和社会发展的实际情况，通过立法的形式赋予检察机关其他相关的职权，是完全可能的，也是完全正当的。因为检察机关

---

[1] 检察权中的某些权能是可以与其他国家机关分享的，某些权能是必须由检察机关独享的。对于可以与其他国家机关分享的权能具体如何分配，要由国家立法机关通过立法的形式来进行。

作为由人民代表大会产生并向人民代表大会负责的国家机关，其所有权力的来源本身都是人民代表大会。人民代表大会赋予其哪些职权，检察机关就应当行使哪些职权，并且应当认真负责地行使好这些职权，无论这些职权是不是具有法律监督的性质。

（三）检察权的内部结构

构成检察权的上述四个要素之间具有内在的逻辑关系和密切的联系。这种联系主要表现在以下几个方面：

1. 调查权是检察机关各项职权的基础，因而是检察权中最基本的构成要素

法律监督既然是对法律实施过程中严重违反法律行为的监督，作为法律监督机关的检察机关就必须具有发现违法行为的权力和能力。不能及时发现违法情况的存在，法律监督就不可能进行。而发现违法最基本的手段就是调查。因此，调查权对于检察机关履行法律监督职责而言，具有根本性和基础性的功能，是检察机关其他各项职权有效行使的前提和基础。可以说，检察机关享有调查权是检察机关履行法律监督职责的先决条件。调查工作做好了，检察机关履行其他职责才会有坚实的事实根据，检察机关提出的要求和建议才会让监督对象信服，进而才会发挥作用。如果没有调查权，检察机关既不能及时准确地发现违法行为存在的事实，无法履行法律监督职责，也不能快速有效地获取能够证明违法事实存在的证据，难以让有权对违法行为作出处分决定的机关和人员相信违法行为存在的事实进而给违法者必要的处罚，难以让被监督的机关和人员承认和纠正违法行为，因而也就无法完成法律监督的任务。

2. 追诉权是法律监督的功能性权能，在检察机关的各项职权中居于核心的地位

法律监督的核心是追诉违法。因为法律的本性是强迫一切社会主体都服从它。如果法律所设定的规则允许人们任意违反，法律就丧失了自身存在的价值。因此，任何法律都要求在它权力所及的范围内任何主体都必须遵守它所设定的规范体系，一旦违反，就必须受到应有的追究。追诉违法，正是法律本身的内在需求，是保障法律被遵守的根本保证，从而也是法律监督的根本使命。正因为如此，追诉权是检察机关最重要的一项职权，是检察权最本质的一种功能性权力。特别是对犯罪提请公诉的权力，更是世界各国和地区检察机关独享的一项职权。

追诉权是法律实施的保障。通过追诉权的有效行使，强迫违法者承担法律规定的责任，承受违法行为引起的不利后果，既可以使违法者本人痛切地感受到违法给自己带来的痛苦，从而迫使其尊重法律，并在以后的行为中选择遵守法律，也可以使其他被监督的机关和人员从违法者所承担的法律责任中看到法律的威严，自觉地避免实施违反法律的行为，保障法律的严格遵守和正确实施。

追诉权有效行使的先决条件是调查权的充分行使。只有充分运用调查权，查明违法行为存在的各种事实根据，获取能够证明违法行为存在的确实充分的证据，追诉权才有启动的充分依据，才能保证追诉权行使的正当性，才有可能发挥追诉权的功能作用。因此，追诉权离不开调查权，追诉权的有效行使依赖于调查权的充分行使。

但是，从另一方面看，调查权又是可以脱离追诉权而独立存在的。因为在实践中，调查权往往是先于追诉权而启动的。

调查权行使的目的在于查明案件的事实真相。而事实真相本身既可能存在着违法犯罪的事实，也可能是不存在违法犯罪的事实，或者违法事实不构成追究法律责任的充分理由。如果调查权行使的结果表明，不存在需要追究法律责任的情况，那么，追诉权也就没有启动的必要性。在这种情况下，调查权就是脱离追诉权而独立存在的。正因为如此，调查权有时候也可以由其他主体来行使。当然，在这种情况下，检察机关应当具有控制侦查和补充侦查的权力，以防止在需要追究法律责任的场合由于调查权行使的不充分而难以获取必要的证据从而无法对其进行追诉的情况。一旦失去控制侦查和补充侦查的权力，追诉权就没有保障。

追诉权是检察权的主干权能，是世界各国检察机关的标志性职权。检察机关的其他职权，或者是为了保障追诉权的有效行使而必需的或派生的职权，或者是为了维护法律的统一正确实施而对追诉权的补充性职权。

3. 建议权是中国检察权中独具特色的一个功能性权能

建议权不同于追诉权。首先，监督的对象不同。追诉权是针对已经构成严重违法以致需要追究法律责任的违法行为进行的。建议权是针对违法的性质或情节比较轻微以致不能够或者不需要追究法律责任的违法行为进行的，这种监督对象的违法情况明显轻于追诉权行使的对象。建议权有时也可能是根据已经发生的严重违法行为提出的，但是在这种场合，都是针对某些主体的违法或者犯罪行为向违法或者犯罪人所在单位或者其他主体提出的，而不是直接向实施了严重违法行为的主体提出的。其次，监督的方式不同。追诉权是向有权追究违法者法律责任的机关即监督对象以外的第三方提出追诉请求，要求有权追究的机关作出追究违法者法律责任的决定。而建议权是直接向监督对象（包括实施违法行为的主体，也包括对违法行为主体负有监督管理责任的主体）提出意见，要求和督促监督对象纠正自己的违法行为或者改进自己的工作以防止违法情况的再次发生。最后，监督的效力不同。追诉权的行使必然产生享有实体处分权的机关按照追究法律责任的法定程序进行审理以决定是否追究违法者法律责任的法律效果，启动追诉程序。建议权的行使所产生的法律效果是因建议的内容而异的。[1]

建议权是追诉权的重要和必要的补充。因为中国宪法把检察机关定位为法律监督机关，而不是单纯的追诉机关[2]。法律监督的一个十分重要的任务就是通过行使检察权督促一切社会活动主体自觉地遵守法律，及时纠正违反法律的状况，预防犯罪的发生。为了实现这个目的，仅有追诉权是不够的。这是因为：

第一，追究法律责任需要具备法定的条件。在实践中，违反法律的情况如果不完全具备追究法律责任的法定条件，检察机关就不能启动追诉权来进行监督。但是对于不完全具备追究法律责任条件的违法情况，如果不予监督，就可能助长违法情况的蔓延，就不利于维护法律的正确实施，就无法保障法律的严格遵守。所以，检察机关在追诉权之外，应该具有其他的督促纠正违法的手段。这对于完成法律监督的任务而言，是必需也是必要的。

第二，追诉权设置的目的是维护法律的尊严，阻止违法情况的发生，而达到这个目的并不是只有追诉这一种手段。经验

---

[1] 详见本章第四节。
[2] 在英美法系国家，检察机关也不是单纯的追诉机关。它除了追诉犯罪之外，作为政府的法律顾问，还担负着为政府各部门提供法律意见的任务。这个功能，从某种意义上说，也是预防违法的功能。

证明，预防犯罪有时是比制裁犯罪更有效的防止犯罪发生的手段。为了维护法律的尊严，保障法律的正确实施，赋予检察机关针对已经发生的违法情况提出建议，督促有关单位和人员采取有效措施纠正和防止违法情况再次发生，也可以达到法律监督的目的，并且其成本可能大大低于追诉违法的成本。因此，提出建议，督促纠正这种手段，是在不能或不必追究法律责任的情况下，进行法律监督的一个有效手段。正是在这个意义上，我们说，建议权是追诉权的必要补充。

建议权的启动依赖于调查权和追诉权的行使，但又有其独立性。在某些情况下，建议权是在追诉权充分行使的基础上，或者是在追诉权发生作用即引起监督对象被追究法律责任的前提下，根据有关机关认定的违法事实提出建议的，如针对已经发生的犯罪对有关单位提出整改的建议。在这种情况下，建议权启动的根据就是已被追究的犯罪行为发生的情况。在某些情况下，建议权的启动必须根据调查权行使的情况，即需要先进行调查以便了解违法事实的存在，而后才能提出督促纠正的建议。但是在另外一些情况下，建议权可能完全是根据检察机关在参与诉讼或者其他工作中直接发现的违法情况提出的。特别是对于其他执法和司法机关在执法和司法过程中发生的违法情况，检察机关往往直接运用建议权提出督促纠正的建议，而无需依赖调查权和追诉权。

4. 法律话语权是检察权的重要组成部分

法律话语权虽然不是检察权中的功能性权能，但是与检察权中的其他权能之间具有极为密切的联系。

首先，检察权中的其他权能为法律话语权提供了充分的基础。检察机关通过行使调查权、追诉权和建议权，可以及时、具体地了解法律实施过程中存在的问题和原因，而对这些情况的了解，是提出立法和修改法律的建议的实践根据。检察机关由于最了解法律实施的情况，所以在立法和修改法律的过程中，普遍具有发言权，其意见对立法机关也最有参考价值。

其次，法律话语权是保障其他权能有效行使的重要条件。由于法律永远是对行为的类型化规定和对规则的概括性规定，而检察机关的法律监督只能是对具体案件、具体行为的监督，这在客观上就使检察机关在行使调查权和追诉权的过程中，必然会遇到如何正确理解和适用法律条文的问题，并且有些问题是检察机关首先遇到的新问题。对于这些法律问题，如果检察机关自己不能进行解释，而必须等待其他国家机关来解释，检察机关就会在具体案件中束手无策，坐失良机，以致影响案件的侦查和起诉。如是，检察机关法律监督的任务就难以完成。因此检察机关应当有权对行使调查权和追诉权的过程中遇到的法律适用问题作出解释，以指导具体案件的处理。

最后，法律话语权有助于检察权中的其他权能更加符合其目的性。检察机关各项权能赖以存在的根本目的是维护法律的正确实施，而法律本身是公平正义的象征，所以通过履行法律监督职责维护社会的公平正义是检察工作永恒的主题。但是如果某个具体的法律规定本身存在着缺陷，不利于公平正义的实现，那么检察机关通过行使职权所产生的社会效果就可能背离维护公平正义的价值目标。因此，对于其本身有缺陷的法律规则，检察机关应当享有提出修改或废除意见的权力，以免调查权、追诉权的行使产生助纣为虐的效果。法律话语权的这种功能，反过来，又可以促使检察机关从法律监督的目的性出发，经常性地审视调查权和追诉权的行使情况，保证其合目的性的运用。

5. 检察权中的调查权、追诉权、建议权和法律话语权统一于法律监督的内在需求之中

检察机关之所以要有调查权、追诉权、建议权和法律话语权，是因为这些职权都是履行法律监督职责本身所需要的。缺少这些职权，检察机关就无法担当起法律监督的重任；缺少其中的任何一项职权，检察机关履行法律监督职责的效果就会打折扣。正因为如此，我们说，这四项权能构成检察权的基本要素，是中国特色社会主义检察制度的核心内容，是检察权科学配置的根据。同时，检察机关行使这四个方面的职权，必须紧紧围绕法律监督的目的，充分全面地运用这些职权来履行法律监督职责。任何背离法律监督的目的而运用这些职权的做法，都是与权力设置的初衷相悖的。

就检察权而言，这四个要素即四项权能是不可分的，是一个紧密结合的整体。但是这并不意味着在同一个检察机关内部，这四项权能也具有不可分割性。在检察机关内部的不同部门之间，如何进行职权的配置，涉及内设机构设置的科学性、合理性问题。

当然，也要看到，在检察权中，这四个权能居于不同的位置。如前所述，调查权在检察权中居于基础性的地位，是一种不可或缺的权能；追诉权在检察权中是一种功能性的权能，居于核心的地位；建议权在检察权中是一种独具特色的功能性权能，是检察机关作为国家的法律监督机关所必须享有的一种职权，具有一定的伸缩性；法律话语权在检察权中是一个附属性的权能，但又是一个重要的、不可或缺的权能。没有法律话语权，检察机关的调查权和追诉权有时就难以行使。检察机关不能没有法律话语权，但是又不能独占法律话语权。并且，调查权、追诉权和建议权，作为检察权中最基本的构成要素，是各

级检察机关都必需具有的职权,而法律话语权赋予哪一级检察机关则需要有法律的特别授权。在我们国家,法律话语权仅授权给最高检察机关,这也是与检察权中其他权能不同的地方。

至于这些权能如何具体配置以及检察机关如何充分发挥这些权能的功能作用,还有待进一步研究。以下各节,将分别对之加以论述。

二、检察机关的调查权

检察机关对检察权所及范围内的事项进行调查,以便了解事实真相,是行使检察权的先决条件,也是保证法律监督精准性的先决条件。法律赋予检察机关的调查权,也就因此成为检察权的一个基本构成要素。

(一) 调查权是检察机关普遍享有的一种权力

联合国《关于检察官作用的准则》(以下简称《准则》)鼓励各国检察官"在调查犯罪、监督法院判决的执行和作为公众利益的代表行使其他职能中发挥积极作用"(第11条)。该《准则》特别指出,"检察官应适当注意对公务人员所犯的罪行,特别是对贪污腐化、滥用权力、严重侵犯人权、国际法公认的其他罪行的起诉,并且依照法律授权或当地惯例对这种犯罪的调查"(第15条)。纵观世界各国和地区检察机关的实践,大多数国家和地区的检察机关在刑事犯罪的调查中都发挥着积极的作用。

1. 世界主要国家检察机关的调查权

在大陆法系国家,检察机关一般都享有广泛的调查权,特别是在刑事案件的侦查过程中,检察机关普遍享有侦查和侦查指挥权。"'检警一体化'是大陆法系国家大量采用的模式。其要求检察机关一般是法定的侦查机关,享有完全的侦查权与侦查指挥权,警察为侦查的辅助机关。"[1]

在法国,按照刑事诉讼法的规定,侦查权主要由司法警察、司法警官、共和国检察官和预审法官行使,其中预审法官在侦查中起主导作用。但是按照《法国刑事诉讼法典》第80条的明文规定,"预审法官只有根据共和国检察官的立案意见书始能进行侦查"。现行的《法国刑事诉讼法典》第一卷"进行公诉及预审"(第一编"负责进行公诉及预审的权力机关")第二编"调查与身份检查"第54条第1款规定:"在发生现行重罪[2]的情况下,得到通知的司法警察警官应立即报告共和国检察官,并且应即刻前往重罪现场,进行一切必要的勘验。"第68条规定:"共和国检察官亲临现场,即告停止司法警察警官对案件的管辖权力。在此场合,共和国检察官完成本章规定的司法警察的所有行为。共和国检察官亦可指令司法警察警官继续进行办案活动。"该编第二章"初步调查"第75条规定:"司法警察警官以及在其监督之下第20条所指之司法警察警员,依共和国检察官的指令,或者依职权,进行初步调查。"第82条:"共和国检察官得在其'提起公诉意见书'中,以及在侦查之任何阶段,以'补充公诉意见书',要求预审法官采取其认为有利于查明事实真相的一切行动以及采取一切必要的安全保障措施。为此目的,共和国检察官得调阅案卷,但应在24小时之内予以归还。如预审法官不按共和国检察官的意见采取行动,除第137条第二款所指情况[3]外,应当在此种要求提

---

[1] 何勤华主编:《检察制度史》,中国检察出版社2009年版,第155—156页。
[2] 按照该法第53条的规定,"现行重罪"是指正在实施或刚刚实施的重罪,也包括在实施犯罪活动之后的极短时间内,涉嫌犯罪的人因公众呼喊而受到追捕,或者发现其持有赃物或带有痕迹或犯罪迹象,据此可以认为其参与了重罪的情形。
[3] 第137条第2款:"预审法官,在不遵照共和国检察官提出的对受审查人先行拘押之要求时,无需做出说明理由的裁定。"

出其五日之内做出说明理由的裁定。"这些规定表明,共和国检察官在初期的调查中有权独立进行调查,也有权指挥警察进行调查;而在正式的侦查程序中,预审法官的侦查活动是以共和国检察官的"提起公诉意见书"为前提和根据的,并且共和国检察官有权要求预审法官采取必要的侦查措施。

在德国,侦查权由检察机关(检察官)、警察机关(警察)和审判机关(负责审前调查的区法院法官)共同行使,其中,检察官的任务和责任最为重大。所有刑事案件的侦查程序和侦查环节都由检察官决定,但检察院没有自己的侦查力量,具体的侦查任务是由警察局完成的。《德国刑事诉讼法典》第160条〔侦查程序〕规定:"(一)通过告发或者其他途径,检察院一旦了解到犯罪行为嫌疑时,应当对事实情况进行审查,以决定是否提起公诉。(二)检察院不仅要侦查证明有罪的,而且还要侦查证明无罪的情况,并且负责提取有丧失之虞的证据。(三)检察院的侦查,也应当延伸到对确定法律对行为的处分具有重要性的情节。对此,它可以请求法院协助。"第161条〔提供情况和侦查〕规定:"为了前款所称目的,检察院可以要求所有公共机关部门提供情况,并且要么自行,要么通过警察机构部门及官员进行任何种类的侦查。警察机构部门及官员负有接受检察院的请求、委托的义务。"[1]这些规定,不仅明确赋予检察机关侦查权,而且明确规定了警察机构协助检察机关侦查的义务。

在意大利,侦查权的行使与德国的情况非常相似。检察官指挥司法警察进行调查,经预审法官批准或决定,可以对犯罪

---

〔1〕 1994年12月1日生效的《德国刑事诉讼法典》把调查程序规定在第二编"第一审程序"第二章"公诉之准备"中(从第158条到177条)。

嫌疑人采取强制措施。《意大利刑事诉讼法典》第326条"初期侦查的目的"规定:"公诉人和司法警察在各自的职责范围内进行必要的初期侦查,以便作出与提起刑事诉讼有关的判断。"第327条"对初期侦查的领导"规定:"公诉人领导侦查工作并且直接调动司法警察。"第358条"公诉人的侦查活动"规定:"公诉人为实现第326条列举的目的而开展一切必要的活动,并且也核实对被调查人有利的事实和情节。"第359条"公诉人的技术顾问"规定:"1. 公诉人在核查体貌特征、进行有关描述、拍照和其他需要专门资格才能实施的技术工作时,可以指定并利用技术顾问,后者不得拒绝。2. 公诉人可以批准技术顾问参加各项侦查活动。"第370条"直接的行为和受委托的行为"规定:"1. 公诉人亲自实施一切侦查行为。他可以借助司法警察实施侦查行为和专门委托的行为,但是其中不得包括讯问被调查人和与该人对质的行为。2. 当依照第一款的规定进行活动时,司法警察遵守第364条[1]第365条[2]第373条[3]的规定。3. 对于应当在其他法院的辖区进行的行为,如果公诉人认为不必亲自进行,可以按照有关的司法管辖权委托驻其他法院或者独任法官所的公诉人进行。4. 当出现紧急情况或者其他重大理由时,依照第三款的规定接受委托的公诉人有权根据在实施被具体委托的行为中的发现主动地实施一切必要的侦查行为。"按照这些规定,意大利的检察机关不仅有权领导警察进行侦查,而且有权亲自从事一切侦查活动。

在日本,对犯罪案件的侦查工作主要由司法警察负责,但是在法律上,检察机关对任何犯罪都享有侦查权和侦查指挥

---

[1] "辩护人的任命和帮助"。
[2] "辩护人有权未经通知而参与的活动"。
[3] "对有关活动的记录"。

权。《日本刑事诉讼法》第191条"检察官、检察事务官的侦查权"规定:"检察官认为必要时,可以自行侦查犯罪。检察事务官应当在检察官的指挥下进行侦查。"这个规定,没有对检察官侦查的范围进行任何限定。《日本刑事诉讼法》第193条规定:"检察官在管辖区域内,可以就侦查对司法警察职员作出必要的一般指示。在此情况下的指示,应当通过规定为正确实施侦查或其他确保完成公诉的有关必要事项的一般准则而进行。检察官在管辖区域内,可以为要求协助侦查而对司法警察职员进行必要的一般指挥。检察官在自行侦查的场合有必要时,可以指挥司法警察职员,使其辅助侦查。在前三款的场合,司法警察职员应当服从检察官的指示或者指挥。"在实践中,日本检察机关主要行使起诉权,只是对部分经济与公司案件、严重偷税与漏税案件、公务人员贪污受贿案件亲自进行侦查。

与日本的规定相类似,韩国也赋予检察官广泛的侦查权。《韩国刑事诉讼法》第195条(检事的侦查)规定:"检事认为有犯罪嫌疑时,应当侦查犯人、犯罪事实和证据。"第196条(司法警察官吏)进一步规定:"侦查官、警务官、总警、警监、警卫作为司法警察官应当受检事的指挥进行侦查。警察、巡警作为司法警察吏受检事或司法警察官的指挥协助进行侦查。"

在俄罗斯,侦查权分别由检察院、国家安全局、内务部、税务警察机关、边防机关、法警局、海关机关、消防机关等部门行使。但是,按照《俄罗斯联邦刑事诉讼法典》第151条"侦查管辖"第7款的规定,"归不同侦查机关管辖的不同刑事案件合并一案时,侦查管辖由检察长按本条的管辖规则决定"。第163条"由侦查组进行侦查"规定:"1. 如果刑事案件复杂或工作量大,可以委托侦查组进行侦查,对此应做出单独决定或在提起刑事案件的决定中说明。2. 关于由侦查组进行侦查的决定由检察长根据侦查处长的申请做出,而在由检察院的侦查员进行调查的刑事案件中,决定由检察长本人自主做出。"该法第 37 条第 2 款规定了检察长的 17 项职责,其中包括"提起刑事案件并依照本法典规定的程序委托调查人员、侦查员、下级检察长调查案件,或亲自受理案件";"参加审前调查并在必要情况下亲自进行某些侦查行为";"委托调查机关进行侦查行为,以及向调查机关发出进行侦缉措施的指示";"向任何调查机关调取刑事案件并将案件移送侦查员、将刑事案件从一侦查员移送另一侦查员"等。这些规定表明,俄罗斯联邦检察机关享有广泛的侦查权。

在英美法系国家,侦查权主要是由警察当局来行使的。绝大多数刑事犯罪案件由警察机关进行侦查,也即警察进行专门的调查工作,经检察官申请由法院(治安法官)批准或决定,可以采取强制措施。近年来,随着英美法系和大陆法系逐步融合,一些英美法系国家和地区陆续把政府官员的职务犯罪案件和重大经济犯罪案件转交检察机关侦查。如英国、澳大利亚、新西兰等。

在英国,除了警察机关之外,还有两个机关有侦查权。一是海关,可以直接立案侦查走私等案件;二是总检察长领导下的严重欺诈局(即反贪污贿赂局)。依据《1987 年严重欺诈局法》,严重欺诈局直接立案侦查涉嫌 500 万英磅以上的重大复杂欺诈案件。英国《1985 年犯罪起诉法》第 8 条"警察官长向检察长提出报告"规定:"(1)检察总长可以制定规则,要求该规则所适用的任何警察部队的首脑向检察长提供为该规则所规定的、在该辖区内涉嫌犯下的由规则确定的罪种下每一罪名的有关情况，以及表明有主要证据可以进行控诉的有关情况。(2) 该规则也可以要求每一个这样的警察首脑向检察长提供该检察长要求得到的与这些案件或者与他随时确定的案件种类有关的情况。"[1]

在美国，刑事案件主要由联邦政府的各种调查机构和各州政府的警察机关进行侦查。联邦调查机构侦查违反联邦法律的普通刑事案件和涉及国家安全、税收方面的刑事案件，各州地方警察机关侦查违反州法律的刑事案件。但是，检察官也有一定的侦查权。美国学者在《刑事诉讼法》一书中写道："在界定逮捕前的侦查程序时，人们使用了各种各样的特征，但是最普遍的是涉及的机关（警察和检察官逮捕前的侦查活动存在主要差别）以及程序的关注点（旨在处理过去犯罪的活动，与旨在预测犯罪的活动存在主要的差别）。这些差别使得逮捕前的侦查程序划分为三类：（1）旨在处理已被警察所知晓的过去的犯罪的警务程序（通常被描述为'回溯性'程序），（2）旨在预测正在进行的犯罪活动和未来的犯罪活动的警务程序（通常被描述'前瞻性'程序）以及（3）主要通过行使传唤的权力进行的检察官侦查和其他非警察的侦查。"[2] 在该书中，作者明确提出了"检察官侦查"的概念。所谓检察官侦查，主要是指在大陪审团侦查的案件中检察官所进行的专门性调查。这类案件，"多半是公共性的腐败犯罪（如贿赂），经济权力的不当使用（如价格控制），和广泛分布在全国的非法服务和商品交

---

[1] 参见中国政法大学刑事法律研究中心组织编译：《英国刑事诉讼法（选编）》，中国政法大学出版社 2001 年版，第 511 页。

[2] 伟恩·R. 拉费弗、杰罗德·H. 伊斯雷尔、南西·J. 金：《刑事诉讼法》，卞建林、沙丽金等译，中国政法大学出版社 2003 年版，第 8—9 页。

易（比如，有组织的犯罪活动）"。[1] "除了极少的例外情况，美国法院已经接受了这样一个立场，即大陪审团的历史为它的广泛调查权提供了坚实的基础。"因此在现代，"大陪审团是一个重要的调查机构，是具有调查和询问权力的机构。"但是，"大陪审团必须，而且几乎是必不可少地依赖于检察官的资源和领导。如果没有检察机关的调查工作、专业讯问、法律建议，甚至秘密的帮助，大陪审团的调查工作几乎不能成功。再有，大陪审团的成员在刑事调查领域都是新手，并且仅仅是兼职工作，因此很自然地他们会依赖于检察官，因为只有这些检察官才是掌握从事这项工作所必不可少的专业知识的专业人员。""毫无疑问，典型的大陪审团调查是由检察官控制的。"[2] 正是在这个意义上，大陪审团的调查权，实际上是由检察官行使的。此外，据笔者在美国了解的情况，美国联邦系统的检察机关通常可以通过三种途径参与侦查：一是通过介入参与侦查，即所有联邦的侦查机关管辖的案件，都要通过联邦检察官向治安法官申请逮捕、搜查等令状，为此，侦查机关必须随时向检察官告知有关案件的情况。二是通过参加联合侦查小组参与侦查。联邦司法系统管辖的案件，往往由联邦调查局、有关的侦查机构和地方警察组成联合调查组进行侦查。在这种联合调查组中，通常都有联邦检察官参加并担任协调。三是通过检察机关的侦查员参与侦查。在美国联邦系统，检察机关通常都有自己的侦查员，负责协助联邦检察官对刑事案件进行补充性调查。而警察体系的侦查活动，在需要羁押犯罪嫌疑人时，则

---

[1] 参见伟恩·R. 拉费弗、杰罗德·H. 伊斯雷尔、南西·J. 金：《刑事诉讼法》，卞建林、沙丽金等译，中国政法大学出版社2003年版，第12页。

[2] 以上参见伟恩·R. 拉费弗、杰罗德·H. 伊斯雷尔、南西·J. 金：《刑事诉讼法》，卞建林、沙丽金等译，中国政法大学出版社2003年版，第442—449页。

必须通过检察官向治安法官提出申请。

2. 检察机关享有刑事案件侦查权的理由

为什么许多国家的法律规定检察官或检察机关具有对刑事案件的侦查权或侦查控制权？笔者认为，主要有如下理由：

第一，侦查是为公诉服务的，侦查活动应该受制于负责公诉的检察机关。

从理论上讲，之所以要对刑事案件进行侦查，就是为了追究犯罪人的刑事责任，或者说，对犯罪进行侦查的权力是从追诉犯罪的公诉权中派生出来的一种权力。正如日本学者指出的："侦查的目的，是为了查明有否犯罪嫌疑，决定是否提起公诉，是为了提起公诉而做准备。"[1] 侦查是公诉的前奏，侦查的目的必须通过公诉活动来实现，正因为如此，侦查活动必须服从追诉犯罪的需要，具有追诉职责的检察机关和检察官也就因而具有对侦查活动的发言权。因为唯有检察机关和检察官最了解追诉犯罪的需要，最清楚如何进行侦查才能使犯罪人受到有效的追诉。检察官介入侦查、指导侦查或者亲自进行侦查，有利于及时收集能够有效指控犯罪的证据，保障追诉犯罪的有效性。正如法国学者指出的："检察机关为了辨明案件是否适于追诉，指派警察或宪兵部门进行的初步调查行为，例如，讯问当事人、听取证人证言、搜查、查看住所"[2] 日本学者也指出："由于刑诉法重视建立在严密侦查基础之上的追诉裁量以及重视审判中检察官笔录，所以检察官侦查的必要性

---

[1] [日] 田口守一：《刑事诉讼法》，刘迪、张凌穆津译，法律出版社2000年版，第24页。

[2] [法] 卡斯东·斯特法尼等：《法国刑事诉讼法精义》（上册），罗结珍译，中国政法大学出版社1998年版，第164页。

日益增加。"[1]

第二，公诉离不开侦查，负责公诉的检察机关应当有权进行或者控制侦查。

由于检察官在法庭上承担着指控犯罪、证明犯罪的责任，他的职责本身就要求他必须掌握所有能够证明犯罪的证据。而这些证据的获得，完全依赖其他侦查机关的侦查活动是远远不够的。因为专门侦查机关关注的重点是破案，只要能抓获犯罪嫌疑人，侦查机关的任务就已经完成，因此它更多的是考虑如何查明作案的人并获取犯罪的赃物，较少关心所获取的证据是否能够满足法庭上认定犯罪是否成立的需要；而检察机关关注的重点是如何证明犯罪嫌疑人实施了所指控的犯罪，用充分确实的证据说服法庭相信他提出的指控意见是正确的可信的，他必须全面地收集和审查证据，防止反向思维时可能出现的破绽与怀疑。特别是在公诉过程中，尽管有专门侦查机关的侦查活动做基础，检察机关面对辩护方的质证和法官的询问，总会遇到事先的调查取证活动不能完全满足指控犯罪需要的情况。在这种情况下，将案件退回侦查机关重新进行侦查或者补充侦查，虽然不失为一种选择，但是从诉讼效率和防止司法资源浪费的角度看，检察官的补充侦查更为可取。特别是在法庭审理的过程中，检察官面对法庭调查中出现的新情况，需要补充新的证据材料时，就迫切需要侦查人员的密切配合，而当司法制度不能提供这种配合机制（如从事侦查的警察机关独立于检察机关，或者从事侦查的警察并不出席法庭）时，检察官要保证追诉的有效性，就不得不进行必要的调查。随着以审判为中心

---

[1] [日] 田口守一：《刑事诉讼法》，刘迪、张凌穆津译，法律出版社2000年版，第106页。

的诉讼制度改革的不断推进，庭审实质化的要求越来越高。面对法庭审理的实质化，检察机关的补充侦查权尤其显得重要。

第三，检察官的侦查具有自身的优势。

在世界各国，无论是从任职资格的要求上看，还是从实际状况看，检察官都比警察具有更高的文化素养和更多的法律专业训练，因而也更容易适应对某些较高社会地位或职务的人员犯罪案件进行侦查的需要。另外，警察机构往往是直接受行政权力控制的机构，而检察机关则具有相对的独立性。由检察机关直接调查与行政权有涉的犯罪案件，比警察机构的调查，更有能力排除行政权力的干预。正是由于这些原因，许多国家都把白领犯罪、重大欺诈犯罪、职务犯罪以及其他智能型犯罪的侦查权交由检察机关或检察官行使。这也是联合国《关于检察官作用的准则》要求检察官对公务人员所犯的罪行，特别是对贪污腐化、滥用权力、严重侵犯人权、国际法公认的其他罪行依照法律授权或当地惯例进行调查的一个重要原因。

3. 中国赋予检察机关侦查权的必要性

在中国，检察机关的调查权尤其必要。因为，第一，中国的检察机关不仅享有外国检察机关通常普遍享有的追诉权，而且检察机关被定位为国家的法律监督机关，担负着法律监督的职责。要有效地对法律实施的情况进行监督，就必须具有能够及时发现法律实施过程中严重违法行为的权力。一方面，发现违法是进行法律监督的前提。只有及时发现违法情况的存在，才能够有针对性地进行监督。检察机关作为法律监督机关，如果不能及时有效地发现法律实施过程中存在的违反法律的情况，尤其是构成犯罪的严重违法行为，强化法律监督就是一句空话。另一方面，发现违法是保证法律监督有效性的基础。法律监督的根本任务是督促纠正违反法律的情况。第二，检察机关所提出的监督意见要想具有说服力,就必须有充分的证据来支撑。有力而充分的证据是进行监督的基础。没有证据证明,任何单位和个人都不会承认自己实施了违法的行为或者作出了违法的决定;没有充分的证据证明,有权对违法情况进行处罚的机关就不敢轻易相信检察机关的监督行为,并作出相应的决定。因此,要保证法律监督及时有效的进行,要充分发挥法律监督在维护法律正确实施中的作用,检察机关就必须及时准确地发现违法事实的存在,并且能够提供确实充分的证据证明自己的监督意见具有客观存在的事实基础。第三,发现违法需要一定的手段。没有必要的手段发现违法行为的存在,法律监督就只能是一句空话。因为证明违法的证据,只能通过一定的手段来取得。没有有效的发现违法的手段,仅仅依靠举报人提供的线索或者当事人的一面之词,检察机关既难以获取充分的证据并据以认定违法事实的存在,也难以提出让被监督者接受的监督意见。发现违法的手段,主要是调查取证的手段,包括运用国家强制力调查取证的手段即侦查手段。

从我们国家的法律规定看,为了保障检察机关更好地更有效地实行法律监督,法律赋予了检察机关广泛的调查权,其中包括对某些犯罪直接进行立案侦查的权力。这实际上是给检察机关提供了一种发现违法犯罪的手段。发现违法主要是通过调查来实现的。法律保障检察机关具有发现违法的能力,实际上就是赋予检察机关一定的调查权,包括一般调查权和强制调查权即侦查权。通过这种调查权的具体运用,检察机关才能及时有效地发现违法行为的存在,进而实行进一步的监督。

需要说明的是,调查权是检察权中必须具备的一项重要权能,但是调查权并不必然意味着法律监督,享有调查权的机关并不因此而必然就是法律监督机关。因为调查权本身只是一种工具性的权力，它虽然也具有主动性，但并不包含根据调查结果对调查对象进行处理的权力。调查权的行使，只是为了查明案件的真实情况，除了临时性的强制措施之外，并不影响调查对象的权利和利益，也不能对调查对象的活动产生实质性的制约作用。调查权只有与追诉权（即一定的目的）相结合，并且通过追诉权的行使，才具有法律监督的性质，才能成为法律监督的一种手段。因此只享有调查权而不享有追诉权的机关不能称为法律监督机关。

调查权中最重要的是侦查权。关于检察机关是否应该具有侦查权，存在着不同的认识。有人认为，检察机关作为法律监督机关，就应当集中力量去监督法律的实施，而没有必要自己搞侦查。也有人认为，检察机关既监督别人的侦查活动，自己又在进行侦查，检察机关的侦查活动谁来监督？这些观点，可以说在一定程度上混淆了侦查与法律监督的关系。

首先，应该看到，法律监督与侦查的关系，不是什么"裁判员"与"运动员"的关系，而是目的与手段的关系。法律监督不具有裁判的性质，不是法律监督机关认为谁违法，谁就是违反了法律。法律监督机关只有在查清违法事实的基础上提请有权作出决定的机关裁定和处理的权力，没有自行裁定的权力。因而把检察机关比喻为裁判员，是不符合法律规定和实际情况的。相反，侦查的目的是获取有关的证据材料，查明案件的真实情况，而法律监督只有在查明案件真实情况的基础上才能进行。因此侦查不过是实行法律监督的一种手段。侦查的手段可以为法律监督的目的服务，也可以为其他的目的服务，它本身并不具有独立的权能性质，不是只能由某个国家机关使用而不能同时由其他国家机关使用的权力。例如，我们国家，公安机关拥有侦查权，安全机关也拥有侦查权，海关、监狱、军队保卫部门和检察机关都拥有侦查权，但是检察权只有检察机关享有，审判权只有人民法院享有。因此，侦查权与法律监督并不是绝对的相互排斥的关系，不能认为是法律监督机关就不能拥有侦查权。

其次，法律监督的前提和基础是及时发现法律实施过程中可能出现或存在的违反法律的情况，而要想及时发现违反法律的情况，就必须具有一定的发现手段，没有必要的强有力的手段，就难以发现违反法律情况的存在，因此，侦查是进行法律监督的必要手段。如果不能及时发现违反法律的情况，实行法律监督就只能是一句空话。另外，法律监督权不像审判权那样是一种被动裁判的权力，而是一种主动查究的权力。积极主动地去调查发现法律实施过程中违反法律的情况，是法律监督的基本职责。如果检察机关坐等其他机关去侦查法律实施过程中的违法行为而自己不去亲自调查，作为法律监督机关那就是失职。并且，如果把对法律实施过程中违法行为的侦查权交给其他机关去行使，那么，当其他机关放弃侦查权而不积极主动地调查法律实施过程中的违法行为时，检察机关如何进行法律监督，就是一个难以解决的问题。如是，法律监督就必然要弱化。这样做，到底是有利于强化法律监督还是弱化法律监督，可以说是不言自明的。

最后，监督者要不要受监督与监督本身有没有必要是两个不同的问题，有意无意地将二者混为一谈，在逻辑上是不通的。强调监督者也要受监督，恰恰说明监督是非常必要的。监督的必要性就决定了必须要设立一个监督机关监督其他机关行使权力的活动。这种监督机关不管是检察机关还是别的国家机关，只有存在监督机关，就永远会有一个谁来监督监督者的问题。笔者认为，解决这个问题的关键在于如何设计监督者的权力。如果赋予监督者的权力是一种终极性的权力,当然是违背任何权力都要受制约,否则会导致权力滥用的原理的。但是如果赋予监督者的权力本身不是一种终极性的权力,而是一种受制约的权力,那么这种权力就不存在不受制约的问题,就不是一种无人监督的权力。从法律的规定看,法律赋予检察机关的法律监督权并不是一种不受制约的权力,而是受到充分制约的权力。检察机关享有的法律监督权,除了要接受执政党的领导和权力机关的监督之外,它本身并不是一种终极性的权力,它的实现要依赖于其他国家机关行使权力的活动,因而必然要受到其他国家机关的制约。那种认为检察机关的侦查不受任何监督制约的观点,应该说是不了解法律监督的特点和规律所导致的观念错误。

基于以上认识,从强化法律监督的角度看,法律赋予检察机关一定的侦查权即对执行法律的活动中发生的违法行为进行侦查的权力,是完全正确、完全必要的。没有这种侦查权做保障,法律监督就会更加软弱无力,更难以发挥其作用。

(二) 检察机关行使调查权的范围

检察机关享有调查权并不意味着检察机关对什么事件和行为都可以进行调查。在现代法治国家,检察机关行使调查权的范围,要受到法律规定的严格限制。检察机关只能在法律规定的范围内行使调查权,而不能逾越法律的藩篱。

1. 影响检察机关调查权范围的因素

检察机关调查权的范围,主要取决于以下三个因素:

一是司法体制。检察机关调查权的范围,要受到本国司法体制的制约。因为检察权是国家司法权的重要组成部分,检察权的范围必然要受到国家司法权配置状况的制约。作为检察权之组成部分的调查权,自然要受制于司法体制中对各种司法权力的配置。在大陆法系国家，检察机关作为司法体制中的一个重要组成部分，往往享有广泛的侦查权。在法律上，检察机关有权参与所有刑事案件的侦查活动，如德国、意大利、法国等，甚至有权对所有刑事案件独立进行侦查，如日本。而在英美法系国家，侦查权与检察权、审判权相互分离的程度较大，检察机关参与或进行侦查的范围就十分有限。由于各国的司法体制都是在本国国家结构的影响下、在长期的司法实践中形成的，其本身具有深厚的法律文化支撑，因而都具有自身存在的合理性，很难被其他国家的法律制度所取代。

二是检察机关的任务。每个国家都是根据各自的历史传统和法律文化以及现实需要来确定各个司法机关的任务，进而通过法律规定其职权范围的。法律赋予检察机关的任务以及完成任务的需要，直接决定着检察机关调查权的范围。在法律规定检察机关只享有刑事公诉权的国家，检察机关的调查权也就只限于对刑事案件的调查；在法律赋予检察机关民事起诉权的国家，检察机关不仅具有对刑事案件进行侦查（或控制侦查、参与侦查）的权力，而且具有对民事案件所涉及的问题进行调查的权力。

三是司法资源。检察机关调查权的范围还受制于司法资源配置的实际状况。在大陆法系国家，尽管法律赋予检察机关在刑事案件中的广泛侦查权，但是由于受到司法资源配置状况的影响，检察机关实际上直接参与或独立进行侦查的案件并不多。

在中国，由于宪法和人民检察院组织法都明确规定人民检察院是国家的法律监督机关，所以，检察机关调查权的范围应当按照履行法律监督职责的内在要求和客观需要来确定。检察机关作为国家的法律监督机关，其设置的目的和存在的价值，是保障法律的统一正确实施。因此，检察机关调查权的范围应当按照保障法律统一正确实施的需要来确定。

2. 检察机关调查权范围的理论构建

法律的实施包括执法、守法和司法三个方面。法律监督既然是对法律实施情况的监督，其范围在逻辑上就应当包括对执法、守法和司法三个方面的监督。只有对这三个方面都进行监督，才能称得上完整的法律监督。但是法律监督并不是要对所有的执法、守法和司法活动统统进行监督。因为正常的执法、守法和司法活动是不需要监督的。只有在执法、守法和司法的过程中出现了违反法律的情况时，才存在法律监督的必要性。在这种情况下，法律的实施遇到了障碍，因而有必要通过法律监督来阻止违法现象的继续和蔓延，恢复正常的法律秩序。因此法律监督的对象，实际上只是执法、守法和司法过程中出现的违反法律的行为。

即使是对违反法律的行为，是否一律要纳入法律监督的范围，还存在一个需要与可能的效益权衡问题。一方面，执法、守法和司法涉及的范围十分广泛，而我们国家又是一个人口众多的国家，违反法律的行为不仅数量大，而且涉及面广。如果要对所有违反法律的行为都由专门的法律监督机关进行监督，那么无论建立多么庞大的监督机关，在客观上都是难以实现的。另一方面，对于一般性的违法行为，通过行政管理、基层组织或民间组织就可以加以纠正或制止。并且，一般性的违法行为对于社会的危害性和对于法律秩序的破坏，都不是十分严重，没有必要由国家专门的法律监督机关来监督。因此，在检察机关人力物力资源十分有限的情况下，法律监督的对象只能界定在严重违法的范围内。

"严重违法"的范围，在法律实施的不同环节上，根据其对法律实施的危害程度，也应当有所区别。

首先，无论是在执法、守法的环节上还是在司法的环节上，凡是违反法律构成犯罪的行为，都应当纳入法律监督的范围。因为犯罪是最严重的违法行为，不仅对法律的破坏作用比一般违法行为要大，而且其对社会的危害性也比一般违法行为要严重。因此，无论什么人实施的、无论在法律实施的哪个环节上实施的、无论其表现形式如何，都应当由检察机关依法运用法律监督的手段加以制止和纠正，以防止其蔓延。当然，在法律把某些侵犯个人权利的行为是否需要追究刑事责任的选择权赋予受到侵犯的个人时，在法律上也就同时免除了检察权介入的必要。

其次，对执法过程中涉及范围广泛、社会影响大的违法行为，以及不当限制或剥夺公民人身自由权利的违法行为，应当纳入法律监督的范围。因为这类违法行为，虽然可能并不构成犯罪，但是对于社会的稳定、对于公民最重要的权利，具有直接的重大的影响，如果没有强有力的手段来制止，就难以遏制其蔓延。当然，这种违法行为应当纳入法律监督的范围，必须由法律加以规定。检察机关只能对法律规定的对象进行监督。

最后，司法活动中的违法行为应当纳入法律监督的范围。因为司法是法律实施中的重要环节，既是解决社会活动主体之间各种纷争的最后手段，是维护社会正义的最后一个渠道，也是动用国家强制力制裁犯罪行为、维护法律秩序的活动。无论是司法的过程，还是司法的结果，都会对社会活动主体的利益和权利发生直接作用，都会对社会生活和社会心理产生巨大的影响，进而直接影响整个社会对法律的认同程度和遵守。司法活动中的任何违法行为，都与司法活动的宗旨水火不容，都可能影响到司法公正的实现。因此无论是程序违法还是实体违法，都应当作为法律监督的对象。

从理论上讲，法律监督的对象是执法、守法和司法活动中的严重违法行为，对这些严重违反法律行为的调查，自然应当是检察机关调查权的范围。但是实际上，检察机关对哪些严重违法行为能够行使调查权，特别是使用强制性调查手段进行调查，必须由法律明确规定。因为强制性调查手段的使用，必然会给公民的权利带来一定的影响，所以必须有法律的明确授权。因此，检察机关应当按照法律规定的范围，并基于检察权行使的目的，十分谨慎地行使调查权。

3. 检察机关调查权范围的制度变迁

从法律规定上看，中国检察机关享有的调查权在范围上先后做过多次调整。

1954年《人民检察院组织法》根据1954年宪法的规定，赋予检察机关广泛的调查权。其中第4条规定，地方各级人民检察院，依法行使的职权包括："对于刑事案件进行侦查"，"对于侦查机关的侦查活动是否合法，实行监督"；第10条规定，"人民检察院发现并且确认有犯罪事实的时候，应当提起刑事案件，依照法律规定的程序进行侦查或者交给公安机关进行侦查"；第11条规定，"人民检察院对本级公安机关的侦查活动发现有违法情况，应当通知公安机关给以纠正。公安机关提起的刑事案件，侦查终结后，认为需要起诉的，应当依照法律的规定移送人民检察院审查，决定起诉或者不起诉"；第12条规定，"对于任何公民的逮捕，除经人民法院决定的以外，必须经人民检察院批准"。从这些规定中可以看出，当时法律赋予检察机关的侦查权囊括了所有的刑事案件，检察机关既有权依照法定程序自己进行侦查，也有权"交给公安机关进行侦查"，还有权对侦查机关的侦查活动进行监督和程序控制。

由于1975年宪法取消了检察机关,"文化大革命"结束后恢复重建检察机关时,1979年人民检察院组织法对检察机关的职权重新做了规定。按照1979年《人民检察院组织法》第5条的规定,各级人民检察院行使的职权中包括"对于直接受理的刑事案件,进行侦查";"对于公安机关侦查的案件,进行审查,决定是否逮捕、起诉或者免予起诉;对于公安机关的侦查活动是否合法,实行监督"。其中,"直接受理的刑事案件",按照1979年《刑事诉讼法》第13条第2款的规定,是指"贪污罪、侵犯公民民主权利罪、渎职罪以及人民检察院认为需要自己直接受理的其他案件,由人民检察院立案侦查和决定是否提起公诉"。这个规定意味着:第一,贪污罪、侵犯公民民主权利罪、渎职罪这三类案件必须由检察机关立案侦查;第二,凡是"人民检察院认为需要自己直接受理"的案件,检察机关都有权进行侦查。这个规定意味着检察机关的侦查权没有严格的范围限制,不仅有权侦查特定类型的犯罪案件,而且有权侦查没有特别规定的其他犯罪案件。这个时期检察机关的侦查权基本上与1954年人民检察院组织法规定的范围是一致的。

但是这个规定被1996年修改的刑事诉讼法加以限制。1996年修改后的《刑事诉讼法》第18条第2款将检察机关的侦查权限定在"贪污贿赂犯罪,国家工作人员的渎职犯罪,国家机关工作人员利用职权实施的非法拘禁、刑讯逼供、报复陷害、非法搜查的侵犯公民人身权利的犯罪以及侵犯公民民主权利的犯罪"的范围内,同时规定"对于国家机关工作人员利用职权实施的其他重大的犯罪案件,需要由人民检察院直接受理的时候,经省级以上人民检察院决定,可以由人民检察院立案侦查"。这个规定,虽然原则上保留了检察机关的机动侦查权,但在程序上对之作出了明确的限制,这就在很大程度上缩小了检察机关机动侦查权的范围。此外,《刑事诉讼法》还规定,"人民检察院审查案件,对于需要补充侦查的,可以退回公安机关补充侦查,也可以自行侦查"。这就赋予检察机关对于侦查机关移送起诉的刑事案件,检察机关如果认为需要补充侦查时,就有权自行侦查。2012年修改的刑事诉讼法维持了1996年刑事诉讼法的规定。

2018年10月26日全国人大常委会对刑事诉讼法作出了修改,其中对检察机关的侦查权作出了重大的调整。按照修改后的刑事诉讼法和监察法的规定,检察机关原来享有的对国家工作人员职务犯罪案件的侦查权基本上转移到国家监察委员会,但刑事诉讼法保留了检察机关的部分侦查权。按照2018年修改后的人民检察院组织法和刑事诉讼法的规定,现行检察机关的侦查权主要是"依照法律规定对有关刑事案件行使侦查权"(《人民检察院组织法》第20条第1项),所谓"有关刑事案件"是指《刑事诉讼法》第19条第2款规定的刑事案件,即"人民检察院在对诉讼活动实行法律监督中发现的司法工作人员利用职权实施的非法拘禁、刑讯逼供、非法搜查等侵犯公民权利、损害司法公正的犯罪"案件。对于这类刑事案件,人民检察院有权直接立案侦查。此外,现行《刑事诉讼法》第19条第2款还规定,"对于公安机关管辖的国家机关工作人员利用职权实施的重大犯罪案件,需要由人民检察院直接受理的时候,经省级以上人民检察院决定,可以由人民检察院立案侦查";现行《刑事诉讼法》第170条第1款规定:"人民检察院对于监察机关移送起诉的案件,依照本法和监察法的有关规定进行审查。人民检察院经审查,认为需要补充核实的,应当退回监察机关补充调查,必要时可以自行补充侦查";第175条第2款规定:"人民检察院审查案件,对于需要补充侦查的,可以退回公安机关补充侦查，也可以自行侦查"。按照现行法律的规定，检察机关享有对司法工作人员利用职权实施的14个罪名刑事案件的直接侦查权，同时享有对公安机关管辖的国家机关工作人员利用职权实施的所有重大犯罪案件的机动侦查权和对其他刑事案件的补充侦查权。

上述规定意味着，现行法律规定的检察机关侦查权的范围包括三种情况：一是司法工作人员利用职权实施的侵犯公民权利、妨害司法公正的刑事案件，这类案件应当由检察机关直接立案侦查；二是国家机关工作人员利用职权实施的重大的普通刑事案件，这类案件虽然没有严格具体的范围限制，但在程序上需要经过省级以上人民检察院决定，检察机关才能够立案侦查；三是监察机关调查的公职人员职务犯罪案件和公安机关侦查的普通刑事案件，这类案件，只有在监察机关调查终结或者公安机关侦查终结并移送人民检察院审查起诉以后，人民检察院认为需要补充侦查的情况下，才可以进行补充侦查。

除此之外，人民检察院组织法、民事诉讼法、行政诉讼法等法律都赋予了检察机关"调查核实"的权力。这种调查核实权的范围与检察机关法律监督的范围是相同的。

（三）检察机关行使调查权的类型

从调查的类型上看，检察机关的调查权包括案件受理权、直接调查权和间接调查权。

1. 案件受理权

案件受理权是指依法接受其他机关、团体、个人对严重违法行为的控告、检举、举报、申诉，以及接受其他机关调查终结后移送给检察机关审查起诉的权力。案件受理权是调查权中不可缺少的一个重要方面。因为受理是发现违法行为、启动调查程序的重要途径，也是检察机关广泛收集违法事实信息和线索的有效手段。通过受理各种控告、检举和举报、申诉，检察机关可以及时收集到各个方面、各个领域中可能存在着的违法行为的信息和资料，从而为查明是否实际存在违法行为打下基础。

按照《刑事诉讼法》第110条的规定，人民检察院有权受理任何单位和个人发现有犯罪事实或者犯罪嫌疑人时向人民检察院提出的报案或者举报，以及被害人对侵犯其人身权利、财产权利的犯罪事实或者犯罪嫌疑人向人民检察院提出的报案或者控告。人民检察院对于收到的报案、控告、举报，属于自己管辖范围的，应当及时立案；不属于自己管辖的，应当移送主管机关处理，并通知报案人、控告人、举报人；对于不属于自己管辖而又必须采取紧急措施的，应当先采取紧急措施，然后移送主管机关。按照《刑事诉讼法》第117条的规定，当事人和辩护人、诉讼代理人、利害关系人就司法机关及其工作人员采取强制措施法定期限届满，不予以释放、解除或者变更的；应当退还取保候审保证金不退还的；对与案件无关的财物采取查封、扣押、冻结措施的；应当解除查封、扣押、冻结不解除的；贪污、挪用、私分、调换、违反规定使用查封、扣押、冻结的财物等行为，向有关机关申诉或者控告而有关机关没有及时处理，或者对处理不服的，可以向同级人民检察院申诉。人民检察院对申诉应当及时进行审查，情况属实的，通知有关机关予以纠正。《刑事诉讼法》第49条还规定："辩护人、诉讼代理人认为公安机关、人民检察院、人民法院及其工作人员阻碍其依法行使诉讼权利的，有权向同级或者上一级人民检察院申诉或者控告。人民检察院对申诉或者控告应当及时进行审查，情况属实的，通知有关机关予以纠正。"这些规定都赋予了检察机关在刑事诉讼中直接受理举报、控告、申诉的权力。

此外，按照《民事诉讼法》第216条的规定，民事诉讼的当事人在人民法院驳回其再审申请、人民法院逾期未对再审申请作出裁定或者第三人认为再审判决、裁定有明显错误的情况下，可以向人民检察院申请检察建议或者抗诉。人民检察院对当事人的申请应当受理，并应当在三个月内进行审查，作出提出或者不予提出检察建议或者抗诉的决定。这个规定也适用于行政诉讼案件（《行政诉讼法》第101条规定：人民检察院对行政案件受理、审理、裁判、执行的监督，本法没有规定的，适用《中华人民共和国民事诉讼法》的相关规定）。

检察机关通过对这些案件的受理，可以发现需要调查的情况，进而行使调查权。

2. 直接调查权

直接调查权是指检察机关根据人民群众和有关方面的控告、检举、举报等线索以及自己了解到的情况，在认为可能存在违法行为时，亲自运用调查手段[1]查明案件的真实情况，以便确认是否存在违法事实、是否需要提请有关机关追究法律责任的权力。直接调查权不仅包括对法律规定由检察机关直接管辖的刑事案件直接进行立案和侦查的权力，而且包括对法律监督范围内的其他案件直接进行调查的权力以及在法律规定的监督范围内了解有关情况的权力（知情权）。

直接调查权是法律监督有效进行的手段保障。只有享有直接调查权，检察机关及时有效地查明事实真相进而决定是否追诉才会有制度上的保障。没有直接调查权，检察机关就会处于一种十分被动的境地，检察权的行使就不可避免地要受制于其他国家机关是否愿意调查事实真相、是否能够查明事实真相以

---

[1] 包括普通调查手段和强制性调查手段，后者即所谓的侦查手段。

及是否及时把案件移送检察机关审查等因素。如是，法律监督就没有制度上的保障，检察机关就没有监督违法行为的主动权，因而也就无法担负起保障法律统一正确实施的重任。正是因为这个原因，无论检察机关侦查权的范围如何变化，法律始终赋予检察机关机动侦查权。其目的就是保障检察机关在侦查机关没有行使或者没有正确充分行使侦查权的情况下，能够直接立案侦查，以查明违法事实存在与否。

3. 间接调查权

间接调查权是从调查权中派生出来的一种权能。由于严重违法的案件发案数量与检察机关人员、经费之间的巨大反差，以及案件调查工作的复杂性和专门性，检察机关在客观上不可能对每个严重违法的案件都直接进行调查，所以有必要通过法律规定的方式将大部分案件的调查交由其他有管辖权的机关来进行。

间接调查权是通过两种方式把调查权交给其他机关行使的：一是通过立法，即在立法层面上由国家通过制定有关法律，明确规定某些案件的调查工作由专门机关进行。如我国刑事诉讼法规定，一般刑事案件由公安机关进行侦查；发生在军队内部的刑事案件由军队保卫部门进行侦查；罪犯在监狱内犯罪的案件由监狱进行侦查。监察法规定，公职人员的职务犯罪案件由监察机关进行调查。二是通过移交，即在操作层面上由检察机关直接将需要侦查的案件交给有关机关进行侦查。按照刑事诉讼法的规定，任何单位和个人发现有犯罪事实或者犯罪嫌疑人，都有权利也有义务向人民检察院报案或者举报；被害人对侵犯其人身权利、财产权利的犯罪事实或者犯罪嫌疑人，有权向人民检察院报案或者控告。人民检察院对于报案、控告、举报，都应当接受。对于不属于自己管辖的，应当移送主管机关处理。这里就包括了移送公安机关侦查。此外，人民检察院认为公安机关对应当立案侦查的案件而不立案侦查的，或者被害人认为公安机关对应当立案侦查的案件而不立案侦查，向人民检察院提出的，人民检察院应当要求公安机关说明不立案的理由。人民检察院认为公安机关不立案理由不能成立的，应当通知公安机关立案，公安机关接到通知后应当立案。这种"通知立案"，从形式上看，是对公安机关应当立案而不立案行为的监督，实际上，也是检察机关间接调查权的运用。因为在这种情况下，检察机关可以通知公安机关立案，也可以通过机动侦查权自己立案侦查（经省级人民检察院批准）。检察机关没有自己侦查而是通知公安机关立案侦查，就是一种间接的侦查。并且，按照刑事诉讼法的规定，公安机关接到检察机关的立案通知后，"应当立案"，即意味着这种通知具有"交办"的性质。

间接调查权意味着对直接从事调查的主体的调查活动进行控制的权力，即对于依法由专门侦查机关立案侦查的刑事案件，检察机关应当具有监督控制的权力。按照大陆法系国家的法律规定和学术观点，侦查权和侦查控制权是与公诉权密切相关的，是完成公诉权不可或缺的一种权力，或者说是实现有效公诉的一种重要的手段，因而应当从属于公诉权。所以，当法律把公诉权赋予检察机关或检察官的同时，也就自然而然地把侦查权或侦查控制权赋予检察机关或检察官，以保障公诉任务的实现。如前所引，在法国、德国、意大利，检察官具有直接指挥警察进行侦查的权力；在日本，检察官对警察侦查的任何案件，都具有亲自进行侦查的权力。在英美法系国家，警察在侦查活动中采取的任何强制措施，都必须由检察官出面请求治安法官签发令状，检察官如果不同意，警察就无法采取强制性的侦查措施。在英国，检察长甚至有权要求警察首脑向其报告他要求警察侦查的案件的一切情况。而在美国，不仅所有强制性侦查措施都必须通过检察官向治安法官提出请求，而且联邦调查局本身就设在司法部，由兼任总检察长的司法部长统一领导。而在实践中，联邦调查局的调查人员在很多情况下都邀请联邦检察官一起调查重大刑事案件，或者由检察官协调有关方面的侦查机关联合进行调查。在中国，检察机关不能直接控制公安机关的侦查活动。但是，一方面，可以通过审查逮捕和审查起诉，监督公安机关的侦查活动是否合法，特别是通过批准逮捕的权力来控制最重要的侦查行为。当事人和辩护人、诉讼代理人、利害关系人对于公安机关及其工作人员在侦查中的违法行为，有权向该机关申诉或者控告。如果该机关没有及时处理或者对处理不服的，当事人和辩护人、诉讼代理人、利害关系人可以向同级人民检察院申诉。人民检察院对申诉进行审查，认为情况属实的，可以通知公安机关予以纠正。这些权力实际上就是对公安机关的侦查活动进行监督控制的权力。另一方面，检察机关可以通过介入公安机关的侦查活动，参与重大案件的讨论，引导公安机关侦查取证。

这种状况存在的基本原理是：对刑事案件的侦查权本身是公诉权的派生性权力。一方面，查清案件事实、收集能够证实犯罪存在的证据的调查权，源自有效追诉犯罪的公诉权。检察机关如果不能干预侦查过程，就势必影响到公诉权的有效行使。另一方面，对刑事案件进行调查本身就是为了保障公诉权的有效行使，侦查活动应当按照行使公诉权的需要亦即检察机关在法庭上有效指控犯罪的要求进行。因此，对于专门侦查机关立案侦查的刑事案件，检察机关虽然不亲自进行侦查，但是应当有权随时了解侦查活动的进行情况，应当有权向侦查机关提供指导性意见，在必要的时候应当有权要求侦查机关更换侦查人员或者直接进行侦查；侦查机关为了侦查活动的需要而采取的某些强制性措施，检察机关亦应当具有控制的权力。[1] 这种对专门侦查机关的侦查活动进行控制的权力，是间接调查权的表现，也是间接调查权的必然要求。

间接调查权还应当包括对调查结果的审查权。间接调查，实际上是通过法律授权或者实际委托，把本该由检察机关行使的调查权赋予其他调查机关，由其运用专门的调查手段来实现对刑事案件的调查。而这种调查的目的是直接为检察机关行使追诉犯罪的职能活动服务的。因此，其他调查机关应当将调查活动的结果及时如实地报告检察机关，接受检察机关的审查，并由检察机关决定是否应当根据调查的情况对调查对象进行追诉。

直接调查权与间接调查权的界分，在法制健全的国家，应该是由法律明确规定的。哪些案件交由专门的调查机关进行调查，哪些案件由检察机关直接进行调查，通常都是根据各个国家一定时期内刑事案件的实际状况，以及司法资源配置的具体情况来确定的。但是这种界分应当具有一定的相对性。因为它们本身都是检察权的构成要素，只是鉴于检察机关难以全部承担的实际状况，才从检察权中分离出一部分交由其他调查机关行使。因此，哪些犯罪的调查权由专门调查机关行使，哪些犯罪的调查权仍然由检察机关行使，是可以根据实际情况进行调整的，而不是一成不变的。并且，对于已经交由其他调查机关行使的调查权，检察机关认为其行使得不当或者没有行使时，

---

[1] 检察机关对侦查机关采取的强制性措施，通常是通过两种方式进行控制的：一是过滤性控制，即经由检察机关提请批准；二是审批性控制，即直接由检察机关批准。

基于检察权目的的需要，检察机关应当可以行使。当然，行使的条件应当由法律加以规范，以防止调查权之间的冲突和检察权的滥用。

在实践中，对于明知不应当由自己直接立案侦查的案件而立案侦查，属于无效的侦查行为。通过这种侦查行为所取得的证据，不应当成为指控犯罪的根据。但是对于有理由认为应当由自己立案侦查的案件而立案侦查，只是在侦查过程中由于某些证据的变化或者由于查明了案件的真相，进而发现不属于自己管辖的范围时，无论是检察机关还是其他侦查机关，都应当继续进行侦查活动以完成查明案件事实真相的任务，待侦查终结后再移交给对该案有侦查权的机关进行审查，并由其提出处理意见。法律应当确认这种侦查行为的效力。因为这是保障侦查行为及时有效进行的需要，也是避免侦查资源不应有的浪费的需要，同时与侦查权行使的目的并不冲突。

(四) 检察机关行使调查权的方式

从调查的方式上看，调查权可以分为一般调查权、强制调查权、侦查控制与监督权。

1. 一般调查权

一般调查权是采用一般性的调查手段来调查违法行为是否存在的情况。这种调查手段之所以称为调查权，是因为这种调查手段对检察机关而言是通过法律授权在特定情形下使用的、以国家权力为后盾的。

检察机关在职能活动中，发现违反法律的线索，或者接到人民群众的举报、控告之后，应当首先运用一般调查权来了解违法线索的可靠程度和真实情况，以便决定是否需要立案侦查或者是否需要移交有关部门处理。即使在立案侦查之后，主要也应当是通过一般性的调查手段来调查取证。只有在确实必要的情况下,才可以动用强制调查权来调查取证。因此,检察机关应当认真研究一般调查的方法,学会充分运用一般调查方法来查明案件的事实真相。

在此,需要特别重视的是法律赋予检察机关的"调查核实权"。

早在1954年的《人民检察院组织法》中,第19条就曾规定,人民检察院为执行检察职务,有权派员列席有关机关的会议,有权向有关的机关、企业、合作社、社会团体调阅必要的决议、命令、案卷或者其他文件,有关的机关、团体和人员都有义务根据人民检察院的要求提供材料和说明。

2010年7月26日"两高三部"联合发布了《关于对司法工作人员在诉讼活动中的渎职行为加强法律监督的若干规定(试行)》,其中就提出了检察机关的调查核实权。该规定第3条明确规定:"司法工作人员在诉讼活动中具有下列情形之一的,可以认定为司法工作人员具有涉嫌渎职的行为,人民检察院应当调查核实:(一)徇私枉法、徇情枉法,对明知是无罪的人而使其受追诉,或者对明知是有罪的人而故意包庇不使其受追诉,或者在审判活动中故意违背事实和法律作枉法裁判的;(二)非法拘禁他人或者以其他方法非法剥夺他人人身自由的;(三)非法搜查他人身体、住宅,或者非法侵入他人住宅的;(四)对犯罪嫌疑人、被告人实行刑讯逼供或者使用暴力逼取证人证言,或者以暴力、威胁、贿买等方法阻止证人作证或者指使他人作伪证的,或者帮助当事人毁灭、伪造证据的;(五)侵吞或者违法处置被查封、扣押、冻结的款物的;(六)违反法律规定的拘留期限、侦查期限或者办案期限,对犯罪嫌疑人、被告人超期羁押,情节较重的;(七)私放在押的犯罪嫌疑人、被告人、罪犯,或者严重不负责任,致使在押的犯罪嫌疑人、被告人、罪犯脱逃的；（八）徇私舞弊，对不符合减刑、假释、暂予监外执行条件的罪犯，违法提请或者裁定、决定、批准减刑、假释、暂予监外执行的；（九）在执行判决、裁定活动中严重不负责任或者滥用职权，不依法采取诉讼保全措施、不履行法定执行职责，或者违法采取诉讼保全措施、强制执行措施，致使当事人或者其他人的合法利益遭受损害的；（十）对被监管人进行殴打或者体罚虐待或者指使被监管人殴打、体罚虐待其他被监管人的；（十一）收受或者索取当事人及其近亲属或者其委托的人等的贿赂的；（十二）其他严重违反刑事诉讼法、民事诉讼法、行政诉讼法和刑法规定，不依法履行职务，损害当事人合法权利，影响公正司法的诉讼违法行为和职务犯罪行为。"该规定第4条进一步规定："人民检察院在开展法律监督工作中，发现有证据证明司法工作人员在诉讼活动中涉嫌渎职的，应当报经检察长批准，及时进行调查核实。对于单位或者个人向人民检察院举报或者控告司法工作人员在诉讼活动中有渎职行为的，人民检察院应当受理并进行审查，对于需要进一步调查核实的，应当报经检察长批准，及时进行调查核实。"

随后，2012年3月14日全国人民代表大会在修改刑事诉讼法时，通过立法的方式明确了检察机关的调查核实权。2012年刑事诉讼法增加了一个规定："人民检察院接到报案、控告、举报或者发现侦查人员以非法方法收集证据的，应当进行调查核实。对于确有以非法方法收集证据情形的，应当提出纠正意见；构成犯罪的，依法追究刑事责任。"（现行《刑事诉讼法》第57条）

2021年修改后的《民事诉讼法》，在保留原规定"人民检察院有权对民事诉讼实行法律监督"的基础上，第217条进一步规定:"人民检察院因履行法律监督职责提出检察建议或者抗诉的需要,可以向当事人或者案外人调查核实有关情况。"

2018年修改后的人民检察院组织法进一步确认了检察机关的调查核实权,并扩大了调查核实权行使的范围。《人民检察院组织法》第21条规定:"人民检察院行使本法第二十条规定的法律监督职权,可以进行调查核实,并依法提出抗诉、纠正意见、检察建议。有关单位应当予以配合,并及时将采纳纠正意见、检察建议的情况书面回复人民检察院。"该法第20条规定了人民检察院行使的职权,其中包括八个方面,涵盖了检察机关依法享有的所有职权。第21条并没有对第20条规定的职权作出任何区分,即意味着检察机关在行使第20条规定的所有职权时都可以进行调查核实。这个规定不仅全面赋予检察机关调查核实的权力,而且明确规定了有关单位应当配合的义务。

按照人民检察院组织法的规定,检察机关行使调查核实权的范围十分广泛。《人民检察院组织法》第20条规定:"人民检察院行使下列职权:(一)依照法律规定对有关刑事案件行使侦查权;(二)对刑事案件进行审查,批准或者决定是否逮捕犯罪嫌疑人;(三)对刑事案件进行审查,决定是否提起公诉,对决定提起公诉的案件支持公诉;(四)依照法律规定提起公益诉讼;(五)对诉讼活动实行法律监督;(六)对判决、裁定等生效法律文书的执行工作实行法律监督;(七)对监狱、看守所的执法活动实行法律监督;(八)法律规定的其他职权。"也就是说,检察机关在行使这8项职权的过程中都可以进行调查核实。

具体而言,在刑事诉讼中,检察机关对刑事诉讼活动进行法律监督过程中发现可能存在违法情形时,应当进行调查核实，以便提出监督纠正的意见。当辩护人、诉讼代理人认为其依法行使诉讼权利受到阻碍向人民检察院申诉或者控告时，人民检察院应当及时受理并调查核实，以便答复控告人或者通知有关机关予以纠正。在当事人及其辩护人或者值班律师、诉讼代理人报案、控告、举报侦查人员采用刑讯逼供等非法方法收集证据，或者人民检察院在审查批准逮捕或审查起诉中发现侦查人员以非法方法收集证据的情况下，检察机关应当及时进行调查核实，以便决定是否应当排除该证据。检察机关依职权受理报案、控告、举报、申诉和犯罪嫌疑人投案自首，遇到案件情况不明时，应当进行必要的调查核实，以便查明情况后依法作出处理。检察机关对于有权直接立案侦查的案件，在受到或者发现案件线索时，如果认为属于本院管辖，就应当进行调查核实，以便决定是否立案侦查。在审查起诉过程中，被告人、辩护人提出被告人自首、立功等可能影响定罪量刑的材料和线索时，检察机关可以移交公安机关调查核实，也可以自行调查核实。在进行羁押必要性审查时，检察机关可以进行调查核实。在法庭审理过程中，被告人、辩护人向法庭出示公诉人不掌握的与定罪量刑有关的证据，或者提出非法证据排除时，检察机关可以进行调查核实，以便确定证据的可采性。检察机关对监狱、看守所等场所实行法律监督以及对刑罚执行和监管执法活动实行监督时，可以进行调查核实；对人民法院执行刑事裁判涉财产部分进行监督时，可以对公安机关查封、扣押、冻结涉案财物的情况，人民法院审判部门、立案部门、执行部门移送、立案、执行情况，被执行人的履行能力等情况进行调查核实。被监管人、被强制医疗人及其法定代理人、近亲属对看守所、监狱、强制医疗机构等场所或者主管机关的事故调查结论有异议时，检察机关应当进行调查核实。

在民事诉讼中，检察机关在对民事诉讼活动进行法律监督过程中，发现人民法院作出的生效民事判决、裁定、调解书可能存在法律规定需要监督的情形，仅通过阅卷及审查现有材料难以认定时，应当进行调查核实；发现民事审判程序中审判人员可能存在违法行为的情形时，应当进行调查核实；发现民事执行活动可能存在违法情形时，应当进行调查核实；在对民事诉讼活动和民事执行活动进行法律监督的过程中发现有其他需要调查核实的情形时，也应当进行调查核实，以便决定是否需要提出纠正意见。

在行政诉讼中，检察机关在对行政诉讼活动进行法律监督过程中，发现人民法院作出的生效行政判决、裁定、调解书可能存在法律规定需要监督的情形，仅通过阅卷及审查现有材料难以认定时，应当向当事人或者案外人调查核实有关情况；发现行政审判程序中审判人员可能存在违法行为时，应当进行调查核实；发现人民法院行政案件执行活动可能存在违法情形时，应当进行调查核实；发现被诉行政行为及相关行政行为可能存在违法情形时，应当进行调查核实；发现可能存在行政相对人、权利人合法权益未得到依法实现的情形时，应当进行调查核实；发现可能存在其他需要调查核实的情形时，也应当进行调查核实，以便决定是否需要提出纠正意见。

在行政公益诉讼中，发现公益诉讼案件线索时，应当对线索的真实性、可查性等进行评估，必要时可以进行初步调查。如果经过评估，认为国家利益或者社会公共利益受到侵害，可能存在违法行为时，或者对于国家利益或者社会公共利益受到严重侵害而难以确定不依法履行监督管理职责的行政机关或者违法行为人时，就应当立案调查，以便确定违法行为是否存在、损害的严重程度，并收集相关的证据，决定是否需要提起公益诉讼。

按照《人民检察院公益诉讼办案规则》第67条、第68条的规定,在行政公益诉讼中,检察机关认为同时存在"国家利益或者社会公共利益受到侵害"和"生态环境和资源保护、食品药品安全、国有财产保护、国有土地使用权出让、未成年人保护等领域对保护国家利益或者社会公共利益负有监督管理职责的行政机关可能违法行使职权或者不作为"两种情形的,就应当立案调查。特别是对其中具有下列情形之一的,更应当立案调查:(一)对于行政机关作出的行政决定,行政机关有强制执行权而怠于强制执行,或者没有强制执行权而怠于申请人民法院强制执行的;(二)在人民法院强制执行过程中,行政机关违法处分执行标的的;(三)根据地方裁执分离规定,人民法院将行政强制执行案件交由有强制执行权的行政机关执行,行政机关不依法履职的;(四)其他行政强制执行中行政机关违法行使职权或者不作为的情形。调查应当主要围绕是否存在国家利益或者社会公共利益受到侵害的事实以及损害的程度、行政机关是否对之具有监督管理职责、行政机关是否存在着不依法履行职责的行为、行政机关不依法履行职责的行为与国家利益或者社会公共利益受到侵害的关联性等情况进行。按照《人民检察院公益诉讼办案规则》第85条、第86条的规定,在民事公益诉讼中,检察机关认为同时存在"社会公共利益受到损害"和"可能存在破坏生态环境和资源保护,食品药品安全领域侵害众多消费者合法权益,侵犯未成年人合法权益,侵害英雄烈士等的姓名、肖像、名誉、荣誉等损害社会公共利益的违法行为"两种情形的,就应当立案调查。调查应当主要围绕以下事项进行:违法行为人的基本情况;违法行为人实施的损害社会公共利益的行为;社会公共利益受到损害的类型、具体数额或者修复费用等；违法行为与损害后果之间的因果关系；违法行为人的主观过错情况；违法行为人是否存在免除或者减轻责任的相关事实等情况。

检察机关行使调查核实权的方式不同于侦查。检察机关在调查核实过程中不得采取限制人身自由和查封、扣押、冻结财产等强制性措施。在刑事诉讼中，检察机关进行调查核实，主要采取以下方式：（1）讯问、询问犯罪嫌疑人；（2）询问证人、被害人或者其他诉讼参与人；（3）询问办案人员；（4）询问在场人员或者其他可能知情的人员；（5）听取申诉人或者控告人的意见；（6）听取辩护人、值班律师意见；（7）调取、查询、复制相关登记表册、法律文书、体检记录及案卷材料等；（8）调取讯问笔录、询问笔录及相关录音、录像或其他视听资料；（9）进行伤情、病情检查或者鉴定；（10）其他调查核实方式。

在民事诉讼和行政诉讼中，检察机关进行调查核实，主要采取以下方式：（1）查询、调取、复制相关证据材料；（2）询问当事人或者案外人；（3）咨询专业人员、相关部门或者行业协会等对专门问题的意见；（4）委托鉴定、评估、审计；（5）勘验物证、现场；（6）查明案件事实所需要采取的其他措施。此外，如果认为可能存在损害国家利益、社会公共利益的情形，或者审判、执行人员可能存在违法行为的情形，或者涉及《中华人民共和国民事诉讼法》第55条规定诉讼的情形，或者当事人可能伪造证据、恶意串通损害他人合法权益的情形时，检察机关可以向银行业金融机构查询、调取、复制相关证据材料；可以依照有关规定指派具备相应资格的检察技术人员对民事诉讼监督案件中的鉴定意见等技术性证据进行专门审查，并出具审查意见；可以就专门性问题书面或者口头咨询有关专业人员、相关部门或者行业协会的意见；可以委托具备资格的机构进行鉴定、评估、审计。

在公益诉讼中，检察机关进行调查核实，主要采取以下方式：（1）查阅、调取、复制有关执法、诉讼卷宗材料等；（2）询问行政机关工作人员、违法行为人以及行政相对人、利害关系人、证人等；（3）向有关单位和个人收集书证、物证、视听资料、电子数据等证据；（4）咨询专业人员、相关部门或者行业协会等对专门问题的意见；（5）委托鉴定、评估、审计、检验、检测、翻译；（6）勘验物证、现场；（7）其他必要的调查方式。

调查核实的目的是发现违法行为是否存在，以便进行法律监督。因此，调查核实过程中，要始终围绕调查的目的进行，并注意依法收集、保存证据。调查核实过程中收集的证据，将是检察机关是否应当以及如何进行法律监督的重要依据。

调查核实是法律赋予检察机关的一项职权。这项职权设定的目的是保障检察机关在履行法律监督职责时有能力发现和确认违法行为是否存在，并收集或核实能够证实违法行为存在的证据。因此，检察机关进行调查核实，必须严格遵守有关的程序规则。一方面，必须在自己的职权范围内进行，必须经过一定的审批程序，符合一定的形式要件。调查核实权的启动要有一定的线索，有相对明确的目标，不能盲目启动。调查核实权的行使要讲究策略，备有预案，注重其有效性。另一方面，必须尊重调查对象，充分保障被调查单位和个人的合法权益，不得妨碍有关单位或个人的正常活动。

调查核实权的行使，有时是检察机关主动启动的，即检察机关在履行法律监督职责的过程中发现可能存在违法行为时，主动进行调查核实，以便确定违法行为是否存在并收集有关证据；有时是被动启动的，即根据有关当事人或者第三人（包括第三人的诉讼代理人）的举报、控告或者申诉，检察机关为了履行法律监督职责而进行调查核实。在后一种情况下，检察机关应当将调查核实的结果告知提出举报、控告或者申诉的人。

调查核实既然是法律赋予检察机关的一项职权，检察机关在行使调查核实权的时候，有关单位和个人就有配合的义务。特别是有关的行政机关和司法机关，应当如实地向检察机关提供有关文件、数据、信息和资料，帮助检察机关了解真实情况。否则，调查核实权的有效性就会大打折扣。

2. 强制调查权

强制调查权是采取法律规定的强制调查手段进行专门性调查的权力，即通常所说的"侦查"。强制调查，按照法律的规定，仅仅适用于刑事案件，甚至仅仅适用于刑事案件中有明确的犯罪嫌疑人的场合。如前所述，检察机关直接立案侦查的案件，原则上仅限于法律明确授权的罪名。也就是说，检察机关可以采取强制措施进行调查的案件原则上仅限于刑事诉讼法规定的检察机关直接受理的案件。但是根据刑事诉讼法的规定，作为特殊情况，检察机关在认为需要的时候可以经过省级以上人民检察院批准对国家机关工作人员利用职权实施的其他重大犯罪案件进行侦查，也可以在审查起诉的时候对其他机关侦查或者调查的案件进行补充侦查。在这些侦查活动中，检察机关都可以使用强制调查手段来查明案件的真实情况。

按照刑事诉讼法的规定，强制调查手段包括四个方面：一是刑事诉讼中的强制措施，即刑事诉讼法规定的针对犯罪嫌疑人采取的逮捕、拘留、监视居住、取保候审、拘传等强制措施，也包括犯罪嫌疑人在逃时通缉犯罪嫌疑人。这些措施，也叫对人的强制，都在一定程度上限制了犯罪嫌疑人的人身自由。二是强制性侦查措施,即刑事诉讼法规定的针对物品采取的查封、扣押、冻结等强制措施。这些措施,也叫对物的强制,都在一定程度上限制了有关人员对涉案物品的控制或者涉案物品的自由流动,而这些物品或者是能够证明犯罪事实的证据,或者是犯罪使用的工具,或者是犯罪所得的赃物,都与查明案件的事实真相直接相关。三是一般性侦查措施,即讯问犯罪嫌疑人,询问证人,进行勘验、检查、搜查、鉴定、侦察实验等。这些措施都是为了收集能够证明犯罪事实存在与否、犯罪系何人所为的证据,了解事实真相。四是技术侦查措施,即利用现代科技手段秘密监视犯罪嫌疑人的活动或获取其犯罪的证据等。这些措施的使用涉及犯罪嫌疑人的隐私权利。所有强制调查手段都可能涉及对公民权利的限制或剥夺,因此必须严格依照法律规定的适用条件和程序进行。

上述四种强制调查手段,依照刑事诉讼法的授权,检察机关在直接立案侦查的刑事案件中都可以使用。值得探讨的是,在补充侦查的情况下,检察机关能否使用强制性侦查措施和技术侦查手段?笔者认为,补充侦查也是侦查,法律赋予检察机关的侦查措施在补充侦查中当然可以使用。只是由于其他侦查机关在侦查过程中已经使用过的侦查措施,如果不是确有必要,检察机关原则上就不应重复使用(核实有关证据的情况除外)。

实践中存在问题的主要是技术侦查措施的使用。按照刑事诉讼法的规定,检察机关在侦查活动中可以使用技术侦查手段。但是,无论是在法律的规定上,还是在实践中的具体操作上,检察机关使用技术侦查措施都受到一定的障碍,妨碍了这种手段的使用,严重影响到侦查的效果。

第一,检察机关有权使用技术侦查手段的范围仅限于"利用职权实施的严重侵犯公民人身权利的重大犯罪案件",除此之外的其他刑事案件，检察机关即使有权侦查，也无权使用技术侦查措施。但是，刑事诉讼法明确规定，"对于公安机关管辖的国家机关工作人员利用职权实施的重大犯罪案件"，经省级以上人民检察院批准，检察机关可以立案侦查。尽管在实践中检察机关极少对这类案件直接立案侦查，但从理论上讲，既然法律赋予检察机关这项职权，就应该考虑到这项职权行使的实际需要。而这类案件之所以会"需要由人民检察院直接受理"，往往是因为难度更大、阻力更大、问题更复杂，以致公安机关难以胜任侦查的任务，才有必要由检察机关直接立案侦查。既然如此，就更需要使用技术侦查手段，而刑事诉讼法恰恰把这类案件排除在技术侦查手段的使用范围之外。

第二，检察机关使用技术侦查手段，要"经过严格的批准手续"，什么样的批准手续才算"严格的"，法律没有明文规定。司法实践中只能按照以往的惯例，而这种惯例是在检察机关没有技术侦查权的情况下形成的，无法适应新的情况和新的立法。笔者认为，法律既然赋予检察机关采取技术侦查措施的权力，是否采取技术侦查措施的决定权就应该是检察机关。只是为了严格控制技术侦查措施的使用，办案单位如果认为需要使用技术侦查措施，应当提请上一级检察机关批准，而不能由本单位领导批准。

第三，检察机关经批准可以使用技术侦查措施，但要"交有关机关执行"。一是"有关机关"具体指哪个机关，立法上并不明确。以往有权采取技术侦查措施的主要是公安机关和安全机关。检察机关如果经批准决定使用技术侦查措施，是交给公安机关执行还是交给安全机关执行，由谁来决定？二是"交给"还是"请求"有权采取技术侦查措施的机关执行，在实践中往往成为执行的障碍。尽管刑事诉讼法规定的是"交"有关机关执行，但有权进行技术侦查的机关都是独立于检察机关的国家机关，他们不可能对检察机关"交给"的案件直接进行技术侦查。三是有权采取技术侦查措施的侦查机关对于检察机关"交给"的案件，如果不予采取技术侦查措施时，检察机关有什么措施予以制约？

自 2012 年刑事诉讼法赋予检察机关技术侦查权以来，这些问题在实践中并没有解决，以致检察机关采取技术侦查措施的问题受到严重阻碍。笔者认为，随着现代科学技术的发展，技术手段在侦查活动中应用的范围和程度越来越广泛、越来越重要，既然要赋予检察机关侦查权，就应当同时赋予完整使用技术侦查手段的权力，而不应当是画饼充饥式地赋予一种难以行使的可望而不可即的权力。为此，应当修改现行刑事诉讼法第 150 条第 2 款的规定，明确规定检察机关对于直接立案侦查的重大犯罪案件，可以根据侦查犯罪的需要，经上一级人民检察院批准，适用技术侦查措施。

此外，既然法律赋予检察机关采取技术侦查措施的权力，检察机关就应该建立自己的技术侦查队伍，并系统地掌握有关技术、配备必需的设备，以保证在需要采取技术侦查措施时能够及时有效地使用。没有自己的技术侦查队伍，就不可能有效地使用技术侦查措施，法律赋予的职权就必然要落空。

3. 侦查控制与监督权

在间接调查中，检察机关并不亲自进行调查活动，但是对于其他侦查机关在调查中所采取的强制措施，应当具有控制权。但是，长期以来，我们国家盛行着"侦查中心主义"，侦查机关的侦查活动很少受到检察机关的控制，只有五种强制措施中最严厉的一种——逮捕措施的适用受检察机关的控制，即必须经过检察机关审查批准，侦查机关才能逮捕犯罪嫌疑人。

至于强制性侦查措施,则完全不受检察机关的控制。强制措施使用的情况直接关系到侦查的结果以及侦查目的的实现。另外,强制措施的使用直接涉及有关单位的财产和经营或者有关个人的人身权利和财产权利,因而应当严格控制它的使用,并保证使用的合法性、必要性和正当性,防止强制措施的使用给有关单位和个人造成不应有的损害或侵犯。随着刑事诉讼制度从"侦查中心主义"向"审判中心主义"的转变,侦查活动很少受到制约的现象也应该有所改变。在这个改革中,首当其冲的应该是侦查机关的侦查活动应当更多地受到检察机关的制约,即无论是限制人身自由的强制措施还是限制财物的强制措施,都应当由检察机关审查批准才可以使用。这是法治的需要,也是人权保障的需要。

此外,对于侦查机关进行的侦查活动,检察机关应当强化监督,特别是在审查批准逮捕和审查起诉的过程中,应当加强对侦查行为合法性的审查,防止刑讯逼供、非法取证、超范围扣押冻结涉案财物等现象的发生。多年来,侦查机关不当延长拘留期限的情况普遍存在,而检察机关很少提出监督纠正意见,导致侦查机关自行决定拘留犯罪嫌疑人 30 天的现象大量存在。这种情况应当引起检察机关的重视。

随着司法体制改革的不断深入,侦查机关、检察机关对侦查监督的认识也不断深化。2021 年 12 月 7 日,最高人民检察院、公安部联合发布了《关于健全完善侦查监督与协作配合机制的意见》,提出要进一步统一和深化对人民检察院与公安机关监督制约与协作配合的认识,以更好地适应以审判为中心的诉讼制度改革要求,协同构建以证据为核心的刑事指控体系。其中强调:"人民检察院要依法开展立案监督、侦查活动监督工作,及时发现和纠正应当立案而不立案、不应当立案而立案、长期'挂案'和以刑事手段插手经济纠纷等违法情形；及时发现和纠正刑讯逼供、非法取证等侦查违法行为，从源头上防范冤假错案发生；规范强制措施和侦查手段适用，切实保障人权"。该意见也提出了进一步健全完善人民检察院与公安机关协作配合机制的具体要求，并决定设立侦查监督与协作配合办公室，从制度上保障人民检察院与公安机关更好地开展监督制约与协作配合的工作。这个意见，可以说是在深刻总结多年来侦查监督活动中存在的问题的基础上提出来的，其目的就是要构建以证据为核心的刑事指控体系，强化新时代有效指控犯罪与保障人权的双重要求，以适应以审判为中心的诉讼制度对"大控方"的要求。

（五）被调查者的配合义务

调查权作为一种权力，与被调查者的法定义务是紧密相连的。没有被调查者接受调查提供情况的义务，调查行为就难以有效进行。因此为了保证检察机关能够及时发现违法情况的存在，法律还应当规定有关机关和人员提供有关情况、配合调查的义务。

对此，许多规定检察机关侦查权的国家都相应地规定了调查对象的配合义务。如《德国刑事诉讼法典》第161条［提供情况和侦查］规定："为了前款所称目的，检察院可以要求所有公共机关部门提供情况，并且要么自行，要么通过警察机构部门及官员进行任何种类的侦查。警察机构部门及官员负有接受检察院的请求、委托的义务。"[1]《意大利刑事诉讼法典》第362条"了解情况"规定："公诉人从能够为侦查工作介绍

---

［1］ 1994年12月1日生效的《德国刑事诉讼法典》把调查程序规定在第二编"第一审程序"第二章"公诉之准备"中（从第158条到第177条）。

有用消息的人员那里了解情况。上述人员有义务接受公诉人的询问、遵守公诉人根据侦查工作的需要而作出的规定,并且,除第 199 条[1]、第 200 条[2]、第 201 条[3]、第 202 条[4]和第 203 条[5]的规定外,还有义务介绍自己所了解的与被询问的事实有关的一切情况。"《法国刑事诉讼法典》第 78 条规定:"受到司法警察警官因调查之必要而进行传唤的人必须到案;如其不履行此项义务,应立即通知共和国检察官。共和国检察官得以公共力量强制之。"[6] "《刑事诉讼法典》第 82 条允许共和国检察官要求负责预审的法官完成具体的预审行为(搜查、听取证人证言、签发执行凭证,等等)。如果预审法官认为并无必要进行类似的行动,应当在其收到检察院的要求之后五日内作出说明理由的裁定,始能拒绝检察院的要求";"为了便于共和国检察官进行监督,并允许其要求采取从诉讼案卷来看属于适当的任何措施,以免耽搁时间,《刑事诉讼法典》第 82 条第二款规定,共和国检察官有权要求向其报送诉讼卷宗。"[7]《俄罗斯联邦检察院组织法》第 6 条规定:"检察官的要求必须执行 1. 检察官依据本联邦法第 9-1 条、第 22 条、第 27 条、第 30 条与第 33 条规定赋予的职权提出的要求,必须无条件地在规定期限内执行。2. 检察官与侦查官,在履行检察机关职能时要求提供的统计情报与其它信息、证明、证件及上述材料副

---

[1] "近亲属的回避权"。
[2] "职业秘密"。
[3] "职务秘密"。
[4] "国家秘密"。
[5] "司法警察和安全机构情报人员"。
[6] 以上参见[法]卡斯东·斯特法尼等:《法国刑事诉讼法精义》(下册),罗结珍译,中国政法大学出版社 1998 年版,第 516—523 页。
[7] 参见[法]卡斯东·斯特法尼等:《法国刑事诉讼法精义》(下册),罗结珍译,中国政法大学出版社 1998 年版,第 655—656 页。

本的，应当无条件予以提供。3. 对检察官与侦查官依据职能权限提出的要求不予执行，以及逃避检察官与侦查官传唤的，应当承担相应的法定责任。"这些规定对调查对象设定的接受调查的义务，是保障调查权有效行使的重要条件。

我国《刑事诉讼法》第 62 条规定"凡是知道案件情况的人，都有作证的义务"，但是任何法律都没有规定知道案件情况的人不作证或者不如实作证时，对他本人会产生什么不利后果，以致司法实践中，知道案件情况的人不愿意作证，特别是不愿意出庭作证的情况比比皆是，司法机关对之毫无办法。

《人民检察院组织法》第 21 条规定，人民检察院进行调查核实，"有关单位应当予以配合"，同样没有规定拥有案件证据材料的有关单位不予配合时会发生什么样的不利后果。这就使检察机关在行使调查权的过程中，难以得到有关单位和个人的配合，难以全面收集能够证明案件真实情况的证据。这在很大程度上妨碍了检察机关及时有效地发现违法。

笔者认为，检察机关在履行法律监督职责过程中对违法情况的调查，往往涉及有关的行政机关或者司法机关及其工作人员。这些单位和人员，如果凭借手中的权力，不配合检察机关的调查，检察机关将难以发现违法行为是否存在及其可能存在的真实情况。因此，在检察机关履行法律监督职责的过程中，强调有关单位和人员配合调查的义务尤为重要。法律不仅应当明确规定调查对象的配合义务，而且应当明确规定有义务配合而不予配合的法律责任。

2021 年 6 月 15 日，中共中央印发了《关于加强新时代检察机关法律监督工作的意见》。其中明确提出："检察机关要加强对监督事项的调查核实工作，精准开展法律监督。检察机关依法调阅被监督单位的卷宗材料或者其他文件，询问当事人、案外人或者其他有关人员,收集证据材料的,有关单位和个人应当协助配合。依法向有关单位提出纠正意见或者检察建议的,有关单位应当及时整改落实并回复,有不同意见的,可以在规定时间内书面说明情况或者提出复议。对于无正当理由拒绝协助调查和接受监督的单位和个人,检察机关可以建议监察机关或者该单位的上级主管机关依法依规处理。"这个意见,为检察机关行使调查权提供了政策保障,但还需要通过立法的形式,将其转化为法律规定,才能真正成为一种规范,约束有关机关和个人,以配合检察机关的调查行为。

三、检察机关的追诉权

追诉权是指代表国家追究违法者法律责任的诉请权。追诉权是检察权的标志性权力。在当今世界上,一个国家机关是否享有国家追诉权,是衡量其是否属于检察机关的根本标志。

（一）追诉权是检察权的核心要素

对于严重违法行为的主体,使其承担违法行为依法应当承担的法律责任是遏制违法、保障法律统一正确实施最有效的手段。但是作为法律监督机关的检察机关,应当享有的职权不应该是积极的实体处分权,检察机关不能直接强迫违法主体承担法律责任,所以只能通过强制启动处罚程序的方式,提请拥有处分权的国家机关来对违法主体依法给予必要的法律制裁。这就是对违法者提请追诉的权力。

1. 追诉权是法律监督的一项重要权能

追诉权之所以是检察权中最基本最重要的一项权能,是因为:

第一,追诉权是维护法律统一正确实施的有效手段。由于法律监督的对象是严重违法行为,这类行为的实施,必然对法律的实施造成严重的破坏,必然引起相应的法律责任。追究违法主体的法律责任,既是维护法律权威,促使违法主体尊重法律和遵守法律的有效措施,也是制止违法行为的继续、防止其蔓延的基本保证,更是教育其他主体自觉遵守法律的重要途径。不能及时有效地追诉违法主体,无论从哪个方面看,都不能有效地维护法律的尊严和统一正确实施。因此追诉权对于法律监督可以说是一种起码的必需的权力。没有追诉权,法律监督就是一句空话。

第二,追诉权是法律监督区别于其他监督的显著标志。在我们国家,人大及其常委会具有权力监督的权力,政协具有民主监督的权利,监察机关具有政治监督的权力,行政机关具有行政监督的权力,人民群众包括当事人也具有民主监督的权利。但是所有这些权力或权利中都不包括提请追诉的权力(其中有些主体可以提请检察机关审查起诉,但自己没有权力直接提请有权追究法律责任的机关进行处罚)。唯有检察机关是国家宪法和法律明确规定的有权提请追诉的国家机关。而检察机关的追诉权又不同于其他机关可能享有的实体处分权。追诉机关不能直接对违法者作出实体性的处罚决定,但追诉权可以强制启动处罚程序。检察机关行使追诉权的决定必然启动具有实体处分权的国家机关追究被追诉者法律责任的程序,具有法律效力。无论是提请行政机关依法给予行政处罚,还是提请审判机关依法追究刑事法律责任、民事法律责任或者行政法律责任,追诉权的行使都具有启动有关机关按照法定程序进行审查并作出实体裁判的效力。这种效力,作为一种法定权力,是其他监督所不具备的。

第三,追诉权本身具有护法功能。追诉权行使的对象是严重违反法律的行为,这种行为本身是对法律所建立、所维护的社会秩序的破坏。对这类行为进行追诉,实质上就是督促和教育人们要严格遵守法律。并且,严重违反法律的行为中本身就有相当一部分是有国家工作人员在执行和适用法律的过程中实施的,特别是在执行法律管理社会公共事务的过程中实施的严重违反法律的行为,其本身不仅严重破坏了法律所建立的规则,并且直接妨碍了法律的正确实施。对这类行为进行追诉,是法律监督的内在的必然的要求,也是法律监督最主要的表现形式。

第四,追诉权是检察机关独有的一项权力。虽然案件当事人依照法律规定也具有提起刑事诉讼、民事诉讼和行政诉讼的权利,但是这种权利不能称为追诉权。一是因为它是一种个体的权利,而不是一种国家权力,没有国家权力的特征;二是这种权利是基于当事人自己的权利受到侵犯而获得的一种救济性质的权利。与之相反,追诉权是从国家权力中分离出来的一种国家权力,它的行使是基于违法行为对法律秩序的破坏和对公共利益的危害而代表国家依法进行追诉的,因此它具有法律监督的性质。

2. 追诉权不同于一般的诉权

追诉权,从表现形式上看,与公民个人和法人作为原告提起民事诉讼或行政诉讼的权利(即诉权)以及在刑事诉讼中自诉的权利是相同的,都具有启动审判程序的功能。但是在实质上,国家追诉权与个人诉权具有本质的区别。

首先,在权力与权利设置的目的上,国家追诉权设置的目的是追究违反法律的人的法律责任,以维护法律的遵守和实施,因而行使国家追诉权的主体只能是法律明确授权的特定的国家机关;而个人诉权设置的目的是维护个人包括法人自身的合法权利,任何个人或者法人,只要认为自己的合法权利受到侵犯,都可以向人民法院提起民事诉讼和行政诉讼,以及对可以自诉的案件提请刑事诉讼,以维护自己的权利。

其次,在范围上,由其目的性所决定,国家追诉权行使的对象只限于违反法律需要追究法律责任的人,包括法人及其他单位,没有违法行为的存在甚至违法行为没有达到依法应当追究法律责任的程度,国家追诉权就不能启动;而诉权的行使则没有这么严格的限制,任何公民个人或者法人都可以对自认为是侵犯了自己合法权益的对象提起民事诉讼或者行政诉讼,并且可以在不存在侵权行为的情况下,仅仅为了确认债权债务关系而提起民事诉讼。

最后,国家追诉权与个人诉权行使的法律效果是不同的。由于检察机关在行使国家追诉权的时候是代表国家为了维护法律的尊严和社会公共利益而发动的,所以具有强有力的调查手段,包括强制性调查手段的支持,有权通过一切法律授权的手段去调查获取证据,以保障其追诉权行使的有效性,因而在启动追诉权之后胜诉的把握很大。与之相反,个人包括法人无论是在刑事诉讼中提起自诉或者在民事诉讼和行政诉讼中提起诉讼,都只能依靠自己所掌握的证据来支持自己的诉求,而不可能动用国家力量更不能使用强制性调查手段来收集证据,因而其胜诉的可能性也就明显要低得多。

因此,简单地把检察机关代表国家行使追诉权的活动等同于当事人提起诉讼的活动,并要求二者完全对等的观点,是片面的、望文生义的观点,忽视了国家追诉权与个人诉求之间客观存在的实质性差别。

正因为如此,追诉权是当今世界各国检察机关普遍享有的一项基本权力。追诉权的有效行使,是检察机关在依法治国、建设社会主义法治国家的进程中发挥作用最主要的途径。

（二）追诉权的类型与范围

从理论上讲，追诉权是追究违法者法律责任的诉请权，而法律责任包括刑事法律责任、民事法律责任和行政法律责任，因此，从类型上看，追诉权也就应当包括三种类型：一是刑事追诉权：对构成犯罪的行为提请审判机关依法审判并追究刑事责任的权力；二是民事追诉权：对严重侵犯社会公共利益的民事侵权行为提请审判机关依法审判并追究民事责任的权力；三是行政追诉权：对行政侵权行为提请审判机关依法审判并追究行政责任的权力。但是事实上，由于各国的法律制度不同，检察机关追诉权的范围也有所不同。除了各国检察机关共同享有的刑事追诉权之外，是否还享有民事追诉权或行政追诉权，则因国情而异。

1. 刑事追诉权

刑事追诉权是指检察机关就已经发生的犯罪行为向具有刑事审判权的法院依法提起公诉，请求追究犯罪行为人刑事责任的权力。在世界各国，对于刑事犯罪案件，几乎都是有检察机关代表国家提起公诉的。在我们国家，《刑事诉讼法》第169条明确规定："凡需要提起公诉的案件，一律由人民检察院审查决定"。这就意味着除了数量极为有限的自诉案件之外，无论是公安机关侦查终结的案件，还是其他具有侦查权的机关侦查终结的案件，抑或监察机关调查终结的职务犯罪案件，都要移送检察机关审查，并由检察机关依法决定是否提请人民法院进行审判。就检察权而言，刑事追诉权是最基本的追诉权。因为检察权所关注的并不是泛泛的所有违反法律的情况，而是严重违反法律的行为，特别是构成犯罪的行为。对刑事犯罪的追诉是检察机关的主要任务。所以，刑事追诉权，通常被称为公诉权。公诉权亦被视为对检察机关的刑事追诉权最通常的称谓。

笔者曾在《公诉权论》一文[1]中提出,从世界各大法系主要国家的法律规定看,检察机关(包括代表检察机关行使权力的检察官)的公诉权主要包括八个方面的内容:(1)立案决定权或立案控制权。公诉权在本质上是一种追诉犯罪的权力。因此当一个违法行为发生时,要不要将其作为犯罪予以追诉,应当是由具有追诉犯罪权力的检察机关来决定。(2)提起公诉的权力。提起公诉的权力由检察机关行使,几乎是现代世界各国的通例。除了法律明确规定可以由当事人自诉的案件之外,所有侦查终结的刑事案件一律交由检察机关进行审查,以决定是否需要追究犯罪嫌疑人的刑事责任并向有管辖权的法院提起公诉,是检察机关的法定职责。(3)决定不起诉的权力。有决定起诉的权力,也就会有决定不起诉的权力。决定不起诉是检察机关起诉裁量权的表现。(4)出席法庭的权力。检察机关一旦决定提起公诉,除了速裁程序之外,通常都有派员出席法庭进行公诉的权力。检察机关在刑事诉讼中作为公诉方,在法庭调查中承担着控诉犯罪并提供证据的责任,因此出席法庭既是检察机关的权力,也可以说是它的义务。(5)变更起诉的权力。检察机关派员出席法庭的另一个重要任务是根据法庭调查的情况修正自己的起诉决定。在审理过程中,检察机关可以根据法庭调查的情况申请撤回自己的起诉,也可以追加起诉。(6)上诉的权力。检察官作为刑事诉讼的当事人,与被告人一样具有全面的上诉权,同时检察官作为"要求正确适用法律"的人,还有为了被告人的利益而上诉的权力。这种上诉权在中国法律中称为抗诉权,以区别于当事人的上诉权。(7)申请再

---

[1] 参见张智辉:《公诉权论》,载《中国法学》2006年第6期。

审的权力。在大陆法系国家，检察机关对于已经生效的裁判有向最高法院申请再审的权力。在我国，最高人民检察院对各级人民法院已经发生法律效力的判决和裁定，上级人民检察院对下级人民法院已经发生法律效力的判决和裁定，如果发现确有错误，有权按照审判监督程序向同级人民法院提出抗诉。人民检察院抗诉的案件，接受抗诉的人民法院应当组成合议庭重新审理，对于原判决事实不清楚或者证据不足的，可以指令下级人民法院再审。检察机关对生效裁判提出再审的权力，具有监督法院审判活动的功能，同时也是公诉权的题中应有之义。因为检察机关提起公诉的目的是有效地追诉犯罪，如果由于法院认定事实错误或者适用法律不当而未能达到行使公诉权的目的时，检察机关提出抗诉、要求再审以实现公诉的目的，是理所当然的。(8) 监督刑罚执行的权力。在大陆法系国家，对生效判决裁定的执行是由检察机关负责的。"从公诉方面看，指示执行刑罚的是共和国检察官。"[1]《日本刑事诉讼法》第472条和《韩国刑事诉讼法》第460条都规定："裁判的执行，由与作出该项裁判的法院相对应的检察厅的检察官指挥"。刑罚的执行之所以要由检察机关指挥或者在检察机关的监督下进行，是因为刑罚的执行本身是实现公诉权行使的目的的最终途径。如果不能保证刑罚的有效执行，检察机关从刑事诉讼开始到审判活动结束的整个过程中所作的一切努力，就可能付诸东流，维护法律尊严的正义要求就可能在最后环节上不了了之。

关于公诉权的内容，值得研究的是量刑建议权。公诉权本来就是提请审判机关追究犯罪人刑事责任的请求权。所谓追究

---

〔1〕〔法〕卡斯东·斯特法尼、乔治·勒瓦索、贝尔纳·布洛克:《法国刑事诉讼法精义》（下），罗结珍译，中国政法大学出版社1999年版，第865页。

刑事责任，主要是判处犯罪人一定的刑罚，所以公诉权也被称为"求刑权"。这其中自然包含着请求审判机关判处犯罪人何种刑罚的内容。但是在我国的司法实践中，长期以来，检察机关只关注自己指控犯罪的罪名成立与否，很少关注法院对被告人判处什么样的刑罚。2000年，最高人民检察院检察理论研究所在调研中发现同一法院对同种罪名判处的刑罚差别较大的问题，遂对之进行专题研究，邀请最高人民法院、最高人民检察院和法学界的专家学者共同讨论，引起有关方面对这个问题的重视。2003年最高人民检察院公诉厅提出开展量刑建议试点的工作要求，推动全国检察机关在提起公诉的案件中就应当对被告人判处的刑罚提出量刑建议。2003年最高人民法院在第二个人民法院五年改革纲要中提出对常见罪名研究制定量刑指导意见的设想，推动了法院量刑规范化。检察机关在提起公诉时提出量刑建议，本来只是一个建议，供法院在量刑时参考，并没有"权力"的特征。

但是随着2018年刑事诉讼法的修改，认罪认罚从宽制度正式成为刑事诉讼中的一种法律制度。而认罪认罚从宽制度中的一个重要特点就是：对于犯罪嫌疑人认罪认罚的案件，检察机关在提起公诉的时候应当提出量刑建议，而这种量刑建议对法院判处被告人刑罚具有约束力。《刑事诉讼法》第176条规定："人民检察院认为犯罪嫌疑人的犯罪事实已经查清，证据确实、充分，依法应当追究刑事责任的，应当作出起诉决定，按照审判管辖的规定，向人民法院提起公诉，并将案卷材料、证据移送人民法院。犯罪嫌疑人认罪认罚的，人民检察院应当就主刑、附加刑、是否适用缓刑等提出量刑建议，并随案移送认罪认罚具结书等材料。"第201条规定："对于认罪认罚案件，人民法院依法作出判决时，一般应当采纳人民检察院指控的罪名和量刑建议，但有下列情形的除外：（一）被告人的行为不构成犯罪或者不应当追究其刑事责任的；（二）被告人违背意愿认罪认罚的；（三）被告人否认指控的犯罪事实的；（四）起诉指控的罪名与审理认定的罪名不一致的；（五）其他可能影响公正审判的情形。人民法院经审理认为量刑建议明显不当，或者被告人、辩护人对量刑建议提出异议的，人民检察院可以调整量刑建议。人民检察院不调整量刑建议或者调整量刑建议后仍然明显不当的，人民法院应当依法作出判决。"这些规定意味着，在认罪认罚案件中，检察院应当提出量刑建议，法院则应当采纳检察院的量刑建议，除非存在不能采纳的法定情形。因此，在这类案件中，检察机关提出的量刑建议就不再是一个一般性的建议，而是对法院量刑具有约束力的建议。这种量刑建议，应该视为公诉权中的一个权能[1]。

应当看到，在我们国家，检察机关行使公诉权的前提，除了自行立案侦查的刑事案件之外，主要是源于具有侦查权的专门机关或者具有对职务犯罪行使调查权的机关对刑事犯罪案件侦查终结或者调查结束后提请检察机关追究有关犯罪嫌疑人刑事责任的报告。因此，检察机关公诉权的行使在很大程度上依赖于侦查机关或调查机关的侦查活动或调查活动。但是，检察机关在对移送起诉的材料进行审查的时候，也具有较大的主动权。

首先，检察机关要对案件的证据材料进行全面的审查。检察机关在审查起诉的过程中，不仅要对侦查机关或调查机关移送的案件材料进行全面的审查，而且要讯问犯罪嫌疑人，听取

---

[1] 量刑建议不同于一般的检察建议。量刑建议是在检察机关提起公诉的刑事诉讼中就对被告人应当适用的刑罚提出的供法院参考的意见，其目的是对犯罪人正确适用刑罚。因此它是检察机关在刑事诉讼中的行使求刑权的表现形式之一，而不是一般意义上的检察建议。

辩护人、被害人及其他诉讼参与人的意见，以便确定移送起诉的案件犯罪事实、情节是否清楚，证据是否确实、充分，犯罪性质和罪名的认定是否正确，独立自主地作出是否追诉的决定。

其次，检察机关的审查活动并不完全受到侦查机关或调查机关移送的材料和意见的制约。检察机关在审查起诉的过程中还要审查有无遗漏罪行和其他应当追究刑事责任的人。也就是说，刑事追诉的主动权在检察机关。对于提请检察机关追究刑事责任的犯罪嫌疑人，检察机关如果认为不应追究刑事责任，有权作出不起诉的决定；对于没有提请检察机关追究刑事责任的人，检察机关如果认为应当追究刑事责任，有权要求侦查机关或者调查机关补充侦查或调查，甚至在必要的时候可以自行侦查，以便追诉遗漏的罪行或遗漏的犯罪嫌疑人。

最后，检察机关具有起诉或者不起诉的决定权。按照刑事诉讼法的规定，检察机关除了对移送审查起诉的案件经过审查认为犯罪嫌疑人的犯罪事实已经查清，证据确实、充分，依法应当追究刑事责任的，决定提起公诉的权力之外，还具有四种不起诉的权力：一是绝对不起诉。检察机关经过审查，认为犯罪嫌疑人没有犯罪事实，或者具有"情节显著轻微、危害不大，不认为是犯罪的"；"犯罪已过追诉时效期限的"；"经特赦令免除刑罚的"；"依照刑法告诉才处理的犯罪，没有告诉或者撤回告诉的"；"犯罪嫌疑人、被告人死亡的"；"其他法律规定免予追究刑事责任的"等情形之一时，有权直接作出不起诉的决定。二是存疑不起诉的权力。检察机关在审查起诉的过程中认为案件事实不清、证据不足时，有权退回补充侦查，经过二次补充侦查，仍然认为证据不足，不符合起诉条件时，有权作出存疑不起诉的决定。三是相对不起诉。按照《刑事诉讼法》第177条第2款的规定，检察机关经过审查，认为犯罪嫌疑人的犯罪情节轻微，依照刑法规定不需要判处刑罚或者免除刑罚时，也有权作出不起诉决定。四是附条件不起诉。按照《刑事诉讼法》第282条的规定，对于未成年人涉嫌刑法分则第四章、第五章、第六章规定的犯罪，可能判处一年有期徒刑以下刑罚，符合起诉条件，但有悔罪表现的，人民检察院可以作出附条件不起诉的决定。此外，检察机关在审查起诉的过程中，还要审查侦查活动是否合法。这些都体现了国家追诉的权威性和公诉权的法律监督性质。

2. 民事追诉权

民事追诉权是指检察机关就已经发生的严重违反民事法律、侵犯国家利益、公共利益或不特定人利益的行为，向具有民事审判权的法院提起诉讼，请求追究违法行为人民事责任的权力。

在世界各国，民事案件通常是由当事人自己向法院提起诉讼的。但是在涉及国家利益或者公共利益的情况下，法律会在一定程度上赋予检察机关提起民事诉讼的权力。这种权力也被称为民事追诉权或民事公诉权。

"检察机关有权干预民事诉讼的国家很多，诸如英国、美国、日本、法国、德国、意大利等，都在法律或判例中确认了检察机关参与民事诉讼的内容"[1]。

在大陆法系国家，检察机关秉承社会公益原则，普遍具有参与民事诉讼的职权。1806年《法国民法典》最早就检察机关以国家名义参加民事诉讼做了规定。随后大陆法系的其他国家也逐渐仿照法国规定了检察机关参加民事诉讼的职权。[2] 在

---

[1] 何勤华主编：《检察制度史》，中国检察出版社2009年版，第385—386页。
[2] 参见何勤华主编：《检察制度史》，中国检察出版社2009年版，第177页。

法国，检察机关参与民事诉讼的方式主要有两种：一是作为主当事人提起民事诉讼。《法国法院组织法》和《法国民事诉讼法典》规定了法国检察官在民事诉讼中的职权。《法国民事诉讼法典》第422条规定：在法律所规定的特别情形下，检察官依职权进行诉讼。法律规定的特别情形包括有关确定亲子关系、未成年人监护及财产管理、帮教的案件，有关暂缓追究债务、企业财产清算、专利申请无效等案件，有关国籍争议案件等，检察官都可以作为主要当事人主动提起诉讼。《法国民事诉讼法典》第423条还规定："除法律有特别规定之情形外，如果存在妨害公共秩序之事实，则检察院得为维护公共秩序进行诉讼。"二是作为联合当事人参加民事诉讼。当公民之间、法人之间以及公民与法人之间的诉讼和一些家事诉讼中可能涉及社会公益时，检察官以"法律守护人"的身份作为联合当事人参与民事诉讼。

在德国，1877年颁布的《民事诉讼法》和《法院组织法》中就有检察官参加民事诉讼的规定。德国民事诉讼法典规定，检察机关作为社会共同利益的代表，对涉及国家、社会共同利益的重大案件可提起民事诉讼。德国检察机关参与民事诉讼的方式有两种：一种是作为公益代表人直接提起诉讼，另一种是参与诉讼。前者是将某些侵害国家、社会公益和公民重要权益的民事案件直接提交法院，请求裁决，以直接有效地制止侵权行为，保护受害方的合法权益不受侵害；后者指检察机关不是案件的提起者，而是作为诉讼活动的参与者介入。[1]

在日本，除了在司法官厅作为民事诉讼被告时代表该官厅参与诉讼之外，检察官作为公益代表，在法院审理以下9类民

---

[1] 参见何勤华主编：《检察制度史》，中国检察出版社2009年版，第179页。

事案件的言词辩论阶段必须出现法庭发表意见：关于公法人之诉讼；关于婚姻之诉讼；关于夫妇间财产之诉讼；关于亲子、养亲子之分限，及此外属于人之分限之诉讼；关于无能力者之诉讼；关于养料之诉讼；关于失踪者及相续人亏缺之遗产之诉讼；伪造变造书证之诉讼；再审。[1]

在英美法系国家，检察官参与民事诉讼的职权更为广泛。美国早在1890年的《谢尔曼反托拉斯法》中就规定了检察官可通过诉状的形式起诉，向法院要求禁止违反该法的行为。1914年的《联邦贸易委员会法》和《克莱顿法》、1964年的《民权法案》、1968年的《公平住宅法》、1969年的《国家环境政策法》、1975年的《危险物品运输法》等都规定了检察官提起民事诉讼的权力。美国检察机关作为原告可提起三类民事诉讼：一是检察官依法直接提起民事诉讼；二是检察官可以代表政府或自然人提起民事诉讼；三是检察官可以与其他法人或自然人作为共同原告提起民事诉讼。[2] 美国的检察官不仅具有提起民事诉讼的权力，而且具有依法取证和发布民事调查令的权力。1962年的《反托拉斯民事诉讼法》第1312条（a）款规定：检察官在诉讼程序之前可以通过发布民事调查令的方式，要求任何人提供有关民事反托拉斯调查的一切书面材料。按照该法，"任何人"是指任何自然人、公司、团体、合伙或者其他非自然人的法律实体。

在我们国家，关于检察机关的民事追诉权，早有规定。1949年12月20日中央人民政府批准了《中央人民政府最高人民检察署试行组织条例》，其中在关于检察机关职权的规定中，

---

[1] 何勤华主编：《检察制度史》，中国检察出版社2009年版，第208页。
[2] 参见张鸿巍：《美国检察制度研究》，人民出版社2009年版，第131页。

除了"对刑事案件实行侦查,提请公诉"之外,还包括了"对于全国社会与劳动人民利益有关之民事案件及一切行政诉讼,均有代表国家公益参与之"(第3条)的职权。1954年9月21日全国人民代表大会通过的《人民检察院组织法》在检察机关的职权中进一步明确规定"对于有关国家和人民利益的重要民事案件有权提起诉讼或者参加诉讼"(第4条)的职权。但是,1979年7月1日全国人民代表大会通过的《人民检察院组织法》只规定了"对于刑事案件提起公诉,支持公诉"的职权,而没有规定对民事案件提起诉讼的职权。1979年通过的《刑事诉讼法》第53条第2款规定,"如果是国家财产、集体财产遭受损失的,人民检察院在提起公诉的时候,可以提起附带民事诉讼"。直到2017年6月27日,全国人大常务委员会在《关于修改〈中华人民共和国民事诉讼法〉和〈中华人民共和国行政诉讼法〉的决定》中规定了检察机关提请民事公益诉讼的职权。2018年修改后的人民检察院组织法也规定了人民检察院"依照法律规定提起公益诉讼"的职权。检察机关依法提起公益诉讼的职权实际上包含了民事追诉权和行政追诉权。

民事追诉权通常包括两种情况:一是检察机关在行使刑事追诉权的过程中,针对犯罪嫌疑人侵犯国家或公民个人的财产权利而没有适格主体提起民事诉讼的情况,主动行使民事追诉权,依法提起附带民事诉讼的权力;二是检察机关在发现严重违法行为侵犯了国家或公民个人的财产权利而又没有适格主体提起民事诉讼的情况下,依照民事诉讼法的授权,向法院提起民事诉讼的权力。按照我国民事诉讼法的规定,检察机关在民事诉讼中行使追诉权的范围,仅限于人民检察院在履行职责中发现的违法行为涉及破坏生态环境和资源保护、食品药品安全领域侵害众多消费者合法权益等损害社会公共利益的案件,并且是在没有法律规定的机关和有关组织可以向人民法院提起诉讼或者该机关和组织不提起诉讼的情况下，检察机关才有权向人民法院提起诉讼。

检察机关提起民事诉讼，既不是因为自身的权利受到侵害，也不是因为自己的权利需要法院确认，而是因为国家利益和社会共同利益受到了侵害，是因为检察机关认为需要追究有关单位和个人违法行为的民事责任。所以，检察机关提起民事诉讼是在履行法律监督的职责，是为了维护宪法法律权威，维护社会公平正义，维护国家利益和社会公共利益，所针对的是民事违法行为，因此具有国家追诉的性质。

检察机关在民事诉讼中扮演的角色是国家利益和社会公共利益的代表人，而不单纯是民事诉讼中的一方当事人。也正因为如此，检察机关在提起民事诉讼的情况下，其诉讼地位也不完全等同于普通当事人。检察机关拟对损害社会共同利益的行为提起民事诉讼时，要先依法公告，公告期满，法律规定的机关和有关组织不提起诉讼的，人民检察院才可以向人民法院提起诉讼。人民检察院提起的民事公益诉讼案件，被告以反诉方式提出诉讼请求的，人民法院不予受理。

3. 行政追诉权

行政追诉权是指检察机关就行政机关及其工作人员在履行法定职责的活动中实施的违反法律的行为或者不依法履行职责的行为向具有行政审判权的法院提起诉讼，请求裁定行政机关违法并依法追究有关人员的行政法律责任的权力。行政追诉权主要包括两种情况：一是在行政机关违反法律或者不履行法定职责的情况下，向法院提起行政诉讼，要求法院依法裁定行政违法行为；二是在国家机关工作人员违反法定职责而又不构成犯罪的情况下，请求其主管机关依法追究其行政责任。行政追诉权行使的目的是督促行政机关依法行政，维护国家利益和社会共同利益，因而是一种国家追诉权。

检察机关参与行政诉讼是履行"法律守护人"职责，维护社会共同利益的重要方面。但是，各国的权力结构和管理体制不同，检察机关参与行政诉讼的范围和方式也各有特点。

在美国，各级检察机关担负着多样的社会管理权，以彰显检察机关在维护社会稳定与公平上的社会责任。如美国大多数地区的检察机关均设有消费者投诉科，专门负责办理消费者投诉的案件。[1]

在英国，凡是涉及公共权利和利益的诉讼，并要颁布训令或宣言加以保护的，必须有检察长的参加。[2]

在法国，具有一般管辖权的行政法院，检察官由政府派员担任，其唯一职责是捍卫法律的尊严。而在具有特殊管辖权的行政法院，均设有检察官以监督行政法院的审判活动。法国检察官在行政管理领域所涉及的事项包括参与各种司法职业的管理与监督，并对其所监督的司法辅助人员发布纪律惩戒令，监督特殊的公共机构如狱政机构、精神病机构、私人教育机构以及酒类出售机构，监督其他与维护公共秩序关系密切的事务，在对其职权范围内的监督过程中，检察官发现违法时有权提起诉讼。

德国行政法院法明确规定，联邦最高检察官作为州和地方公共利益的代表人、州高等检察官和地方检察官分别作为州和地方公共利益的代表人，他们分别参与联邦最高行政法院、州高等行政法院和地方行政法院的行政诉讼，并享有上诉权和变

---

[1] 参见张鸿巍：《美国检察制度研究》，人民出版社2009年版，第143—144页。
[2] 参见何勤华主编：《检察制度史》，中国检察出版社2009年版，第386页。

更权。《德国行政法院法》第 35 条规定:"在联邦行政法院内任命一名检察长,他可以参与行政法院的每件诉讼,以维护公共利益。"[1]

在我国,根据全国人大常委会的决定,检察机关从 2015 年 7 月起在 13 个省区市 860 个检察院开展为期两年的公益诉讼试点。2017 年 6 月全国人大常委会根据社会发展的需要,并结合试点的情况,修改了民事诉讼法和行政诉讼法,正式确立了检察机关提起公益诉讼的制度。2018 年 3 月修改的人民检察院组织法也规定了检察机关依照法律规定提起公益诉讼的职权,当月,最高人民检察院与最高人民法院共同发布《关于检察公益诉讼案件适用法律若干问题的解释》,完善了检察公益诉讼制度。

公益诉讼制度在确认检察机关享有民事追诉权的同时,也确认了检察机关依法享有行政追诉权。之所以会得出这样的结论,是基于以下理由:

第一,检察机关提起公益诉讼所针对的是违法行为。无论是民事公益诉讼还是行政公益诉讼,首先都必须有违法行为的存在,检察机关才有权提起诉讼。只有当事实上存在着损害国家利益或社会公共利益的违法行为时,检察机关才有权介入其中,督促有关主体提起诉讼,而在有关主体没有或者不能提起诉讼的情况下,检察机关才有权提起诉讼。如果仅仅是不同权利主体之间的纠纷,检察机关就没有理由介入。从最高人民检察院公布的指导性案例来看,检察机关提起民事公益诉讼所针对的是民事侵权行为,检察机关提起行政公益诉讼所针对的是行政机关违法行政或不依法履行职责的行为。因此,检察机关

---

[1] 何勤华主编:《检察制度史》,中国检察出版社 2009 年版,第 179—180 页。

的介入是因为违法行为的存在,是为了通过履行法律监督职责来制止或者纠正违法。

第二,检察机关提起公益诉讼是以国家利益或社会公共利益代表人的名义进行的。在公益诉讼案件中,检察机关并不是受到损害的一方当事人,也不是行政行为的相对人,而是根据法律的授权,代表国家利益或社会公共利益提起诉讼的。这种提起诉讼的行为实质上是一个国家行为,而不是个人行为。在公益诉讼中,检察机关虽然以诉讼当事人的身份出现,但并不是单纯的当事人。

第三,检察机关提起公益诉讼的目的是追究有关单位或个人的民事法律责任或行政法律责任。检察机关在提起公益诉讼的案件中不存在任何自身的权利需要法院来确认,也不存在任何满足自身利益的诉讼请求,其目的是通过追究有关单位或个人的民事法律责任或行政法律责任,来维护法律的切实遵守和正确实施,维护国家利益和社会公共利益,阻止违法行为人继续违法或使其受到应有的法律惩罚,督促行政机关依法履行职责或纠正违法行为。所以,检察机关提起公益诉讼具有明显的国家追诉的性质。

从最高人民检察院发布的指导性案例中可以清楚地看到这一点。例如:最高人民检察院2018年12月25日发布的江西省赣州市人民检察院诉郭某等人生产、销售硫黄熏制辣椒民事公益诉讼案。该案件的基本案情和诉讼过程是:信丰县大阿镇民主村郭某从事辣椒生意期间,采用添加剂硫黄熏制辣椒以达到防霉、耐存储的目的。2017年8月18日,信丰县公安局、大阿工商分局在郭某家中查获14943.8斤辣椒,现场扣押辣椒5780斤,同时对剩余的9163.8斤辣椒采取现场查封的方式贴封条封存在郭某家中的仓库内。后郭某私自撕去封条将封存在其仓库的9163.8斤辣椒销售流入市场。经信丰县食品药品检验所检验,在郭某家中提取的辣椒样品中,半干辣椒和湿辣椒中二氧化硫含量分别达到4.40g/kg、4.65g/kg,均超过食品安全国家标准0.2g/kg的上限20多倍。经调查核实,郭某将被查封在其仓库的6862.8斤半干辣椒和2301斤湿辣辣椒私自变卖,将硫黄严重超标的辣椒销售给他人,足以对不特定多数人的身体健康造成重大侵害危险,损害社会公共利益。赣州市检察院于2017年10月在《新法制报》上刊登公告,依法公告督促有权提起诉讼的适格主体就本案向人民法院提起民事公益诉讼,最终无社会组织提起民事公益诉讼。2018年6月,赣州市人民检察院向市中级人民法院提起民事公益诉讼。诉讼请求为:(1) 判令被告郭某支付其所生产、销售的不符合食品安全标准的硫黄熏制食用辣椒价款十倍的赔偿金;(2) 判令被告承担现场扣押的5780斤硫黄熏制辣椒销毁费用,消除食品安全隐患;(3) 判令被告在《赣南日报》或赣州广播电视台等市级以上媒体公开向社会公众赔礼道歉。赣州市中级人民法院经过公开审理,最终全部支持了检察机关诉讼请求。关于该案,最高人民检察院强调的"要旨"是:"侵权行为对社会公共利益造成严重侵害或侵害危险的,检察机关可以在履行公告程序后,依法向人民法院提起民事公益诉讼,要求侵权人承担侵权责任,同时可主张惩罚性赔偿。"要求法院对违法行为人判处"惩罚性"赔偿,实际上即是请求追究违法者的侵权责任。

再如,最高人民检察院2020年7月16日公布的郧阳区林业局行政公益诉讼案件。案件的基本事实和诉讼过程是:2013年3月至4月,金某某、吴某、赵某某在未经县级林业主管部门同意、未办理林地使用许可手续的情况下,在湖北省十堰市郧阳区杨溪铺镇财神庙村五组、卜家河村一组、杨溪铺村大沟处，相继占用国家和省级生态公益林地0.28公顷、0.22公顷、0.28公顷开采建筑石料。2013年4月22日、4月30日、5月2日，郧阳区林业局对金某某、吴某、赵某某作出行政处罚决定，责令金某某、吴某、赵某某停止违法行为，恢复所毁林地原状，分别处以56028元、22000元、28000元罚款，限期十五日内缴清。金某某、吴某、赵某某在收到行政处罚决定书后，在法定期限内均未申请行政复议，也未提起行政诉讼，仅分别缴纳罚款20000元、15000元、20000元，未将被毁公益林地恢复原状。郧阳区林业局在法定期限内既未催告三名行政相对人履行行政处罚决定所确定的义务，也未向人民法院申请强制执行，致使其作出的行政处罚决定未得到全部执行，被毁公益林地未得到及时修复。2015年12月12日，郧阳区人民检察院向区林业局发出检察建议，建议区林业局规范执法，认真落实行政处罚决定，采取有效措施，恢复森林植被。区林业局收到检察建议后，在规定期限内既未按检察建议进行整改落实，也未书面回复。郧阳区人民检察院经调查核实，没有公民、法人和其他社会组织因公益林被毁而提起相关诉讼。2016年2月29日，郧阳区人民检察院以公益诉讼人身份向郧阳区人民法院提起行政公益诉讼，要求法院确认区林业局未依法履行职责违法，并判令其依法继续履行职责。2016年5月5日，郧阳区人民法院作出一审判决：确认郧阳区林业局在对金某某、吴某、赵某某作出行政处罚决定后，未依法履行后续监督、管理和申请人民法院强制执行法定职责的行为违法；责令区林业局继续履行收缴剩余加处罚款的法定职责；责令区林业局继续履行被毁林地生态修复工作的监督、管理法定职责。关于该案，最高人民检察院强调的"要旨"是："负有监督管理职责的行政机关对侵害生态环境和资源保护领域的侵权人进行行政处罚后，怠于履行法定职责,既未依法履行后续监督、管理职责,也未申请人民法院强制执行,导致国家和社会公共利益未脱离受侵害状态,经诉前程序后,人民检察院可以向人民法院提起行政公益诉讼。"

在这两个案件中,最高人民检察院强调的是"侵权行为对社会公共利益造成严重侵害或侵害危险的",检察机关可以"依法向人民法院提起民事公益诉讼,要求侵权人承担侵权责任,同时可主张惩罚性赔偿";行政机关对侵害生态环境和资源保护领域的侵权人"怠于履行法定职责","导致国家和社会公共利益未脱离受侵害状态"。这些都说明,检察机关提起公益诉讼所针对的是侵权行为或者不履行法定职责的行为,提起公益诉讼的目的是追究违法行为人的民事法律责任或行政法律责任,制止违法行为的继续。

关于行政公益诉讼的范围,《行政诉讼法》第25条第4款规定:"人民检察院在履行职责中发现生态环境和资源保护、食品药品安全、国有财产保护、国有土地使用权出让等领域负有监督管理职责的行政机关违法行使职权或者不作为,致使国家利益或者社会公共利益受到侵害的,应当向行政机关提出检察建议,督促其依法履行职责。行政机关不依法履行职责的,人民检察院依法向人民法院提起诉讼。"按照这个规定,检察机关有权提起行政诉讼的范围,主要有四个领域:一是生态环境和资源保护。如江河及饮用水源保护,野生动物保护,被污染损毁的耕地、湿地、林地、草原,固体废物、生活垃圾,小煤矿开采、整治等领域。二是食品药品安全领域。如假冒伪劣食品、假药、走私药品等,特别是在中小学周围、农贸市场、网络外卖的食品安全领域。三是国有财产保护领域。四是国有土地使用权出让领域。

在此，值得研究的是，行政诉讼法第 25 条中的"等领域"，除了明文列举的上述四个领域之外，是否还包括其他领域。

笔者认为，赋予检察机关提起行政诉讼的目的是维护国家利益和社会公共利益，而国家利益和社会公共利益并不局限于上述四个领域。法律之所以只列举了四个领域，是因为这四个领域的问题比较突出，检察机关提起行政诉讼的重点应当放在这四个领域。但这并不意味着其他领域损害国家利益和社会公共利益的行为，检察机关就不应当过问。如果把检察机关提起行政诉讼的范围仅仅限定在这四个领域，显然不符合立法的宗旨。因此，对该规定中的"等"字应当做"未尽"来理解[1]。列举的四个领域之外，如果存在行政机关违反法律的行为或者不依法履行职责的行为，损害了国家利益和社会公共利益的违法行为，检察机关就应当有权按照行政诉讼法的规定提起行政诉讼。

按照《行政诉讼法》第 12 条的规定，行政诉讼的范围涉及 12 个方面：（1）行政拘留、暂扣或者吊销许可证和执照、责令停产停业、没收违法所得、没收非法财物、罚款、警告等行政处罚；（2）限制人身自由或者对财产的查封、扣押、冻结等行政强制措施和行政强制执行；（3）申请行政许可，行政机关拒绝或者在法定期限内不予答复，或者行政机关作出的有关行政许可的其他决定；（4）行政机关作出的关于确认土地、矿藏、水流、森林、山岭、草原、荒地、滩涂、海域等自然资源的所有权或者使用权的决定；（5）征收、征用决定及其补偿决定；（6）申请行政机关履行保护人身权、财产权等合法权益的

---

[1] 这种理解同样适用于民事公益诉讼。

法定职责，行政机关拒绝履行或者不予答复；（7）行政机关侵犯其经营自主权或者农村土地承包经营权、农村土地经营权；（8）行政机关滥用行政权力排除或者限制竞争；（9）行政机关违法集资、摊派费用或者违法要求履行其他义务；（10）行政机关没有依法支付抚恤金、最低生活保障待遇或者社会保险待遇；（11）行政机关不依法履行、未按照约定履行或者违法变更、解除政府特许经营协议、土地房屋征收补偿协议等协议；（12）行政机关侵犯其他人身权、财产权等合法权益。这12个方面的行政行为如果违法，有关公民、法人或者其他组织都有权提起行政诉讼。检察机关在履行法律监督职责的过程中，如果发现在其中某个方面存在违反法律的行为或者不依法履行职责的行为，为了督促行政机关依法行政，维护国家利益和社会公共利益，检察机关就应当有权提起行政诉讼，通过法律手段促使有关行政机关纠正违法。

检察机关提起行政诉讼，所针对的行为是在这些领域中负有法定职责的行政机关违法行使职权或者不作为，致使国家利益或者社会公共利益受到侵害的行为，目的是督促有关行政机关纠正违法，依法履职。因此，按照行政诉讼法的规定，检察机关在发现有关行政机关违法的时候，首先要向有关行政机关提出纠正违法的检察建议，督促有关行政机关依法履职。如果有关行政机关接受了检察机关的建议，认真纠正错误，严格依法履职，检察机关就没有必要再提起行政诉讼了。只有当有关行政机关不接受检察机关的建议，或者整改不到位，检察机关才有必要提起行政诉讼。

4. 追诉案件的受理权

除了上述三种类型之外，追诉权还应当包括案件受理权。因为受理案件是进行追诉的先决条件。只有受理了案件，才有可能对案件中存在的违法行为进行追诉。追诉权中的案件受理权包括三个方面：

一是立案决定权。在刑事诉讼中，立案的决定权是由侦查机关行使的。侦查机关对于自己管辖范围内的案件有立案或者不立案的决定权。检察机关只能对依法由自己直接立案侦查的案件行使立案决定权。对于不属于检察机关侦查的案件，检察机关可以在受理之后移送有管辖权的机关去侦查或者调查。但是在涉及国家利益和社会公共利益的公益诉讼案件中，检察机关享有完全的立案决定权，亦即对于公民、法人或者其他组织向检察机关投诉的有关损害国家利益、社会公共利益或不特定人利益的民事侵权行为或者行政违法行为，检察机关有权受理并有权自行决定是否立案调查。

二是案件审查权。对于刑事案件，检察机关可能没有立案决定权，但享有案件审查权。按照《刑事诉讼法》第162条的规定，公安机关侦查终结的案件，应当做到犯罪事实清楚，证据确实、充分，并且写出起诉意见书，连同案卷材料、证据一并移送同级人民检察院审查决定。按照《监察法》第45条的规定，监察机关根据监督、调查结果，对涉嫌职务犯罪的，监察机关经调查认为犯罪事实清楚，证据确实、充分的，制作起诉意见书，连同案卷材料、证据一并移送人民检察院依法审查、提起公诉。《刑事诉讼法》第169条进一步规定："凡需要提起公诉的案件，一律由人民检察院审查决定。"

三是立案监督权。按照《刑事诉讼法》第113条的规定，人民检察院认为公安机关对应当立案侦查的案件而不立案侦查的，或者被害人认为公安机关对应当立案侦查的案件而不立案侦查，向人民检察院提出的，人民检察院应当要求公安机关说明不立案的理由。人民检察院认为公安机关不立案理由不能成立的，应当通知公安机关立案，公安机关接到通知后应当立案。立案监督权是行使追诉权的重要方面。对于应当追究刑事责任的犯罪嫌疑人，如果不立案侦查，就无法查明犯罪的事实，更谈不上追究刑事责任。因此，通过对应当立案而不立案的情况进行监督，保证有罪的人受到追究，是追诉权的题中应有之义。

需要注意的是，检察机关虽然同时享有刑事追诉权、民事追诉权和行政追诉权，但这三项职权的范围是不同的。由于刑事犯罪对法律的破坏相对于民事违法和行政违法要严重得多，对社会的危害要大得多，所以国家追诉权行使的重点是在刑事追诉权方面。检察机关对于所有构成犯罪的行为都有提起公诉的职权，除了法律授权个人可以提起自诉的案件之外。另外，由于国家司法资源的有限性，不可能集中大量的精力来追诉民事违法行为和行政违法行为，同时也由于民事违法行为和行政违法行为通常都直接损害到具体单位或者个人的利益，由受侵害的主体自己提起民事诉讼或者行政诉讼更便于权利的实现，所以法律把对民事违法行为和行政违法行为提起诉讼的权利赋予当事人，由当事人自己以民事诉讼或者行政诉讼的方式请求法院维护自己的合法权利。只有在民事违法行为或者行政违法行为侵害到国家利益或公共利益或者不特定多数人的利益，并且当事人无法或者不便提起诉讼时，才由检察机关出面行使民事追诉权或行政追诉权。因此，在追诉民事违法行为和行政违法行为方面，检察机关行使追诉权的空间比较小。而与之相反的是，在行使刑事追诉权方面，检察机关承担着最主要的任务和最大量的工作，以致刑事追诉权成为检察机关最重要的、最具特色的职权，并且这种职权在世界各国往往都是由检察机关独占鳌头的。

除了刑事追诉权、民事追诉权和行政追诉权之外,检察机关在履行法律监督职责的过程中,对于存在违法行为但不需要追究法律责任的主体,有权提出检察建议,移送有关主管机关处理。这是追诉权的重要补充。在刑事案件中,检察机关在决定不起诉的案件中建议主管机关对被不起诉人予以处理,是《刑事诉讼法》第177条第3款明文规定的权力,并且按照该规定,"有关主管机关应当将处理结果及时通知人民检察院"。也就是说,对于检察机关提出的处理被不起诉人的建议,有关主管机关不仅应当依照有关规定进行处理,而且有义务回复检察机关处理的情况。中共中央在《关于加强新时代检察机关法律监督工作的意见》中,进一步提出:"健全检察机关对决定不起诉的犯罪嫌疑人依法移送有关主管机关给予行政处罚、政务处分或者其他处分的制度。"

(三)追诉权的效力

追诉权是一种国家权力,追诉权的行使必然产生一定的法律效力。这种法律效力不仅是引起审判机关对案件进行审判以追究有关单位或个人法律责任的效力,而且包括对有关诉讼主体的约束力。

在刑事诉讼中,提起公诉的目的是追究有罪的人的刑事责任。检察机关通过提起公诉来请求审判机关依法追究被告人的刑事责任,是国家追诉的主要表现形式,也是维护法治的重要手段。检察机关一旦对某个案件提起公诉,就会产生一系列的法律效力,对包括检察机关在内的其他诉讼主体的活动形成制约。

1. 检察机关提起公诉的行为,就使犯罪嫌疑人被确定为刑事诉讼中的被告人,从而产生其必须出席法庭接受审判的义务

被告人有义务按照法院的要求出现在法庭上。如果被告人

在检察机关对其提起公诉之后逃逸,其逃逸行为本身就可能构成犯罪。特别是没有采取逮捕等刑事强制措施的被告人,从接到经人民法院送达的人民检察院的起诉书之日起,就有准备随时出庭接受审判的义务,不得擅自离开其常住地而逃避接受审判。当然,从接到起诉书之日起,被告人也就具有了辩护的权利。他可以根据起诉书指控的犯罪事实,准备辩护意见,也可以委托律师或其他人为自己进行辩护。在共同犯罪案件中,人民检察院提起公诉的效力,不仅及于被告人,而且还应当及于没有被起诉的同案人。这些人由于与案件审判的结果有直接的利害关系,因而既有出庭作证的义务,也有准备为自己辩护的权利。

2. 检察机关提起公诉的行为,在有被害人的案件中,就产生了被害人依法出庭作证的义务

人民检察院一旦对侵犯被害人合法权益的犯罪行为提起公诉,被害人就应当按照检察机关的要求或者法庭的传唤出席法庭,就其受害的事实和其所了解的犯罪事实作证,并提供相关的物证。在被害人提起附带民事诉讼的案件中,人民检察院一旦提起公诉,被害人作为附带民事诉讼的原告人,更有权利和义务出席法庭。如果被害人不按照要求出席法庭,就可能导致对自己不利的后果。

3. 检察机关提起公诉的行为,也产生了侦查机关或调查机关配合检察机关举证的义务

提起公诉的决定通常是在侦查或调查终结的基础上作出的。案件一旦移送检察机关审查起诉,侦查机关或调查机关就失去了对犯罪嫌疑人或被调查人的控制权。在案件移送法院进行审判之后,侦查机关原则上就不能对相同的人的同一行为再进行侦查,除非经过检察机关的申请并经过审理该案件的法院

同意。检察机关对侦查或调查终结的案件提起公诉，本身是对侦查或调查活动的认可，同时也使侦查机关或调查机关与检察机关对同一个案件负有证明犯罪事实存在的责任。在提起公诉之后，直到审判活动的结束，侦查机关都与检察机关共同担负着证明责任，检察机关在法院审理期间需要补充新的证据时，侦查机关或调查机关有义务配合并提供有关证据材料。特别是当被告人及其辩护人提出非法证据排除时，侦查机关更有义务证明证据来源的合法性。

4. 检察机关提起公诉的行为，本身就使检察机关自己处于刑事诉讼中控方的法律地位

提起公诉的行为对检察机关的效力具体表现在四个方面：一是失去对案件的控制权而将案件交由法院，由法院主持继后的调查。二是产生接受法院审查的义务。检察机关提起公诉的行为本身，要受到法院的审查。三是在法院开庭审理案件时负有出庭的义务。除了法律规定可以不出庭的情况之外，检察机关在自己提起公诉的案件审理过程中，有义务派员出席法庭审理的全过程。四是作为控方必须服从法院的决定，包括法院对审判方式的选择，审判时间地点的安排，审判进程以及庭审过程中审判长的指挥，直至最终的审判结果。五是配合法院审理的义务。检察机关必须配合法院完成审判活动，包括需要补充侦查或者需要变更起诉时，根据法庭审理的情况，检察机关应当及时提出补充侦查或者变更起诉的申请并及时进行必要的补救措施，以保证审判的顺利进行。

5. 检察机关提起公诉的行为，启动了法院的审判活动并对审判活动产生制约

提起公诉的行为对审判机关的效力主要表现在三个方面：一是引起法院审判的义务。检察机关一旦提起公诉，只要符合

起诉条件，受理公诉的法院就必须对案件依法进行审判，法院不得拒绝受理和审判。二是引起法院通知被告人的义务。检察机关提起公诉的起诉书，在法院受理案件之后，经审查，如果没有不符合起诉条件的情况，应当及时将起诉书送达被告人，让其了解检察机关对他的指控及其内容。三是设定法院审判和判决的标的。提起公诉的行为本身具有设定审判标的的功能。法院审理刑事案件的范围包括作为判决的范围，不得超出检察机关提起公诉的案件的范围。

从理论上讲，法院审判案件，只能在起诉书所指控的范围内进行法庭调查和作出判决，而不能在起诉书指控的范围之外进行法庭调查和作出判决。其理由主要有三：

首先，诉讼是以诉为前提的，先有诉才会有讼，这是诉讼的一般原理。

在公诉案件中，这个原理就表现为刑事审判权要以公诉权为前提。刑事审判权说到底是一种裁判权，刑事审判权的显著特征是它的被动性和中立性。所谓被动性，就是享有刑事审判权的主体，只有当有权提起公诉的主体行使公诉权而向其提起公诉的时候，它才发动刑事审判权来对被指控的被告人进行审判，以裁定被告人是否犯有被指控的犯罪，而不是主动出击去追诉犯罪。所谓中立性，是指享有刑事审判权的主体独立于控辩双方之外，而根据审判中查明的事实在控辩双方的诉讼主张之间裁定对与错，而不是在控辩双方的诉讼主张之外认定被告人有罪与否。刑事审判权的这种被动性和中立性，使它没有理由在没有控诉的情况下进行审判，同样也没有理由对没有指控的犯罪进行审判，没有理由对起诉书中没有对被告人提出指控的事实作出判决。

其次，在现代刑事诉讼中，公诉权的基本功能之一是设定刑事审判权行使的范围。

在诉权的历史发展中，公诉权是从公民的自诉权中发展起来而又相对于自诉权独立存在的一种诉权（在一些国家亦可视为从刑事审判权中分离出来而独立于刑事审判权的一种国家权力）。公诉权与自诉权一样，都是一种追诉请求权。这种追诉请求权的行使是启动刑事审判权的先决条件。对此，有的国家在刑事诉讼法中明确规定"法院的调查与裁判，只能延伸到起诉书中写明的行为和以诉讼指控的人员"，"作判决的事项，是在公诉中写明的、根据审理结果所表明的行为"（如《德国刑事诉讼法》第155条、第264条）日本学者认为，诉讼对象即应当构成犯罪的事实或称公诉事实的设定者是检察官[1]。诉讼对象在审判程序中具有两个方面的作用：一是诉讼对象始终是双方当事人和法院审判活动的目标。罪状承认与否、口头程序的陈述、证据调查的请求与实施、总结发言以及最后辩论，都是或主要是围绕公诉事实的成败进行的。二是诉讼对象是制约该案件程序的主要要素。案件的管辖、是否需要控告、时效是否完成、是否适用简易程序、适用合议庭还是独任审理、必要的辩护还是非必要的辩护、是否免除被告人的出庭义务等，这些程序的基本走向都是取决于公诉事实。[2] 当然，作为诉讼对象或审判标的的案件事实必须与起诉书所指控的犯罪行为具有同一性，是就事实本身而言的，即审判所及的案件事实必须是

---

[1] "审理判决的对象是由检察官提起的公诉所指向的犯罪事实，也就是'诉因'。换句话说，将法院审理、判决的权限以及责任义务限定为诉因。虽然这一诉因并不因起诉书的记载而完全固定下来，有时会在审理过程中发生变更，但即使这时候，变更的权限和责任、义务也属于检察官。"参见〔日〕松尾浩也：《日本刑事诉讼法》（上卷），丁相顺译，金光旭校，中国人民大学出版社2005年版，第187页。

[2] 参见〔日〕松尾浩也：《日本刑事诉讼法》（下卷），张凌译，金光旭校，中国人民大学出版社2005年版，第379页。

起诉书所指控的犯罪行为事实，它并不意味着对事实的法律评价的同一性和构成公诉事实的各个要素的完全一致。这些都说明，审判机关只能就公诉机关所指控的犯罪对被告人进行审判，超出了指控的范围，刑事审判权的行使就失去了前提。

最后，刑事审判权的行使不得超出公诉权设定的范围，不仅是公诉权本身的性质所要求的，而且是保障被告人的诉讼权利所必需的。

这是因为被告人享有辩护权这是现代刑事诉讼中保障人权的一项最基本的内容。而被告人行使辩护权，只能是针对起诉书中所指控的犯罪事实来进行辩护。被告人及其辩护人不可能针对起诉书中没有指控的犯罪事实来为其进行辩护，也无法预测审判机关在起诉书指控的范围之外会认定其犯有哪些罪行。因此，刑事审判权的行使如果超出了公诉权所设定的范围，被告人及其辩护人就无法为被告人的权利进行辩护，这就在客观上剥夺了被告人的辩护权，从而使被告人在刑事诉讼中陷入极为不利的地位。

从法律规定上看，我国《宪法》第140条明确规定，人民法院、人民检察院和公安机关办理刑事案件，应当分工负责，互相配合，互相制约，以保证准确有效地执行法律。刑事诉讼法把这个宪法原则进一步具体化，明确规定了公、检、法三机关各自的职权范围。按照刑事诉讼法的规定，人民法院在刑事诉讼中只行使审判权，而"凡需要提起公诉的案件，一律由人民检察院审查决定"。这就意味着，只有人民检察院才享有公诉权，法院不能代替检察院来行使公诉权（当然，人民法院可以根据自己所了解的犯罪事实建议人民检察院提起、补充或者变更起诉）。在公诉案件中，人民法院只能就检察机关提起公诉的案件进行审判，并且对于检察机关提起公诉的案件，只要

"起诉书中有明确的指控犯罪事实的",人民法院就"应当决定开庭审判"(《刑事诉讼法》第186条)。

不仅如此,人民法院在开庭审判的时候,其审理和判决的标的都应当是起诉书中所指控的被告人的犯罪事实。这一点,可以从以下几个方面得到佐证:

第一,按照《刑事诉讼法》第191条的规定,法庭调查应当围绕起诉书所指控的犯罪进行。该条明确规定:公诉人在法庭上宣读起诉书后,被告人、被害人可以"就起诉书指控的犯罪"进行陈述。公诉人、审判人员在按照该条规定讯问被告人的时候,以及被害人、附带民事诉讼的原告人和辩护人、诉讼代理人在按照该条规定,经审判长许可,向被告人发问的时候,也应当遵守该条对被告人、被害人陈述所限定的范围,即"就起诉书指控的犯罪"进行讯问或发问。

第二,人民法院对公诉案件的判决,应当以起诉书所指控的犯罪为标的。《刑事诉讼法》第200条规定,合议庭"根据已经查明的事实、证据和有关的法律规定",分别作出有罪判决或无罪判决。由于法庭调查的对象是起诉书所指控的犯罪,所以经过法庭审理所查明的事实和证据,也应当是起诉书所指控的事实以及与之有关的证据,而不应当是别的什么事实和证据。该条关于无罪判决的规定中,除了依据法律认定被告人无罪的情况之外,因证据不足而认定被告人无罪的,该条明确规定是"指控的犯罪不能成立"。这本身就意味着,合议庭的判决,无论是有罪还是无罪,都是针对"指控的犯罪"作出的。对此,《最高人民法院关于适用〈中华人民共和国刑事诉讼法〉的解释》第295条中规定:"对第一审公诉案件,人民法院审理后,应当按照下列情形分别作出判决、裁定:(一)起诉指控的事实清楚,证据确实、充分,依据法律认定指控被告人的罪名成立的，应当作出有罪判决；（二）起诉指控的事实清楚，证据确实、充分，但指控的罪名不当的，应当依据法律和审理认定的事实作出有罪判决；（三）案件事实清楚，证据确实、充分，依据法律认定被告人无罪的，应当判决宣告被告人无罪；（四）证据不足，不能认定被告人有罪的，应当以证据不足、指控的犯罪不能成立，判决宣告被告人无罪；（五）案件部分事实清楚，证据确实、充分的，应当作出有罪或者无罪的判决；对事实不清、证据不足部分，不予认定；（六）被告人因未达到刑事责任年龄，不予刑事处罚的，应当判决宣告被告人不负刑事责任；（七）被告人是精神病人，在不能辨认或者不能控制自己行为时造成危害结果，不予刑事处罚的，应当判决宣告被告人不负刑事责任；被告人符合强制医疗条件的，应当依照本解释第二十六章的规定进行审理并作出判决；（八）犯罪已过追诉时效期限且不是必须追诉，或者经特赦令免除刑罚的，应当裁定终止审理；（九）属于告诉才处理的案件，应当裁定终止审理，并告知被害人有权提起自诉；（十）被告人死亡的，应当裁定终止审理；但有证据证明被告人无罪，经缺席审理确认无罪的，应当判决宣告被告人无罪。"

尽管法院判决能否改变起诉指控的罪名本身在学术界存有争议，但是上述规定至少可以证明，最高人民法院的司法解释认为，判决应当依据起诉指控的事实来认定被告人是否有罪。起诉时没有对被告人提出指控的事实，不能成为判决的内容。

第三，《人民检察院刑事诉讼规则》对这种情况也作了明确的规定。其中第423条规定："人民法院宣告判决前，人民检察院发现被告人的真实身份或者犯罪事实与起诉书中叙述的身份或者指控犯罪事实不符的，或者事实、证据没有变化，但罪名、适用法律与起诉书不一致的，可以变更起诉。发现遗漏同案犯罪嫌疑人或者罪行的，应当要求公安机关补充移送起诉或者补充侦查；对于犯罪事实清楚，证据确实、充分的，可以直接追加、补充起诉。"第425条规定："在法庭审理过程中，人民法院建议人民检察院补充侦查、补充起诉、追加起诉或者变更起诉的，人民检察院应当审查有关理由，并作出是否补充侦查、补充起诉、追加起诉或者变更起诉的决定。人民检察院不同意的，可以要求人民法院就起诉指控的犯罪事实依法作出裁判。"这两条规定表明，在法庭审理过程中，即使发现新的犯罪事实或者漏诉的、应当依法追究刑事责任的被告人，也应当由人民检察院补充或者变更起诉，人民检察院没有补充或变更起诉的，人民法院应当"就起诉指控的犯罪"进行裁判，而不应当自行改变裁判的范围。

最高人民法院和最高人民检察院的司法解释，显然都是遵循着这样一个基本原理进行的：审判权必须以起诉权（即公诉案件中的公诉权）为前提、起诉的标的限定审判的标的。对于检察机关没有指控的犯罪事实，法院不能直接作出有罪判决。然而，在司法实践中却存在着相反的判例。如某区人民检察院在起诉书中对黄某、王某等9名被告人提出指控。在列举了9名被告人的犯罪事实之后，起诉书中指出："综上所述，被告人黄某、王某等9人以暴力威胁或其他手段，有组织地进行违法犯罪活动，称霸一方，为非作歹，欺压、残害群众，严重破坏了社会生活秩序，其行为触犯了《中华人民共和国刑法》第294条之规定，被告人黄某涉嫌犯组织、领导黑社会性质组织罪，被告人王某等8人涉嫌犯参加黑社会性质组织罪。……根据《中华人民共和国刑事诉讼法》第141条之规定，对被告人黄某、王某等9人提起公诉，请依法判处。"该起诉书中对黄某的指控，只有组织、领导黑社会性质组织罪一个罪名。但是该区法院在刑事判决书中认定被告人黄某犯有组织、领导黑社会性质组织罪，故意伤害罪，聚众斗殴罪三个罪，并以组织、领导黑社会性质组织罪，判处有期徒刑10年；以故意伤害罪判处有期徒刑7年；以聚众斗殴罪判处有期徒刑4年，决定执行有期徒刑19年。其中，关于故意伤害罪，起诉书指控的犯罪事实是："1995年6月12日20时许，被告人权某在一小卖店前，因琐事与唐某、李某发生口角，被其二人殴打，当晚22时许，黄某乙见权某被他人打伤，便持猎枪纠集数人，在被告人权某的带领下，到唐某、李某的住所进行报复。在追打唐某、李某的途中，黄某乙开枪击中唐某的腹部，唐某经医院抢救无效死亡。"对此，判决书中认定的犯罪事实是："被告人权某为报复唐某、李某，纠集黄某乙等人，故意伤害唐某，并致其死亡，应对唐某死亡的后果负责；被告人黄某在唐某被故意伤害致死一案中，事先纠集多名参与者，事后又组织怂恿参与案件者外逃，起到了组织作用，应对唐某死亡的后果负责，被告人黄某、权某的行为均已构成故意伤害罪。……公诉机关对黄某、宋某的指控有遗漏，对被告人权某、王某的指控有误。"关于聚众斗殴罪，起诉书中指控的犯罪事实是："1984年8月的一天，被告人黄某与个体矿主李某甲因采煤界限发生争执，被李某甲等人打伤。次日，黄某乙、闫某与被告人黄某甲、王某、王某甲等人持猎枪、铁棒、木棒等凶器，在黄某的矿井附近与驾车携猎枪前来的李某甲、李某乙、张某等人相遇，双方发生殴斗，张某、李某甲、李某乙均被对方打伤。"对此，判决书中认定的犯罪事实是："此次斗殴，是持械聚众斗殴，且人数多、规模大、社会影响恶劣，被告人黄某是组织和指挥者，是首要分子，被告人王某、王某甲是积极参加者，其三人的行为均已构成聚众斗殴罪"。在该案中，法院的判决认定黄某犯有组织、领导黑社会性质组织罪、故意伤害罪、聚众斗殴罪三个罪,暂且不论其实体上是否正确,仅就其程序而言,显然违背了上述原理和规定,构成对公诉权的侵犯。因为判决所认定的黄某故意伤害罪和聚众斗殴罪的犯罪事实,虽然是起诉书所指控的犯罪事实,但并不是起诉书中对黄某提出指控的犯罪事实,并且在判决书中也没有反映出检察机关补充或者变更了自己的起诉书。由于检察机关在起诉书中没有指控黄某犯有故意伤害罪和聚众斗殴罪,法院以这两个罪名对黄某作出有罪判决,显然是没有诉权根据的,也就是说,黄某是在没有人指控他犯有故意伤害罪和聚众斗殴罪的情况下,法院根据其法庭调查中查明的事实,直接认定黄某犯有故意伤害罪和聚众斗殴罪。这样的判决,无论是否符合法庭调查所查明的事实,无论是否符合实体法上的规定,至少在程序上,可以说是混淆了刑事审判权与公诉权的区别,违反了公诉权与审判权分离的原则,违反了在公诉案件中刑事审判权的行使应当以公诉权为前提的原理。其本身也是缺乏法律依据的。

在民事诉讼和行政诉讼中,检察机关行使追诉权的活动同样具有设定审判标的的功能。审判机关只能就检察机关提起诉讼的事由进行审判并作出裁判,不能在诉讼标的之外进行审判或作出裁判。当然,检察机关提起民事诉讼和行政诉讼的行为,同样会产生被告人应诉的义务。

(四) 追诉权的行使

如前所述,追诉权是代表国家追究违法者法律责任的权力,追诉权的行使必然产生一定的效力,因此检察机关应当慎重行使追诉权。

1. 追诉权的启动要慎重

追诉权的启动,一定要遵循必要性原则。所谓必要性原则，是指只要在必须追诉的情况下才可以动用国家追诉权对特定的人提起诉讼。

在刑事诉讼中，公诉权的启动意味着特定的犯罪嫌疑人将作为国家追诉的对象成为被告人。被告人不仅其人身自由可能受到限制，而且其本身可能为此付出一定的名誉上、经济上的代价，而无论其是否最终被判定有罪。日本学者强调："因为提起公诉会对被告人带来事实上、法律上的不利，例如心理上、时间上、经济上、社会上的负担，以及停职处分的危险等，所以如果没有高度的嫌疑，就不允许提起公诉。"[1] 公诉权的启动必将引起司法资源的巨大投入，导致检察机关、审判机关甚至刑罚执行机关为此付出一定的人力物力。因此是否决定对一个人提起公诉，检察机关应当十分慎重。

为此，检察机关在启动公诉权时，应当充分考虑三个方面的因素：

一是犯罪事实是否确实存在。检察机关审查移送起诉的材料，必须查明该案件中是否确实存在着犯罪行为、犯罪行为是否确实系犯罪嫌疑人所为。是否存在犯罪事实，必须根据现行刑法的规定，确认犯罪嫌疑人的行为完全符合刑法规定的某一个具体犯罪的全部构成要件。只有在犯罪事实确实存在并且确实系犯罪嫌疑人所为的情况下，才能启动公诉权。

二是证明犯罪事实存在的证据是否确实充分。犯罪事实存在与否必须通过证据来认定，而认定犯罪的证据必须经得起法庭审判的审查。这不仅要求表明犯罪嫌疑人的行为构成犯罪的每一个构成要件都要有足够的证据能够证明其确实存在，而且

---

[1] 〔日〕松尾浩也：《日本刑事诉讼法》（上卷），丁相顺译，金光旭校，中国人民大学出版社2005年版，第160—161页。

要求用以证明犯罪事实存在的每一个证据都是合法取得的,都能够经得起法庭审判中审查和质证的检验,能够有效地排除合理怀疑。

三是犯罪嫌疑人是否应当追究刑事责任。只有对于应当追究刑事责任的犯罪嫌疑人才有必要动用国家追诉权来提起公诉。如果是对不应当追究刑事责任的动用国家追诉权,就违背了《刑事诉讼法》第2条明确规定的"保障无罪的人不受刑事追究"的宗旨。是否应当追究刑事责任,一方面要根据刑法的实体性规定,认定案件事实中是否存在着刑法明确规定的不负刑事责任的情形,另一方面还要考虑案件是否存在《刑事诉讼法》第16条规定的不追究刑事责任的情形,即(1)情节显著轻微、危害不大,不认为是犯罪的;(2)犯罪已过追诉时效期限的;(3)经特赦令免除刑罚的;(4)依照刑法告诉才处理的犯罪,没有告诉或者撤回告诉的;(5)犯罪嫌疑人、被告人死亡的;(6)其他法律规定免予追究刑事责任的。只有综合考虑了这三个方面的因素之后,才能决定是否有必要启动公诉权。

在民事诉讼和行政诉讼中,检察机关提起诉讼,即意味着特定的个人或单位处于被告的法律地位:一是引起有关个人或单位接受调查并予以配合的义务;二是引起有关个人或单位必须亲自或委托代理人出现法庭应诉的义务;三是引起有关个人或单位按照法院裁判承担某种法律后果的义务。这种法律地位必然给有关个人或单位带来不利的影响。因此,检察机关行使民事追诉权和行政追诉权同样应当十分慎重,必须是在确有证据证明国家利益或社会公共利益已经受到侵害或损害并有违法行为存在的情况下,才应当提起公益诉讼,而不应当为了片面追求轰动效应,捕风捉影,一哄而上,忘记了检察机关提起公益诉讼的法律监督性质，更不能为了凑数据、显成绩而人为地对不该起诉的案件提起民事诉讼或行政诉讼。为防止盲目追诉，检察机关应当对公益诉讼案件建立严格的审查程序，在确有线索显示可能存在侵害或损害的情况下立案调查；在调查的基础上确有证据证明存在严重违法行为的情况下，提请有关个人或单位纠正；在有关个人或单位对检察机关的意见置之不理的情况下，再启动追诉程序。

2. 追诉权的行使要有充分的证据

追诉权的行使一定要满足证据裁判的要求。检察机关无论是提起刑事追诉，还是提起民事追诉或行政追诉，都意味着对有关主体违法行为的指控。这种指控一定要有充分的事实根据，也就是说必须靠证据来证明。特别是在以审判为中心的诉讼制度下，检察机关能否提供充分确实的证据，说服审判人员，将成为能否顺利完成追诉任务的关键。因此，检察机关在行使追诉权的时候，不仅自己必须掌握充分的证据，而且必须把这些证据材料及其可能证明的事项充分展示在具有实体处分权的主体面前，使其有充分的理由相信检察机关的指控是真实可信的，是有事实依据的。这就是检察机关在行使追诉权时必然要承担的举证责任。能否完成好举证责任，直接关系到追诉权行使的有效性。完成好举证责任的关键有三：

一是要确保证据本身的真实可靠性。刑事诉讼中的证据主要是侦查机关收集的证据材料。对于移送起诉时随案送来的证据材料，检察机关应当一一进行核实，一方面要尽可能地通过与提供证据的主体进行核实，通过证据材料之间的比对，来确认其真实性，另一方面要确认其合法性，坚决排除采取非法手段获取的证据。在民事诉讼、行政诉讼和公益诉讼中，检察机关所掌握的证据主要是自己收集到的证据材料。对于这些证据材料也应当认真地进行核实，确保证据材料本身的真实性，防止把虚假的证据材料提交给法庭。拥有确实充分的证据是指控违法最基本的要求。

二是要充分阐述证据之间的关联性及其证明意义。举证责任不只是简单地提供证据材料，而是要对自己所提交给法庭的证据材料进行充分的分析说理，让审判人员和当事人能够充分理解所提出的证据材料所能证明的问题，特别是通过证据材料之间的关联性来相互印证所要证明的事实，用以证明自己所提出的指控具有充分的事实根据，同时将证据所证明的违法事实指向被指控的个人或单位。因为同一个证据材料，人们之间可能会有不同的理解，特别是对一个证据材料在案件中所能证明的问题，人们之间难免会有不同的看法。检察官的举证责任就是要通过对自己提供的证据进行有理有据地分析论证来说明它们与案件事实之间的关联性，说明这些证据材料所能证明的违法事实。特别是对于直接证据较少或薄弱的案件，需要运用间接证据来引证案件事实时，证据之间的关联性论证就尤其重要。

三是要善于发现并揭示虚假的证据。在法庭举证的过程中，检察官要顺利完成举证责任，还必须随时注意被告方面提出的证据。对于被告方面提出的证据材料，检察官要进行分析论证，善于发现并指出其与案件事实之间的矛盾，或者指出被告方面所提供的证据材料是虚假的，或者说明被告方面提供的证据材料对证明案件事实没有意义，或者用自己所提供的证据材料来否定被告方面提出的证据的证明意义。只有有效地回应被告方面提出的证据，才能更有力地运用自己所提供的证据材料来证明案件的事实真相，支撑自己的诉讼主张。当被告方面对自己所提供的证据提出"合理怀疑"时，首先要冷静地思考这种怀疑是否真的合理。对于不合理的怀疑，检察官要据理反驳。因为合理怀疑不仅要有事实基础，而且必须符合逻辑和常识。对于被告方面提出的怀疑，一方面要指出其怀疑的事实基础是否存在、是否真实，能不能成为怀疑的根据；另一方面要通过逻辑分析论证案件事实中是否确实存在着另一种事实真相的可能性，或者通过常识判断来论证是否可能存在相反的事实情况，从而有理有据地排除所谓的"合理怀疑"。如果无法排除被告方面提出的合理怀疑，就要重新审视指控的违法行为是否存在问题，实事求是地变更或者撤销指控。

四、检察机关的建议权

检察机关的建议权，是中国检察权中特有的一个功能性权力，也是法律监督不可或缺的一项权能。因为中国宪法把检察机关定位为法律监督机关，而不是单纯的追诉机关[1]。为了发挥法律监督的功能，检察机关对于在办案过程中发现的妨碍法律正确实施但又尚未引起法律责任的情况，以及可能导致违法行为再次发生的因素，检察机关通过检察建议的方式，向有关机关或者人员提出改进或者纠正的意见，要求其消除妨碍法律正确实施的情况，以免违法行为再次发生，是检察机关履行法律监督职责的一个重要手段。因此，深入研究检察机关的建议权，对于合理配置检察权，完善法律监督制度，具有重要的意义。

（一）检察机关建议权的基本内容

建议，是民主状态下社会主体普遍享有的参与社会治理的一项重要权利。作为民主权利，任何社会主体都有对关系到国

---

[1] 在英美法系国家，检察机关也不是单纯的追诉机关。它除了追诉犯罪之外，作为政府的法律顾问，还担负为政府各部门提供法律意见的任务。这个功能，从某种意义上说，也是预防违法的功能。

家管理和社会公共利益的事项提出建设性意见的权利。与这种民主权利不同，检察机关的建议权，是国家权力的一种表现形式，具有其特定的内涵。本文所述的检察机关建议权，是指检察机关在履行法律监督职责的过程中，根据已经发现的违法情况，向有关单位和个人发出建议，要求其纠正违法或者改进工作，以保障法律正确实施和防止违法情况再次发生的权力。为了实现法律监督的目的，结合检察工作的实际，笔者认为，检察机关的建议权，至少应当包括四个方面的内容，即纠错建议权、整改建议权、处置建议权、再审建议权。

1. 纠错建议权

纠错建议权是对于已经发生的违反法律或者不符合法律规定的情况，不需要或者不能够追究法律责任时，检察机关发出检察建议要求有关机关、单位或部门纠正违法的权力。

为了保障法律的实施，许多法律本身就赋予有关执法部门对违反法律的行为进行处理的权力。在我国，直接有权对违法行为进行处罚的机关是很多的。但是由于不同机关和不同部门对法律的理解不尽相同，对案件事实和性质的认识不尽相同，对案件进行处理时所掌握的标准不尽相同，以致对违法行为的处理会出现执法的不统一甚至不适当的情况。这种执行法律的过程中出现的错误，如果不存在严重渎职造成损害的情况，或者其中有关个人的渎职比较轻微没有达到需要追究法律责任的程度，检察机关就不能启动追诉权，不能通过追诉手段来保障法律的正确实施。但是这种情况如果完全放任不管，又不利于法律的正确实施。为了保障同一部法律在其适用范围内的统一正确实施，检察机关对于这种在执法过程中出现的不符合法律规定或法律精神的处理决定或错误做法，应当有权提出纠正的建议，以保障法律的正确实施。例如，公安机关对于应当作为刑事案件立案的犯罪行为不予立案，或者对不应当作为犯罪追究的行为作为刑事案件予以立案；行政执法机关对于已经构成犯罪的严重违法行为不作为刑事案件移交有管辖权的司法机关依法处理而是作为一般的违法案件自行处理；办案超过法定期限等，检察机关应当有权及时发出纠正建议，要求其纠正不当的处理决定或错误的做法。当然，检察机关的纠错建议权也应当限定在一定的范围之内，以免妨碍其他有关机关行使案件处理上的自由裁量权，即检察机关对于其他执法机关的行为或决定，只有在认为"确有错误以致妨碍法律的正确实施"时才可以启动检察建议权。

此外，许多法律对执法机关的执法行为设定了一定的义务或作出了一定的程序性规定。这些义务和程序，或者是保障办案的客观性、公正性和准确性的需要，或者是保障相对人的合法权益的需要。执法机关应当严格遵守这些义务性、程序性规定，正确地执行法律。但是如果有关执法机关在执法过程中违反这些义务性、程序性规定，而又没有导致处理决定的根本性错误，不足以否定已经做出的处理决定或者不足以启动救济程序时，为了保证法律的正确实施和法律规定的严格遵守，检察机关也应当有权向有关单位和人员发出检察建议，要求其纠正并在以后的执法过程中引起足够的注意。例如，对于侵犯知识产权的行为，被侵权人发现后告知有管辖权的部门，有关部门长时间不予查处，被侵权人要求其主管的上级机关督办，上级机关也没有及时督办，以致侵犯知识产权的行为得不到及时制止。被侵权人告知检察机关时，检察机关应当有权向有关部门发出检察建议，要求其及时地依法查处侵犯知识产权的行为。又如，《刑事诉讼法》第187条第1款规定：人民法院决定开庭审判后，应当"将人民检察院的起诉书副本至迟在开庭十日以前送达被告人及其辩护人"。如果人民法院违反这一规定，在开庭前三日才将起诉书送达被告人，并且被告人也按时出席了法庭审理。检察机关事后发现时，就只能通过检察建议的方式要求其注意，以防止这种情况的再次发生。

2. 整改建议权

整改建议权是检察机关根据在办案中发现的有关单位在某个或某些方面的管理中违反法律规定，容易导致犯罪发生或者可能被犯罪分子利用的情况，或者可能导致国家利益或社会公共利益受损的情况，建议有关单位或其上级主管部门采取措施，改进工作，堵塞漏洞，以防止违法行为持续或再次发生的权力。

预防法律实施和适用过程中可能发生的违法行为，是保障法律正确实施的重要措施，因而也是法律监督不可缺少的组成部分。检察机关行使调查权和追诉权的目的是预防和减少违法行为的发生，以避免违法的实际发生给社会造成的危害。而预防违法最有效的措施不是在违法行为发生之后对有关单位和个人予以法律制裁，而是在违法行为发生之前所采取的防止违法发生的预防性措施。在实践中，许多违法行为的发生，都与有关单位执法不规范、不严格甚至违法，管理混乱，规章制度不健全或徒有虚名等情况有关。检察机关在履行法律监督职责的过程中很容易发现违法行为发生的原因，以及有关单位在法律实施中的问题和内部管理上的漏洞。如果检察机关有权根据履行法律监督职责的情况，及时向有关单位发出检察建议，指出其存在的容易导致或引起违法行为发生的问题，要求其采取有效措施改进工作，建章立制，堵塞漏洞，就可能预防和减少违法行为的发生，保证正确地执行和实施法律。当然，检察机关不能离开检察职能去广泛地开展社会性的预防工作，而必须立足于法律监督的实际需要和检察机关的职能活动来进行。因此，《行政诉讼法》第25条明确规定，"人民检察院在履行职责中发现生态环境和资源保护、食品药品安全、国有财产保护、国有土地使用权出让等领域负有监督管理职责的行政机关违法行使职权或者不作为，致使国家利益或者社会公共利益受到侵害的，应当向行政机关提出检察建议，督促其依法履行职责"。

从另一方面看，有关单位存在的容易引起或导致违法行为发生的问题和漏洞，往往都是妨碍法律正确实施的。除了违法行为人个人方面的原因之外，从客观方面看，导致违法行为发生的与行为人所在单位有关的原因，主要有以下几个方面：

（1）执行法律不严格、不规范，导致违法行为的发生。违法行为发生的一个重要原因是行为人所在单位执行国家有关法律法规不严格、不规范。在实践中，有的单位在执行国家有关法律法规的过程中，对工作人员的执法行为缺乏明确的规范，或者要求不够严格，有规定不执行的情况比较严重，以致一些工作人员在执法中的随意性很大。这种执法的随意性，使一些国家工作人员在执法活动中滥用执法裁量权，任意执法、不当执法，甚至执法犯法，以致不知不觉地在执法中实施了违法行为。例如，有的税务机关对稽税工作缺乏明确的规范性要求，稽税人员在稽税过程中，不认真核查税源和应纳税额，对偷税漏税行为的处罚没有或者不执行统一的标准，完全由稽税人员按照个人的判断和兴趣决定是否需要追缴税款，以及是否罚款和罚多少款。这种情况，一方面为一些偷税漏税的单位和个人拉拢腐蚀稽税人员，以达到不交或少交税款，提供了可以利用的空间，使一些稽税人员成为索贿受贿的犯罪分子；另一方面，也是一些稽税人员有意无意地任意决定对偷税情况的处罚，以致无视刑法的明文规定，对偷税数额较大构成犯罪的行为也以罚款了事，而不移交给司法机关依法处理。又如，有的公安机关对侦查人员的侦查行为缺乏严格的规范和管束，以致刑讯逼供现象长期得不到有效的遏制，一些侦查人员刑讯逼供已成习惯。在这样的执法环境中，因刑讯逼供构成犯罪就在所难免。

（2）管理上存在违法违规现象，使犯罪分子有机可乘。发生与职务相关的违法行为，往往与职务活动的环境和职权运行的机制之间具有密切的联系。有的国家机关、企业事业单位，在决策过程中违反法律规定的组织原则、管理规范或活动规则，决策过程缺乏透明度和制约机制，甚至作出明显违法的决定。这就为个别领导人在行使公共权力时以权谋私、滥用权力提供了机会和条件，使其可以顺利地利用手中的权力实施职务犯罪行为。有的单位违反财政管理法规，内部财务管理混乱，资金往来缺乏严密的监管，甚至公款私存、私设小金库、指使财务人员造假账。这就为个别财务人员甚至个别领导人贪污挪用公款提供了便利。有的单位对工作人员管理不严，违规作业、消极怠工、玩忽职守的情况长期无人问津。这种状况往往是导致渎职等违法犯罪行为发生的重要原因。

（3）缺乏必要的规章制度，为违法行为的实施提供了便利条件。在实践中，有些违法行为的发生，与单位缺乏必要的规章制度，不能有效地约束工作人员的职务行为直接有关。例如，对于交通、建筑等重大工程招标，政府采购或集团采购等，如果缺乏严密的规章制度，或者规章制度不严格遵守，就可能使一些犯罪分子利用这种机会，通过行贿等手段，控制个别有权作出决定的人，以达到中标的目的。一些具有控制权的人也就有条件利用缺乏严密的规章制度管束的机会，与他人进行权钱交易或者直接为自己的亲友谋取不正当利益。

这些情况表明，导致违法行为发生的与发案单位直接有关的客观原因，不仅在客观上为违法犯罪行为的发生提供了条件和机会，而且，其本身也是妨碍国家有关法律法规正确实施的因素，是有关单位没有依法严格履行职责的表现。这些因素不及时消除，不仅可能导致违法犯罪的再次发生，而且其本身就严重妨碍了国家有关法律法规的实施。而检察机关针对这些问题提出检察建议，督促有关单位采取必要的整改措施，消除可能滋生违法犯罪或者可能被违法犯罪分子利用的机会和条件，对于维护国家法律法规的正确实施，具有极为重要的意义。正因为如此，检察机关在履行法律监督职责的过程中，结合办案，对有关单位实际存在的可能导致违法犯罪行为发生的问题，提出整改的检察建议，以遏制和减少违法犯罪行为的实际发生，是实施法律监督，保障法律统一正确实施的题中应有之义。

整改建议权适用的对象主要是执法机关，是针对执法过程中存在的问题提出的。同时整改建议权也可以适用于其他行政机关和企业事业单位。因为任何单位都有一个守法的问题，如果某个单位由于违反法律的规定或者不依法履行自己的职责，以致损害了国家利益和社会公共利益，或者由于其不遵守法律的规定或者不按照法律的要求进行内部管理或开展活动，以致造成违法犯罪的现象出现，检察机关都应当有权要求其采取必要的整改措施，保障法律的规定在该单位被遵守。2021年6月，最高人民检察院联合司法部等九个部门发布的《关于建立涉案企业合规第三方评估机制的指导意见（试行）》，就是为了建立企业经营管理活动符合法律规定的预警机制，以预防违法犯罪案件的发生。其中规定："人民检察院发现涉案企业在预防违法犯罪方面制度不健全、不落实,管理不完善,存在违法犯罪隐患,需要及时消除的,可以结合合规材料,向涉案企业提出检察建议。"这种检察建议实际上就是检察机关向涉案企业发出的有关刑事合规的整改建议。

3. 处置建议权

处置建议权是检察机关针对有关机关没有认真履行法定职责的情况,建议其采取必要措施进行补救,以保障法律切实遵守和有效实施的权力。

在实践中,有的政府部门特别是行政执法机关和执法人员不认真履行法定职责,以致法律的规定得不到有效的实施或者有关公民的权利得不到有效的保护。这种情况在一定程度上妨碍了法律的正确实施和法律功能的有效发挥。检察机关在行使调查权和追诉权过程中发现这种情况,应当有权建议有关机关采取必要措施进行补救,以保证法律的实施或防止损害结果的发生。例如,对于已经发生的犯罪行为或其他违法行为,有权立案查处的公安机关或其他执法机关,发现违法犯罪行为的发生,或者接到人民群众的举报,应当依法立案而不予立案的,检察机关就应当有权向其发出建议,要求其依法立案查处。如果有权查处违法犯罪案件的机关负责查办案件的人员不认真履行职责,或者其不能胜任查办案件的职责,以致案件不能及时有效地予以查清或处理,检察机关作为法律监督机关,也应当有权要求该机关更换办案人员,以保障违法犯罪的行为得到及时追究。特别是当这些案件涉及其他公民的人身权利、民主权利或财产权利的时候,检察机关更应当有权要求有关机关及时采取有效的处置措施,保证案件的查办,以保护被害人的合法权益。

处置建议权主要包括五个方面:(1)要求有关单位或部门

对于应当立案而没有立案的违法犯罪行为，予以立案；（2）要求有关单位或部门采取切实有效的措施查明案件的真实情况，以便及时回复给被害人或举报人；（3）要求有关单位或部门采取必要的监管措施或强制措施，督促有关单位或个人停止违法行为或者采取补救措施，以减少违法犯罪行为造成的损失或者防止造成进一步的损失，或者防止违法犯罪人实施新的违法犯罪行为；（4）要求有关单位或部门改进查办案件的工作或者更换办案人员，以保证案件的有效查处；（5）要求有关单位对已经实施了违法行为但尚不构成犯罪或者不需要追究刑事责任的人员予以行政处罚或纪律处分。例如，按照《刑事诉讼法》第177条第3款的规定，对被不起诉人需要给予行政处罚、处分或者需要没收违法所得的，检察机关就应当提出检察建议，移送有关主管机关处理。又如，按照《民事诉讼法》第215条第3款、《行政诉讼法》第93条第3款的规定，各级人民检察院对审判监督程序以外的其他审判程序中审判人员的违法行为，有权向同级人民法院提出检察建议。上述五种情况，都是针对违法犯罪行为提出的要求有关单位对违法情形或违法人员作出处理的检察建议。

处置建议权不同于纠错建议权。区别主要表现在以下几个方面：

第一，对象不同。纠错建议权是针对执法机关在执行法律的过程中出现的尚不需要或者不能够追究法律责任的错误行为提出的。没有错误或者不是执法过程中的错误，检察机关就不应当提出纠错建议。处置建议权所针对的只是尚未履行或者没有认真履行法定职责的情况提出的。有关的单位包括行政机关只要事实上没有或者没有有效地履行法定职责，检察机关就有权向其发出处置建议，要求其采取有效措施切实履行法定职责。

第二，目的不同。纠错建议权行使的目的是要求有关单位或部门纠正已经出现的错误，以防止同类错误的再次发生；而处置建议权行使的目的是督促有关单位或部门及时采取有效措施履行法定职责，以保障法律的实施或者保护被害人的合法权益。

第三，效果不同。纠错建议权是检察机关基于自己对法律的理解和对情况的判断提出的，检察机关对事实的判断和性质的认定是否正确，最终要受到有关单位或部门的认可，因此纠错建议是否被接受以及接受的程度和对错误的纠正程度如何，最终取决于监督对象及其上级主管机关。而处置建议权是根据客观上存在的有关单位或部门及其工作人员没有或者没有认真履行职责的事实提出的，这种事实的客观存在，就使检察机关提出的处置建议具有必要性，即检察机关一经提出处置建议，作为监督对象的机关应当按照检察机关的建议及时采取必要措施予以补救。[1] 如果有关单位认为检察机关提出的建议不当，可以要求检察机关复议。如果既没有提请检察机关复议，又不按照检察建议的要求进行处置，检察机关就有权对之启动追诉权来提请审判机关追究有关单位及其责任人员的法律责任。例如，最高人民检察院2021年9月2日发布的指导性案例（检例第115号），即贵州省榕江县人民检察院督促保护传统村落行政公益诉讼案：2018年3月，检察机关在传统村落保护专项行动中发现榕江县栽麻镇宰荡、归柳两个侗寨的村民私自占用

---

[1] 在此可能存在两个事实，一个是有关单位或部门没有履行或者没有认真履行法定职责的事实，另一个是作为履行职责对象的前置事实即违法或犯罪的事实。实践中，有的执法机关可能会以已经发生的事实不构成违法犯罪或举报没有事实根据为由，否认自己没有履行职责的事实存在，或者以受客观条件的限制无法有效地履行职责为理由为自己没有履行职责的事实辩护。

农田、河道、溪流新建住房，违规翻修旧房，严重破坏了中国传统村落的整体风貌，损害了国家利益和社会公共利益。2018年5月7日，检察机关根据《贵州省传统村落保护和发展条例》《黔东南苗族侗族自治州民族文化村寨保护条例》有关乡镇人民政府负责本行政区域内传统村落保护和发展的具体工作的明确规定，向榕江县栽麻镇人民政府发出检察建议，建议对宰荡侗寨和归柳侗寨两个传统村落依法履行保护监管职责。榕江县栽麻镇人民政府未对违章建筑进行监管，也未在规定的期限内对检察建议作出书面回复。检察机关两次向该镇政府催办，仍未予回复。2018年12月28日，检察机关向人民法院提起行政公益诉讼，请求确认榕江县栽麻镇人民政府对中国传统村落宰荡侗寨和归柳侗寨不依法履行监管职责的行为违法；判令榕江县栽麻镇人民政府对破坏中国传统村落宰荡侗寨、归柳侗寨整体风貌的违法行为依法履行监管职责。人民法院经依法审理，当庭作出判决，支持检察机关全部诉讼请求。这个案例，就是有关单位对检察机关的纠错建议不予理睬时，检察机关通过行使追诉权来监督有关单位纠正其错误。

4. 再审建议权

检察机关在提请追诉的案件中，对于一审法院的判决裁定具有提出抗诉的权力，这种权力是追诉权的基本内容之一。但是人民法院的判决裁定一旦生效，基于审判的权威性，追诉权就终结了。对于已经发生法律效力的判决裁定，检察机关如果发现确有错误，就只能按照审判监督程序向人民法院提出再审的检察建议或者抗诉。就生效判决裁定提出的再审检察建议或抗诉，是法律赋予检察机关的作为法律监督机关特有的一项权力。这是在法院裁判已成定局的情况下，通过法律监督来纠正已经发生的错误而采取的一种补救措施，其目的是保障法律的正确实施。

按照《刑事诉讼法》第254条第3款、第4款的规定,最高人民检察院对各级人民法院已经发生法律效力的判决和裁定,上级人民检察院对下级人民法院已经发生法律效力的判决和裁定,如果发现确有错误,有权按照审判监督程序向同级人民法院提出抗诉。人民检察院抗诉的案件,接受抗诉的人民法院应当组成合议庭重新审理,对于原判决事实不清楚或者证据不足的,可以指令下级人民法院再审。为此,《人民检察院刑事诉讼规则》第591条规定:人民检察院认为人民法院已经发生法律效力的判决、裁定确有错误,具有下列情形之一的,应当按照审判监督程序向人民法院提出抗诉:(一)有新的证据证明原判决、裁定认定的事实确有错误,可能影响定罪量刑的;(二)据以定罪量刑的证据不确实、不充分的;(三)据以定罪量刑的证据依法应当予以排除的;(四)据以定罪量刑的主要证据之间存在矛盾的;(五)原判决、裁定的主要事实依据被依法变更或者撤销的;(六)认定罪名错误且明显影响量刑的;(七)违反法律关于追诉时效期限的规定的;(八)量刑明显不当的;(九)违反法律规定的诉讼程序,可能影响公正审判的;(十)审判人员在审理案件的时候有贪污受贿,徇私舞弊,枉法裁判行为的。检察机关认为已经发生法律效力的判决裁定具有上述情形之一,有权向有管辖权的人民法院提出抗诉,而有管辖权的人民法院必须按照审判监督程序对案件进行重新审理或者指令下级法院再审。

按照《民事诉讼法》第215条的规定,最高人民检察院对各级人民法院已经发生法律效力的判决、裁定,上级人民检察院对下级人民法院已经发生法律效力的判决、裁定,发现确有错误的,或者发现调解书损害国家利益、社会公共利益的,应当提出抗诉。地方各级人民检察院对同级人民法院已经发生法律效力的判决、裁定，发现确有错误的，或者发现调解书损害国家利益、社会公共利益的，可以向同级人民法院提出检察建议，也可以提请上级人民检察院向同级人民法院提出抗诉。所谓确有错误，按照《民事诉讼法》第207条的规定，是指已经发生法律效力的判决裁定存在下列情形之一：（一）有新的证据，足以推翻原判决、裁定的；（二）原判决、裁定认定的基本事实缺乏证据证明的；（三）原判决、裁定认定事实的主要证据是伪造的；（四）原判决、裁定认定事实的主要证据未经质证的；（五）对审理案件需要的主要证据，当事人因客观原因不能自行收集，书面申请人民法院调查收集，人民法院未调查收集的；（六）原判决、裁定适用法律确有错误的；（七）审判组织的组成不合法或者依法应当回避的审判人员没有回避的；（八）无诉讼行为能力人未经法定代理人代为诉讼或者应当参加诉讼的当事人，因不能归责于本人或者其诉讼代理人的事由，未参加诉讼的；（九）违反法律规定，剥夺当事人辩论权利的；（十）未经传票传唤，缺席判决的；（十一）原判决、裁定遗漏或者超出诉讼请求的；（十二）据以作出原判决、裁定的法律文书被撤销或者变更的；（十三）审判人员审理该案件时有贪污受贿，徇私舞弊，枉法裁判行为的。检察机关根据当事人的申诉，发现已经发生法律效力的判决裁定存在上述任何一种情形，都有权向法院发出再审检察建议或者直接报请上一级人民检察院提起抗诉。

《行政诉讼法》第91条规定："当事人的申请符合下列情形之一的，人民法院应当再审：（一）不予立案或者驳回起诉确有错误的；（二）有新的证据，足以推翻原判决、裁定的；（三）原判决、裁定认定事实的主要证据不足、未经质证或者系伪造的；（四）原判决、裁定适用法律、法规确有错误的；（五）违反法律规定的诉讼程序，可能影响公正审判的；（六）原判决、裁定遗漏诉讼请求的；（七）据以作出原判决、裁定的法律文书被撤销或者变更的；（八）审判人员在审理该案件时有贪污受贿、徇私舞弊、枉法裁判行为的。"而按照《行政诉讼法》第93条第1款、第2款的规定，最高人民检察院对各级人民法院已经发生法律效力的判决、裁定，上级人民检察院对下级人民法院已经发生法律效力的判决、裁定，发现有本法第九十一条规定情形之一，或者发现调解书损害国家利益、社会公共利益的，应当提出抗诉。地方各级人民检察院对同级人民法院已经发生法律效力的判决、裁定，发现有本法第九十一条规定情形之一，或者发现调解书损害国家利益、社会公共利益的，可以向同级人民法院提出再审的检察建议，也可以提请上级人民检察院向同级人民法院提出抗诉。因此，地方各级人民检察院发现同级人民法院已经发生法律效力的判决、裁定有下列情形之一的，可以向同级人民法院提出再审检察建议：（一）不予立案或者驳回起诉确有错误的；（二）有新的证据，足以推翻原判决、裁定的；（三）原判决、裁定认定事实的主要证据不足、未经质证或者系伪造的；（四）违反法律规定的诉讼程序，可能影响公正审判的；（五）原判决、裁定遗漏诉讼请求的；（六）据以作出原判决、裁定的法律文书被撤销或者变更的。

上述规定，都意味着检察机关对于人民法院已经发生法律效力的刑事裁判、民事裁判和行政裁判具有建议再审或者提起抗诉的权力。这种权力不是追诉权，而是再审建议权（再审抗诉权），是检察机关履行法律监督职责的重要权能。

(二) 检察建议的权力特征

建议，从其本义上讲，就是提出建设性意见的行为或者所提出的主张。但是本文所说的"检察建议权"，即检察机关提出建议的权力，是作为一种国家权力，通过立法的形式赋予检察机关的，因而具有国家权力的一般特征，而不能等同于一般意义上的建议。

1. 作为一种国家权力，检察建议权只能由特定的主体来行使

国家权力只有法律授权的主体才能行使。检察建议权也只有当法律将其授予检察机关时，才能作为检察机关的一项权力。并且，这种权力的行使具有一定的排他性。一旦国家最高权力机关通过立法将其赋予检察机关，它就是检察机关的一项专有权力，只能由检察机关行使。

如果说笔者在2007年提出检察建议权的时候还只是一种理论构想，[1]那么，随着国家立法的不断完善，检察建议已经多次出现在一系列法律规定中，正式成为法律赋予检察机关的一项权力。2012年修改后的《刑事诉讼法》第93条规定："犯罪嫌疑人、被告人被逮捕后，人民检察院仍应当对羁押的必要性进行审查。对不需要继续羁押的，应当建议予以释放或者变更强制措施。有关机关应当在十日以内将处理情况通知人民检察院。"2018年修改后的《刑事诉讼法》第95条进一步保留了这个规定。2017年修改后的《民事诉讼法》第208条第2款、第3款规定："地方各级人民检察院对同级人民法院已经发生法律效力的判决、裁定，发现有本法第二百条规定情形之一的，或者发现调解书损害国家利益、社会公共利益的，

---

[1] 张智辉：《论检察机关的建议权》，载《西南政法大学学报》2007年第2期。

可以向同级人民法院提出检察建议,并报上级人民检察院备案;也可以提请上级人民检察院向同级人民法院提出抗诉";"各级人民检察院对审判监督程序以外的其他审判程序中审判人员的违法行为,有权向同级人民法院提出检察建议"。第210条规定:"人民检察院因履行法律监督职责提出检察建议或者抗诉的需要,可以向当事人或者案外人调查核实有关情况。"同时修改的《行政诉讼法》第25条也规定:"人民检察院在履行职责中发现生态环境和资源保护、食品药品安全、国有财产保护、国有土地使用权出让等领域负有监督管理职责的行政机关违法行使职权或者不作为,致使国家利益或者社会公共利益受到侵害的,应当向行政机关提出检察建议,督促其依法履行职责。"2021年修改后的《民事诉讼法》第215条第2款、第3款以及第217条同样做了保留。2018年修改后的《人民检察院组织法》第21条规定:"人民检察院行使本法第二十条规定的法律监督职权,可以进行调查核实,并依法提出抗诉、纠正意见、检察建议。有关单位应当予以配合,并及时将采纳纠正意见、检察建议的情况书面回复人民检察院。抗诉、纠正意见、检察建议的适用范围及其程序,依照法律有关规定。"

这些法律规定,使检察建议权成为法律赋予检察机关的一项名副其实的权能,具有国家权力的显著特征。

2. 检察建议权的行使,必须有特定的事实根据

任何权力都必须预先设定必要的范围和行使的条件,才有可能避免权力的滥用。检察建议权同样应当限制在一定的范围之内。

第一,必须基于一定的事实根据。只有当一定的事实发生并且这种事实的存在不利于或者妨碍了法律的实施时,检察机关才可以行使这种权力,要求其采取必要的措施消除或改变这

种情况或者防止其再发生。这种事实根据应当是有关机关及其工作人员已经实施的违反法律或者没有履行法定职责造成一定危害后果的行为事实。并且这种事实是有充分的证据可以证明的。因为这样的事实不利于或妨碍了法律的实施，危害了国家利益或社会公共利益，而检察机关作为国家的法律监督机关，有责任督促有关机关保障法律的遵守和实施。

第二，必须向特定的对象提出。既然是根据一定的事实提出的，这种建议也就只能向发生这种特定事实的主体或者其上级主管部门提出，而不能向不存在这种特定事实的其他主体提出。

第三，必须是确有必要。既然是一种权力，就不能随意行使，而必须控制在确有必要的范围内。检察机关行使这种权力时必须权衡可能涉及的各种利益，在认为确有必要时，再针对特定的对象提出。特别是在提出再审检察建议或提起抗诉的时候，检察机关必须仔细审查有关案件的全部材料，认真研究相关的法律规定，确信法院已经发生法律效力的裁判确有错误，确保建议再审或提起抗诉是必要的。否则，就可能造成司法资源的不当浪费，并使检察机关自己处于尴尬的境地。

3. 检察建议的提出必须遵循必要的程序规则

防止权力滥用的最基本的手段是为权力的行使设定必要的程序规则。法律在赋予检察机关建议权的同时，应当为这种权力的行使设定必要的程序规则。检察机关在行使建议权时，要严格遵守法律设定的程序规则，特别是在检察建议发出前，要按照预先设定的程序进行必要的审查和核准，以避免检察建议的随意性，保证其严肃性。

首先，检察建议权要由人民检察院统一行使。按照宪法和人民检察院组织法的规定，人民检察院依法独立行使检察权。

这就意味着，在中国，检察权是由人民检察院行使的，而不是由检察官个人行使的。检察建议权的行使，同样要以人民检察院的名义进行。只有能够代表人民检察院的组织和个人，按照一定的决策程序作出决定，并以人民检察院的名义，才有权向其他国家机关、人民团体、企业事业单位发出检察建议。未经检察长或检察委员会的授权，检察机关的内设机构和检察人员，不能径直向其他单位发出检察建议。在实践中，有的办案人员针对其他单位办案人员工作中存在的问题，建议其采取补救措施，这种情况只能视为工作上的互相提示，不能作为行使检察建议权的行为。

其次，检察建议权应当以书面方式行使。检察机关向其他单位发出检察建议，应当以人民检察院的名义制作法律文书。检察建议的法律文书应当写明提出检察建议的根据和理由，以及建议的具体内容。建议的内容应当是经过慎重考虑的、能够阻止或者防止或者纠正违法的有效措施，而不是笼统地指出违法行为的存在。

最后，检察机关应当对检察建议的采纳情况进行跟踪。检察机关提出的检察建议，有关单位无论是否采纳都应当予以回复。检察机关则应当对检察建议的采纳情况进行跟踪。通过跟踪，了解所发出的检察建议是否被有关单位采纳以及采纳的情况：如果没有被采纳，应当了解没有采纳的原因；如果发现检察建议的内容有误，应当及时予以纠正。

4. 检察建议必须具有一定的强制性

强制性是国家权力最本质的特征。检察建议权作为法律赋予检察机关的一项权力，它的行使应当具有强制权力行使对象实施或不实施一定行为的功能。如果一种权力的行使不能对权力行使的对象产生拘束力，它就不具有权力的基本特征，因而也就不能称作权力。在以往的实践中，检察机关虽然也根据法律监督的需要向有关机关发出过"检察建议"，但是这种建议的大多数，因为没有法律的授权或者因为法律规定得不完善，它仅仅是一个建议，而不具有权力的一般特征。有关机关愿意接受时，它就能发挥作用；有关机关不愿意接受时，它就是一纸空文。这种现象出现的根本原因，就在于法律没有赋予检察建议以权力特征，检察建议不是作为一种权力而是单纯作为检察机关的一种意见出现的。现在，人民检察院组织法以及其他有关法律已经明确规定了有关单位接受检察建议的义务，即"有关单位应当予以配合，并及时将采纳纠正意见、检察建议的情况书面回复人民检察院"。这就使检察建议有了一定的强制性。

当然，国家权力的强制性有各种不同的表现形式，不同的表现形式所具有的强制力是不同的。检察建议应该是强制力较弱的一种权力。因为它只是"建议"而不是"命令"有关单位实施或者不实施某种行为，有关单位接到检察机关的"建议"之后，它可以进行选择，以决定是否接受这种建议。

尽管如此，检察建议要成为一种国家权力，也应当具有最基本的强制性。这种最基本的强制性就是：它的行使必然为权力行使的对象设定一定的义务，权力的行使必然引起权力作用对象作出一定行为的义务，而这种义务通常表现为义务主体必须按照权力主体的要求实施或不得实施一定的行为。如果义务主体不按照权力主体的要求行事，义务主体就要承担一定的不利后果。如果义务主体可以不按照权力主体的要求实施或不实施所要求的行为，权力就丧失了其应有的功能，这样的权力也就不再是权力了。就检察建议而言，它已经成为检察机关的一项权力，接到检察建议的单位必须认真对待检察机关的建议，作出是否接受并采取相关措施的决定；如果决定不采纳检察机关的建议，必须及时回复检察机关并说明理由，否则要承担一定的法律后果。

5. 检察建议权的行使必须有一定的救济渠道

既然是一种权力，当权力行使不当时，就应当给权力行使的对象即权力客体提供一定的救济渠道，以防止其成为权力的受害者。一旦法律把检察建议规定为检察机关的一项权力，就应当同时设定：接受检察建议的机关或单位认为检察机关发出的建议不当时，有在一定时间内向发出检察建议的检察机关要求撤销该建议或者向其上级主管机关申请复议的权利。发出检察建议的检察机关及其上级主管机关应当及时审查已经发出的检察建议，回复申请撤销或复议的单位或部门。如果检察机关或其上级主管机关坚持已经发出的检察建议，有关单位或部门就应当按照检察建议的要求认真改进自己的工作。

（三）检察建议权的适用范围

检察机关的建议权既然是一种国家权力，就应当具有具体的适用范围，应当受到法律授权的严格限制。从法律监督的需要和我们国家的实际情况看，检察机关的建议权主要应当限定在以下几个方面：

1. 诉讼领域

诉讼是国家司法机关在当事人和其他诉讼参与人的参加下，依法处理案件的活动。任何诉讼的过程，都是执行法律、适用法律的过程。国家司法机关在诉讼活动中，不仅要严格遵守实体法的规定，保证诉讼结果的公平正义，而且要严格遵守程序法的规定，让当事人和其他诉讼参与人相信诉讼过程的公正性，从而认可诉讼的结果。如果在诉讼的过程中存在着违反程序规则的情况，或者诉讼的结果不符合法律中包含的公平正义价值，这不仅妨害法律的社会功能的发挥，而且会使人们失去对法律的信任和遵守。因此，诉讼活动的合法性，对于法律的正确实施，具有重大的影响。而监督诉讼活动以保障诉讼的合法性，亦是法律监督的重要任务。对于诉讼领域的任何不符合法律规定的行为和做法，都应当纳入检察机关法律监督的范围。除了严重违法需要追究法律责任的依法予以追究之外，对于其他的违反程序规则或实体法精神的情况，检察机关都可以通过行使建议权来督促纠正。

2. 行政执法领域

行政执法是法律实施的重要领域，也是法律实施中最常见最大量的工作。而行政执法中的处罚权直接关系到公民、法人和其他社会主体的人身权利和财产权利的获得或丧失。行政执法中的错误和不当行为，必然给公民、法人或其他社会主体的权利造成不应有的侵害或损害，必然妨害法律的正确实施。因此，行政执法活动必须受到法律框架内的监督，以防止其不当运用所造成的危害。

行政执法活动的广泛性和检察机关司法资源的有限性，决定了行政机关的日常执法活动不可能全部纳入检察机关法律监督的范围，但是行政处罚行为，无论如何应当纳入法律监督的范围。因为它直接涉及公民、法人和其他社会主体人身和财产权利的剥夺与丧失，一旦被滥用就必然严重妨害法律的实施。检察机关作为国家的法律监督机关，有责任通过履行法律监督职责来保证其正确实施。

值得研究的是行政机关的行政行为。在以往的法律法规中，检察机关没有直接监督行政机关行政行为的权力。但是随着法治政府建设的不断推进和行政公益诉讼的实施，检察机关的建议权逐渐地从行政执法领域扩展到行政管理领域。例如，在中共中央、国务院 2015 年 12 月 27 日发布的《法治政府建设实施纲要（2015——2020）》中，提到"强化对行政权力的制约和监督"时，明确提出："检察机关对在履行职责中发现的行政违法行为进行监督，行政机关应当积极配合"。2017 年修改的行政诉讼法规定：人民检察院在履行职责中发现生态环境和资源保护、食品药品安全、国有财产保护、国有土地使用权出让等领域负有监督管理职责的行政机关违法行使职权或者不作为，致使国家利益或者社会公共利益受到侵害的，应当向行政机关提出检察建议，督促其依法履行职责。中共中央在 2021 年 6 月 15 日发布的《关于加强检察机关法律监督工作的意见》中明确提出了"全面深化行政检察监督的要求"，其中强调："在履行法律监督职责中发现行政机关违法行使职权或者不行使职权的，可以依照法律规定制发检察建议等督促其纠正；在履行法律监督职责中开展行政争议实质性化解工作，促进案结事了。"由此可见，检察建议的适用范围已经突破了行政执法领域，行政机关违法行使职权或者不作为的行为，都可能成为检察建议适用的对象。

3. 已经发生了犯罪案件的单位

司法实践反复证明，一些犯罪特别是单位犯罪和职务犯罪的发生，与发案单位的内部管理和制度建设之间具有内在的联系。就这些犯罪而言，检察机关结合办案，提出整改建议，对于预防同类或类似犯罪的再次发生，具有积极的意义。为了保证法律的正确实施和切实遵守，检察机关应当有权结合所办案件，向有关单位提出检察建议，督促其改进工作，完善制度，防止犯罪的发生。

（四）检察建议权的行使方式

检察机关的建议权作为检察权的一项重要权能，可以通过多种方式来行使。在理论上,可以根据法律授权的内容和行使的性质,把检察机关的建议权分为"强势的建议权"和"弱势的建议权"。

"强势的建议权"是指行使方式本身带有明显强制性的建议权。其中主要包括:

1. 通知纠正

检察机关在履行法律监督职责的过程中发现有关执法机关应当执行法律而没有执行,或者明显错误地执行了法律时,在法律授权的范围内,可以发出纠正违法的通知书,要求其及时采取措施执行法律或者及时纠正违法行为。例如,现行《刑事诉讼法》第113条规定:"人民检察院认为公安机关对应当立案侦查的案件而不立案侦查的,或者被害人认为公安机关对应当立案侦查的案件而不立案侦查,向人民检察院提出的,人民检察院应当要求公安机关说明不立案的理由。人民检察院认为公安机关不立案理由不能成立的,应当通知公安机关立案,公安机关接到通知后应当立案。"《刑事诉讼法》第276条规定:"人民检察院对执行机关执行刑罚的活动是否合法实行监督。如果发现有违法的情况,应当通知执行机关纠正。"这种通知纠正的权力,是法律赋予检察机关的一项重要权能,也是履行法律监督职责最重要的实现方式之一。它虽然不能代替有关机关自己作出决定去实施某种行为,但其本身带有明显的决定或命令的性质,对有关机关就该事项作出决定具有强制作用。这种建议权的行使,必然产生有关机关的相应义务,使有关机关处于不得不为某种行为以纠正已经出现的违法或者弥补应该实施而尚未实施的法律行为。

2. 提请纠正

对于具有实体处分权的机关作出的处分决定,检察机关认为其违反法律、确有错误时,为了维护法律的正确实施,检察机关可以根据法律的授权提请作出错误处分决定的机关重新审查案件以纠正错误的决定。如前所述,现行的刑事诉讼法、民事诉讼法、行政诉讼法都明确规定了检察机关对人民法院已经发生法律效力的判决裁定提出再审检察建议或者抗诉的权力。

这种权力实质上就是一种提请纠正错误判决裁定的建议权。[1] 这种权力不同于检察机关在刑事诉讼中对一审判决提起抗诉的权力。在刑事诉讼中,检察机关是诉讼主体之一,对一审判决提请抗诉本身是其实现自己的诉讼主张的一种手段,一种方式。而在判决生效以后,作为公诉人所享有的诉权就已经结束。按照审判监督程序提起的抗诉不再是行使公诉权,而是作为法律监督的一种手段提请法院纠正错误判决。特别是在民事诉讼和行政诉讼中,检察机关并不是诉讼主体,没有自己的诉讼主张,因而也不存在为实现自己的诉讼主张而向法院提出请求的问题。检察机关提起抗诉,完全是基于已经做出的判决裁定不符合法律的规定或精神,有可能妨害法律的正确实施。这种抗诉,实质上是一种建议,建议法院改变自己已经做出的确有错误的判决裁定,以保证裁判的正确性、合法性。当然,这种建议,不同于一般的建议。作为检察机关实行法律监督的一种手段,它本身具有国家权力的强制性特征,即检察机关一旦提出抗诉,审判机关就必须进行再审。如《民事诉讼法》第186条规定的:"人民检察院提出抗诉的案件,人民法院应当再

---

[1] 这种建议权不同于一般的建议权而具有其特殊性。它是以诉讼的方式提出的,因而可以视为参与诉讼的权力。但是它又不同于当事人参与诉讼的情况,检察机关在民事诉讼和行政诉讼中,不是为了自己的利益而行使权力,而是为了提请法院纠正错误裁判而提起抗诉的。所以,从本质上看,这种抗诉其实就是建议法院纠正错误裁判。

审。"[1] 但是，检察机关提出抗诉的权力，既不能改变审判机关所做出的判决裁定的内容，也不能替代审判机关行使审判权。它的强制性仅仅在于强制审判机关启动再审的程序，至于再审的结果如何，检察机关并无干预的权力。所以说，这种提出抗诉的权力，实质上仍然是一种提请纠正的建议权。

提请纠正的方式，应当延伸适用到一切具有实体处分性质的执法活动。对于具有执法权的机关所作出的实体处罚决定，经当事人申诉，检察机关如果认为其中确有错误，也应当有权提请作出决定的机关予以纠正。

提请纠正之所以是一种强势建议权，是因为法律赋予了这样一种效果，即检察机关一旦向有关机关提请纠正检察机关认为"确有错误"的决定，在法律上就产生了有关机关必须启动再审理程序的义务，必须对已经作出的决定重新进行审查，并决定是否需要改变原来的决定。当然，有权作出决定的机关是否最终采纳检察机关的意见，以及如何作出决定，完全是其自己的权力，检察机关不能干涉有关机关独立自主地作出决定。正因为如此，笔者认为，检察机关提请纠正的权力，本质上是一种建议权。

3. 提出纠正意见

对于其他执法机关的执法活动或者所作出的决定，如果发现或者认为其中可能存在错误，并有必要提出纠正意见时，检察机关作为国家的法律监督机关，根据法律的授权，可以提出自己的意见，要求有关机关重新审查所作出的决定。例如，《刑事诉讼法》第267条规定："决定或者批准暂予监外执行的机关应当将暂予监外执行决定抄送人民检察院。人民检察院认为

---

[1] 这里的民事诉讼法指1991年民事诉讼法。

暂予监外执行不当的,应当自接到通知之日起一个月以内将书面意见送交决定或者批准暂予监外执行的机关,决定或者批准暂予监外执行的机关接到人民检察院的书面意见后,应当立即对该决定进行重新核查。"这种提出书面意见的权力,就是法律赋予检察机关的一种监督纠正执法活动中不当行为的建议权。又如,《人民警察法》第42条规定:"人民警察执行职务,依法接受人民检察院和行政监察机关的监督。"虽然该法没有规定人民检察院如何监督人民警察执行职务的行为,但是按照该法的精神,笔者认为,如果检察机关认为人民警察执行职务的行为存在违法的情况,应当有权提出纠正意见,人民警察应当根据检察机关提出的纠正意见,及时检查自己的行为,或者及时审查已经做出的决定。

这种提出意见的权力,与提请纠正的权力一样,实际上都是提出一种建议,请求有权做出决定的主体重新审查或重新作出决定。但是,提请纠正的方式比提出意见的方式,在表现形式上,显然要强烈一些,而提出意见的方式则相对要缓和得多。另外,提请纠正是在检察机关认为有关机关所作出的决定"确有错误"的情况下使用的一种建议方式,而提出意见则是在检察机关认为有关机关所作出的决定"不当"或者可能存在错误的情况下使用的一种建议方式,因而在表现方式上也应当有所区别。

弱势建议权是指以说服教育为主要特征的、强制性不甚明显的建议权。这种建议权虽然也有督促监督对象为一定行为的强制力,但是它发挥作用主要是通过指出问题,晓以利害,提供对策,让监督对象认识到自己在管理、工作中存在的问题,自觉地进行改正或改进,从而达到纠错和防错的目的。

弱势建议权的行使方式,主要是提出建设性的意见。其中既包括纠正错误的意见,也包括改进工作的意见。例如,实践中检察机关对于刑事犯罪发案较多或者比较严重的单位发出检察建议,建议其采取措施,改进工作,或者指出问题,要求其引以为戒。尤其是近年来检察机关在开展行政公益诉讼活动中,对有关行政机关违法行使职权或者不作为的情形提出检察建议,通常都是作为改进工作的意见提出来的。只有在有关行政机关不采纳检察机关的建议或者不履行职责的情况下,再行使提起诉讼的权力。这种要求有关机关或单位改进工作的建议,往往是一种效力比较弱的建议。再如,刑事诉讼法第209条规定:"人民检察院发现人民法院审理案件违反法律规定的诉讼程序,有权向人民法院提出纠正意见。"这种纠正意见,如果不是针对严重违法程序以致影响到诉讼进行或者裁判公正的,通常也是一种弱势建议,不具有迫使监督对象实施一定行为的强制功能。

五、检察机关的法律话语权

法律话语权是指提出制定和修改法律的意见、在具体案件中解释法律或者提供法律意见以及就其他规范性文件的合法性提出质疑的权力。话语权意味着说话具有权威性。检察机关享有法律话语权意味着检察机关在法律问题上具有一定的发言权,并且所发表的意见能够产生法定的效力。

法律话语权是世界各国检察机关普遍享有的一种权力。由于现代检察制度被认为是起源于皇室的法律顾问或国王的律师,在历史上始终扮演着"法律守护人"的角色,因而在最高当权者面前,始终被认为是最有资格提供法律意见的主体。在英格兰,检察总长作为国王的首席法律顾问,要对有关政府的法律问题负责任,掌管涉及司法和其他法律技术事项的法案。"作为国王的首席法律顾问,检察总长尤其要向国王提供有关国际法、公法和宪法问题的咨询,并且向上议院特权委员会提供咨询"。[1] 在美国,司法部长作为总检察长,具有向总统和各部首脑就法律问题提出建议的职权,其"工作意见得编辑出版,并成为有价值的国家文件"。[2] 在社会主义国家,检察机关作为法律监督机关,更应当具有在法律问题上发表权威性意见的权力。因为检察机关处在法律适用的前沿,能够及时了解法律适用中的问题,在法律适用方面具有发言权。检察机关在履行法律监督职责的过程中,最容易发现现行法律制度中存在的问题和漏洞,有条件提出具有针对性的立法和修改法律的意见;最了解法律的立法意图和内在精神,有资格对审前环节上遇到的法律问题作出解释,以解决办案之急需。同时检察机关在履行监督职责的过程中,必然要触及其他规范性文件的合法性问题,有义务向国家最高立法机关提出违法审查的动意。

(一) 检察机关法律话语权的内容

检察机关的法律话语权,主要应当包括三个方面的内容:

1. 立法建议权

立法建议权是指根据社会发展和现实需要,提出创设、修改法律的建议的权力。在现代国家,立法权无疑属于立法机关,但是其他国家机关在自己的职权范围内都有提出法律建议的权力。检察机关作为国家的法律监督机关,根据国家法律实施的状况和需要,提出立法建议,自然是其应当享有的权力。

检察机关应当享有的立法建议权应当包括:第一,创制新法的建议权。检察机关在履行法律监督职责的过程中,如果发

---

[1] 参见〔英〕戴维·M. 沃克:《牛津法律大词典》,光明日报出版社1989年版,第68页。
[2] 参见〔英〕戴维·M. 沃克:《牛津法律大词典》,光明日报出版社1989年版,第68页。

现现有的法律不够完备，不能完全适应维护国家安全、社会稳定和公平正义的需要，或者不能完全适应保障法律正确实施的需要，就应当有权提出创设新的法律规范的建议，提请国家立法机关，依照法定程序制定新的法律。第二，修改旧法的建议权。检察机关在履行法律监督职责的过程中，如果发现现行法律存在重大漏洞或者严重不足时，应当有权及时向国家最高立法机关提出修改法律的建议，以促进法律的完备。第三，对其他部门的立法建议提出意见的权力。一个国家，有权提出立法建议的部门可能很多。但是对于其他各个部门提出的立法建议，检察机关应当有权从维护国家法制统一的角度提出修改意见。法律监督尽管是对法律实施情况的监督，但是如果在立法的环节上检察机关能够根据法律实施的情况提出修改意见，就可能避免所制定的法律法规包括部门规章在实践中难以执行或者与其他法律法规相冲突的现象，从而保证所制定的法律法规得到切实有效的执行。另外，检察机关作为法律监督机关，本身就应当是法律方面的专家，因而也有资格在立法问题上发表意见。这种意见理应受到其他部门的尊重和重视。

在中国，《立法法》第2条明确规定："法律、行政法规、地方性法规、自治条例和单行条例的制定、修改和废止，适用本法。国务院部门规章和地方政府规章的制定、修改和废止，依照本法的有关规定执行。"因此本章所说的立法建议权，也应当采取广义的立法概念，包括在行政法规、地方性法规、自治条例和单行条例以及部门规章和地方政府规章的制定、修改和废止过程中提出意见的权力。

在立法实践中，有关国家机关在起草制定法律法规的过程中，通常都会征求检察机关的意见。但是这还只是工作协调层面上的，无论是检察机关自己还是其他有关国家机关，都没有把检察机关提出建议的行为视为履行法定职权的行为。

笔者认为,如果法律赋予检察机关立法建议权,法律就应当为检察机关履行这种职权提供必要的程序保障,以便使检察机关所提出的立法建议能够进入立法机关和其他制定法律规则的国家机关的议事日程。同时,如果法律赋予检察机关立法建议权,那么,法律就应当同时规定与检察机关立法建议权相对应的国家机关征求和考虑检察机关立法建议的义务,以便使检察机关提出的立法建议能够进入有关制定法律规范的国家机关的视野。

2. 法律解释权

检察机关的法律解释权是指针对检察机关在行使法律监督职权过程中遇到的实际问题,就法律的某些规定进行解释以满足办案的实际需要的权力。这种权力通常赋予最高检察机关,其解释的结论对地方各级检察机关办理案件具有指导或者指示的功能。

按照《宪法》《人民检察院组织法》以及全国人大常委会《关于加强法律解释工作的决议》的规定,最高人民检察院有权对检察工作中具体应用法律的问题进行解释,并且这种解释只要不与法律文本相抵触,就具有与法律文本同等的效力。

但是在理论研究中,有的学者对最高人民检察院是否应该享有法律解释权提出了质疑,认为检察机关没有裁判权,当然就不应该具有刑法解释权[1]。有的学者认为,检察机关不应作为刑法有效解释的主体,因为检察机关不应作为司法机关;检察机关解释刑法是检察权对审判权的侵入。这些学者进而认

---

[1] 参见李洁:《中国有权刑法司法解释模式评判与重构》,载《中国刑法学年会文集》(2003年度第一卷),中国人民公安大学出版社2003年版,第533—553页。

为，取消了检察机关的刑法解释权，就自然解决了法检解释冲突的问题，避免了令出多门、各自为是的现象，有利于维护司法权威和法制统一；有助于明确检察机关在司法体制中的定位，理顺法检关系。[1] 亦有学者认为，检察机关属于公诉机关，与被告人处于对立地位，其对刑法解释权的行使不利于对被告人合法权益的保护。[2] 对于这种观点，有的学者提出了完全不同的看法，指出"认为应当取消最高人民检察院的司法解释权，将司法解释权统归于人民法院的观点无疑过于简单化。司法实践证明，最高人民检察院拥有司法解释权为检察机关正确执行法律，维护法制统一，履行法律监督职责，严格法律执行发挥了巨大作用。最高人民检察院享有司法解释权既有法律的明确规定，又有迫切的实践需要，简单地否定最高人民检察院解释权是不可取的"。[3]

笔者认为，最高检察机关的法律解释，既是检察工作中不可须臾舍弃的，也是其他国家机关的法律解释所无法完全替代的。其理由主要是：

第一，法律赋予检察机关的主要职责就是通过查办案件来监督法律的实施。监督法律的实施，首先就有一个如何正确理解和解释法律的问题。如果自己都不能正确理解和解释法律，那还如何判断监督对象的行为是否违反法律？为了维护法制的统一，各级检察机关履行法律监督职责时所依据的标准应当是统一的。而这种统一的判断标准，自然要来自最高检察机关的解释。

---

[1] 参见宣炳昭、芦山：《刑法有效解释主体之思考》，载《中国刑法学年会文集》（2003年度第一卷），中国人民公安大学出版社2003年版，第300—301页。

[2] 参见李小忠：《我国刑法解释权配置探微》，载《中国刑法学年会文集》（2003年度第一卷），中国人民公安大学出版社2003年版，第252—253页。

[3] 樊凤林、李全芳：《刑法司法解释研究》，载《中国刑法学年会文集》（2003年度第一卷），中国人民公安大学出版社2003年版，第481页。

第二，从司法实践中看，检察机关所遇到的法律问题往往先于审判机关。如在刑事诉讼中，检察机关具有对自己管辖范围内的案件决定立案侦查、对公安机关等其他侦查机关侦查终结的案件审查起诉、对公安机关应当立案而不立案的行为进行监督、对一切公诉案件决定起诉等法定职责。履行这些法定职责，都涉及对刑法和刑事诉讼法具体规定的理解和解释问题。而这些问题并不是审判工作中遇到的具体应用法律的问题，因而不可能由最高审判机关来解释。特别是对于实践中出现的新情况、新问题，如果在检察环节上没有得到解决，刑事诉讼就难以进行，因而也不大可能进入审判环节，不可能等到最高人民法院对这些新情况、新问题作出司法解释后，再来处理检察环节上遇到的问题。

第三，最高检察机关拥有法律解释权并不存在侵犯审判权的问题。虽然最高人民法院与最高人民检察院对某些法律适用问题的解释可能发生冲突，但是按照《关于加强法律解释工作的决议》，在发生冲突时完全可以报请全国人大常委会来解释或者决定。全国人大常委会的解释或者决定具有更高的效力，从而解决可能出现的冲突。

第四，最高检察机关拥有法律解释权并不存在对被告人不公平的问题。因为最高人民检察院具有法律解释权与检察机关在具体案件中是否保持客观公正的立场，并没有直接的必然的联系。并且，最高检察机关对法律的解释，通常都是提出一般性的操作规则，而不是决定在具体案件中如何对被告人作出处理，因此最高检察机关是否具有法律解释权并不必然决定是否侵犯被告人的合法权益的问题。

3. 法律文件提请审查权

法律，在狭义上，仅指国家立法机关制定的法律，是法的渊源之一，在中国就是全国人民代表大会及其常务委员会制定的法律，但是在广义上，除了狭义的法律之外，还包括具有法律性质的规范性文件，如行政法规、地方性法规、自治条例和单行条例以及国务院部门规章和地方政府规章等。[1] 由于检察机关是由国家权力机关产生、受国家权力机关监督并向国家权力机关负责的国家机关，检察机关没有监督国家最高权力机关制定的法律的权力，因此此处所说的法律文件，仅指具有法律性质的规范性文件，如行政法规、地方性法规、自治条例和单行条例以及国务院部门规章和地方政府规章等。

法律文件提请审查权是指对于国家最高立法机关以外的国家机关制定的具有法律性质的规范性文件，提请国家最高立法机关就其合法性进行审查的权力。

在中国，《宪法》第5条明确规定："国家维护社会主义法制的统一和尊严。一切法律、行政法规和地方性法规都不得同宪法相抵触"。《立法法》明确规定了立法的权限、程序和实体要求，其中明确规定："宪法具有最高的法律效力，一切法律、行政法规、地方性法规、自治条例和单行条例、规章都不得同宪法相抵触"（第87条）；"法律的效力高于行政法规、地方性法规、规章。行政法规的效力高于地方性法规、规章"（第88条）。《立法法》第96条进一步规定："法律、行政法规、地方性法规、自治条例和单行条例、规章有下列情形之一的，由有关机关依照本法第九十七条规定的权限予以改变或者撤销：

---

[1] "在现代汉语中，'法律'一词有广义和狭义两种用法。广义的法律指法律的整体。例如，就我国现在的法律而论，它包括作为根本法的宪法、全国人大及其常委会制定的法律、国务院制定的行政法规、某些地方国家机关制定的地方性法规等。狭义的法律仅指全国人大和人大常委会所制定的法律。"参见沈宗灵主编：《法理学》，北京大学出版社2000年版，第25页。

(一)超越权限的;(二)下位法违反上位法规定的;(三)规章之间对同一事项的规定不一致,经裁决应当改变或者撤销一方的规定的;(四)规章的规定被认为不适当,应当予以改变或者撤销的;(五)违背法定程序的。"按照法律的这些明文规定,立法活动本身应当具有合法性,特别是政府部门和地方立法机关所制定的法律文件,应当符合宪法和法律的规定和精神。政府部门和地方立法机关所制定的法律文件,如果违反了立法的权限,制定了不应当由其制定的法律文件,或者法律文件所规定的内容与宪法和法律的基本原则相抵触,就应该有一个国家机关来监督。

这种机关最适格的就是检察机关。首先,宪法明确规定检察机关是国家的法律监督机关,对于违反宪法和法律的行为,自然应当由检察机关进行监督。其次,其他任何国家机关行使这种职权都不合适。因为监督实际上只是提出意见,而不是进行实体裁决,没有强制监督对象作出某种行为或者不得作出某种行为的效力。全国人大及其常委会是国家最高立法机关,它们的意见具有决策的性质。对于其他国家机关制定法律文件是否与宪法和法律相抵触,全国人大及其常委会具有最后裁决的权力,而不是提请审议的权力,而是最终确定。与宪法和法律相抵触的法律文件如何进入全国人大及其常委会的审议和裁决程序,必须有一个前置的提请机关。这个机关显然不应当是制定这些法律文件的国家机关。而其他国家机关并不是国家的法律监督机关,因而没有义务去审查其他国家机关制定的法律文件是否符合宪法和法律。唯有检察机关,既然是国家的法律监督机关,就有义务因而也应当有权力审查其他国家机关制定的法律文件是否与国家的宪法和法律相抵触,进而对于相抵触的法律文件提请全国人大及其常委会审议并作出裁决。

在此面临的一个问题是如何理解《立法法》第99条的规定。《立法法》第99条规定："国务院、中央军事委员会、最高人民法院、最高人民检察院和各省、自治区、直辖市的人民代表大会常务委员会认为行政法规、地方性法规、自治条例和单行条例同宪法或者法律相抵触的，可以向全国人民代表大会常务委员会书面提出进行审查的要求，由常务委员会工作机构分送有关的专门委员会进行审查、提出意见。前款规定以外的其他国家机关和社会团体、企业事业组织以及公民认为行政法规、地方性法规、自治条例和单行条例同宪法或者法律相抵触的，可以向全国人民代表大会常务委员会书面提出进行审查的建议，由常务委员会工作机构进行研究，必要时，送有关的专门委员会进行审查、提出意见。"从表面上看，该规定似乎已经授权有关国家机关提请全国人大常务委员会审查同宪法和法律相抵触的行政法规、地方性法规、自治条例和单行条例。但是仔细分析，就会发现，该规定是一种普遍性授权。按照该规定，除了具有最终裁决权的全国人大及其常委会之外，所有国家机关、社会团体、企事业单位和公民个人，都有权对同宪法和法律相抵触的行政法规、地方性法规、自治条例和单行条例提请全国人大常务委员会审查。最终授权所授予的实际上是一种权利而不是权力，其本身并不具有权力的特征。谁都有权提出，但是谁都可以不提请。在同宪法和法律相抵触的法律文件确实存在的情况下，不提请全国人大常务委员会审议，谁都不需要承担任何责任。这样的规定，是基于人民主权的理念赋予各类主体以民主权利的规定，而不是对特定主体的授权性规定。因此，笔者认为，有必要在这种规定的基础上，按照法律监督的宗旨及其逻辑含义，明确赋予检察机关提请审议的权力。

这里还涉及一个问题,那就是检察机关提请审议与全国人大常务委员会法制工作委员会及其他专门委员会审查的关系问题。

笔者认为,首先,全国人大及其常委会是国家的最高权力机关,需要全国人大及其常委会作出决定的事项重大而繁多。全国人大及其常委会应当把主要精力放在研究和制定国家和社会发展的重大问题上来,而不应当因为大量的具体事务分散全国人大及其常委会的精力。一方面,从我们国家的实际情况看,全国每年制定的法律文件数量相当大,全国人大常委会的工作机构事实上不可能对所有的法律文件一一进行审查;另一方面,全国人大常务委员会的法律工作机构的主要任务是法律的规划起草工作,不可能详细了解法律实施的具体情况,其对法律文件的审查,只能是从法律文本出发的,而实践中存在的或者可能引起的问题,全国人大常务委员会的法律工作机构未必能全面了解。因此,完全由全国人大常务委员会的法律工作机构直接审查法律文件的合法性,无论是在可行性上还是实际效果上,都是不尽合理的。

其次,如果把全国人大常务委员会的法律工作机构从对法律文件的全面审查中解脱出来,而使其能够集中精力审查那些可能同宪法和法律相抵触的法律文件,那么就存在一个这些同宪法和法律相抵触的法律文件如何进入全国人大常务委员会法律工作机构视野的问题。其最为可行的途径是检察机关在履行法律监督职责的过程中通过对法律实施情况的了解,发现同宪法和法律相抵触的法律文件,进而提请全国人大常务委员会的法律工作机构进行审查,或者建议全国人大常务委员会成立专门委员会进行审查。也就是说,检察机关提请审查的职权活动,应该成为全国人大常务委员会法律工作机构或者专门委员会对同宪法和法律相抵触的法律文件进行审查的基础或前提。大量的经常性的工作由检察机关来承担，国家最高权力机关则是在检察机关的基础性工作的基础上，重点审查并作出最终裁决。这样的制度安排，应该说更符合权力运行的规律。

（二）检察机关法律话语权的行使

如前所述，检察机关享有的法律话语权主要包括三个方面的内容。而这三个方面的权能由于具有不尽相同的性质，因而其行使方式也应当有所不同。

1. 立法建议权的行使

检察机关行使立法建议权，应当紧紧围绕法律监督的实践来进行，应当充分反映法律监督的现实需要。具体地说，行使立法建议权，应当坚持三项基本原则：

第一，从法治建设的全局出发，摆脱部门利益。

在我们国家，立法常常会出现部门利益之争。检察机关作为国家的法律监督机关，在立法问题上不应当有部门的私利，不应当从为了本部门的利益或者仅仅考虑本部门权力的得失来提出立法建议，而应当站在国家法治建设全局的立场上，充分考虑法治建设的现实需要和长远发展，考虑法律实施的需要。检察机关如果在行使立法建议权的时候斤斤计较本部门的权力得失和利益需要，就会把自己混同于一般的国家机关，就可能丧失法律监督机关的性质。因此检察机关无论是提出创制新法或者修改旧法的动议，还是对其他部门的立法草案提出修改意见，都应当从国家利益的高度、从法治完善的视角来看待和提出问题，既要摆脱本部门利益的束缚，也要防止其他国家机关从本部门利益出发提出法律草案的部门立法倾向。

第二，维护法律体系的完整性，防止规范失衡。

法律是由基本的部门法律和若干个单行法律以及与之相关

的行政法规、地方性法规和部门规章构成的规范体系。这个体系内部的协调和平衡，对于保障法律的正确实施和发挥法律的功能作用是非常重要的。但是作为法律渊源的规范性法律文件又是不可能同时制定或者同时修改的。先后不同时期制定和修改的法律文件，在实践中，很容易出现不协调的情况，以致打破法律体系的平衡，甚至导致法律规范之间的冲突，给法律的实施造成难以克服的障碍。检察机关作为国家的法律监督机关，应当负有维护国家法律体系完整性和平衡性的使命。因此，在提出立法建议的时候，特别是在对创制新的行政法规和部门规章提出意见的时候，检察机关应当仔细研究与之相关的法律规范，充分考虑法律体系的完整性和平衡性，以便防止新制定的法律打破法律体系的平衡。而对于实践中发现的与宪法和基本法律所确立的基本原则和基本精神相冲突的法律规范，检察机关应当适时提出修改的建议，促进法律体系的协调发展。

第三，考虑法律实施的可行性，避免有法难依。

制定法律的目的是实施，并通过它的具体实施发挥其应有的规范作用。检察机关履行法律监督职责的目的就是要确保国家法律的实施，使已经制定并生效的法律规范发挥其功能作用。但是所制定的法律如果本身不具有在实践中实施的可能性，它就难以发挥其应有的作用。因此检察机关在关注法律实施的同时，也应当关注法律规范本身实施的可能性。这就要求检察机关在立法过程中充分考虑所要制定的或者修改后的法律规范在实践中能不能得到有效的切实的遵守和执行。如果现实社会目前还不具备实施某项法律规范的制度条件、物质条件、人力资源，或者与社会心理中基本的价值观念相冲突，并且我们在一段相当长的时间内还没有提供法律实施所需要的条件，那么，立法者就应该考虑暂时停止这个法律规范的制定或者改变立法的方向。检察机关作为法律监督机关，更应当提出意见，要求立法者重新考虑要不要或者如何改进立法的方式。同时，在制定新的法律规范时，检察机关还应当从保障即将通过的法律得以实施的需要出发，提出相关的配套措施，使新制定的法律规范在生效以后能够被切实正确地实施。

为了正确地提出立法建议，检察机关内部应当设立专门的机构，经常地深入地研究法律实施的社会环境和实际状况，分析法律没有被执行或者没有得以正确实施的原因，研究法律体系的内部关系及其新的需求，以便能够在立法者制定和修改法律规范时提出有价值的建设性意见。只有这样，才能发挥检察机关作为国家的法律监督机关在法律规范的创制和修改过程中的功能作用，同时也才能更好地监督法律的具体实施。

2. 法律解释权的行使

法律解释权的行使主要涉及两个问题：一是解释的程序，包括法律解释提出的根据、主体、起草、审议和发布等。这个问题，最高人民检察院已经制定了具体的规则。本书不再赘述。二是法律解释的内容问题。在此，笔者仅就第二个问题提出一些个人的看法。

法律解释具有从属性的特点，它永远是附属于法律本身的，它所涉及的范围不能超越法律规定的内容的范围；它的效力不能超越法律文本的效力。因此，检察机关行使法律解释权，应当坚持合理解释原则。

合理解释原则，是指对法律文本含义所作的解释，应当具有合理性。法律解释的合理性原则，包括四个方面的内容：

第一，合法性。

法律解释首先必须合法。只有合法，才有合理可言。因为法律解释是对法律文本所作的阐明，如果这种解释本身是违法的，它就从根本上丧失了"法律解释"的特性，丧失了合理性的基础。合法性的含义有三：

（1）对象合法，即法律解释的对象必须是法律文本中所包含的内容。法律文本，包括法典和单行法律以及其他包含法律规范的法律文本中的文字。法律解释应当以法律文本为限。对法律进行解释，主要是针对实践中提出的或遇到的问题进行的。而这种问题与法律的规定之间有无关联性，是否属于同一类事物，是法律解释首先必须考虑的问题。如果把一个与法律的规定毫无关系的问题或者法律文本中无法包含的问题，通过法律解释纳入法律的规范体系，就违背了法律解释以法律文本为对象的基本前提，就违反了法律解释对象的合法性。

（2）主体合法，即解释法律的主体符合法律的规定。对于法律，虽然任何主体都可以进行解释，但是能够对法律运行过程产生制约作用的，只有有权解释的机关所作出的解释。有权解释的机关对法律所作出的解释，应当严格限定在法律授权的范围之内。即使是有权解释的机关，如果超越了自己的权力范围对法律进行解释，其所作出的解释同样是违法的。有权解释的主体，在对法律条文作出解释时，还必须遵守法定程序。未经法定程序而发布的有权解释，同样是不合法的。

（3）内容合法，即对法律所作的解释必须符合宪法和法律的基本精神，符合法治的一般原理。对法律所作的解释，如果其结论与法治的一般原理相悖，违反宪法的规定，或者违反法律的基本精神或基本原则，就丧失了合法性，因而也就很难说它是合理的。无论法律文本本身的字面含义如何，对法律所作的解释，如果符合法治的一般原理和法律的基本精神或基本原则，并且这种解释不是牵强附会的，就可以说是内容合法的解释;相反,如果对法律文本的解释违反了法治的一般原理和法律的基本精神或基本原则,这种解释即使字面上并没有明显的超出法律条文可能具有的含义,它也是违法的。

对法律条文字面含义的解释,判断其内容是否合法的根据,首先是宪法的规定。对法律文本的任何解释,都不得违背宪法的精神,限制和剥夺宪法规定的公民基本权利,不得损害宪法确立的国家政治制度和经济制度。其次是法律的基本原则。被解释的法律中明确规定的基本原则,是贯穿于全部法律的、具有指导和制约功能的基本准则。法律解释对法律条文所作的任何解释都不得违背法律的基本原则。再次是法律的基本原理。体现在法律规范体系中的基本原理是法律的内在生命,也是法律理性的凝结。如罪责自负的原理、主客观相统一的原理、犯罪构成的原理等。对法律具体条文的解释,如果违反了法律的基本原理,同样是不合法的。最后是具体法律条文中体现的该项立法的精神。

第二,合目的性。

合目的性是指对法律条文的解释符合立法者创设该条文的目的,并能够满足解释该条文的需要。合目的性包括两层含义:其一是解释要符合立法目的;其二是解释的结果要符合解释的目的。

立法目的是理解法律条文的钥匙,也是衡量解释的合理与否的重要标准。因为立法目的反映了法律条文存在的法律价值,对法律条文的解释,只有根据对其存在的价值的判断,才有可能得出合理的结论。如果单纯依据法律条文的字面含义,很难解释清楚为什么要这样立法而不那样立法,很难对实践中遇到的问题是否属于法律条文所包含的情况作出正确的判断。正如学者们指出的,"在法解释学上无论是追求立法者意思的主观解释论或追求文本客观意义的客观解释论,均承认立法者的目的,即立法目的对于法条含义的决定作用。以致于依立法目的而为解释,成为一种独立的解释方法,并且具有决定性意义"。[1] "在解释法律时,我们采用(会促使立法的目的实现)的方法,而立法的目的是构成法律条文的基础。"[2] 法律解释的方法,在学理上被归纳为四种:一是文理解释方法,即从语言的意义上推论出法律的意思。这种解释的主要难点在于,必须首先搞清楚,是法学上的语义起决定作用,还是一般的语言适用起决定作用。二是体系解释方法,即借助于系统化的解释方法,从需要解释的法律条文所处的上下文的相互联系中得出法律意思。三是历史解释方法,即从法律一般的历史联系及法律本身特殊的产生史中,尤其是从法律资料(草案、立法理由、记录等)中来加以解释,以表明法律的意思。四是目的论解释方法,即借助于历史解释方法,寻找出法律的主导目的思想和价值思想,以便从中直接推论出法律条文的意思。这四种方法,都是探求立法目的的途径。

第三,合逻辑性。

合逻辑性是指通过解释所得出的结论符合思维逻辑和语言逻辑的基本要求。合逻辑性是法律解释的基本规则。任何解释,如果在逻辑上讲不通,它就丧失了合理性。正如英国学者所理解的:"解释的第一条原则是对词语必须赋予其在英语中通常所用的意义,对技术术语必须赋予其在该门科学、专业或行业中所用的意义。第二条原则是对词语必须联系上下文,赋予它在上下文中、在整句中,整个章节中可以理解的意义。"[3] 合逻辑性包

---

[1] 梁慧星:《民法解释学》,中国政法大学出版社2000年版,第147页。
[2] [英]丹宁勋爵:《法律的训诫》,刘庸安等译,群众出版社1985年版,第15页。
[3] [英]戴维·M.沃克:《牛津法律大辞典》,光明日报出版社1988年版,第463页。

括四层含义：

（1）解释的结论与被解释的法律条文之间没有语言逻辑上的矛盾。法律解释是对法律文本的阐明，这种阐明所依据的是法律文本本身所使用的文字。对法律文本含义的阐明，应当是法律文本所使用的文字在逻辑上所能涵盖的外延之内的情况。如果解释的结论超过了法律文本所使用的文字本身所能涵盖的范围，这种解释就很难说是合理的。对法律文本文字外延的界定，离不开对其本质属性的认识。而这种认识的分歧往往是导致对解释结论的正确性不同看法的原因。

（2）解释的结论与其他法律条文和有权解释之间没有实质上的矛盾。由于法律本身是一个由诸多条文构成的法律体系，对法律中某些条文的解释，可能涉及与其他条文之间的关系问题，所以对任何一个具体条文的解释，都应当考虑到与其他条文的含义之间的协调问题。如果对法律中某一个条文的解释，与法律的其他条文的含义发生矛盾，或者与已有的有权解释发生矛盾，或者一种解释自身包含着逻辑上的矛盾，就要考虑这种解释的合理性问题。

（3）解释的结论与法律的基本精神和基本原则之间没有矛盾。对法律具体条文的解释，如果违背了法律的基本精神和基本原则，既是不合法的解释，也是不合逻辑的解释。法律的基本精神和基本原则被认为是贯穿于法律全部条文中的灵魂，因而具有内在的一致性。对法律具体条文的解释，应当从这种精神出发作出合乎逻辑的阐明。如果某个法律条文本身难以从逻辑上作出符合法律基本精神和基本原则的解释，那么这样的条文就应当考虑被废除，而不是对其进行解释。

（4）解释与被解释的法律条文之间不存在循环解释的问题。解释的目的是要阐明被解释的法律条文的含义，如果用以解释的文字本身需要被解释的文字来说明，或者用以解释的文字只是被解释的法律条文文字的同义重复，那就不能达到解释的目的。

第四，合常理性。

合常理性是指通过解释所阐明的法律条文的含义符合人们日常生活中公认的道理、常理。主要体现在以下五个方面：

（1）社会公理即社会主流价值观和社会正义的基本理念。法律解释的结论应当符合一定社会的主流价值观，因为这种主流价值观反映了人们普遍认可的公平正义理念。而这种普遍认可的公平正义理念是人们尊重和遵守法律的社会基础。如果对法律条文的解释违反一定社会的主流价值观，人们就会拒绝承认它的合理性。

（2）行业规则。对于法律条文中使用的某些专业术语和行业用语，应当按照该专业的一般含义和行业标准来解释，而不能借口法律的特殊性而违反专业术语和行业用语的基本含义和用法。

（3）人伦常理即人性的基本要求。某些法律条文的规定涉及人伦道德。对这些法律条文的解释，就应该考虑到一般人的感情和理性，符合一定文化传统下人们公认的处理人际关系的常理。

（4）社会安全和秩序的需要。社会的安全和秩序是法律所追求的根本价值。对法律条文的任何解释都应当符合维护社会安全和秩序的需要。如果对法律条文的解释明显地不利于维护社会的安全和秩序时，这种解释的合理性就是值得怀疑的。当然，这种需要决不意味着可以不顾个人权利，因为保障人权正是社会的安全需要。特别是当对法律条文的解释不是针对具体案件进行时，法律解释的结果可能适用于每一个人。如果这种解释妨碍依照已有的法律保护公民的权利，那就可能使整个社会失去安全感。

（5）社会发展需要。对法律条文的解释往往是根据已经发展变化了的客观现实来解释以前制定的法律，因此就可能涉及原有的法律条文与社会发展需要之间的矛盾。对于这个问题，当然是要按照罪刑法定原则的要求来解释法律条文。但是在解释的过程中，应当考虑到社会发展的需要，不能作出与社会发展需要相冲突的解释。如果不得不作出这样的解释，那就应当建议立法机关修改法律，以适应社会发展的需要。

法律解释的合理性，既是法律解释的价值追求，也是衡量法律解释的结论正确与否的根本标准。强调法律解释的合理性，从根本上讲，就是要保障法律不被任意解释，从而防止法律适用中的任意性。

3. 法律文件提请审查权的行使

为了保障检察机关法律文件提请审查权的有效行使，法律应当明确规定：除了全国人大及其常委会制定的法律之外，其他有关国家机关制定的规范性法律文件，包括国务院制定的行政法规以及国务院各部委制定的部门规章、地方国家权力机关制定的地方性法规或自治条例以及地方政府制定的地方政府规章，都应当在发布的同时送最高检察机关以便检察机关能够及时了解法律文件的制定情况。

检察机关应当设立专门的机构研究这些规范性法律文件的合法性。特别是要结合这些法律文件在具体实施过程中出现的问题，研究其包含的法律规范在内容上和精神实质上与国家基本法律是否存在矛盾和冲突。如果发现这些规范性法律文件中存在与宪法和法律的基本原则或基本精神相冲突的地方，应当以书面形式，首先提请该法律文件的制定者进行审查。法律应当规定,对于检察机关提出提请审查的意见,有关国家机关应当在规定的时间内予以答复。如果在规定的时间内,有关国家机关没有作出答复,或者检察机关认为其所作出的答复没有回答或解决与宪法和法律相抵触的问题,检察机关就可以直接提请全国人大常务委员会,请求其法律工作机构或者专门委员会对该法律文件进行审查,以启动全国人大及其常委会的法律审查机制。

检察机关在行使法律文件提请审查权的过程中,应该本着积极慎重的原则,认真研究有关的法律文件与相关法律之间的关系,既要忠实地履行法律监督职责,又要维护法律规范的严肃性。只有在法律文件确实与宪法和法律相抵触的情况下,才可以启动提请审查的程序。检察机关提请审查的意见,应当附有充分的情况说明,详细论证与宪法和法律相抵触的理由,讲清楚所提出的法律文件具体与宪法和法律的哪个规定或哪个原则或什么精神相抵触,如何相抵触。

(三) 检察机关法律话语权的限制

在我们国家,一般意义上的法律话语权,并不是检察机关独享的一种权力,而是许多国家机关都可能享有的一种权力。因此对于检察机关的法律话语权应当进行明确的限制。

就立法建议权而言,其本身并不是检察机关独享的权力。检察机关行使立法建议权的重点应该是根据法律实施的需要提出的。为了保障国家宪法和法律的正确实施和切实遵守,检察机关可以根据实践中存在的问题,提出制定或修改法律的建议,请求国家立法机关制定或者修改有关的法律。

就法律适用中的问题进行司法解释的权力,法律明确规定检察工作中遇到的法律适用问题由最高人民检察院作出解释,这似乎是检察机关独享的一种权力。但是实际上,检察工作中遇到的法律适用问题，有些纯粹是检察工作中遇到的，有些则可能是检察工作和审判工作中共同遇到的，有些甚至可能是在公安机关的侦查活动中就出现的问题。对于带有共同性的问题，检察机关应当同审判机关共同研究进行司法解释，以便统一法律的适用。在这种情况下，必然面临的问题就是检察机关与审判机关如何进行沟通、如何共同作出司法解释的程序规则。同时还可能面临的问题是最高检察机关与最高审判机关对法律适用问题的认识包括对法律文本的了解不一致时的处理问题。这些问题都在很大程度上制约着检察机关法律解释权的行使。对此，检察机关应当在进行司法解释的时候，首先研究所要作出的解释仅仅是检察工作中遇到的法律适用问题还是审判工作中也可能遇到的法律适用问题。如果是后者，就应当寻求同最高审判机关共同解释的途径，尽可能地在共同研究、意见一致的基础上进行解释。如果不能达成共识，也可以各自进行解释。但是检察机关作为国家的法律监督机关，如果认为最高审判机关所作出的司法解释同法律的基本原则或基本精神相抵触时，应当有权提请全国人大常务委员会进行审查。这是法律监督机关应有的职责。

对法律文件提请审查权，是作为国家的法律监督机关应当具有的职权，也是检察机关履行法律监督职责的题中应有之义。因此法律应当将这种权力赋予检察机关，作为检察机关进行法律监督的一项重要职权。如是，法律就应该规定检察机关行使这项权力的范围和程序，以及有关国家机关相应的义务，以保障这项权力的有效行使。从理论上讲，检察机关的法律文件提请审查权，不应当包括对全国人大及其常委会制定的法律提请审查的内容，也不应当包括对全国人大及其常委会的立法活动提请审查的内容，但是应当包括对其他国家机关所制定的规范性法律文件提请审查的内容。至于对于其他国家机关的立法活动，是否应当纳入检察机关提请审查权的范围，则需要根据现实可能性进行论证。

第四章　检察权的运行机制

一种很好的权力，如果不能正确地运用，就难以实现其应有的价值，甚至可能背离权力设置的初衷，最终可能导致权力被废除。在这方面，检察机关本身是有教训的。因此，我们在关注检察权的配置时，一定要关注检察权的运用，研究如何正确运用法律赋予检察机关的职权，以便保障充分发挥检察权的功能作用。

检察权的运行机制所要研究的，就是如何在实践中按照检察权的内在规律行使检察权，维护法律的统一正确实施，以完成法律监督的使命。

任何权力的运行都是在现实社会中进行的，因此也就必然地要同现实社会发生千丝万缕的联系。现实社会对权力的认可和支持程度，作为权力运行的环境，必然影响到权力行使的有效性。同时，权力本身的组织系统是否科学，运行过程是否符合特定权力的规律，也会直接影响到权力行使的有效性，甚至影响到权力的功能作用能否发挥。检察权的运行机制，既涉及检察权行使的外部环境，也涉及检察权本身的系统运作和具体实施。

为了论述的方便，本书在第三章论述检察权的构成要素时已经对各项具体职权的行使作了扼要的叙述。本章重点论述检察权行使中的一些共性问题，其中包括五个方面：一是独立行使检察权的问题，这个问题涉及检察权运行的外部环境；二是检察权行使的客观性问题，这个问题涉及检察权行使的根本要求；三是检察权运行的一体化问题，这个问题涉及检察权的内部组织系统；四是检察权运行的保障机制，这个问题涉及检察权行使的制度保障；五是检察权的监督制约机制，它同样是保证检察权正确行使的重要方面。

一、检察权行使的独立性

依法独立行使检察权是我国检察制度中一个重要的宪法原则。我国《宪法》第136条明确规定："人民检察院依照法律规定独立行使检察权，不受行政机关、社会团体和个人的干涉。"人民检察院组织法在总则第4条中重申了这个原则。从党的十五大报告到十八大报告，每次都强调要确保检察机关依法独立公正的行使检察权。由此可见，依法独立行使检察权对于检察权的实际运行具有十分重要的意义。

（一）为什么要强调检察权的独立行使

宪法、人民检察院组织法之所以要强调人民检察院依法独立行使检察权，是因为独立性是检察权行使的内在需求，是检察机关在依法治国进程中发挥职能作用的根本保障。检察权能否独立行使，对于实现检察权行使的宗旨具有特别重要的意义。

如前所述，在中国，检察权具有法律监督的性质。而法律监督的显著特征是对其他法律实施主体所进行的外部监督。作为一种外部监督，监督的主体就必须独立于监督对象。因为，只有独立于监督对象，监督主体才有可能铁面无私地进行监督，才有可能严格按照自己查明的客观事实并依据法律规定来进行监督，才有可能保证监督的效果。如果彼此处在一个荣辱与共、利益相关的共同体内，那么，一方面，监督主体与监督对象的共同上级就有可能为了共同的利益而干预监督主体对监督对象的监督，而监督主体又必须服从这种干预；另一方面，共同体所具有的亲和力也会支配监督主体的决定，使其对监督对象网开一面。如是，监督的效果就必然会大打折扣。这就是为什么要设立一个专门的法律监督机关的根本理由。因此，监督主体独立于监督对象，是法律监督本身的客观需求，也是法律监督功能充分发挥作用的制度保障。

不仅如此，法律监督的目的是维护国家法制的统一正确实施，法律监督的活动即检察权的行使更必须严格依法进行。如果维护法律实施的活动本身都不能严格依照法律的规定进行，就没有理由要求其他主体遵守法律，也无法保证行使检察权的活动能够有效地维护法律的实施。而严格依法行使检察权就意味着检察权的行使只能服从法律而不能屈从于外界的压力和干预。只有在监督对象面前具有一定的独立性，检察机关才有可能在客观事实面前严格依照法律的规定行使检察权。在行使检察权的活动中，检察机关如果没有独立性，就无法保证不受外来的干扰、就无法排除外来的干预，因而也就很难做到只服从法律。如是，法律监督就很可能背离法律的要求，就很可能丧失法律监督的功能，严格依法也就可能成为一句空话。

法律监督的目的既然是维护国家法制的统一正确实施，那就必须保证法律实施的公正性。因为公正是法律的灵魂。法律在其适用范围内平等地适用于所有对象，是其引领和规制社会行为的根本保障。法律的适用如果因人而异，就丧失了作为行为规范的基本功能。而法律监督的根本任务就是要监督法律适用的主体严格依照法律规定公正地适用法律，以保证法律适用的公正性。为了保证法律适用的公正性，法律赋予检察机关对一切违反法律的行为进行追诉，同时赋予检察机关对刑事诉讼、民事诉讼、行政诉讼中违反法律的情形进行监督。而一种行为是否违反法律，或者监督对象是否具有违反法律的情况，只有根据对证据的分析和对事实情况的判断才能认定，据此作出的决定才可能具有客观性和公正性。但是如果作出这种判断的主体本身不具有独立性，他在作出判断的时候要看别人的脸色、听别人的声音甚至要揣测别人的好恶，那就不可能完全根据事实和法律来作出判断和决定，即使对违反法律的情形作出了客观的实事求是的判断，也不敢严格按照法律的规定来进行监督。

特别是在中国，法律意识、法治观念尚未成为全体公民的自觉意识，人际交往中的人情世故充斥在社会生活的各个方面，一些有权的人、有钱的人、有实力的人总想利用自己手中的权或钱或实力干预法律规则的具体适用。检察机关办理的每一个案件都可能会遇到亲戚朋友、熟人、领导、同事的过问或请托。如果不能独立地严格地依法办理，就可能随时受到来自外界的各种力量的左右，导致案件处理不公正的结果。因此，强调检察权行使的独立性，对于保障法律监督的公正性至关重要。

(二) 依法独立行使检察权的内涵

按照宪法的规定，并结合人民检察院组织法的有关规定，依法独立行使检察权，应当从以下五个方面来理解其含义：

1. 权力结构的独立性

按照我国宪法的规定，检察权是从统一的国家权力中分离出来的一个相对独立的国家权力。作为国家的法律监督机关，检察机关在国家权力结构中享有专门属于自己的独立权力，即检察权。检察权是法律赋予检察机关并由检察机关独享的一种国家权力。这种权力既不同于人民代表大会所享有的统一的国家权力，不具有国家权力的终极性，检察权是从人民代表大会享有的统一的国家权力中派生出来的法律监督权。这种权力也不同于国家行政机关所享有的行政权，不具有处理国家行政事务的职能，检察权是一种以维护国家法律的统一正确实施为目的的国家权力。这种权力不同于监察权，不是一种专门针对公职人员职务行为的政治性质的权力，检察权是一种具有鲜明法律性质的监督权，检察权的行使要受到法律程序的严格约束。这种权力也不同于审判权，不具有终极性实体裁判的性质，检察权是一种以追诉和建议为特征的程序性权力，具有强制启动处分权的效力，但不具有实体处分性质的权力。检察权是一种与行政权、监察权、审判权并行的、相互独立而又同属于国家权力的一种分权力。检察权的范围是由法律规定的。并且，法律赋予检察机关的权力，只能由检察机关来行使，其他任何国家机关不能代替检察机关行使检察权。检察权在国家权力结构中的这种独立性是其独立存在、依法行使的根本保障。

2. 组织体系的独立性

为了保持检察机关的独立性，我国宪法将检察机关作为一个独立的国家机关来设置，使其既不同于国家权力机关，也不隶属于国家行政机关或审判机关。人民检察院组织法专门规定了检察机关的组织结构，按照人民检察院组织法的规定，检察机关从上到下建立了独立而完整的组织体系，具有专门的人员、组织、设施和经费，独立于其他国家机关。检察机关在国家政权组织体系中的独立地位和独立设置，是其依法独立行使检察权的制度保障。不仅如此，国家还通过专门的立法即人民检察院组织法和检察官法明确规定了检察机关的职权及其组织结构，规定了行使检察权的主体的法律地位、任职条件、权利义务和职业保障，从而为全面推进高素质检察官队伍建设，加强对检察官的管理和监督，维护检察官合法权益，保障检察机关依法独立行使检察权，保障检察官依法履行职责，保障司法公正提供了法律依据。

3. 权力行使的独立性

关于检察权的范围和行使检察权的程序，以及检察机关在行使检察权的过程中必须遵循的法律原则，人民检察院组织法、刑事诉讼法、民事诉讼法和行政诉讼法等法律中已经作出了明确的规定。检察机关在行使检察权的时候，应当依照法律的规定，独立自主地采取行动并依法独立作出决定。所谓独立自主地采取行动，是指检察机关在行使职权的过程中，决定是否立案、是否启动调查权的时候，应当根据已经掌握的事实和证据，并依照有关法律的规定，独立地判断是否需要采取行动，自主地决定是否采取行动，而不能屈从于其他主体的意愿，不能按照其他主体的要求办事。所谓依法独立作出决定，是指检察机关在行使职权的过程中，对于应当由自己作出决定的事项，例如，在是否批准逮捕犯罪嫌疑人、是否对犯罪嫌疑人提起公诉、是否向有关机关或单位发送检察建议、是否提起抗诉等问题上，应当依照法律规定自行作出决定，而不是置事实和法律于不顾，按照其他主体的意愿或要求来作出决定。独立行使职权也意味着独立承担责任。法律把国家的检察权赋予检察机关，检察机关就有责任担负起法律监督的职责，独立自主地完成法律监督的各项任务，守护好国家法律的有效实施。只有敢于担当，才有敢于独立行使职权的勇气。

4. 独立的相对性

检察权独立行使的概念是相对的，而不是绝对的。因为检察权是国家权力结构中一项独立的权力,因而必然要受制于更高一级的国家权力。我国《宪法》第2条明确规定:"中华人民共和国的一切权力属于人民。人民行使国家权力的机关是全国人民代表大会和地方各级人民代表大会";第3条进一步规定:"国家行政机关、监察机关、审判机关、检察机关都由人民代表大会产生,对它负责,受它监督。"在我国,检察权是从人民代表大会统一行使的国家权力中派生出来的一种国家权力,检察权的行使理所当然地要受人民代表大会的监督,检察机关理所当然地要向人民代表大会负责。

按照《五四宪法》的规定,地方各级检察机关在依法行使检察权的时候,只服从上级人民检察院和最高人民检察院的领导,不受地方各级、各类国家机关的干涉。1982年宪法规定,地方各级人民检察院检察长由同级人民代表大会选举产生,向同级人民代表大会及其常务委员会负责,因此宪法规定,人民检察院依法独立行使检察权,不受行政机关、社会团体和个人的干涉。这就意味着,地方各级人民检察院要受同级人民代表大会及其常务委员会的监督和同级地方党委的领导。特别是国家监察法通过以后,检察机关行使检察权的活动更要受到国家监察委员会的监督。

因此,检察机关依法独立行使检察权,并不意味着检察权的行使可以不受任何制约,并不意味着检察权的行使可以天马行空,任所欲为,而是要在执政党的领导下、在人民代表大会及其常务委员会的监督下、在国家监察委员会的监督下,在其他有关机关的制约下,依照法律规定,独立自主地行使检察权。

5. 独立的合作性

依法独立行使检察权,就是检察机关行使检察权的时候要依照法律的规定，独立自主地作出决定。这与宪法规定的"人民法院、人民检察院和公安机关办理刑事案件，应当分工负责，互相配合，互相制约，以保证准确有效地执行法律"（第140条）的精神并不矛盾。相反，检察机关在依法独立行使检察权的过程中，特别是在刑事诉讼活动中，要积极主动地与人民法院、公安机关、监察机关进行配合，并接受人民法院、公安机关、监察机关的制约，以便共同完成法律赋予的任务。

在我国，按照《宪法》第140条的规定以及《刑事诉讼法》第7条、《监察法》第4条的规定，检察院和公安机关、监察机关在刑事诉讼中的关系，可以概括为三个方面：

第一，分工负责，各司其职。在我国，公安机关、监察机关与检察机关是各自独立、互不隶属的国家机关，具有明确的分工。公安机关负责普通刑事案件的侦查工作、监察机关负责职务犯罪案件的调查工作，检察机关负责所有公诉案件的审查起诉工作。三方都应当按照法律规定的职责权限，认真履行各自的职责，不能混淆各自在法律体系中的角色定位。

第二，互相配合，目标一致。公安机关的侦查活动、监察机关对职务犯罪案件的调查活动，与检察机关的公诉活动具有相同的目标，都是为了有效地揭露和证实犯罪，使真正犯罪的人被绳之以法，使无辜的人不受追诉，都是为了维护国家安全和社会稳定，伸张法律正义，维护国家法律得到切实有效的遵守。因此，公安、监察与检察三家应当互相配合，共同完成法律赋予的任务。但是这种配合是以分工负责为前提和基础的，而不是相互融为一体，不分彼此。

第三，监督制约，防止出错。一方面，按照法律的规定，检察机关对公安机关的侦查活动和监察机关的调查活动具有法律监督的职责。检察机关应当依法履行法律监督的职责，对公安机关侦查活动中可能存在的违反法律的情况，特别是违法侵犯犯罪嫌疑人合法权益的情况，要进行认真的审查，及时提出纠正意见，防止错误的发生或持续。对于监察机关提请检察机关审查起诉的职务犯罪案件，检察机关也应当依照法律规定认真履行审查职责，独立自主地作出是否提起公诉的决定。另一方面，公安机关、监察机关对检察机关的监督行为和诉讼活动也具有制约的作用。不仅侦查活动、调查活动的质量直接影响到检察机关公诉活动的效果，而且公安机关对检察机关作出的与公安机关侦查活动有关的决定，有权提请作出决定的检察机关或其上一级检察机关重新审查该决定的正确性，从而防止错误决定。

关于检察院与法院之间的关系，按照宪法和法律的规定，在刑事诉讼中也是分工负责、互相配合、互相制约的关系。但是这种关系与检察机关与公安机关、监察机关之间的分工负责、相互配合、相互制约关系略有不同。在审前程序中，检警关系是以检主警辅为特征的，而在审判程序中，检法关系是以法主检辅为特征的。一方面，检察机关的公诉活动，不仅具有启动审判程序的功能，而且具有为审判活动设定范围的功能，刑事审判的对象不能逾越公诉的事实。另一方面，也要看到，毕竟是法院在主导审判程序，检察机关的公诉活动必须按照法院的安排参与审判活动，出庭支持公诉的公诉人在法庭上必须服从审判长的指挥，检察机关的公诉活动必须受到法院审判活动的检验，必须服从人民法院经过审判所作出的终局裁判。这是"审判中心主义"诉讼制度的必然要求。

当然，也要看到，检察机关在刑事诉讼中的主体地位。在审前程序中，检察机关不仅对侦查机关侦查犯罪案件的活动负有监督的职责，而且对是否批准逮捕犯罪嫌疑人、是否提起公诉具有决定权，因此检察机关审查案件的活动在刑事诉讼过程中自然是处于主导地位。在审判程序中，检察机关负有指控犯罪、证明犯罪的责任，对于法庭上查明案件的事实真相具有积极的主导作用。从这个意义上讲，检察权的行使在刑事诉讼中具有主导作用。但是，对法庭审判时间的安排、对法庭审理过程的掌控、对案件证据的认可、对案件事实的认定以及最后作出判决，都是由法院进行的。检察机关在法庭上，既要积极主动的出示证据，在指控犯罪中充分发挥主导作用，也要服从法庭的纪律和法官的安排，更要尊重法院的裁判结果。即使不服，也只能依照法定程序提请自己的上一级机关进行抗诉。

在民事诉讼、行政诉讼和公益诉讼中，是否提起诉讼，检察机关无疑具有主动性，即检察机关有权独立决定是否对法院的生效判决裁定提起抗诉，也有权独立决定是否对行政机关提起公益诉讼。这种提起诉讼的决定权是检察机关独立行使检察权的具体形式。当然，检察机关在依法独立决定是否提起诉讼的时候，也应当充分考虑法院生效判决裁定的既判力，只有在确有错误、必须依法纠正的情况下，才有必要动用抗诉权。对于公益诉讼，更应当首先考虑诉前调解程序，有可能通过检察建议督促有关单位纠正的，就没有必要启动诉讼程序。这是法律监督中双赢、多赢、共赢理念的需要。

（三）依法独立行使检察权与党的领导的关系

依法独立行使检察权是我国宪法规定的行使检察权的基本原则，而坚持中国共产党的领导同样是一个宪法原则。正确处理坚持党的领导与坚持依法独立行使检察权的关系，是检察工作顺利进行、检察事业健康发展的重大问题。

1. 为什么在强调独立行使检察权的同时要强调坚持党的领导

我国《宪法》在序言中写到:"中国各族人民将继续在中国共产党领导下,在马克思列宁主义、毛泽东思想、邓小平理论、三个代表重要思想、科学发展观、习近平新时代中国特色社会主义思想指引下,坚持人民民主专政,坚持社会主义道路,坚持改革开放,不断完善社会主义的各项制度,发展社会主义市场经济,发展社会主义民主,健全社会主义法治,贯彻新发展理念……"《宪法》总纲第1条进一步规定:"中国共产党领导是中国特色社会主义最本质的特征。"因此,坚持党的领导是我国宪法确立的一项根本性原则,一切国家权力包括检察权的行使必须在中国共产党的领导下进行,这是依法独立行使检察权的基本前提和根本保证。这是因为:

第一,中国特色社会主义检察制度是在中国共产党的领导下诞生、发展、完善的。

回顾历史,可以看到,没有共产党就没有新中国,就没有中国特色社会主义检察制度。

辛亥革命的胜利推翻了中国几千年的封建统治,但并没有结束中国半殖民地半封建社会的状况。清朝末年从国外舶来的检察制度还停留在纸上谈兵阶段就被新的制度所代替。而国民党统治时期的检察制度既没有独立的法律地位,也无法代表广大人民群众的利益,更谈不上中国特色。

只有在中国共产党的领导下,人民检察事业才从无到有,不断发展壮大,成为中国社会主义革命和建设中的一股重要力量,在建设中国特色社会主义法治现代化国家中发挥着不可替代的重要作用。中国的检察制度之所以能够在世界各国的检察制度中独树一帜,形成自己的鲜明特色,不仅与中国的传统文化有关,最重要的是因为有了中国共产党的领导。不仅如此,检察事业的发展,检察机关在履行职责的过程中作出的成绩、获得的荣誉,也是在中国共产党的领导下取得的。正如张军检察长2021年3月15日在全国检察机关学习贯彻全国"两会"精神电视电话会议上讲话时指出的:"检察工作的发展进步,根本在于以习近平同志为核心的党中央坚强领导,根本在于习近平新时代中国特色社会主义思想的科学指引;离不开党和国家事业整体阔步向前的大背景,离不开党中央和习近平总书记决策部署贯彻实施而不断形成的法治建设更好环境。"[1]

第二,在新的历史时期,检察机关要在依法治国中充分发挥职能作用,就必须坚持党的领导。

新时代检察机关的主要任务是充分发挥自己的职能作用,在国家治理体系和治理能力现代化进程中、在建设社会主义法治国家的进程中更加充分地发挥职能作用。为此,就必须始终坚持党的领导。

首先,检察机关只有坚决贯彻执行党中央制定的路线方针政策和作出的各项重大决策,才能保证检察机关行使职权的活动始终保持正确的政治方向。习近平总书记在党的二十大报告中指出:"党的领导是全面的、系统的、整体的,必须全面、系统、整体加以落实。健全总揽全局、协调各方的党的领导制度体系,完善党中央重大决策部署落实机制,确保全党在政治立场、政治方向、政治原则、政治道路上同党中央保持高度一致,确保党的团结统一。"在检察工作中,自觉地在政治路线、政治立场、政治方向、政治原则、政治道路上同党中央保持高

---

[1] 张军:"坚持系统观念法治思维强基导向 更加自觉回应人民关切",载高检网,2021年3月15日。

度一致，既是坚持党的领导最重要的表现，也是检察工作始终保持中国特色社会主义本质的政治保障。因为中国共产党的领导是中国特色社会主义最本质的特征。只有在政治上同党中央保持高度一致，才能把党的政治主张贯彻到检察工作的各个方面，实现党对检察工作的绝对领导。不仅如此，对党中央作出的各项重大决策部署，检察机关都必须坚决贯彻执行。这样才能在各项检察工作中确保党的领导地位，保证检察机关的职能活动不会脱离正确的政治道路。

其次，检察机关只有把检察工作融入党的中心工作，才有发展空间。党的十八大报告提出了"五位一体"的总体布局和"四个全面"的战略布局。党的十九大报告提出了实现"两个一百年"奋斗目标、实现中华民族伟大复兴的中国梦，并提出了一系列新的发展理念和战略布局，为决胜全面建成小康社会、全面建设社会主义现代化强国规划了蓝图。十九届四中全会做出了《关于坚持和完善中国特色社会主义制度推进国家治理体系和治理能力现代化若干重大问题的决定》。党的二十大报告提出了第二个百年奋斗目标，强调以中国式现代化全面推进中华民族伟大复兴。这些都成为新时代我们国家的中心工作。检察机关只有围绕这些中心工作履行检察职能，融入国家发展战略，才能得到党和人民的认同和重视，才会有广阔的发展空间；检察职能作用也才能真正发挥在国家最需要的地方。最高人民检察院新一届党组认真贯彻执行党中央的重大决策部署，做出了一系列围绕党的中心工作发挥检察职能的工作安排，使检察机关的职能活动离党的中心工作越来越近、离人民群众对检察机关的要求越来越近。近年来的检察实践证明，检察工作只有贯彻执行党中央的重大决策部署，融入党的中心工作，才会有所作为，才能更好地发挥职能作用，才能得到党和

第四章 检察权的运行机制

人民的认可。

最后,检察机关只有始终坚持党的领导,才能有效解决发展中的问题。"我国宪法确认了中国共产党的执政地位,确认了党在国家政权结构中总揽全局、协调各方的核心地位,这是中国特色社会主义最本质的特征,是中国特色社会主义制度的最大优势,是社会主义法治最根本的保证。"[1] 检察机关在履行检察职能的过程中,不可避免地要与其他各个国家机关、社会组织、企业事业单位打交道,而在这个过程中难免会遇到各种各样的困难、分歧或矛盾,检察机关仅仅依靠自身的能力来面对这些困难与分歧,或者解决这些矛盾,往往会力不从心。但是如果坚持党的领导,紧紧依靠党组织协调各方的优势,就会没有解决不了的困难。特别是在履行法律监督职责的过程中,要想取得双赢、共赢、多赢的效果,就必须在党的领导下形成共识,为了共同的目标,相互尊重、相互配合。检察机关在自身的发展中必然需要各个方面的配合与支持。比如,检察机关的人员配置、机构设置、队伍建设,检察机关的经费保障、技术设备的更新等,都是检察机关自身难以解决的问题。面对这些问题,只有在党的领导下,才能得到有效的解决。实践证明,紧紧依靠党的领导,检察机关成功地推进了一系列司法体制改革的举措,在发展完善中国特色社会主义检察制度的同时,也使检察机关更加贴近党的中心工作、更加贴近人民群众。

因此,我们强调依法独立行使检察权,不能离开党的领导,更不能把独立性凌驾于党的领导之上。检察机关要在依法治国中最大限度地发挥作用,就必须学会正确处理依法独立行

---

[1] 习近平总书记于2018年1月19日在中共十九届二中全会第二次全体会议上的讲话。

使检察权与坚持党的领导的关系。

2. 如何正确处理坚持党的领导与依法独立行使检察权的关系

依法独立行使检察权是检察机关行使职权的宪法原则。有人担心强调党的领导会妨碍依法独立行使检察权宪法原则的贯彻实施，会导致检察工作的党派化。诚然，在没有法治的年代，确实出现过以言代法、以权压法的现象。但毕竟是个别现象。随着社会主义法治理念不断深入人心，随着建设社会主义法治国家进程的不断推进，随着依宪治国、依法执政各项制度的不断完善和落实，党的领导不再是个人的恣意妄为，个人意志强加于领导对象的可能性被完善的制度设计所遏制，坚持党的领导不再是服从个人意志的托词。同时也要看到，即使是在那样的年代，党的领导依然是我们各项事业取得胜利的保障。因此，我们不能因噎废食，对党的领导有丝毫的动摇与质疑。特别是在新的历史时期，中国共产党坚定不移地领导人民建设社会主义法治国家，我们更应当对党的领导充满信心。

首先，党的领导并不妨碍依法独立行使检察权。依法独立行使检察权的根本目标是实现依法治国。而中国特色社会主义法治的基本内涵就是党领导人民用法律来管理国家事务和社会事务。由于中国共产党的根本宗旨是全心全意为人民服务，所以在推进依法治国、建设社会主义法治国家的进程中，党的领导是法治国家中人民当家作主的制度保障。社会主义法治建设中的各项工作都必须在党的领导下进行，检察工作当然也不能例外。检察机关依法独立行使检察权自然应当在党的领导下进行，而不能摆脱党的领导，完全自由地独立行使。

依法独立行使检察权作为宪法原则，在宪法中的表述本身就是："人民检察院依照法律规定独立行使检察权，不受行政机关、社会团体和个人的干涉。"这里明确规定的是不受"行政机关、社会团体和个人的干涉",其中并不包含不受党的领导的内容。也就是说,依法独立行使检察权并不是不要党的领导,不是要排斥党的领导,而是要在党的领导下,排除行政机关、社会团体和个人的干涉。实践证明,没有党的领导,要想排除行政机关、社会团体和个人的干涉,是十分困难的。因为检察机关的职权十分有限,在行政机关以及某些社会团体和个人面前,有时会因为力量上的悬殊而难以做到依法独立行使检察权。在这种情况下,就必须紧紧依靠党的领导,通过党作为领导核心的力量来总揽全局,排除阻力,检察机关才可能依法行使检察权。没有党的领导,检察机关仅仅依靠自身的力量,往往很难独立行使检察权。因此,宪法中规定的依法独立行使检察权的原则,并没有排除党的领导。这既是中国的国情,也是中国的特色。

不仅如此,中国共产党党章明确规定:"党必须在宪法和法律的范围内活动。党必须保证国家的立法、司法、行政、监察机关,经济、文化组织和人民团体积极主动地、独立负责地、协调一致地工作。"这就意味着,党的领导并不是党的各级组织及其领导人可以任意干预检察机关行使检察权的活动,党不仅必须在宪法和法律的范围内活动,而且必须保证检察机关在内的各个国家机关独立负责地工作。可以说,党的领导是检察机关依法独立行使检察权的政治保障和组织保障。

其次,依法独立行使检察权的关键是对"依法"的理解问题。检察机关独立行使职权的前提是必须依法。这个"法"作为中国特色社会主义国家的法,是党领导人民制定的,是党集中人民的意志、反映人民的利益,提出立法的动议,并通过代表全中国最广大人民群众根本利益的国家最高权力机关按照预设的立法程序通过的。检察机关"依法"行使检察权就是依照上升为国家意志的人民的意志行使检察权，就是在党的领导下行使检察权。党不仅领导人民制定法律，而且还利用自身的优势在人民群众中宣传法律、领导人民执行法律。自党的十一届三中全会以来，党中央先后提出了九个五年普法规划，特别是党的十八届四中全会要求"坚持把全民普法和守法作为依法治国的长期基础性工作，深入开展法治宣传教育"；十八届五中全会要求"弘扬社会主义法治精神，增强全社会特别是公职人员尊法学法守法用法观念，在全社会形成良好法治氛围和法治习惯"。这些都为宣传法律、保障法律的实施提供了广泛的社会基础。尤其是习近平总书记多次强调"领导干部要做尊法学法守法用法的模范"，充分体现了党不仅领导人民制定法律，而且领导人民执行法律、党员领导干部带头遵守法律。

不仅如此，自从依法治国方略提出之后，我们国家一直在强调"党自身必须在宪法和法律范围内活动"。因此，依法行使检察权与坚持党的领导是有机统一的，二者之间不是非此即彼的关系，而是相互依存、相辅相成的关系。

最后，检察机关应当把党的领导与依法独立行使检察权有机地统一起来。检察机关是依法独立行使检察权的责任主体，有责任把坚持党的领导与依法独立行使检察权有机统一起来。在行使检察权的过程中，检察机关要始终坚持党的领导，确保检察权独立行使的政治方向。检察机关作为国家的法律监督机关，处在执法办案的第一线。在处理关系到国家安全、社会发展、人民生活等重大问题的案件时，检察机关当然要严格依法履行自己的职责，独立自主地对案件的处理作出决定。但也应当自觉地认真学习、深刻领会党中央有关这些问题的决策部署和政治立场，确保对具体问题的处理符合党的要求和国家利益，符合党中央提出的新发展理念。特别是遇到某些关系到国家重大利益的案件，检察机关更应当主动地向党中央报告，自觉地接受党的领导。对于检察工作中遇到的自身难以克服的困难和问题，也应当主动向党组织汇报，通过党的领导来解决问题、排除阻力。

　　检察机关行使检察权必须依法独立。其中，依法是前提，是保障，离开了依法这个前提，独立就可能是任性的、盲目的。而依法所依的"法"，如前所述，本身就是上升为国家意志的集中了人民意志、代表了人民利益的党的主张。从这个意义上讲，依法行使检察权就是按照党的主张行使检察权，就是坚持党的领导。但是，党的主张不仅体现在法律条文的字面含义中，而且体现在法律条文所包含的精神实质上。因此，在行使检察权的过程中不能机械地简单地按照法律条文的字面含义来执行法律，更不能仅仅满足于对法律设定的程序机械地遵守。要深刻理解法律条文中所蕴含的法治精神、所代表的人民利益。比如，检察机关作为办理具体案件的机关，在办理案件的过程中，按照法定程序依法独立行使检察权，不仅应当注意办案的法律效果，而且应当注意办案的社会效果。而这种办案的社会效果本身，就来自对党的路线方针政策的正确理解，来自对法律条文背后的法治精神的深刻领悟，来自对人民群众根本利益的密切关注。这其实也就是在依法独立行使检察权的过程中贯彻执行党的主张，是把党的领导融入依法独立行使检察权的办案实践中。检察机关在办理涉及国家安全和社会发展全局的特别重大案件时，就更应当及时向党中央汇报，自觉接受党中央的领导，以保证所办案件服从国家重大利益。检察机关在制定规范性文件的过程中，更应当保证自己所制定的规范性文件符合法律的规定和精神、符合党的政治路线和政治立场。

这本身也是在坚持党的领导。如是，依法行使检察权的活动就不可能与党的主张对立起来，就不可能与坚持党的领导构成矛盾和冲突。

此外，也要看到，党的领导主要是通过贯彻执行党的政治路线、组织路线和党中央的决策部署来实现的。检察机关和检察人员深入学习领会党的文件精神、认真贯彻执行党中央的各项决策部署，在政治立场、政治方向、政治原则、政治道路上同党中央保持高度一致，这本身就体现了坚持党的领导。特别是在履行各项检察职能的过程中，自觉地结合党的中心工作来行使检察权，尽可能地把检察工作融入党的中心工作，既能体现党对检察工作的领导，也能保证检察权的依法独立行使。

2021年6月15日中共中央专门印发了《关于加强新时代检察机关法律监督工作的意见》，其中强调要"坚持和完善党对检察机关法律监督工作的领导"。具体内容包括：（1）严格执行《中国共产党政法工作条例》，最高人民检察院党组要认真履行领导责任，贯彻落实党中央决策部署，对于检察机关法律监督工作中的重大问题和重大事项，按照规定向党中央和总书记以及中央政法委请示报告。地方各级检察机关党组要严格执行向同级党委及其政法委请示报告工作的制度。（2）各级党委要定期听取检察机关工作情况汇报，研究解决检察机关法律监督工作中的重大问题。各级党委政法委要指导、支持、督促检察机关在宪法法律规定的职责范围内开展工作。（3）坚持党管干部原则，把政治标准作为选配领导干部的第一标准，选优配强各级检察机关领导班子。按照有关规定，做好上级检察机关党组对下级检察机关领导班子协管工作。（4）落实检察机关领导班子成员任职回避及交流轮岗制度，根据实际情况对任职时间较长的副职进行异地交流、部门交流。这是对坚持和完善党对检察工作的领导的强调，也是就党对检察工作的领导所提出的规范性要求。

（四）依法独立行使检察权的制度保障

依法独立行使检察权不仅仅是一个原则性的口号，而是必须在实践中运作的法律要求，因此必须通过制度来保障。没有相应的制度保障，依法独立行使检察权就是一句空话。目前，我国的一系列制度和做法包括宪法本身关于检察机关领导体制的规定，都还存在着某些不利于检察机关依法独立行使检察权的因素。这些制度性因素，从根本上妨碍了检察权的独立行使，使检察机关难以胜任法律监督的使命，有必要通过进一步的改革包括修改有关法律来完善。

能够保障检察机关依法独立行使检察权的制度，在内容上应当符合以下要求：

1. 检察机关应当具有自身的独立性

检察机关的独立性是检察机关依法独立行使检察权的先决条件。如果检察机关自身都不能独立，依法独立行使检察权就无从谈起。而检察机关自身的独立性包含着某些必须具备的要素，缺乏这些要素，也就没有独立性可言。

首先是机构设置的独立性。检察机关必须有独立的机构，才会有检察权行使的独立性。所谓独立的机构，就是检察机关的机构设置和人员编制，在国家的编制序列中，应当具有独立的地位。最高人民检察院作为全国地方各级人民检察院和专门检察院的最高领导机关，对于检察机关的机构设置和人员编制应当具有决定权。这不仅是因为最高人民检察院最了解检察工作的实际需要，有可能根据行使检察权的需要来设置机构和安排人员，而且是因为检察机关作为国家权力结构中一个独立的序列，应当具有安排本系统的机构和人员的权力。

其次是权力行使的独立性。检察机关在行使检察权的过程中应当具有高度的独立性,能够在自己的职权范围内对所办案件自主地依法作出处理决定,而不受来自外界的干预。不仅在以人民检察院的名义作出的决定中,检察院应当享有整体独立,而且检察官个人在办理具体案件过程中,也应当具有独立性。因为检察官"是检察职能的直接承担者,是构成检察机关整体的基本成员,只有检察官相对独立,排除一切非法干预,做到以事实为根据,以法律为准绳,客观公正地办好每一个案件,检察机关的整体独立才有坚实的基础。否则,检察机关整体独立就会成为空中楼阁"。[1]

最后是经费保障的独立性。检察机关的运转必须有足够的经费保障。没有必需的经费保障,检察机关就难以存在,就谈不上行使职权的活动,更谈不上独立行使检察权。而检察机关的经费如何保障,是一个制度性问题。也就是说,检察机关的经费应该在制度上有一个保障的途径,使检察机关不致为了经费问题而求助于人或受制于人。如果检察机关为了自身的生存问题而不得不拿检察权去做交易,或者利用检察权来谋求自身的生存和发展,那么,就不可能真正做到依法独立行使检察权,检察权行使的公正性就可能荡然无存,法律监督的使命就必然走向自己的反面。因此,如何保障检察机关有生存和发展包括行使检察权所必需的经费,是检察机关保持其独立性的制度性条件。经费保障不仅是办公经费和办案经费的保障问题,也涉及检察人员的职业保障和福利待遇等问题。

当然,检察机关并不是不受任何制约的权力机关,检察机关行使这些权力,必须经过最高国家权力机关的批准。未经最

---

[1] 朱孝清:《论司法体制改革》,中国检察出版社2019年版,第43页。

高国家权力机关的批准，检察机关是不能擅自决定自己的编制和经费问题的。检察机关的独立性也不是不受其他职能部门的制约，检察机关依法独立地编制本系统的人员编制、经费预算、活动安排时，应当遵守有关职能部门的规定，并征求有关职能部门的意见，但这不能影响检察机关按照履行法律监督职责的需求独立作出决定。检察机关对自己的机构设置、人员编制、经费预算、活动安排等事项所作出的决定，一旦获得最高国家权力机关的批准，在检察系统内部，最高人民检察院就应当具有自主权。否则，检察机关的独立性就没有保障，最高检察机关的权威就无以体现。

2. 检察机关的领导体制应当符合上级领导下级的需要

依法独立行使检察权的根本标志是行使检察权的活动不受外来的干涉。只有在不受干涉的情况下，才有可能真正依照法律独立地行使职权。而不受干涉最根本的保障，就是下级人民检察院行使职权的活动，只受上级人民检察院的领导，而不受同级地方国家机关的干涉。为此，宪法和人民检察院组织法都明确规定：最高人民检察院领导地方各级人民检察院和专门检察院的工作，上级人民检察院领导下级人民检察院的工作。这种制度设计的初衷，就是从制度上保证检察机关在履行职责的过程中能够排除地方国家机关、社会团体和个人的干预和干扰。

但是，最高人民检察院领导地方各级人民检察院和专门检察院的工作、上级人民检察院领导下级人民检察院的工作，应该是一个全称概念，即领导的范围应当包括下级人民检察院各个方面的工作。如果只领导某些方面的工作，而不能领导另一些方面的工作，这种领导关系就是跛脚的，也是难以真正实现的。从检察机关的实际情况看，检察机关的工作，首先是领导班子的配备和人事管理工作。或者说，检察机关的领导班子配备和人事管理工作，与检察机关的检察业务工作具有同样重要的地位。如果上级人民检察院在下级人民检察院的领导班子配备和人事管理工作中没有决定权，那么，检察机关的上下级领导关系就不可能真正确立，更不可能真正发挥作用。检察机关依法独立行使检察权就缺乏必需的制度保障。

  上级人民检察院领导下级人民检察院的工作，与坚持党的领导并不矛盾。因为上级人民检察院乃至最高人民检察院都是在党中央的领导下工作的。党中央关于检察机关和检察工作的各项决议、指示、政策以及党中央的各项决策部署在检察系统的贯彻落实本身就是党的领导的表现。不仅如此，党中央派驻在最高人民检察院的党组以及党的地方委员会派驻在上级人民检察院的党组，本身就代表了党组织，是党领导检察工作的具体表现。因此，最高人民检察院领导全国各级人民检察院的工作、上级人民检察院领导下级人民检察院的工作，并不意味着脱离党的领导。

3. 检察官的选任应当由检察机关依法进行

  在检察机关内部，检察权是通过检察官来行使的。检察机关对检察官的选拔、任用、处分的权力，是检察机关独立性的重要方面。从制度上保障检察机关享有这个方面的权力，是保障检察机关依法独立行使检察权的制度要求。

  由于检察官是代表国家行使职权的，所以任命和罢免检察官的权力，通常都是由国家权力机关来行使的。但是任命和罢免的基础，应当由检察机关依照法律规定的条件提出，也就是说，检察官的任用应当由检察机关根据法律规定的条件和检察工作的需要，进行选拔（检察机关在任用检察官包括检察机关负责人的时候应当听取有关机关的意见，这并不影响检察机关独立行使选拔任用的职权），并由检察机关提请国家权力机关任命。检察官的罢免，也应当由检察机关根据法律规定的条件进行审查，并提请国家权力机关罢免。检察机关的其他工作人员，同样应当由检察机关根据检察工作的需要，进行考察和选任。检察官和其他检察人员的管理，更应当由检察机关自己来负责。这是保持检察机关独立性的基本要求。如果在制度上不能保障检察机关在这些方面的独立自主权，甚至检察官的任免、调动由其他机关任意进行，检察机关的独立性就必然会受到影响。检察机关依法独立行使检察权，就缺乏制度性的保障。

4. 检察机关的工作应当由自己来安排

检察机关的工作部署，应当由检察机关自己来安排。最高人民检察院，作为最高领导机关，应当对全国检察机关的工作负责，因而也应当有权对全国各级人民检察院和专门检察院的重大工作进行部署。上级人民检察院应当有权对自己管辖范围内的检察工作作出部署。每个人民检察院都应当有权安排自己的工作。这个方面的独立性同样是检察机关依法独立行使检察权的制度保障。如果检察机关的工作不能由自己进行安排，而必须听命于或者服从于其他国家机关的安排，检察机关的独立性就难以维系。当然，检察机关安排自己的工作，应当根据并服从于党中央的统一部署和重大决策，围绕党的中心工作展开，以便更好地为党的中心工作服务，而不能不顾或者脱离党的中心工作，自行其是。

从我们国家的实际情况看，经过七十多年的建设和发展，特别是经过三十多年来的改革，中国特色社会主义检察制度逐步走向完善，但是在检察权行使的独立性方面，还存在着进一步改革完善的空间。上述提到的四个方面都还需要随着依法治国的推进而不断完善。

当然，依法独立行使检察权，除了制度保障之外，作为行使检察权的主体，检察机关自身必须具有法律担当。只有自身敢于严格执法，切实负责地履行法律监督职责，才能有所作为。检察机关如果自身不敢监督、不善监督，即使有法律的原则规定，照样不可能行使好检察权，不可能在依法治国的进程中充分发挥职能作用。因此，检察机关在强调依法独立行使检察权的制度保障的同时，更应当反省自身的责任心、事业心，树立敢于担当、勇于负责的精神风貌。只有勇于排除各种外来的干扰，认真负责地履行法律监督职责，才能真正做到依法独立行使检察权。因此，对于检察机关而言，依法独立行使检察权的自觉意识甚为重要。在法律赋予的职权范围内，在办理具体案件的过程中，属于正确处理检察机关与外部有关机关的权力关系，依照法律规定，自己敢于独立自主地做出决定，是检察权依法独立行使的关键。

二、检察权行使的客观公正性

检察权的行使必须始终坚持客观公正的原则，是保障检察机关正确行使检察权和充分发挥检察权在全社会实现公平正义的内在要求，也是世界各国对检察机关的共同要求。

联合国《关于检察官作用的准则》第12条明确规定："检察官应始终一贯迅速而公平地依法行事，尊重和保护人的尊严，维护人权，从而有助于确保法定诉讼程序和刑事司法系统的职能顺利地运行。"第13条进一步规定："检察官在履行职责时应不偏不倚地履行其职能，并避免任何政治、社会、文化、性别或任何其他形式的歧视；保证公众利益，按照客观标准行事，适当考虑到嫌疑犯和受害者的立场，并注意到一切有关的情况，无论对嫌疑犯有利或不利。"英国《皇家检察官准则》第 2 条第 2 款规定:"皇家检察院的职责是确保以应被提起公诉的罪名对应被起诉的人提起公诉,并将全部相关的事实提交法庭。"德国《刑事诉讼法》第 160 条第 2 项规定:"检察院不仅要侦查证明有罪的,而且还要侦查证明无罪的情况,并且负责提取有丧失之虞的证据";第 296 条第 2 项规定:"检察院也可以为了被指控人的利益而提起法律救济诉讼活动"。这些规定,被德国学者认为是对检察机关在刑事诉讼中保持客观公正性的法律义务。"德国检察官并不局限在扮演负举证责任的原告的角色,其基于法律规定更有义务保持中立性,还需对有利于被告之情况加以调查。"[1] 可见,客观公正对于检察权的行使具有普遍性的意义。因为检察机关既要有效地惩罚犯罪,又要充分地保障无罪的人不受刑事追究,就必须在办理每一个案件中秉持客观公正的立场。只有秉持客观公正的立场,才有可能在办案中实事求是不偏不倚地分析案件的证据和事实,才有可能正确处理惩罚与保护的关系,依法公正地办理每一个案件。

(一) 客观公正对检察权行使的必要性

检察权行使的客观公正性,源自两个方面的要求:一是检察权本身追求在全社会实现公平正义的价值取向;二是检察官的客观性义务。

首先,就检察权本身而言,它存在的根本价值是通过维护国家法律的统一正确实施,保障在全社会实现公平正义。法律的统一正确实施,本身就包含着不偏不倚地适用法律。因此检察机关在行使检察权的过程中,必须始终追求公平正义的实现。

---

[1] [德] 克劳思·罗科信:《刑事诉讼法》,吴丽琪译,法律出版社 2003 年版,第 136 页。

而这种公平正义的标志是国家法律一视同仁地适用于应当适用的每一个主体、每一个场合。为此，检察机关就必须客观公正地对待每一个案件、每一个对象、每一个主体。这是因为：

第一，客观是实现公平正义的前提。

所谓"客观"，就是要全面地收集和运用证据，实事求是地根据证据证明的事实和有关法律的规定进行分析判断，按照客观存在的证据所能证明的事实，对是否存在违反法律的情况作出判断，并以客观存在的事实作为自己行使检察权的根据。在刑事诉讼中，就是要对侦查机关收集的所有证据包括对被告人、犯罪嫌疑人有利的证据和不利的证据进行全面的审查、客观的分析，不受主观偏见的影响，实事求是地反映事物的本来面目。在行使其他检察职权中，客观也意味着全面地收集证据，认真听取有关各方的意见，实事求是地探求事实真相，而不能只听取或者相信一方当事人的意见，更不能按照一方当事人的要求办案。

客观相对的是主观臆断。凭主观想象，凭个人好恶，或者仅凭一般常识进行判断，就难以保证能够查明事实真相。如果检察机关据以行使检察权的事实本身存在不真实的情况，检察机关追诉的对象就有可能并不是真正违反法律的主体，就有可能使无辜的人受到不应有的追诉。如是，检察权的行使就难以实现社会正义和法律正义。而一旦对不应该追诉的人进行了追诉，检察权行使的公平性也就难以保证。因此，把检察机关行使检察权的全部活动建立在客观的基础上，是保证实现公平正义的先决条件。

我们通常说，法律是实现社会正义的根本保证。因为法律是铁面无私地制裁一切违反社会正义以致触犯法律的行为。但是，法律所制裁的人必须是依照法律应该受到制裁的人。如果法律不能保证自己所制裁的人是依照法律应该受到制裁的人，其正义就不能实现。为此目的，法律适用的主体就应该客观地对待每一个人，以便把真正违反法律、破坏社会正义的人送上法律制裁的审判台。不能客观地评价和对待受法律制裁的人，就不能保证社会正义的实现。检察机关作为法律的守护神，更应该准确地找出真正违反法律的人，保证受到制裁的人确实是实施违反法律的行为的人。而这种保证的基础就是客观地对待自己所遇到的每一个案件、每一个案件当事人。

第二，公正是实现公平正义的保障。

所谓"公正"，就是按照法律的规定公平正确地对待法律适用的对象，保证同样的情况受到同样的对待。不能对大致相同的情况给予大致相同的法律对待，就谈不上公平正义。在法学理论中，司法公正包括实体公正和程序公正两个方面。实体公正要求客观地发现案件事实真相，准确地认定案件性质，并严格地依照法律规定来处理案件，保证有罪或者违法的人受到应有的追究，保证无罪或者没有实施违法行为的人不受法律追究，并保证有罪的人所受到的法律追究与其违法的程度相适应。程序公正则要求严格按照法律规定的程序来追究违法者的法律责任，充分保障诉讼当事人依法享有的诉讼权利，特别是在刑事诉讼程序中，司法机关应当确保犯罪嫌疑人享有不被强迫供述和不被不当限制人身自由的权利，确保犯罪嫌疑人享有申辩和获得辩护的权利。

检察机关要维护法律的正确实施，要保障在全社会实现公平正义，就必须正确适用法律，平等地对待每一个案件当事人。因为，唯有客观，才有可能全面地收集证据和审查证据，查明案件的事实真相，而不受主观偏见的影响、不受个人好恶的左右，实事求是地对待案件；唯有公正，才能保证按照法律的规定公平正确地对待法律适用的对象,才能确保同样的案件得到同样的处理。

其次,就检察官的义务而言,客观性义务[1]是检察官必须遵循的最重要的义务。

因为现代检察制度本身就源自这样一种认识:如果把刑事案件的追诉权委予各个被害人和一般市民,因为个人的私人感情和地域的特殊情况,就可能出现有失公平的诉讼;如果由作为国家机关的检察官追诉,就可以期待在全国贯彻统一的标准,行使公平的追诉权。在现代法治国家,由检察官代表国家追诉犯罪,与受害人自己向法院控诉犯罪的根本区别,在于以下三个方面:第一,起因不同。自诉的起因是受害人自己的合法权利受到了犯罪行为的侵犯。而公诉的起因是法律秩序遭到了破坏。第二,立场不同。自诉人是站在个人的立场上提起诉讼的,因此只需要收集和提供能够证明被告人有罪的证据就可以了。而检察官是站在国家的立场上,为了维护国家法律的尊严,为了恢复遭到破坏的法律秩序而对犯罪嫌疑人提起诉讼的,因此必须全面地收集和审查证据,确信有犯罪事实的存在并且确信有追究刑事责任的必要时,才可以提起诉讼。对于能够证明被告人无罪或者罪轻的证据,检察官有义务如实地向法庭提供而自诉人则没有这种义务。第三,目标不同。自诉人提

---

[1] 检察官的客观性义务产生于19世纪中后期的德国,随后传播至欧陆及亚洲其他大陆法系国家。1877年通过的德国刑事诉讼法典采纳了萨维尼的观点,明确规定检察官可以为被告人利益而上诉。萨维尼认为,检察官担当着法律守护人的光荣使命,追诉犯罪者,保护受压迫者,并援助一切受国家照料之人民。在对被告的刑事程序中,检察官作为法律守护人,负有彻头彻尾实现法律要求的职权,既要为不利被告人的事项奔命,也要为有利被告人的事项奔命。他认为,这两项同阶义务并不冲突矛盾,因为其上位概念正是实现刑事诉讼法之目的:追诉处罚犯罪并保护被告人权益,或者说,确认国家对被告人的刑罚权存在或不存在,以实现实体真实与正义。按照这种理念,德国刑事诉讼法典规定:检察官除了依法履行追诉犯罪的职责之外,也可以为了被告人的利益而提起法律救济程序。

起诉讼的目标是给自己讨个"公道"或者报复对方或者寻求赔偿。因此自诉人在诉讼过程中往往极力追求胜诉的结果，所关注的主要是法庭是否判定被告人有罪。检察官提起公诉的目标是伸张法律正义。因此检察官在诉讼过程中所追求的是公正，一方面极力使有罪的人依法受到应有的追究，另一方面也努力保护无罪的人不受法律追究。对于公安机关侦查终结移送起诉的案件，认为不应当追究刑事责任时，有权作出不起诉的决定。特别是在发现公诉对象没有实施所指控的犯罪时，检察机关有义务撤回公诉。公诉活动所关注的是法律秩序是否得到了维护，法律正义是否得到了伸张，而不是检察官自己的权利和利益是否受到了保护。

正因为如此，检察机关（检察官）从诞生之日起就作为法律的守护人，负有客观性义务。客观公正地对待自己所办理的每一个案件，是检察机关和检察官的职责要求。特别是在新的时代背景下，人民群众对公平正义的要求越来越高，强调检察机关和检察官的客观公正立场更具有重大的现实意义。

有人会问：在任何案件的办理过程中都应该强调客观公正，检察官应当客观公正地对待每一个案件和案件当事人，公安机关、审判机关同样应当客观公正地对待每一个案件和案件当事人，为什么唯独强调检察官的客观义务？

这是因为，警察的任务是破案，即找出犯罪嫌疑人及其犯罪的证据；法官的任务是根据检察官的指控作出被告人是否有罪的判断。而检察官既要防止警察为了破案而片面地收集证据，也要保证提供给法官的证据是全面的证据。因此其客观义务在刑事诉讼中具有特别重要的意义，需要专门强调。特别是因为现代检察制度本身就源自对警察权力和法官权力的制约。检察官作为法律的守护人，要监督警察权和审判权的合法行使,首先就必须站在客观公正的立场上,故而将客观性作为检察官行使检察权的义务。

尤其是在我们国家,检察官行使法律监督职权,更应该恪守客观公正的义务。因为法律监督的使命本身就是维护法律的统一正确实施、维护司法公正和社会公平正义。检察机关和检察人员在行使职权的时候,只有站在客观公正的立场上,才有可能公平地对待案件所涉及的各个方面,才有可能公正地处理案件办理过程中遇到的不同主体之间的利益冲突,从而在维护法律统一正确实施的过程中实现双赢、多赢、共赢的目标。

最后,在新的时代背景下,强调检察权行使中的客观公正义务,具有特别重要的意义:

一是以审判为中心的诉讼制度改革,进一步强化了检察官的举证责任,增强了庭审过程中的对抗性。检察官庭前证据审查过程中,必然要更多地关注有利于指控犯罪的证据,这样很容易忽视有利于犯罪嫌疑人的证据;在出庭支持公诉的过程中,特别是在普通程序出庭公诉过程中,可能会受到更多的来自辩方的质疑和诘问,从而刺激检察官的控方角色,不断强化其控方意识。这些都容易导致检察官忘记法律监督者的责任,丧失客观公正的立场。因此,在以审判为中心的诉讼制度改革中,特别强调检察官的客观公正义务,可以使检察官时刻保持清醒的头脑,避免因为过分关注追诉职能而丧失客观性、公正性。

二是认罪认罚从宽制度的实施,进一步增强了检察官在审前程序中的主导作用。在犯罪嫌疑人认罪认罚案件中,检察官必然要利用自己的量刑建议权来与犯罪嫌疑人进行协商,而这种协商很容易强化检察官的优越感,容易导致其把自己对案件证据材料的分析判断和对案件事实的认定意见以及对量刑的看法强加于犯罪嫌疑人。面对大量出现的认罪认罚案件，强调检察官的客观公正义务，有助于检察官正确对待认罪认罚案件的犯罪嫌疑人，认真听取犯罪嫌疑人及其辩护人的意见，客观公正地提出量刑建议。

三是检察机关近年来实行的捕诉一体工作机制改革，减少了公诉案件内部制约的环节。检察官在办理公诉案件的过程中，既负责对案件的审查批准逮捕工作，又负责对案件的审查起诉工作，对自己批准逮捕的案件，很容易形成犯罪嫌疑人有罪的思维定式，以致审查起诉特别是提起公诉以后，很容易按照犯罪嫌疑人就是有罪的思维定式来出庭支持公诉，很可能听不进去被告人无罪或者罪轻的辩护意见，甚至会不服人民法院对被告人作出的无罪判决。凡此种种，都可能丧失客观公正的立场。因此，在这些改革过程中，强调检察官的客观公正义务，尤为重要和必要。

四是进入新时代以后，人民群众对检察机关的法律监督提出了新的更高的要求，对维护法律的正确实施、维护社会公平正义的期盼更高。检察机关和检察人员在法律监督过程中，唯有坚持客观公正的立场，严格依法监督、切实维护公平正义，才能得到人民群众和有关各方的认可与支持。一旦丧失了客观公正的立场，就可能导致案件处理的不公正，就可能导致法律监督的失衡和失误，也就很难取得人民群众和社会的信任和支持，更不可能实现双赢、多赢、共赢的效果。

在新的历史时期，《人民检察院组织法》在总则第6条中明确规定："人民检察院坚持司法公正，以事实为根据，以法律为准绳，遵守法定程序，尊重和保障人权。"《检察官法》总则第5条进一步规定："检察官履行职责，应当以事实为根据，以法律为准绳，秉持客观公正的立场。"这就把"客观公正"

这个检察机关和检察官应当具有的品格通过法律的形式上升为人民检察院和检察官的法定义务。因此，在新时代，检察机关和检察官秉持客观公正的立场，已经不仅仅是一个工作上的要求，而是一种必须履行的义务。

（二）客观公正的基本要求

按照联合国《关于检察官作用的准则》的规定，检察官的客观公正义务，主要包括以下内容：（1）不歧视任何人。检察官在履行职责的时候，要保持不偏不倚的立场，不得对任何人进行任何政治、社会、文化、性别或任何其他形式的歧视。（2）按客观标准行事。检察官在履行职责的过程中要充分注意到案件的一切有关的情况，特别是对犯罪嫌疑人有利的和不利的各种因素，不得顾此失彼或厚此薄彼。（3）保证公众利益。在适当考虑犯罪嫌疑人人权的同时，要充分考虑到社会的利益特别是在有被害人的场合，要考虑到受害者的立场和权利。特别是在受害者的个人利益受到影响时考虑到其观点和所关心的问题，并确保按照《为罪行和滥用权力行为受害者取得公理的基本原则宣言》，使受害者知悉其权利。（4）必要时中止追诉。在诉讼过程中，如若一项不偏不倚的调查表明起诉缺乏根据，检察官就不应提出或继续检控，或应竭力阻止诉讼程序。（5）依法保护犯罪嫌疑人的合法权益。如果得知或认为其掌握的不利于犯罪嫌疑人的证据是通过严重侵犯其人权的非法手段取得的，检察官就应拒绝使用此类证据，并应采取一切必要的措施确保将使用非法手段的责任者绳之以法。（6）酌处中的客观公正性。在其他任何情况下，检察官依法行使自由裁量权时，应当充分考虑各方面的利益和情况，确保作出起诉和免于起诉的决定的必要性、客观公正性和连贯性。

结合我们国家的实际情况，笔者认为，为了保证检察权行

使的客观公正性,检察机关在行使职权的过程中,应当着重强调以下三点:

1. 检察官必须始终站在国家的立场上,铁面无私

检察官应当始终牢记自己是代表国家办理案件的,因此要始终站在国家的立场上对待每一个案件,而不能把本单位利益、把个人的得失荣辱作为履职时思前顾后的筹码,不能把自己混同于一般意义上的"原告",片面追求胜诉的结果,更不能利用手中的权利逞威风、搞特权、争强好胜甚至谋取私利。唯有始终把国家利益、社会公共利益和人民群众的利益放在首位,把维护法律的尊严和统一正确实施作为自己的价值追求,才有可能秉持客观公正义务,不偏不倚地对待每一个案件和每一个案件当事人。特别是在刑事诉讼中履行追诉职能时,要时刻想到自己是代表国家在行使追诉权,不仅要把国家利益放在首位,而且要运用国家的理智和铁面无私的精神来办理案件,用国家治理现代化的要求来履行法律监督职责。在履行追诉犯罪的职责时,检察官要正确认识国家追诉犯罪的目的。追诉犯罪的目的是要使真正有罪的人受到法律应有的制裁,同时也要保护确实无罪的人不受法律的追诉。追诉犯罪在本质上就要求追诉的准确性,而准确的基本保障是客观全面地收集证据和客观冷静地分析案件的情况。因此遵守客观义务是实现追诉犯罪的准确性的保障。违反客观义务,就很难在真正意义上实现追诉犯罪的任务。所谓真正意义上的追诉犯罪,就是要对真正的犯罪进行追诉。只求追诉"犯罪"的数量,而不考虑追诉的是否属于法律规定的犯罪,把一般性的违法行为当作犯罪来追诉,看起来是在追诉犯罪,实质上违反了追诉犯罪的目的。

不仅如此,检察官在履行其他法律监督职责的过程中,同样应当始终坚持国家立场,始终把维护国家利益和社会共同利

益作为行使检察权的价值追求。特别是在行使调查核实权的时候,要客观全面地收集证据,不能片面强调当事人一方的利益诉求,更不能偏听偏信某一方当事人的证据。

2. 检察官必须始终坚持法律标准,公正严明

恪守客观公正义务的目的是准确地适用法律、正确地办理案件。检察官在行使调查权的时候,要客观公正地对待每一个案件事实。一方面要客观公正地收集、审查和运用证据,特别是对于有利于犯罪嫌疑人或被告人的证据,要认真对待,防止为了片面追求打击犯罪的效果而偏听偏信,有意无意地忽视甚至隐匿有利于被告人的证据。"检察官应力求真实与正义,因为他知晓,显露他(片面打击被告)的狂热将减损他的效用和威信,他也知晓,只有公正合适的刑罚才符合国家的利益!"[1] 另一方面要坚持法律标准,重事实、重证据、重规则,保证准确地适用法律,从而保证案件办理的质量。检察官办理案件,无论是公诉案件、申诉案件还是其他类型案件,都必须严格依照有关法律的规定,客观冷静地分析案件中的所有证据材料,坚持法律的实体标准和程序规则,不偏不倚地认定案件事实,公正对待案件当事人。特别是在涉及罪与非罪的问题时,要按照法律规定的犯罪构成要件审查案件的事实证据,确保批准逮捕、提起公诉的案件是依法应当追究刑事责任的案件,确保没有使无罪的人受到刑事追究。

在履行其他法律监督职能时,同样要秉持客观公正义务,遵守法律、尊重事实,客观地看待监督对象的行为,公正地提出监督意见,不能偏听偏信,以成见对待监督对象、以感情代替法律。联合国《关于检察官作用的准则》第13条规定:"检

---

[1] 林钰雄:《检察官论》,学林文化事业有限公司1999年版,第37页。

察官在履行其职责时应：(a) 不偏不倚地履行其职能，并避免任何政治、社会、文化、性别或任何其他形式的歧视；(b) 保证公众利益，按照客观标准行事，适当考虑到嫌疑犯和受害者的立场，并注意到一切有关的情况，无论是否对嫌疑犯有利或不利……"第14条进一步明确规定："如若一项不偏不倚地调查表明起诉缺乏根据，检察官不应提出或继续检控，或应竭力阻止诉讼程序。"这些规定既是对检察官恪守客观公正义务实践经验的总结，也是对检察官履行职责的基本要求。

3. 检察官必须始终保持法律人的理性，兼顾各方

检察官在办理公诉案件过程中，不仅要重视侦查机关的起诉意见，而且要重视犯罪嫌疑人、被告人的辩护意见，特别是在有被害人的案件中，检察官既要尊重犯罪嫌疑人、被告人的权利，也要保护被害人的权益；既要重视有利于指控犯罪的所有证据材料，也要重视有利于犯罪嫌疑人、被告人的所有证据材料；既要尽可能地满足被害人方面的诉讼请求，也要充分考虑犯罪嫌疑人、被告人的辩护意见，尤其是要认真听取辩护人的意见。在决定起诉或者不起诉的问题时，要全面分析案件的各种情况，权衡各方面的利益，确保所作决定的客观性和适当性。对于证据表明其实施了犯罪行为应该追究刑事责任的人，不能因为其身份地位或社会背景而不予追究；对于没有充分证据证明其实施了犯罪行为的人或者依法可以不予追究的人，不能因为他人特别是有权有钱有关系的人的要求而予以追究。

在审查当事人不服人民法院生效判决裁定的申诉案件时，检察官既不能感情用事、偏信一方当事人的申诉，而无视法院判决裁定所持的事实依据和法律依据，也不能带着"有色眼镜"看待当事人的申诉，片面强调生效判决裁定的权威性，而应当实事求是地分析案件的证据材料和当事人申诉的理由，客

观公正地对待每一份判决裁定，既向每一个申诉的当事人负责，也向法律负责。

在对侦查活动、审判活动实行法律监督的过程中，既要根据控诉人的控诉或申诉人的申诉，认真审查核实有关违法事实，也要认真听取有关侦查机关、审判机关的意见，真正站在客观公正的立场上对待每一个监督事项，客观公正地面对被监督的各个方面。一旦偏离客观公正的立场，就可能不适当地伤害到一方甚至各方的利益，损害到法律的权威，从而丧失法律监督的应有价值。

在侦查、起诉过程中，检察机关往往乐于听取被害人的陈述和意见，特别是被害人及其证人关于被告人犯罪事实情况的具体陈述。因为这些陈述，可以作为指控犯罪的证据，有利于检察机关指控犯罪。对于被告人的辩解，以及律师的辩护意见，检察机关往往不乐于听取，甚至把被告人的辩解视为狡辩和不认罪。这种成见或偏见，对于检察机关和检察人员客观公正的办理案件是极其有害的。检察机关和检察人员应当力戒这种职业病在履行职责中作祟。在诉讼过程中，各级检察机关和每个检察官都应当认真听取犯罪嫌疑人和被告人的辩解，特别是辩护律师的意见，客观冷静地对待法院裁判的结果。尤其是不能把自己混同于一般的当事人而片面追求胜诉的结果。

总之，检察官和检察机关应当按照客观性义务的要求履行法律监督职责，坚持客观公正地对待每一个案件和每一个案件当事人，努力维护执法活动和诉讼过程中的公平和正义。只有这样，才符合法律监督的内在要求，才能在人民群众中树立客观公正的形象。

（三）坚持客观公正应当注意的问题

对于检察机关而言，特别是对于办案检察官来说，坚持客观公正往往具有一定的难度。这种困难通常来自两个方面：一是上命下从的工作机制；二是当事人主义的思想倾向。因此，坚持客观义务，就需要正确处理上命下从与客观义务的关系，就应当有意识地克服当事人主义倾向。

1. 正确处理客观义务与上命下从的关系，保证检察权行使的公正性

按照检察一体化的运行机制，每个检察官在办理案件的过程中都必须服从上级的指令。而这种指令有时可能与检察官所了解的案件客观事实不符。一旦遇到这种情况，办案检察官有责任积极主动地向上级汇报自己所掌握的所有证据资料，实事求是地陈述案件的真实情况，并提出自己对案件的处理意见。如果上级在充分了解了案件的真实情况之后仍然坚持自己的指令，办案检察官应当执行上级的指令，但是有权将上级的指令真实地记入案卷。当然，如果上级就具体案件所发出的指令明显违反法律的明文规定时，办案检察官有权向发出指令的检察官的上级反映情况，请求撤销明显违法的指令。在加拿大，任何人包括检察官的上司，向办案检察官发出的任何指令，甚至包括电话记录，办案检察官不仅要将其存入卷宗，而且可以向媒介公开。在我们国家，对待上级指令，检察官有保密的义务，不能轻易对外公开，但是可以通过组织程序向上级反映。

对于上级的指令，应当区别不同情况。如果上级的指令明显违反法律的明文规定，办案检察官可以在执行前先向上级组织反映，请求重新审查该指令。但是，如果上级的指令本身并没有明显违法，只是由于办案检察官认为其不适当或者不符合法律的解释，办案检察官就不能完全按照自己的意志行事，而必须执行上级的指令。如果办案检察官认为上级的指令由于对事实证据了解不全面而出现错误，则应该及时地向发出指令的

上级部门或领导汇报案件的真实情况，以便上级修正所发出的指令。如果只是因为承办案件的检察官与上级领导对案件的证据材料或者法律规定的理解不同而导致意见分歧，那检察官就更应当服从上级领导的指令，而不能完全按照自己的观点处理案件。

总之，在上命下从与客观义务发生冲突时，检察官应该遵从客观义务的要求，保证依法公正地办理案件。但是检察官又不能妄自尊大，完全按照自己的理解、观点或意见办理案件而置上级的指令于不顾。其中关键是要正确对待上级的指令，既不能因为上级的指令与自己的意见不一致而闹情绪或消极怠工，也不能在执行上级指令时不分青红皂白，不顾事实和法律，盲目听从。

2. 克服当事人主义倾向，坚持客观公正地对待犯罪嫌疑人和被告人

追诉犯罪的责任容易使检察官形成一味地强调和过分扩大追诉职责的职业性思维定式。长期强调法律监督职责，也容易在有意无意中强化监督意识而过分夸大违法事实。责任心越强的检察官越容易片面重视追诉违法的使命。

在我们国家，由于1979年通过的人民检察院组织法把检察机关的职权限定在刑事领域，所以，检察机关恢复重建以来，全国检察机关上上下下都把满腔热情和主要精力放在同刑事犯罪作斗争方面。长此以往，便形成了很强的控诉意识，一些检察官嫉恶如仇，总是尽职尽责地想把每一个犯罪分子送上法庭、送入监狱，并把这种角色定位习惯性地融入检察工作的实践。尽管1979年的刑事诉讼法就有"保障无罪的人不受刑事追究"的任务，但是很多检察机关、很多检察人员更多的是强调惩罚犯罪的任务，以为不能让每一个犯罪分子从自己的手

里逃脱法律的制裁就是认真履职的表现，就是对党和人民负责任的表现。1989年颁布的行政诉讼法、1991年颁布的民事诉讼法虽然赋予了检察机关对行政诉讼活动和民事审判活动实行法律监督的职权，但检察机关的工作重点仍然是在刑事诉讼领域，检察官办理的案件也主要是刑事犯罪案件。所以，长期以来，检察机关形成了片面强调打击犯罪的理念，这种理念通过检察系统推行的错案追究制度进一步强化。

片面强调打击犯罪的理念表现在多个方面。一是在检察官个人的认知方面，片面强调自己的任务就是追诉犯罪。对于公安机关移送的案件，往往不加甄别地提起公诉（最多是让公安机关补强证据）。如果觉得公安机关移送起诉的罪名不合适，就会想用其他罪名提起公诉，很少往不构成犯罪方面去想，也不大愿意提出不起诉的意见。二是在检察机关对案件的处理方面，过分强调打击犯罪的职能。对于公安机关移送的案件，如果承办案件的检察官提出批准逮捕或者提起公诉的意见，在程序上就能很顺畅地通过。一旦承办案件的检察官提出不批准逮捕或者不提起公诉的意见，检察机关内部就会有层层把关来审查，只怕检察官为犯罪嫌疑人开脱罪责。三是在检察系统的评价标准方面，曾经一度在许多检察院都把法院的无罪判决作为错案认定的依据，不加任何分析。这种考核标准使得基层检察院和办案的检察官都把追求无罪判决作为目标，凡是提起公诉的案件，都要求法院认定被告人有罪。一些检察院提起抗诉的案件，十几年甚至几十年里，都是因为法院判无罪或者判轻了而提起的，没有一个是因为法院给被告人判刑过重而提起的。在这种执法理念的氛围中，检察官在办案中奉行的理念是只要被告人被法院判决有罪，自己的任务就完成了；一旦检察机关提起公诉的被告人被法院判决无罪，就觉得脸上无光，检察机关也会作为错案来评价。可以说，片面强调打击犯罪的理念在一定程度上蒙住了检察官的眼睛，更多地考虑如何追诉犯罪，很少考虑保障无罪的人不受刑事追究，有时甚至不顾及自己所办案件对当事人可能造成的危害后果。

尤其是在庭审方式改革之后，由于对抗制诉讼机制的引入，有责任心的检察官对胜诉的追求欲望更加强烈。这在一定程度上就无形地加剧了检察官的当事人主义倾向。在实践中，检察官的当事人主义倾向，主要表现在以下几个方面：一是在审查证据时，只重视有罪证据，不重视无罪证据；只重视犯罪嫌疑人的有罪供述，不重视其无罪的辩解；只考虑定罪的可能性，而不关心无罪的可能性。甚至在明显与客观证据不符的主观证据面前，宁肯相信主观证据之间的吻合而置客观证据于不顾。二是在庭前证据展示中，只愿接受律师展示的证据，不愿主动提供控方掌握的可能证明被告人无罪的证据。对于明显有瑕疵的证据甚至可能的非法证据，宁愿千方百计地对其进行补强而不愿意主动排除。对辩护律师自己收集的证据，更是不愿意采信。三是在法庭调查时，只乐于提供有罪证据，而不愿提供无罪证据；只讲罪重的情节，而不讲罪轻的情节和可能减轻或免除处罚的情节。四是在审判结果上，只追求有罪判决的结果，而不愿接受无罪判决的结果，一旦法院判决被告人无罪，就不分青红皂白地提起抗诉。五是在抗诉问题上，只注重对自认为法院判轻的结果提起抗诉，而不愿或者很少对法院明显判重的结果提起抗诉。凡此种种，都表现出明显的当事人主义倾向。

实行认罪认罚从宽制度以来，检察官在刑事诉讼中的主导地位进一步强化。实践中，一些承办案件的检察官，放弃对全案证据进行实质性审查判断的责任，把办案的重点放在促使犯罪嫌疑人认罪认罚、签署具结书方面，并以不认罪就不能从宽为借口敦促犯罪嫌疑人认罪认罚。犯罪嫌疑人及其辩护人一旦提出辩解，有的检察官就以犯罪嫌疑人不认罪为由，提出比较重的量刑建议，甚至要求法官从重判处。一旦被告人提出上诉，即使法官完全按照检察官的量刑建议作出判决，有的检察官也要提请上级人民检察院提起抗诉。

当事人主义倾向对于检察机关在诉讼中履行客观公正义务是极为有害的。它可能导致检察机关和检察官思维方式的片面性，从而只强调追诉犯罪而忽视保障人权，甚至将自己混同于一般的当事人，忘却了检察机关维护法律统一正确实施的使命。因此注意克服当事人主义倾向，对于检察机关保持客观公正的立场，树立通过法律监督维护公平正义的良好形象，是非常重要的。

克服当事人主义倾向，最重要的是在办理任何案件的过程中，不能把检察机关自己的利益和检察官个人的利益混迹其中。一方面，只有完全摒弃本部门或办案检察官个人的得失、不考虑自己的"面子"，才能真正做到客观公正地对待每一个案件，完全按照法律的规定和精神办理案件。如果案件处理的结果影响检察机关的利益或者影响对检察官的考评，检察机关或者检察官就难免要考虑这些因素以致影响对案件的处理。另一方面，无论是检察机关或者检察官个人，都应当恪守法律监督机关的职业准则，自觉排除自身利益对办理案件的影响，本着向法律负责的精神，客观地、不偏不倚地对待案件和案件当事人尤其是犯罪嫌疑人及其辩护人，不得采取非法手段逼取犯罪嫌疑人的口供，也不得向犯罪嫌疑人或被告人的辩护人隐瞒任何案件的证据资料（涉及国家秘密的除外）。在对待法院裁判结果的问题上，同样应该本着对法律负责的精神，客观地看待法院的裁判，如果不是明显错误或违反法律，没有出现畸轻畸重的裁判，就不应该提起抗诉。总之，检察机关和检察官要理性地把握自己在诉讼中的角色定位，认真负责地履行法律监督职责，只有这样，才能做到客观公正地对待每一个案件和每一个案件当事人。

进入新时代以来，最高检新一届党组意识到这个问题的严重性，反复强调在履行打击犯罪的职能时要高度重视保障无罪的人不受刑事追究，不仅要认真负责地对待每一个犯罪嫌疑人、被告人，而且要认真负责地对待每一个涉案企业，坚决防止"办了一个案件，搞垮一个企业"的做法。在强调转变执法理念的同时，检察机关修改了原来的考评标准和案件管理办法，发布了保护涉案企业的指导意见，通过一系列措施，把新的执法理念贯彻到检察机关的办案过程。这既是对犯罪嫌疑人、被告人的人生负责，对涉案企业的生存负责的态度，也是对法律负责的态度。这种理念切实地在检察工作中予以践行，检察工作就会更好地体现习近平总书记提出的以人民为中心的法治思想，就会更多地得到人民群众的理解和支持。

3. 克服地方保护主义倾向，平等对待不同主体

在我们国家，长期存在的"分灶吃饭"的财政体制，形成了强大的地方利益。这种地方利益、局部利益与国家利益、全局利益虽然密切相关，但毕竟存在着相对的独立性。特别是地方上的经济发展普遍地与地方各级各类公务员的福利待遇挂钩，以致使地方利益融入国家工作人员的利害关系之中。同时又由于地方各级检察机关都是按照地方行政区划设置的，也是由地方同级人民代表大会产生并向地方同级人民代表大会负责的，从而使地方利益通过各种渠道渗透到检察机关办理的各类案件中，形成顽固的地方保护主义的执法理念和不平等保护的

做法。这种理念与做法,无疑与检察官客观公正义务相冲突。

从以往的检察实践中看,地方保护主义的理念与做法表现在检察权行使的各个方面。最为突出的是在刑事案件的办理中。一方面,偏袒或不当保护本地违法犯罪的企业。有的检察机关及其办案人员,对涉案的本地企业,往往因为各种原因或者基于各种压力,不敢或不愿严格依法查办,千方百计地对其网开一面,甚至主动为其出谋划策以逃避法律责任。外地司法机关到本地查处涉案的本地重点企业或知名企业时,不仅对外地司法机关正常的调查、查处活动不予配合,而且故意阻挠执法协助要求,制造管辖争议,有的甚至通风报信、泄露执法办案信息。另一方面,有意打压外地企业。对于外地企业与本地企业之间的经济纠纷包括刑事犯罪,往往是有意识地袒护本地企业而打压外地企业。有的检察机关对于可能侵害本地支柱产业、重点企业利益,影响本地社会稳定或经济发展的违法犯罪行为,一旦涉及外地企业,就以为地方社会稳定、经济发展保驾护航为名,从严打击。有的对明显不构成犯罪的外地企业也立案侦查,批准逮捕作为外地企业法人代表的犯罪嫌疑人,甚至违规采取查封、扣押、冻结措施,迫使外地企业承担本地企业的经济损失。有的以保护本地产业、企业的优势市场地位为名,违法帮助本地企业打击竞争对手,为本地企业谋取不当经济利益,甚至为本地企业去外地追讨债务,插手经济纠纷。

在民事诉讼、行政诉讼法律监督过程中,有的检察机关明明发现有关单位偏袒或违法保护本地企业,损害了外地企业的利益,却不愿认真履行法律监督职责,睁一只眼闭一只眼,懈怠渎职,不提出纠正意见,更不愿提起抗诉。这种观念和做法,名义上打着为地方社会稳定和经济发展保驾护航的旗号,实质上严重违背了检察机关和检察官应该秉持的客观公正立场,导致法律实施的不公平、不平等,与检察机关维护公平正义的宗旨相背离。

因此,秉持客观公正的立场,就必须克服地方保护主义的执法理念和做法,公平地、平等地对待本地企业和外地企业,严格依照法律规定来办理涉企案件。

首先,全国各级检察机关和检察人员必须充分认识检察机关的宗旨和使命,树立正确的国家观、大局观和法律观。检察机关要准确把握国家整体经济发展形势,精准把握刑事司法政策,破除地方保护主义的执法观念,始终把在全社会实现公平正义作为自己执法办案的价值追求。要时刻想到自己是国家的法律监督机关,而不是地方利益的保护者。

其次,检察机关要想方设法打破地域壁垒,尽可能地排除和减少地方干预、利益驱动对执法办案的影响。检察机关应该充分发挥检察一体化的优势,正确处理地方利益与国家利益、局部利益与整体利益的关系。特别是上级人民检察院要认真履行领导职责,切实加强对下级人民检察院办理涉企案件的指导和督促检查,严格纠正基于地方利益产生的不当追诉,特别是对于可能受到地方保护主义干预的案件,通过行使人民检察院组织法赋予的职权,上提一级办理。

最后,检察机关应当主动与公安机关对接,共同建立涉外地企业案件的通报制度,在提前介入、审查逮捕、审查起诉等办案阶段,对容易滋生地方保护主义的重点环节进行重点监督,以尽可能地避免不当损害外地企业合法利益的执法行为。

此外,检察机关在民事检察、行政检察、公益诉讼检察等法律监督活动中,应当高度重视涉及外地企业的案件中平等保护问题,坚持客观公正立场,坚持统一法律适用尺度,通过抗诉、检察建议等手段，督促纠正地方保护主义导致的错案冤案，在为本地社会稳定和经济发展保驾护航的同时，也要为全国的社会稳定和经济发展保驾护航。这是检察一体化的内在要求，也是国家发展大局观的必然要求。

三、检察权运行的一体化

一般而言，检察权行使的主体是检察官。检察官依照法律授权办理具体案件，使检察权在法律运行过程中得以实现。但是检察官并不是完全以个人的身份或者个人的名义办理案件的。特别是在中国，法律将检察权授予检察院而不是检察官，检察官办理案件是以检察院的名义进行的。检察院作为一个整体，是检察权行使的主体。在这个整体中，检察院如何组织所属的检察官统一有效地行使检察权，就涉及检察权运作的一体化问题。检察权运行的一体化，是运用检察权时必须遵循的基本原理，但是一体化的运行机制本身有许多问题值得研究。

（一）一体化在检察权运行中的普遍性

在许多国家，检察权都是按照一体化的机制来运行的。不仅在最典型的大陆法系国家，检察机关的组织和检察权的运行具有明显的一体化特征，而且在英美法系国家，检察机关的组织原则和检察权的运行方式也具有一体化的特征。

1. 法国的检察一体化

在法国，检察一体化集中表现在以下五个方面：

第一，检察院上下级之间具有明确的隶属关系。法国检察机关分别为最高检察院或称驻最高法院检察院（设总检察长一人，首席总检察官一人，总检察官若干人），驻上诉法院检察院（设检察长一人，检察官若干人，助理检察官若干人），驻大审法院检察院或称驻轻罪法院检察院（设检察长一人，副检察长一人或多人,检察官若干人),驻初审法院检察院或称驻违警罪法院检察院(其检察职能由驻大审法院检察院检察长指定的一名国家警察分局局长或一名督察行使)。其组织体系的基本特征是检察院有上下级隶属的级别关系。检察院的司法官要接受上级的命令,而且必须服从上级的命令。法国《刑事诉讼法》第37条规定:"检察长对上诉法院辖区内的检察院的所有官员拥有上司权力。"[1] 检察官对其代理检察官享有领导权力,并且,依据刑事诉讼法的规定对在其辖区内的违警罪法院的检察官员享有领导权力。在每一级别中,检察院各成员都由上级长官与检察长进行评价,这就使检察官有义务服从上级。但是,法国检察机关"下级服从上级"的原则受到两个方面的限制:一是不同级别的检察院之间具有独立性,即检察长在没有上级命令或者不顾已经接到的上级指令的情况下,仍然可能进行合法、有效的追诉,而上级不能取代他们。在同一检察院内部,代理检察官应当服从其所隶属的检察官的意见,否则,检察官可以取代代理检察官。二是下级检察官在提出书面意见中应当按照接到的指令办理,但是在法庭上,仍然可以说出自己的看法。"笔杆时听从上司,口头上听便自己"。

第二,检察院具有不可分割性。检察院的司法官在法律上被视为同一个人,即职责吸收了每一个成员的个人身份。检察院的检察官采取行动、出面说话,并不代表他本人,而是代表整个检察院。因此,检察院的各成员始终可以相互替代履行职责,即使是在同一案件的审理过程中,本检察院的成员亦可以相互替代。而法官则没有取而代之的可能,否则,所进行的程序无效。

---

[1] 《法国刑法典刑事诉讼法典》,罗结珍译,国际文化出版公司1997年版,第368页。

第三，检察院的地位独立。在法国，尽管检察院设在法院，被称为最高法院检察院或上诉法院检察院或大审法院检察院，但是检察院的司法官，对预审法庭和审判法庭，享有绝对的独立地位。法官包括法院院长不得对检察院的司法官进行训斥或发出指令，也不得命令对检察院提出的提起公诉意见书的任何语句进行删减，法官尤其无权自行受理刑事案件，而必须等待检察院提起公诉。相对于受到损害的当事人，检察院也是独立的。受到损害的当事人采取何种态度，对检察机关并无任何约束力。

第四，检察机关不受申请回避。与座席法官无论在民事诉讼案件还是在刑事诉讼案件中都可以因确定原因而受到申请回避不同，检察院的检察官在法庭上作为刑事诉讼的主当事人，始终不受申请回避。

第五，检察院不承担责任。检察机关即使是错误地提请了公诉，也始终不会对宣告无罪的被告人给予损害赔偿。但是检察官个人如果有过错，却可能承担民事责任。[1]

2. 德国的检察一体化

在德国，检察机关是一个阶（层）级组织的司法单位。检察官不像法官那样享有办理案件及人格的独立权，即"检察机关的公务人员需依上级长官之职务上指示行事"。每一个检察官不是必须全权自行决定管辖范围内的事项，而是作为检察机关首长的代理人行事，而该首长随时可以为案件之处理对外负责（转移权）或将案件视需要而移交另一个检察官办理（代替权）。联邦总检察长隶属司法部长的监督和领导，并对所有联

---

[1] 参见〔法〕卡斯东·斯特法尼、乔治·勒瓦索、贝尔纳·布洛克：《法国刑事诉讼法精义》（上册），罗结珍译，中国政法大学出版社1998年版，第123—131页。

邦检察官有指示权。并且，联邦总检察长依据刑事诉讼法的规定，对危害国家安全的犯罪以及恐怖主义暴力犯罪的侦查具有优先管辖权。

但是，联邦检察院并不是各州检察院的上级机关。州的高等检察院检察长及高级官员，均由州司法部长执行职务监督，检察长是其所属检察院配置的地方法院管辖区域内的主任检察官的长官，而各主任检察官又指挥监督各所属地方的检察官及其他检察人员。州的检察长对所配置州高等法院管辖区域内所有检察官有指挥权，但是不得指挥设在各州的联邦检察院，联邦检察院也不得自行将地方检察院向联邦最高法院所提起的第三审上诉予以撤回，但当其认为该第三审上诉不足采信时，可以申请最高法院驳回。

从总体上看，德国的检察机关并不是一个全德统一指挥侦查的单位，但是在特定重大犯罪案件中，联邦总检察长可以直接指挥侦查的进行。"在过去数十年间，各邦经由相互间的契约协定，就特别的事件建立一超越辖区的检察机关犯罪侦查网。"虽然每一位检察官只是其上级长官的"代理人"，必须服从上级长官的指挥，但是其本身对真实性和公正性的判断却具有不可替代性。这种判断必须由各个主事的检察官个人以其良知个别决定之。因此，任何上级长官，不得对检察官施以强制，命其违反自己的信念行事。检察机关首长的指挥监督权不会因此而受到侵害，因为他可以凭借转移权或代替权，自行办理该案件或者将案件交由其他检察官办理。[1]

---

[1] 参见〔德〕克劳思·罗科信：《刑事诉讼法》，吴丽琪译，法律出版社2003年版，第63—67页。

3. 日本的检察一体化

在日本，检察一体原则被认为是理所当然的。日本的检察机关分最高检察厅、高等检察厅、地方检察厅和区检察厅四级。最高检察厅是检察系统中最高级别的检察机关，设总检察长即检事总长一人、副总检察长即次长检事一人和检事若干人。检事总长管理检察厅的事务，并且指挥监督所有检察厅的职员；次长检事辅佐检事总长工作，并且在检事总长有事故或缺任时履行检事总长的职务。高等检察厅设本厅和支部，本厅设检事长一人，次席检事一人，部长若干人。支部设支部长。检事长管理高等检察厅的事务，并且指挥监督高等检察厅及其对应法院辖区内地方检察厅和区检察厅的职员。地方检察厅设检事正一人，检事若干人。检事正管理地方检察厅的事务，并且指挥监督地方检察厅及其对应法院辖区内区检察厅的职员。区检察厅设检事或副检事一人或多人，有两个以上检事、副检事的区检察厅设上席检察官一人，上席检察官负责该区检察厅的工作，指挥监督该检察厅的职员。

日本检察机关奉行检察一体化原则，强调检察官是作为一个整体从事检察业务的，检察官行使检察权必须保持整体的统一性。检察一体化的原则体现在《检察厅法》第7—14条的规定之中。按照《检察厅法》的规定，全国检察官在职能上形成以检事总长为顶点、检事长及检事正的指挥监督权结合起来的金字塔型结构，检察官在执行职务时有遵从上级长官指挥监督的义务。并且，检事总长、检事长和检事正有权自行调整其指挥监督下的检察官的事务，可以以自己的名义作出处理，或者将其指挥监督下的检察官的事务转交给其他检察官处理。

按照日本学者的观点，实行检察一体化的目的在于，既保持检察官的独立性，又使检察官作为一个整体有效地发挥作用，使检察权的行使能够在全国保持统一，不受外来干涉和影响，从而实现维护公共秩序和尊重人权的基本目的。[1] "检察官要受到所属长官的指挥监督……所属长官也可以办理其属下检察官的事务，或者将该属下检察事务交给其他检察官办理。可以说，检察官中存在着'检察官一体化原则'，这一原则实际上以检察官职务的独立性为前提，是对检察官独立性的统一。"[2]

4. 俄罗斯的检察一体化

在俄罗斯，检察一体化的色彩十分浓厚。苏联解体后，俄罗斯联邦检察机关在很大程度上继承了苏联检察制度的传统，依然强调检察权的统一行使。按照1999年2月10日修订的《俄罗斯联邦检察院法》的规定，俄罗斯联邦检察一体化主要体现在以下几个方面：

第一，组织体系的统一性。《俄罗斯联邦检察院法》明确规定：俄罗斯联邦检察院是联邦统一集中的机关体系。俄罗斯联邦检察院体系的构成有：俄罗斯联邦总检察院、俄罗斯联邦主体检察院和与其同级的军事检察院、其他专门检察院及科研教育机关有法人地位的编辑印刷出版部门，市、区检察院、区域检察院，军事检察院以及其他专门检察院。法律还规定：检察机关的组建、改革和撤销，其地位和权能的确定，由俄罗斯联邦总检察长决定。在俄罗斯联邦的领土上，不容许有独立于俄罗斯联邦检察院统一体系的检察院存在和进行活动。

第二，检察权行使的独立性。检察机关行使职权独立于联

---

[1] 参见潘剑锋主编：《法院与检察院组织制度》，北京大学出版社2004年版，第305—308页。

[2] [日] 松尾浩也：《日本刑事诉讼法》（上卷），丁相顺译，中国人民大学出版社2005年版，第31页。

邦的国家权力机关，独立于俄罗斯联邦主体的国家权力机关、地方自治机关和社会联合体，严格按照现行法律在俄罗斯联邦领域内行使法律职权。为了保证检察权行使的独立性，法律还明确规定：联邦国家权力机关、俄罗斯联邦主体的国家权力机关、地方自治机关、社会联合体和民众媒体及其代表人和公职人员，不管在何种程度上对检察员和侦查员决定采取的措施施加影响或者妨碍检察监督活动，都必须承担法律责任。检察员和侦查员对他们承办的案件材料，不管何人提出要求，均无提供和解释的义务。没有检察员的允许，任何人都无权在检查和预侦结束之前公开检察机关检查和预侦的材料。

第三，上命下从的组织原则。俄罗斯联邦检察院的活动原则是下级检察员服从上级检察员和俄罗斯联邦总检察长。为此，组织法明确规定，俄罗斯联邦主体检察长的任职，由俄罗斯联邦总检察长同俄罗斯联邦主体的国家权力机关协商决定。俄罗斯联邦主体检察长必须服从俄罗斯联邦总检察长的领导并向他报告工作。对其职务的解除亦由俄罗斯联邦总检察长决定。市、区检察院的检察长和专门检察院的检察长职务的任免由俄罗斯联邦总检察长决定。他们必须服从上级检察长和俄罗斯联邦总检察长的领导并向其报告工作。检察机关的检察员和侦查员不能参加国家权力机关和地方自治机关组织的选举机关或其他机关。检察工作人员不能参加带有政治目的的社会联合组织及其活动。检察机关不允许建立带有政治目的的社会联合组织及进行活动。检察员和侦查员在自己的业务活动中，不允许同社会联合组织作出的决定发生联系。检察人员不允许配合自己的主要活动进行其他有偿或无偿活动。但教学、科研和创作活动除外。

第四，确保检察长的领导地位。组织法明确规定：俄罗斯联邦总检察长领导俄罗斯联邦总检察院；俄罗斯联邦主体检察院及与其同级军事检察院和其他专门检察院，由其相应的检察长领导；市、区检察长及与其同级的军事检察长和其他专门检察院检察长，领导相应的检察院。为了保障检察长的领导权，组织法明确规定了各级检察长的领导责任：俄罗斯联邦总检察长领导俄罗斯联邦检察院系统。为使检察机关的工作人员更好地履行职责，发布必要的命令、指示，颁布条例和工作细则，以便调整俄罗斯联邦检察院系统的组织活动，使上述工作人员物质与社会的保障得以实现。俄罗斯联邦总检察长在划拨的编制和工资基金预算的范围内，确定俄罗斯总检察院的人员编制和机构设置，规定分院机构的权限，确定下级检察机关的人员编制和机构设置。俄罗斯联邦总检察长任免俄罗斯联邦检察系统科研和教育机关的所长（院长）及其副职。俄罗斯联邦总检察长负责完成本联邦法规定的检察机关的任务。俄罗斯联邦主体检察长及与其同级检察长，根据俄罗斯联邦现行法律和俄罗斯联邦总检察长的指示，向下属工作人员发布必要的执行命令。在俄罗斯联邦总检察长确定的人员编制和工资基金数额的范围内，可以调整本院和下级检察院的定员和机构。划区的市检察长领导区检察院及与区同级的检察院，向上级检察长提出调整本机关和下属检察院的人员机构和干部配备的建议。

5. 英国的检察一体化

英国自1985年议会通过《犯罪起诉法》之后，从1986年起设立了独立统一的检察机关。新的检察体制是由以总检察长为首长的中央法律事务部、以检察长为首长的英格兰刑事检察署和威尔士刑事检察署、在英格兰和威尔士境内的31个（1993年合并为13个）以首席检察官为首长的区检察署构成，实行全国一体化且分层管理原则，上下级之间有明确的监管与被监管的关系。

新的检察系统在组织结构上的特点是分级设置、上下统一。其中,总检察长有权任命检察长并决定检察长的报酬,对检察长的工作进行监督,有权制定有关条例、成立职员委员会,研究并明确各机关雇佣的与履行检察职能有关的工作人员的作用,并对职员委员会的工作程序进行指导。检察长由总检察长任命,接受总检察长的监督,并向总检察长报告工作;检察长作为刑事检察署的首长,有权任命首席检察官及其他检察官,并指挥检察官的工作。首席检察官负责本检务区的检察工作,每个首席检察官还负责两个至五个检察署分部的工作。分部检察官是检察署分部的首脑,领导助理分部检察官处理本分部的检察事务。助理分部检察官通常是检察组的负责任,指导本组检察官处理复杂案件。在每个分部检察官或助理分部检察官之下,设有若干个高级检察官,每个高级检察官之下设有两个以上的检察官。[1]

6. 美国的检察一体化

美国作为联邦制国家,没有全国统一的检察系统,而是联邦的检察机关与州的检察机关各自形成独立的系统,并且在各自系统内部实行上下级领导关系。美国联邦检察系统由设在司法部的联邦检察院和设在94个司法区的联邦检察署组成,享有相当广泛的职权。联邦检察系统由总检察长即司法部长统一领导,副总检察长、总检察长助理协助总检察长的工作。每个联邦检察署由一名检察官领导该检察署的工作,对外代表该检察署,并向联邦检察院负责。每个联邦检察署设若干名助理检

---

[1] 参见潘剑锋主编:《法院与检察院组织制度》,北京大学出版社2004年版,第301—302页。

察官，在检察官的统一领导下处理检察事务。美国联邦检察署的工作机制与联邦法院的工作机制形成鲜明对照。在联邦法院，虽然设有院长的职务，但是联邦法院的院长不得就法官处理的案件发布任何指令，甚至不得过问法官办理案件的进展情况，法官完全倚仗自己的个人意志、法律知识、经验和良知处理案件，除了对法律负责（有的法官自称自己只是对人民负责）之外，不向包括院长在内的任何个人负责。而一个检察署的检察人员在法律上被视为同一个人，只有一个检察官可以代表检察署，其他检察人员统统是该人的"助理"。这些助理检察官虽然个个都能并且实际上通常都是独立处理案件，但是对外只能是检察官的"助理"，并且要受检察官的领导，检察官则要对自己的上级负责。

7. 中国的检察一体化

在我们国家，1949年12月颁布的《中央人民政府最高人民检察署试行组织条例》[1] 第2条就规定："全国各级检察署均独立行使职权，不受地方机关干涉，只服从最高人民检察署之指挥。"1951年9月3日颁布的《中央人民政府最高人民检察署暂行组织条例》[2] 第3条规定："最高人民检察署受中央人民政府委员会之直辖，直接行使并领导下级检察署行使下列职权……"《各级地方人民检察署组织通则》[3] 第6条第2款规定："各级地方人民检察署（包括最高人民检察署分署）为同级人民政府的组成部分，同时受同级人民政府委员会之领导……"《五四宪法》重新确认了检察机关独立行使检察权原则和垂直领导原则，其中第83条规定："地方各级人民检察

---

[1] 现已失效。——编者注
[2] 现已失效。——编者注
[3] 现已失效。——编者注

院独立行使职权，不受地方国家机关的干涉。"第 81 条规定："地方各级人民检察院和专门人民检察院在上级人民检察院的领导下，并且一律在最高人民检察院的统一领导下，进行工作。"同年颁布的《人民检察院组织法》第 6 条重述了上述两个方面的规定。虽然 1978 年宪法曾规定"最高人民检察院监督地方各级人民检察院和专门人民检察院的工作，上级人民检察院监督下级人民检察院的工作"，但是，在 1979 年全国人民代表大会关于修改宪法的决议中就将检察机关上下级之间的监督关系进行了修正，改为领导关系。1979 年 7 月通过的人民检察院组织法和 1982 年制定的宪法，保留了 1979 年修改后的宪法规定，由此确立的领导体制包括两个方面，即"最高人民检察院领导地方各级人民检察院和专门人民检察院的工作，上级人民检察院领导下级人民检察院的工作"；"最高人民检察院对全国人民代表大会和全国人民代表大会常务委员会负责。地方各级人民检察院对产生它的国家权力机关和上级人民检察院负责。"2018 年修改的人民检察院组织法进一步保留了这些规定。

以上情况表明，尽管不同国家的检察制度并不完全相同，但是检察机关在行使职权的问题上，通常都实行上级领导下级的组织体系，形成一个相对独立的整体。这是因为，检察机关是一种特殊的国家机关，检察权在国家权力架构中，无论是作为行政权的一部分，还是作为一项独立的国家权力，其本身都具有不同于其他国家权力的特殊性。这种特殊性就在于它要维护国家法律的统一实施，就必须排除来自其他方面的干扰，严格按照法律的规定来行使职权，因而在组织体系和执法规范上就必须保持高度的统一性。而检察一体化就是这种统一性的制度保障。

可以说，检察一体化反映了检察工作的基本规律，是保障检察机关充分、正确行使检察权以维护法治统一的制度保障。正如有的学者指出的:"'检察一体'有利于检察机关形成纵向指挥有力、横向协作紧密、反应快速灵敏、运转高效有序的工作机制,保证检察机关内部的协调统一;有利于排除各种阻力和干扰,形成同违法犯罪作斗争的强大力量;有利于统一法律适用,保证法律实施的统一和正确。"[1]

(二) 检察一体化的基本特征

检察一体化是指检察机关在行使检察权的过程中形成的整体统筹、上下一体、指挥灵敏、协作配合,统一行使检察权的运作机制。从世界各国检察机关一体化的运作情况看,尽管存在着某些差异,但在总体上,检察一体化还是具有某些共同的特点,形成检察一体化的基本特征。[2]

1. 独立性

检察机关作为一个独立设置的国家机关,一方面,与其他国家机关相对独立;另一方面,依法独立行使检察权。这是检察一体化的基本前提和制度保障。没有这两个方面的独立性,检察一体化就是不可能的。而这种独立性,也正是检察一体化的外部特征。

检察机关的独立性不同于其他国家机关的独立性,包括不同于同属司法机关的审判机关的独立性。审判机关的独立性强调的是个体的独立性(包括各个单元体的独立性),检察机关的独立性强调的是整体的独立性,即检察机关作为一个整体,对外独立。因此,在法院系统,上下级法院只是审级的不同,

---

[1] 朱孝清:《论司法体制改革》,中国检察出版社2019年版,第45页。
[2] 由于各国的检察制度并不完全相同,所以某项特征不具有共性,如检察机关要不要享有行使职权的豁免权,检察官要不要在具体案件中被申请回避等,在一体化的制度设计中就不是各个国家检察机关共有的特征。

而没有上下隶属关系。即使是在我们国家，法官之间具有不同的级别，但是在行使审判权的时候，作为合议庭的组成人员，无论是审判长还是普通法官，都只有一票的表决权，而不能因为审判长级别高，整个合议庭就必须按照审判长的意志来作出裁判。而检察机关则实行首长负责制，无论是在办理具体案例中，还是在作出其他检察业务方面的决定时，级别低的检察官都要服从级别高的检察官的决定。这种首长负责制，就使检察机关的独立具有整体性，使检察机关能够作为一个整体对外独立。

美国联邦检察系统的设置，可以说，是这种整体独立性的充分体现，即美国联邦检察系统在每个司法区的检察院只有一个检察官，只有这个检察官可以对外代表检察院行使职权，其他人都是作为这个检察官的助理在工作。

我国检察机关也强调检察长负责制。《人民检察院组织法》第36条中明确规定："人民检察院检察长领导本院检察工作，管理本院行政事务。"当然，我们国家的检察长负责制是相对的[1]，就像检察机关的独立性一样具有相对性。

2. 统一性

检察一体化的目的是保障检察权行使的统一性。检察权存在的根本价值在于维护国家法律的统一正确实施。为了实现这个价值目标，检察权自身就必须统一行使。只有保持检察权行使的统一性，才有可能在行使检察权的过程中保持统一的执法标准和行为准则，从而才有可能维护法律的统一正确实施。如果检察机关自身行使检察权的活动就不统一，通过行使检察权

---

[1] 我们国家的检察机关内部领导体制是检察长负责制与检察委员会制相结合。一方面规定检察长统一领导检察院的工作，另一方面规定检察委员会讨论决定重大案件和其他重大问题。

来维护法律的统一正确实施,就很可能是一句空话,至少缺乏制度性的保障。检察机关之所以要实行一体化的运作机制,从根本上讲,就是为了保障检察权行使的统一性。[1] 检察一体化的运作机制,应当紧紧围绕这个目的来构建,才能保持一体化的初衷,才会有利于检察权的行使。

检察权不同于审判权。一方面,审判权作为一种被动的裁判权,只有检察机关或者案件当事人把案件提交给法院时,法院才能行使审判权,而不能自行启动审判权。审判权所追求的是个案的公正,通过在个案中正确适用法律来实现具体的公平正义。因此,审判权的运作,特别强调发挥法官个人的作用,审判权行使的好坏在很大程度上依赖于法官个人的判断和适用法律的能力。与审判权追求个案的公正不同,检察机关行使检察权所追求的是整个法律的统一正确实施,是为了在全社会实现公平正义。因此检察权的行使,不仅要考虑个案公正的实现,而且要考虑所有案件在相互比较中的公平性,保障在法律效力所及的范围内实现法律实施的统一性,进而保障在全社会实现公平正义。

另一方面,与审判权的被动性不同,检察权是一种积极主动的权力,检察机关只有积极主动地运用检察权,才能及时有效地发现违反法律的情况;只有积极主动地行使检察权,才能督促纠正违反法律的情况,进而实现法律监督的使命。而这种积极主动性,如果缺乏统一的目标、统一的规范和保证统一行

---

[1] 近年来,全国各级检察机关都在实行规范化管理,许多检察院都制定了自己的规范化管理目标,形成了一本又一本的执法规范。其实,这是对规范化的误读。规范化本身讲的是统一性,有统一的规则,才会有规范化。如果每个检察机关都制定自己的规范,这些如果完全相同,那就是一种浪费和多余;如果是彼此不完全相同,那就会乱套,全国检察机关就难以形成统一的规范体系,其行使检察权的活动就可能是五花八门的。检察机关如果连自身的执法活动都不能统一,还怎么能维护法律的统一正确实施。

动的措施，就可能导致各行其是的现象，以致妨害法律的统一正确实施。正是这种对执法统一性的特殊需要，检察机关在行使检察权的过程中要特别强调一体化的运作机制。通过一体化的运作机制来保证检察权行使的统一性。

3. 整体性

检察一体化在组织结构上表现为整体性。全国检察机关虽然分级设置，但是有一个最高检察院可以领导全国各级、各个检察院，从而使全国的检察机关形成一个整体；每一个检察院虽然分设不同的部门，但是有一个检察长可以领导所有各部门的工作，从而使每一个检察院都可以形成一个整体。这种组织结构上的整体性，是工作机制上的一体化的组织保障。

整体性也意味着检察活动的承继性。由于检察机关是作为一个整体行使检察权的，所以每个检察官执行职务的活动可以被其他检察官所承继，每个检察院行使检察权的活动可以被其他检察院所承继。一个检察官正在办理的案件，检察长或检察官的上级可以指令其移交给其他检察官办理，而前一个检察官已经实施的行为，只要符合法律的规定，就依然有效，有关的诉讼程序可以继续进行，不必重新开始。同样地，一个检察院正在办理的案件，如果上级检察院要求其移交给其他检察院办理，前一个检察院的调查取证活动，只要是合法进行的，其所取得的证据在后继的诉讼中同样有效。这与法官的活动形成鲜明的对照。一个法官所办理的案件，如果因故不能作出裁判，其他法官接任后，前任法官所做的工作都将是无效的，后继的法官必须重新开始对案件的审理。一个法院审判的案件，一旦移交给另一个法院，后继的法院同样应当从头重新开始案件的审判。这是因为，检察权具有很强的行动性，本身需要检察院之间、检察官之间的协调一致和整体运作，而检察一体化就是要使整个检察机关可以形成一个紧密合作的整体，保障检察权统一有效的行使。相反，审判权是一种实体处分权，它需要在主体自身对案件充分了解的基础上，作出裁判，因而具有不可替代性。

4. 层级性

检察一体化在检察工作的管理上表现为上下级之间的层级性，即上下级之间具有领导与服从的关系。就全国检察机关而言，最高人民检察院领导地方各级人民检察院的工作，上级人民检察院领导下级人民检察院的工作，上级人民检察院可以办理下级人民检察院管辖的案件，也可以把一个下级人民检察院管辖的案件交给其他下级人民检察院办理。就各个检察院内部而言，检察长领导整个检察院的工作（副检察长协助检察长工作），检察院的内设机构部门负责人受检察长的统一领导，同时他又领导本部门其他检察官的工作。而在有些国家，上级检察官可以指令下级检察官办理案件，也可以亲自办理应该由下级检察官办理的案件，或者改变下级检察官对自己所办案件的决定；可以要求下级检察官停止办理正在办理的案件，也可以将案件交给其他检察官办理。下级检察官对上级检察官的指示具有服从的义务，对于自己的工作具有向上级检察官报告的义务。这种分层管理的体制是检察一体化的制度保障。

层级性使每一个检察院、每一个检察官在整体性的组织结构中具有相对的独立性和明确的岗位职责，从而能够形成分工明确、职责清晰的单元体，便于发挥每个检察院、每个岗位和每个个人的积极性、主动性。

5. 协调性

检察一体化在工作层面上表现为相互协调与合作。无论是检察机关上下级之间还是同级之间，在工作上都要相互配合，协调一致。同一个检察院内部各个部门之间在工作上要统筹安排，相互配合。同一个部门内部，各个检察官之间要协同作战，形成合力。只有这样，整个检察机关才能形成一体化的运作机制。

就同一检察院内部的运作机制而言，各个内设机构之间尽管存在业务范围甚至工作性质上的差别，但是作为整体中的一个组成部分，都应当注意与其他部门的配合，都要强调总目标的一致性，强调基本原则的统一性，而不能搞部门堡垒，更不能各行其是。

就各个检察院之间而言，应当强调执法规范的统一性。每一个检察院都应当坚持贯彻执行最高人民检察院统一制定的执法规范，而不能每个检察院自己搞一套执法规范，各自按照自己制定的规范来执法。各个检察院之间还应当强调相互之间的协作精神，在上级人民检察院的领导下，在案件办理中相互配合，在人员和技术方面相互支援。

中国检察机关在检察权的运作机制上，应该说，完全符合上述五个方面的特征。但是在具体的制度设计和运作层面上，也还存在着许多值得研究的问题。这些问题对于检察一体化运作机制的完善和运行，具有不容忽视的影响。

(三) 一体化中的领导关系

只要提及一体化的问题，首先遇到的必然是领导关系问题。因为在一体化中必然会有一个居于领导地位的能够统筹各项工作的主体，同时也必然会形成领导主体与被领导者之间的领导关系。而这种关系如何设置或建立，直接关系到一体化运行机制的效力和效果。检察机关的领导关系，既是检察制度的重要内容，也是检察工作的基本特点，同时也是长期困扰中国检察机关的一大难题。破解这个难题，需要重点从以下几个方面入手：

1. 领导体制问题

我国《宪法》第137条明确规定："最高人民检察院是最高检察机关。最高人民检察院领导地方各级人民检察院和专门人民检察院的工作，上级人民检察院领导下级人民检察院的工作。"但是宪法同时又规定：县级以上的地方各级人民代表大会选举并且有权罢免本级人民检察院检察长。（第101条）；地方各级人民检察院对产生它的国家权力机关和上级人民检察院负责（第138条）。

规定地方各级人民检察院由同级国家权力机关产生并对产生它的国家权力机关负责的初衷，笔者认为，可以是基于两个方面的理由：第一，由于宪法规定"地方各级人民代表大会在本行政区域内，保证宪法、法律、行政法规的遵守和执行"（第99条），地方国家权力机关要行使这个职权，就需要有检察机关和审判机关。第二，如果检察机关完全实行上级领导下级的体制，地方国家权力机关就难以监督和控制检察机关在地方上的执法活动。

但是，无论是从理论上讲，还是从实践中看，目前检察机关的这种领导体制都存在某些明显的缺憾，难以从制度上保障检察机关依法独立行使检察权，难以保证检察权行使的统一性。

首先，从理论上讲，"地方各级人民检察院对产生它的（同级）国家权力机关和上级人民检察院负责"与"上级人民检察院领导下级人民检察院的工作"这两个命题之间本身就存在着明显的矛盾。地方各级人民检察院，既然是由同级国家权力机关产生，自然要向它负责。但是如果地方各级人民检察院不受地方同级国家权力机关的领导，它就难以向其负责。任何机构都只能向领导它的机构负责。受一个机构的领导而向另一个机构负责，在逻辑上显然是违反同一律的。同样地，宪法虽然规定上级人民检察院领导下级人民检察院的工作，但是如果下级人民检察院既不是由上级人民检察院产生的，上级人民检察院又不能解决下级人民检察院所面临的实际问题，要想让下级人民检察院服从上级人民检察院的领导，在情理上至少是难以令人心悦诚服的。并且，下级人民检察院既要向产生它的国家权力机关负责，又要向上级人民检察院负责，至少在理论上存在着两个需要向其负责的机关要求不一样时，下级人民检察院将会处于无可适从的尴尬境地。因此这种制度设计的科学性是值得质疑的。

其次，从检察机关设置的目的上看，宪法之所以要把检察机关定位为"国家的法律监督机关"，根本目的就是要让检察机关担负起法律监督的重任。而法律监督的一个极为重要的方面，就是监督地方各级国家机关及其工作人员正确执行法律，维护国家最高权力机关制定的法律在全国范围内的统一正确实施。地方各级人民检察院虽然设置在地方，但是它们是"国家的法律监督机关"，而不是地方的法律监督机关，它的使命是维护国家法律在地方上的正确实施，而不是维护地方上的"法律"。如果检察机关由地方国家权力机关产生并对地方国家权力机关负责，那么，它就必然要受制于地方权力机关的意志，而不是遵从法律所体现的全国人民的意志。这与把检察机关定位为国家的法律监督机关的初衷，显然是相悖的。正如有的学者指出的："检察机关实行双重领导体制，对维护国家法制的统一，实施法律监督的职能是有相当困难的。因为实行双重领导，实际上是以地方为主，地方上有些干部，无视法制，时常非法干预检察机关依法独立行使检察权……使得法律监督无能为力。"[1]

最后，从实践中看，尽管检察机关恢复重建时，地方检察机关是在地方党委的领导下建立起来的，地方党委对检察机关的工作给予了充分的支持，但是不容否认的是，地方权力不当干预检察权行使的情况也时有发生，并且使上级人民检察院的领导权在下级人民检察院难以贯彻。现行的领导体制，在实践中严重地影响了检察机关依法独立行使检察权。

实行现行的双重领导体制，其目的是充分发挥中央和地方两个方面的积极性。这对一般的国家机关来说，当然是正确的和必要的，但是对检察机关却是不适宜的。因为检察机关作为法律监督机关，维护国家法律统一、正确实施是其立身之本，检察权的行使必须强调全国的统一性。但是由于地方各级检察机关的人财物几乎完全掌控在地方权力机关，地方利益和地方上的人际关系对检察权行使的干预和干扰，使上级人民检察院的领导在许多情况下形同虚设；检察权的统一行使和依法独立行使受到检察机关自身难以抗拒的阻力；检察系统推进的一些改革举措在基层检察院难以落实。

因此，要真正实行检察一体化，就有必要改革现行的检察机关领导体制与产生任免体制相脱节的制度设计，实现最高人民检察院对地方各级人民检察院和专门人民检察院、上级人民检察院对下级人民检察院全面领导和管理的体制，使检察机关真正形成上下一体、高效运作的工作机构。

正是看到检察机关领导体制上的这种弊端，党中央在2013年11月12日作出的《中共中央关于全面深化改革若干重大问题的决定》中提出了"改革司法管理体制，推动省以下地方法

---

[1] 金默生：《切实保证检察机关独立行使检察权》，载《现代法学》1981年第3期。

院、检察院人财物统一管理，探索建立与行政区划适当分离的司法管理制度，确保国家法律统一正确实施"的任务。这些改革任务的提出，就是为了改变地方法院、检察院受制于地方国家机关的状况，以确保审判权、检察权的依法独立行使。遗憾的是，这些改革由于种种原因，并没有真正实施。随着依法治国进程的不断推进和国家政治体制改革的不断深化，司法机关双重领导体制的状况必将逐渐改变。

2. 领导关系问题

检察机关上下级之间的领导关系是毋庸置疑的。上下级之间的领导关系涉及两个方面：

一是上下级检察院之间的领导关系。2018年修改后的人民检察院组织法，不仅重申了宪法和1979年人民检察院组织法规定的"最高人民检察院领导地方各级人民检察院和专门人民检察院的工作，上级人民检察院领导下级人民检察院的工作"的领导关系，而且具体规定了领导的范围："最高人民检察院可以对属于检察工作中具体应用法律的问题进行解释。最高人民检察院可以发布指导性案例"（第23条）；"上级人民检察院对下级人民检察院行使下列职权：（一）认为下级人民检察院的决定错误的，指令下级人民检察院纠正，或者依法撤销、变更；（二）可以对下级人民检察院管辖的案件指定管辖；（三）可以办理下级人民检察院管辖的案件；（四）可以统一调用辖区的检察人员办理案件"（第24条）；"下级人民检察院应当执行上级人民检察院的决定；有不同意见的，可以在执行的同时向上级人民检察院报告"（第25条）。

上级人民检察院依法对下级人民检察院的各项工作实行全面的领导，其中当然包括并且主要是对下级人民检察院的检察业务工作实行领导。不仅如此，在同一检察机关内部，检察长与部门负责人、与一般检察官之间也存在着领导关系。按照人民检察院组织法的规定,检察长统一领导人民检察院的工作,检察官必须服从检察长的领导。检察官法也明确规定:"检察官在检察长领导下开展工作。"这种领导关系是保证检察机关依法正确履行职责的组织保障。但是宪法和人民检察院组织法同时规定:"人民检察院依照法律规定独立行使检察权。"这个规定实际上是针对每一个人民检察院而言的,也就是说,人民检察院依法独立行使检察权,是指每一级、每一个人民检察院都要依法独立行使检察权。由此就产生了上级人民检察院的领导与各级人民检察院独立行使职权的关系如何处理的问题。[1]

除了法律明确规定只能由最高人民检察院或者上级人民检察院行使的职权之外,法律赋予检察机关的职权,每一级人民检察院都有权行使。在没有上级指令的情况下,每一级、每一个人民检察院都要依法独立行使这些职权。但是如果最高人民检察院或者上级人民检察院就检察权行使中的某些事项作出明确的规定时,下级人民检察院应当严格按照这些规定行使职权;如果最高人民检察院或者上级人民检察院就行使职权中的某个具体问题包括某个具体案件的处理问题作出决定时,下级人民检察院应当无故意拖延或擅自改变地执行。上级人民检察院的决定,包括:(1)上级人民检察院根据下级人民检察院的请求或者请示,就检察权行使过程中遇到的某个具体问题或者某个具体案件的处理情况作出指示的决定;(2)上级人民检察院认为下级人民检察院所作出的决定或者所办结的案件确有错

---

[1] 由此产生的另一个问题是上级领导下级的内容问题,即上级人民检察院在哪些问题上应该发挥领导作用,在哪些问题上应该由下级人民检察院依法独立行使职权。由于这个问题首先涉及上级人民检察院对下级人民检察院人财物的支配和控制问题,而这个问题又涉及整个国家的管理体制问题,它已经超出了检察权运作机制所能解决的范围。

误而作出纠正的决定；（3）上级人民检察院发现下级人民检察院行使检察权的过程中存在着明显违反法律、司法解释或者上级人民检察院有关规定的情况，或者下级人民检察院所制定的规范性文件同法律的精神、司法解释或上级人民检察院的规定相抵触而作出的要求纠正的决定；（4）上级人民检察院把自己管辖的具体案件移交下级人民检察院办理，或者要求下级人民检察院把其办理的具体案件交给上级人民检察院或者其他人民检察院办理的决定；（5）上级人民检察院有关工作部署的决定，等等。

对于上级人民检察院的决定，下级人民检察院应当组织力量，认真贯彻执行。当然，下级人民检察院如果认为上级人民检察院的决定有错误，可以向上级人民检察院提请复议，但是遇到紧急情况时，提请复议不应当影响上级人民检察院决定的执行。

在此值得注意的问题是部门一体化问题。检察一体化中的领导关系是最高人民检察院对地方各级人民检察院的领导和上级人民检察院对下级人民检察院的领导，而不是最高人民检察院或者上级人民检察院的各个部门对下级人民检察院的相应部门的领导。上级人民检察院的各个业务部门可以对下级人民检察院相应业务部门的工作进行指导，包括进行相关的业务培训，但是不能强调部门一体化的工作机制。因为每个业务部门都是所在检察院的组成部分，而每个人民检察院都有一个依法独立行使检察权的问题。上级人民检察院的业务部门不能逾越下级人民检察院而直接对下级人民检察院的业务部门发号施令。检察机关的各项工作都是检察一体化的组成部分，每一级检察院都需要按照一体化的要求，通盘考虑工作的重点。如果每个部门都强调本部门的重要性，都要求下级人民检察院的相应部门来贯彻本部门的意见,下级人民检察机关就无法开展工作。因此,检察一体化,应当是上下级检察机关之间的一体化,而不应当是上下级检察机关各个部门之间的一体化。

二是同一个检察院内部的领导关系。同一检察院内部的领导关系问题,主要涉及检察长与分管的副检察长之间、检察长与部门负责人之间、部门负责人与检察官之间的职责划分问题。一方面,在每个检察院,由于每个部门的工作都有一位副检察长分管,而分管的副检察长要就自己分管的工作向检察长负责,所以在实践中分管的副检察长往往要过问分管部门的所有活动,并就检察权的行使作出决定。在这种情况下,部门负责人难免变成一个传输环节,难以就本部门的工作特别是具体案件的处理自主地作出决定。另一方面,在任何检察制度下,案件主要是由检察官来办理的。但是检察官对案件的处理具有什么样的职权,在什么情况下可以自主地作出决定、在什么情况下不能自行作出决定,法律没有明确的规定。在实践中,如果一个检察长敢于放权检察官,检察官自行做主处理案件的概率就大一些;如果一个检察长不敢放权检察官,检察官就几乎没有任何自行做主的权力。这种状况,既挫伤了检察官在行使检察权中的积极性和责任感,也影响了检察权行使的效率,造成检察机关司法资源的浪费。因此,如何界定和明确检察长、部门负责人和检察官在检察权行使中的职权范围,是正确处理检察机关内部领导关系所要重点解决的问题。这个问题,随着司法责任制改革的推行,初步得到解决。

3. 领导方式问题

领导方式问题主要涉及三个方面:一是上级人民检察院领导下级人民检察院的方式;二是同一检察院内部的决策方式;三是检察业务的管理方式。在此,着重探讨前两个问题。第三个问题留待下文讨论。

（1）关于检察机关上下级之间领导关系的实现方式。

在中国的检察制度中，上下级检察机关之间存在着领导关系。修改后的人民检察院组织法明确规定了上级人民检察院对下级人民检察院行使领导权的范围。但是如何实现这种领导关系，是一个值得重视的问题。调整和改善检察机关内部领导关系的运作方式，规范领导权行使的范围，建立保障依法独立公正行使检察权的领导权运作机制，是推进检察改革的一个至关重要的环节。

借鉴外国检察机关的领导方式，结合我国的实际情况，在检察业务活动中，上级人民检察院对下级人民检察院的领导，重点应当采取以下几种方式：

第一，政策性指导。

上级检察机关对下级检察机关的领导，特别是最高人民检察院对地方各级人民检察院的领导，应当是以政策性指导为主要方式，而不是对下级检察机关的具体业务活动进行干预和指挥。检察业务活动是一种亲临性很强的司法活动，只有具体承办案件的机关和人员最清楚案件的各个细节和全案的情况，因而最有发言权。上级机关和上级领导应当尽量避免对具体案件行使领导权，尽量避免用行政命令的方式领导指挥下级办案，以便使下级检察机关和具体承办案件的检察官有较大的独立行使职权的余地。同时，上级机关和上级领导由于具有更高的政治素养和政策水平，更了解党的路线方针政策以及立法的意图和精神，了解检察业务的全局，因而应当充分发挥自己的优势，对检察业务活动中带有普遍性、倾向性的问题，提供指导性意见，从宏观上、整体上把握检察业务的发展方向，指导和帮助下级检察机关和检察官更好地适用法律。

政策性指导的内容主要包括五个方面：一是针对检察业务的特点，确定检察工作的基本方针和检察工作的具体规则；二是根据法治建设和社会发展的要求以及各项检察业务发展变化的状况，提出一定时期内检察业务活动的重点；三是针对有关法律适用的一般性问题，提出指导性意见；四是针对检察业务活动中遇到的疑难问题或特殊事项，提出具有普遍拘束力的处理意见；五是针对检察业务活动中存在的倾向性问题，提出纠正意见等。

政策性指导的表现形式主要是：第一，通过制定规范性文件的方式。最高人民检察院领导地方各级人民检察院，主要的领导方式应该是通过制定规范性文件包括司法解释来规范和统一全国各级检察机关行使检察权的活动，指导各项检察业务工作的开展。省级人民检察院也可以通过制定规范性文件的方式来指导下级人民检察院的工作。第二，通过工作部署的方式。上级人民检察院通过工作部署，明确检察机关在一段时间内的工作重点和具体任务，包括应当采取的措施和应当注意的问题，是实现对下级人民检察院工作进行领导的重要方式。第三，通过发布指导性案例的方式。最高人民检察院可以根据全国各地检察机关办理具体案件的情况，收集、整理具有典型意义的案例，发布指导性案例，为全国各级检察机关办理类似案件提供指导性意见。省级人民检察院也可以通过对本省办理的典型案件组织评析研讨，来总结经验或者汲取教训，提高检察官处理疑难案件的能力。

政策性指导不仅包括提出政策性意见，而且包括检查督促政策性意见的贯彻落实情况。如果仅仅是满足于提出政策性意见而不管实际执行的情况如何，那就不能充分发挥领导机关和领导人的作用。经常性地检查督促政策性意见的贯彻落实情况，及时发现贯彻落实中遇到的新问题和出现的新情况，以不断完善政策性指导，提高指导的水平和功效，是实现领导关系的重要环节。

第二，重大事项决策。

对于管辖范围内重大事项的决策，是领导权行使的主要方式之一。上级检察机关，尤其是同一检察机关内，检察长、检委会应当在检察业务中重大事项的决策上充分行使领导权，并承担领导责任。但是有的检察机关，凡是需要作出决定的事项，无论巨细，一律由检委会讨论、检察长决定，以致使检察长和检委会陷入难以脱身的日常业务之中，反而无法对重大事项进行认真的研究讨论。

重大事项决策是指通过就重大案件或者其他重大事项作出决定的方式，来实现上级人民检察院对下级人民检察院的领导关系。就检察工作中遇到的具体事项或者检察机关办理的具体案件作出决定，是实现上级人民检察院领导的重要方式。这种方式应当较多地运用于领导基层人民检察院的工作中。因为基层人民检察院的工作主要是办理具体案件，面临的具体问题比较多。

重大事项是针对一般事项而言的。检察业务中的重大事项，笔者认为，主要是指：各项检察业务工作的基本规范；检察机关内部对案件的管辖分工与调整；不同主体在行使检察权时职责权限的确定；特殊办案手段的使用与禁止；重大案件的办理方针；检察业务中涉及的外部关系处理等。当然，检察机关的重大事项，除了业务工作之外，还包括其他方面，如人事安排问题、干部选拔任用问题、经费预算及其执行问题、对外联络与交流问题等，都是检察机关的重大事项，并且这些问题如何解决，直接关系到检察业务工作的开展。这些问题也应当与检察业务连系起来，统筹决策。

从实践中看，上级人民检察院领导下级人民检察院的工作，并不一定要对下级人民检察院的所有工作事无巨细地统统进行领导。特别是对于下级人民检察院在履行职责过程中的具体操作问题，如什么时间提讯犯罪嫌疑人，法律文书用什么规格的纸张，不能管得过细，而应当给下级人民检察院依法独立行使检察权留有必要的和必需的空间。检察业务中的一般事项，特别是一般案件的处理，应当由承办案件的检察官依照法律规定自行作出决定，并承担责任，而不应当事事都由领导人亲自决定。

第三，重大案件督导。

上级人民检察院领导下级人民检察院的一个重要方面是对下级人民检察院办理的案件进行督导。上级人民检察院通过对案件的督导，一方面体现了上级人民检察院的领导责任，即督促下级人民检察院依法办理重大案件；另一方面也体现了上级人民检察院对下级人民检察院的关心帮助，即帮助下级人民检察院办理重点疑难案件。

督导实际上包含了两个方面的工作：一是督办案件。对于下级人民检察院具体承办的在全国或一定区域有影响的案件或者特别重大的案件，最高人民检察院或上级人民检察院应当亲自过问案件的办理情况，督促下级人民检察院严格依法快速办理，以防止不适当的拖延。上级人民检察院包括最高人民检察院可以要求听取承办案件的下级人民检察院对案件办理情况的汇报，并根据下级人民检察院办理案件的情况发出具体的要求或指示，督促并帮助下级人民检察院办理好案件。二是指导案件的办理。对于下级人民检察院具体承办的重点疑难案件，上级人民检察院包括最高人民检察院可以选派有经验的检察官直接参与案件的办理过程,以便适时地为具体案件的办理提供指导性意见,帮助下级人民检察院依法办理这类案件,并帮助总结办理重点疑难案件的经验。

在督导的过程中,上级人民检察院可以及时发现下级人民检察院在办案过程中可能存在的短板或问题,防止办案中可能出现违法的倾向性问题,督促或提醒下级人民检察院对可能出现的问题的重视。这也是领导责任的体现。

第四,检察业务培训。

业务培训不是单纯的教育训练。它是上级机关行使领导权的重要方面。业务培训既包括检察业务的指导思想、基本理念和法律知识的培训,也包括检察业务的具体规范、操作技巧以及对检察业务活动中疑难问题的处理办法等。在业务培训过程中,领导者把自己主张或认可的业务观点、办案技能和思维方式灌输给培训对象,这本身对培训对象的业务活动具有直接的指导作用,对检察系统的业务工作具有引领作用,因而它是实现领导权的重要方式之一。

上级检察机关应当根据检察业务发展的实际需要和检察队伍业务素质的实际状况,适时提出业务培训的对象、内容和方案,并组织力量实施培训计划。通过业务培训,指导检察机关的办案活动,并提高检察人员的业务素质。同时,也可以通过培训,了解基层检察机关的办案水平和检察人员在业务活动中的思想动态,为上级检察机关行使领导权提供素材。这既是上级检察机关责无旁贷的领导责任,也是增强领导的针对性的有效途径。

第五,案件管理与业务考核。

对案件流程的管理和对检察官的业务考核,是检察机关领导权的重要方面,尤其是在同一检察机关内部,检察长和部门负责人在检察业务活动中的领导权突出地表现在案件的受理、分配、督办、归档,以及对检察官工作业绩考评和任职资格、晋升条件考核等方面。这些方面的领导权具有明显的行政色彩。这种领导权不涉及检察官所办理的案件的处理决定,因而不构成对检察官独立行使职权的干预。在这些方面,检察官应当自觉服从检察长和部门负责人的领导。

科学合理的案件管理制度,是增强案件管理的规范化,提高工作效率的重要保障;而严密有效的业务考核制度,则是加强对检察官职能活动的监督、防止检察权滥用的重要途径。全国各级检察机关都应当认真研究案件管理的规范化和业务考核的有效性,把建立一整套科学合理的案件管理制度和切实有效的业务考核制度作为检察改革的一件大事来抓。值得一提的是,业务考核并不是素质考试或一般性的、全面的工作考评,而是通过对每个检察官办理的一个个具体案件,就其办案的数量和质量进行综合分析评价,以此作为继续任用或晋升的依据。

第六,检查督促。

建立怎样一种运行机制,既可以保障领导权的有效行使,又可以保障下级检察机关和检察官独立行使其职权,是检察机关领导关系中的一个难题。笔者认为,在检察业务活动中,改变那种以开会、布置任务为主要内容的行政管理模式,建立以独立行使职权与领导监督相结合的管理模式,是解决这一难题的瓶颈。应当看到,领导权的一个重要方面是监督权。上级检察机关对下级检察机关、上级领导对自己直接管辖的检察官,充分行使监督权,是实现其领导权的基本方式之一。

在具体事项的处理上,应当按照职权划分和分工,放心大胆地让下级检察院或检察官依其职权来作出决定和办理案件,上级领导不应当随时随地地对下级承办的案件发号施令。但是上级领导应当负起监督的责任。尤其是在目前检察队伍的整体素质还不是很高的情况下，上级机关和上级领导，应当注意观察和了解下级检察院和检察官独立办案的情况，适时监督检查下级的业务活动，及时纠正和惩戒违法违纪的责任人员，保证检察权行使的合法性、公正性和廉洁性。

上级人民检察院对下级人民检察院的领导权，在检查督促方面，主要是通过两种方式实现的：第一，通过执法检查的方式。上级人民检察院可以定期或不定期地组织力量对下级人民检察院行使检察权的情况进行检查，并根据检查中发现的倾向性普遍性问题，提出整改的指导性意见，帮助下级人民检察院更好地行使检察权。第二，通过对违法或者违反规定的行为进行查处的方式。上级人民检察院作为领导机关，有责任查处下级人民检察院及其工作人员实施的违法或违反规定的行为，保证下级人民检察院正确执行和遵守法律及上级人民检察院制定的各项规定。特别是对于当事人投诉的情况，以及其他部门反映的情况，上级人民检察院应当高度重视、亲自调查核实，确有违法违纪行为的，及时给予严肃处理[1]。

应当看到，领导并不完全是发号施令，领导还应当包括在领导对象遇到困难的时候帮助其排除障碍、克服困难。上级人民检察院在行使领导权的同时，要设身处地地为下级人民检察院考虑，帮助其解决行使检察权过程中遇到的实际困难，保证

---

[1] 有的检察院对于当事人的投诉，统统作为对检察官办案情况进行考评的依据，凡是有当事人投诉的，就认为办案质量有瑕疵。这种做法显然背离了监督管理的职能。因为当事人的投诉都是根据其本人的认知、感受甚至情绪作出的。这种投诉是否真实可靠、是否于法有据、是否能够证明检察官办案中确有错误，都需要进行调查和甄别。如果不分青红皂白，只要有投诉，就给予差评，这对具体办案的检察人员是不负责任的，也是不公正的。

其有条件行使检察权。如果缺乏基本的条件保障，要实现对下级人民检察院的领导，就很可能是一句空话，上级人民检察院的规定、决定和指示也就难以在下级人民检察院得以贯彻执行。

（2）关于同一检察院内部的决策方式。

同一检察院内部的决策方式，首先面临的是检察长领导与检察委员会决定的关系问题。

1979年《人民检察院组织法》第3条规定："检察长统一领导检察院的工作"；"各级人民检察院设立检察委员会。检察委员会实行民主集中制，在检察长的主持下，讨论决定重大案件和其他重大问题。如果检察长在重大问题上不同意多数人的决定，可以报请本级人民代表大会常务委员会决定。"

检察委员会讨论决定重大案件和其他重大问题时，究竟应当是各位检察委员会委员在民主的基础上充分发表意见，然后由检察长集中各位委员的意见作出决定，还是按照少数服从多数的原则作出决定？从人民检察院组织法中关于"如果检察长在重大问题上不同意多数人的决定，可以报请本级人民代表大会常务委员会决定"的规定看，检察委员会的决策方式应该是少数服从多数。如是，就与"检察长统一领导检察院的工作"的规定明显矛盾。因为检察长要统一领导检察院的工作，就有权在检察院的各项工作中包括在"重大案件和其他重大问题"的决策过程中具有最后决定权。在自己管辖的范围内不能自己作出决定，就谈不上领导。如果"重大案件和其他重大问题"由检察长决定，那么检察委员会的决策权就会动摇。实际上，"检察长统一领导检察院的工作"，只是在一般性的检察业务中具有领导权，而在所有重大案件和重大问题上，都要由检察委员会作出决定。在检察委员会作出决定的过程中，检察长要服从检察委员会多数成员的意见，按照多数成员的意见作出决定，检察长不能违背检察委员会多数成员的意见而使检察委员会作出决定。如果检察长不同意检察委员会多数成员的意见，检察长"可以报请本级人民代表大会常务委员会决定"。这也意味着，检察长在重大案件和其他重大问题上，不能违背检察委员会多数成员的意见而自己作出决定。这实际上是制约检察长权力的一种制度设计。由于检察院对外相对独立，如果完全由检察长一个人说了算，万一检察长独断专行，滥用权力，就难以保证检察权被正确行使。所以这样的制度设计的初衷，应该是可以理解的。但是，这个问题，实际上是可以通过加强上级人民检察院的领导监督而防止的。由于检察委员会独揽重大案件和其他重大问题的决策权，检察长统一领导检察院的工作的制度设计，就可能被落空。尽管由于检察长的权威地位，以及检察委员会其他成员与检察长之间的隶属关系，在实践中可以保证检察委员会多数成员的意见和检察长个人的意见永远都是基本一致的，不会发生"检察长在重大问题上不同意多数人的决定，可以报请本级人民代表大会常务委员会决定"的情况，但是这样的制度设计在逻辑上显然是矛盾。

鉴于这种情况，2018年修改后的人民检察院组织法修改了"检察长统一领导检察院的工作"的规定[1]，明确了检察委员会的职能，在一定程度上缓解了这种矛盾。按照修改后的人民检察院组织法的规定，检察委员会的职能有三：一是总结检察工作经验；二是讨论决定重大、疑难、复杂案件；三是讨论决定其他有关检察工作的重大问题。检察委员会会议由检察长或

---

[1] 修改后的《人民检察院组织法》第36条规定："人民检察院检察长领导本院检察工作，管理本院行政事务。"

者检察长委托的副检察长主持。检察委员会实行民主集中制，检察长不同意本院检察委员会多数人的意见，属于办理案件的，可以报请上一级人民检察院决定；属于重大事项的，可以报请上一级人民检察院或者本级人民代表大会常务委员会决定。这就在一定程度上制约了检察长的领导权。

  其次，关于检察委员会的决策方式。最高人民检察院制定了检察委员会议事规则，对之加以具体规定。但是实际上仍然存在着一个难以解决的问题。这就是：检察委员会讨论决定重大案件时，检察委员会委员要不要亲自阅读有关该案件的所有证据材料？如果不亲自阅读有关该案件的所有证据材料，完全靠听取办案人员的汇报来讨论决定重大案件，就必然使检察委员会对重大案件所作出的决定完全建立在办案人员个人对案件证据材料的理解基础之上。这样一来，如果办案人员对案件证据材料的理解出现差错，检察委员会所作出的决定，也就必然出现错误。一旦出现错误，究竟应该追究办案人员个人的责任还是应该追究检察委员会的责任？按照新的人民检察院组织法的规定，"检察委员会讨论案件，检察官对其汇报的事实负责，检察委员会委员对本人发表的意见和表决负责"。也就是说，办案人员汇报的案件事实有误，应当由办案人员个人承担责任。问题是，如果这种错误不是办案人员故意所为，而是因为其对案件证据材料的理解不准确或者经验不足，怎么办？按理，之所以重大案件要上检察委员会讨论决定，就是因为担心办案人员把握不准出现错误，通过资深的检察委员会委员集中把关来保证案件处理的正确性。如果检察委员会委员对自己作出的决定出现错误时不承担责任，检察委员会就失去了存在的意义。不过，检察委员会讨论决定重大案件时，并不可能每个检察委员会委员都亲自去阅读与案件有关的所有证据材料，不论是精力上还是时间上都不允许这么做。因此，检察委员会讨论决定重大案件，就可能处于一种两难境地。目前解决这个矛盾的做法是设置一个检察委员会办公室，帮助检察委员会事先审查案件。这样做，可以减少检察委员会作出决定的错误概率，但是并不能从根本上解决上述矛盾。因为检察委员会办公室并不能代替检察委员会委员阅读案件的证据材料，不能代替检察委员会委员对案件事实的判断。

另一个问题是检察委员会讨论决定"其他重大问题"的方式。这些重大问题，不像重大案件那样要依赖于对证据材料的事实判断，只要把问题提出来，每个检察委员会委员都可以凭借自己的经验、常识和法律意识提出意见。问题是，在讨论的过程中，每个检察委员会委员分别发表了各自的意见之后，如何形成决定？因为每个检察委员会委员所发表的意见往往并不是完全相同的，谁来对各位委员的意见进行取舍进而形成检察委员会的决议？在实践中，检察委员会讨论决定重大问题之前，通常都会有一个部门提出决议草案或者规范性文件的文本。在检察委员会会议上，起草该文件的人员或部门的负责人会首先作出一个关于起草的说明包括需要讨论决定的事项，并宣读草案的内容，然后由检察委员会委员分别发表意见，如果没有出现从根本上否定会前提出的动议或者多数委员认为草案不成熟的情况，检察委员会都会作出"原则通过"的决议。但是对于委员们所提出的问题，特别是所表达的具体的不同意见，往往没有人去作出说明或提出处理意见。只要检察委员会"原则通过"，多数情况下，该草案或者所议事项就不再提交检察委员会讨论，而由负责起草决议或规范性文件的人员自行修改后由检察长签发生效。在这样的运行方式中，检察委员会委员提出的意见，可能被采纳，也可能完全不被理会，使检察委员会讨论决定重大问题流于形式。

笔者认为,既然由检察委员会讨论决定重大问题,那么检察委员会对所讨论的重大问题就应当形成一个不容任何人更改的决议而生效。特别是在讨论通过规范性文件的时候,应该对检察委员会委员提出的每一个意见进行表决,如果某个意见取得多数成员的同意,就应该按照该意见进行修改;如果多数成员不赞成草案中的某个条款或写法,就应该修改该条款直到多数成员同意;如果没有形成多数成员的一致意见,该草案就不能视为检察委员会委员通过。"原则通过"的规范性文件是不应该作为检察委员会通过的决议来发布生效的,而应当在根据检察委员会多数成员的意见修改之后,重新提交检察委员会讨论并经多数成员意见一致的情况下形成检察委员会的决议。因为在"原则通过"的情况下,往往存在着各种不同的具体意见,正是这些具体意见,影响着规范性文件的内容和质量。对这些具体意见,如果不予讨论决定是否采纳,就很难说最后发布的规范性文件是检察委员会集体讨论所形成的。

因此,检察委员会的决策方式,对于是否真正发挥检察委员会集体领导的作用,是至关重要的。这个问题,应该成为各级人民检察院检察委员会高度重视的问题。

4. 领导指令书面化问题

检察机关的领导关系决定了上级检察机关和上级领导(同级检察机关的检察长、检察委员会、部门负责人等)在检察业务活动中就具体案件发出指令的经常性。这种指令,是行使领导权的一个方面、一种方式。它对于保证检察环节上各项决定的正确性、特别是对保证重大疑难案件的正确处理,对于及时纠正检察业务活动中的不当决定,防止错案发生,都是非常必要的。下级检察机关和检察官在业务活动中遇到重大问题应当及时主动地向上级机关或上级领导报告请示，并提供尽可能翔实的资料。对于上级机关和上级领导（包括同级地方党委和政法委领导）的决定或指令，应当坚决服从，不得以独立行使职权为由拒绝执行上级机关或上级领导的决定和指令。

领导指令的内容是十分广泛的。就具体案件而言，它可能涉及办案期限、对具体案件的定性及其处理意见，如对举报线索立案不立案、侦查不侦查，对具体的犯罪嫌疑人逮捕不逮捕、起诉不起诉，对与某人有关的犯罪事实认定不认定，对法院一审判决的案件抗诉不抗诉，以及案件的移交与中止、与案件有关的人和事的处理等。因此，在检察业务活动中，领导指令涉及方方面面，居于非常重要的地位。如何更好地发挥领导指令的作用，是一个值得认真研究的问题。

从我国的检察实践看，领导人对具体案件的指令，往往是以口头指示的方式作出的。口头指示的方式，虽然灵活、简便，但是随意性大，容易导致检察权的滥用。在实践中，有的上级机关或上级领导，甚至是对具体案件没有管辖权的领导，通过打电话、当面交代、让人带话等方式向承办人发出指示。其中，有认真负责地行使领导权以保证案件质量的；也有不负责任乱发议论的；更有以权谋私、为人说情的。一旦案件处理有误，是追究发布指示的领导的责任，还是追究承办案件的人员的责任，就难以认定。有的互相推卸，谁也不负责任，最后只有让具体承办人为有关领导"背黑锅"，导致"关系案""人情案"屡禁不止。有的案件，虽然经过检察委员会讨论，但是往往不是以书面指示的方式根据检察委员会的决定向承办人发出指示，而是由承办案件的人员根据自己对检察委员会委员在检委会上发表的议论的理解去办理案件。有时，承办人的理解与检察委员会的记录并不完全一致，甚至个别承办人有意曲解检察委员会的决议以假借检察委员会的名义办"关系案""人情案"。在这种情况下，由于检察委员会的决议不是以书面形式发给承办人的，要追究承办人的责任，就十分困难。由于领导指示常常没有书面形式的意思表示，承办案件的人员往往不得不猜测领导意图，从而无形中加重了办案人员的精神负担。随着检察官办案责任制的普遍推行和逐渐深入，这方面的问题越来越突出，改变这种领导方式已是势在必行。

改革的方案无疑是领导指令的书面化。所谓领导指令的书面化，是指在具体案件的办理过程中，上级机关和上级领导对案件处理所发出的任何指示，以及检察委员会对具体案件所作出的任何决定，一律要以书面形式发给承办案件的检察官，作为办案人员在承办具体案件中处理有关事项的依据，并要存入办案人员的工作档案。

领导指令的书面化，意味着领导者的指示，只有当其以书面形式发出时，才对承办案件的人员具有拘束力，才能作为办案人员办理案件的依据。领导指令如果不是以书面形式作出的，就不能作为案件处理的依据，承办案件的人员就有权拒绝执行。如果办案人员由于执行领导的口头指示而办错了案件，办案人员应当负全部责任。当然，领导指令的书面化，是就案件处理而言的，它并不排除在检察机关的行政管理活动中领导人口头发出的指示。

推行领导指令的书面化，至少有以下几个方面的好处：

第一，有利于办案人员正确理解和贯彻执行领导意图，避免由于指示不明确所引起的误解。无论是领导者个人的指示还是检察委员会的决定，以书面形式表达，较之口头形式，更容易做到准确无误，因而更容易被办案人员理解和执行。如果由于不执行或者不当执行领导指令而导致办错案件的，追究办案人员的责任，容易使其心悦诚服。

第二，有助于促使上级机关和上级领导慎重行使领导权，减少领导者随意对具体案件发号施令的现象。要求领导者发布指令必须用书面形式，在客观上能够促使领导者在发出指示之前认真负责地考虑其指示的必要性、准确性和正确性，减少对具体案件盲目地、不负责任地指示。

第三，有利于增强办案人员的责任心。推行领导指令书面化，必将大大减少领导者对具体案件发号施令的频率，改变办案人员事事依赖领导指示的状况。这在客观上就促使办案人员必须学会独立自主地处理办案过程中遇到的各种问题，并对案件的处理结果承担责任，从而使检察官真正成为办案的主要责任人。一旦出现错案，也好执行错案责任制。

第四，有助于遏制违法办案，减少"关系案""人情案"。在检察机关内部，个别领导人由于收受贿赂或者为了私情私利而指示办案人员违法办案的现象时有发生。有的办案人员则假借领导指示的名义办私案。杜绝这类现象的最好办法就是要求领导人把自己对具体案件的指示以书面形式固定下来，并宣布口头指示无效。因为违法违纪的指示，领导者多半不敢以书面形式发布，更不敢让办案人员将其存入档案。而且，如果要求办案人员不得以领导人的口头指示作为办案的依据，办案人员假借领导指示的名义办私案的现象也就能够有效地予以杜绝。

因此，笔者建议在检察业务改革中推行领导指令书面化，革除以口头指示的方式就具体案件发号施令的习惯做法，以保障检察机关领导权行使的正确性。

（四）一体化中的分工与合作

检察一体化并不是铁板一块，而是一个高效运行的有机体。因此，检察一体化必然要由若干个相对独立的部分组成，各个组成部分之间必然要有明确的分工，并且还必须具有能够充分发挥各个组成部分的积极性的管理机制，构成一体化的各个部分之间还要有能够进行密切合作的制度保障。

1. 关于分工

除了上级人民检察院与下级人民检察院之间、各个同级人民检察院之间的分工与合作关系之外，在同一检察院内部，也有一个分工的关系问题。

检察权在同一检察机关内部的配置首先需要研究的是检察机关内设机构的设置。只有科学合理地设置内设机构，才能进一步明确各个内设机构的职责权限，进而才能谈得上检察权的高效运行。

遵循检察一体化的要求，检察机关的内设机构，应当按照以下原则来设置和分工：

（1）符合检察权行使的需要。

检察机关的内设机构（业务部门）实际上是检察权在检察机关内部配置的制度形式，因此必须符合检察权行使的需要。所谓符合检察权行使的需要，就是要对法律赋予检察机关的所有职权，按照其特点进行科学合理的归类，并根据这种归类来设置检察机关的内设业务机构[1]。如果不是按照检察权行使的需要，而是为了争取职数、安排干部、提拔任用的需要来设置内设机构，就可能造成内设机构之间的职责不明和机构设置上的混乱。上文谈到，检察权具有四个基本要素即四项基本权

---

[1] 由于本书所探讨的是检察权的基本理论，所以只是从检察权行使的角度考虑问题。但是实际上，检察机关的机构设置既有检察业务部门，也有行政管理部门和后勤保障部门。检察机关的行政管理部门和后勤保障部门的设置和工作应当服从检察权运行的需要，应当树立为检察业务部门服务的宗旨和意识，以促进和保障检察业务部门履行职责。如果不能正确处理行政管理部门和后勤保障部门与检察业务部门的关系，检察机关内设的行政管理部门和后勤保障部门就可能成为检察业务部门履行职责的障碍，从而妨碍检察权的高效运行和有效行使。

能。其中每项权能都是可以分解的,也是可以与其他权能组合的。对检察权进行分类和组合是很有必要的,这种分类与组合应当成为检察机关内部业务部门设置的根据。

(2) 合理利用现有的司法资源。

检察机关所拥有的司法资源始终是有限的。特别是在社会转型时期和法治还不够健全的情况下,刑事犯罪案件多发,违法现象比较严重,检察机关始终面临着国家可以分配给检察机关的司法资源与检察机关所承担的任务繁重之间不相适应的矛盾。面对这种矛盾,检察机关的内设机构就不可能是分工越细越好、机构越多越好,而必须或者是不得不考虑如何能够充分发挥现有资源的作用。首先,在经费和人员的使用上,应当把现有资源尽可能多地配置在检察业务部门,而不应当让行政管理部门和后勤保障部门使用过多的司法资源。其次,在检察业务部门的划分及其权力配置上,应当充分考虑划分的必要性,防止片面强调某个方面工作的重要性,不必要地、人为地浪费司法资源。在检察机关内设机构及其职能划分上,过去过多地强调检察机关内部的监督制约,以致把一些本应统一行使的职权人为地分割开来,由不同的部门行使,或者设立专门的部门行使。其结果,不仅造成检察工作效率的低下和司法资源的浪费,而且不必要地导致部门之间工作环节上的脱节。充分利用检察机关现有的司法资源,就应该考虑内设机构设置的必要性和科学性,避免人财物的不当使用所造成的资源浪费。

避免资源浪费的一个重要方面就是按照比例原则来分配内设机构的人员,即检察业务工作量大的部门应当配备较多的人员,相应地,检察业务工作量较少的部门应当配备较少的人员。这个问题说起来容易,做起来难。因为如何衡量各个部门的工作量,往往缺乏固定的明确的参数。每个部门都会说本部门的工作量很大，需要做的工作很多，否则显示不出本部门工作的重要性和存在的价值。但是，实际上可能从事的工作量总是有限的，因而也是可以衡量的。关键的问题是不能由各个部门自己来说明自己的工作量。而应当由一个独立的与各个部门没有直接关系的临时机构论证应当设立的内设机构及其职责范围，然后统一评估其工作量的大小。

（3）职责分明。

只有职责分明，才有利于发挥各自的积极性。因为，只有明确了每个部门、每个岗位的职责，才会使每个主体明确自己的职责范围，增强责任感，集中精力干自己该干的事情；只有明确了每个部门、每个岗位的职责，才便于对各个部门、各个岗位进行考核，才有可能做到奖罚分明。因此，检察机关内设机构的设置，要遵循职责分明的原则，合理划分和明确每个部门的职权范围和每个岗位的责任，使各个部门具有明确的工作目标。部门之间的工作具有可考核性。

职责分明不仅是内设机构设置的原则，而且是设定检察长与内设机构部门负责人之间的职责范围，以及内设机构负责人与本部门其他检察人员的职责范围所要遵循的原则。如果职权范围不能明确界定，工作责任就无法分清，检察长对检察院的工作、包括分管的副检察长对自己分管范围内的工作，如果想管什么就管什么，不想管就不管，部门负责人就会无所适从，就不知道哪些事项应当向检察长汇报并由检察长做主，哪些事项可以自己做主。其结果必然是责任心强的就多干工作，责任心不强的就少干工作；胆子大的，就事事自己做主，胆子小的，就事事请示；工作干得多还是少，好还是坏，也难以进行衡量。同样地，部门负责人与部门工作人员的职责不分，也不利于调动和发挥个人的工作积极性和主动性（这个问题将在责任制一节中进一步展开)。

2. 关于合作

检察机关内设机构之间的明确分工是非常必要的,没有分工,就无法发挥各个主体的积极性和主动性。但是仅有分工是不够的。在分工负责的基础上,紧密合作,才能发挥检察机关的整体优势,才能保证检察权行使的有效性、完整性和统一性。

检察权运行过程中的合作,包括上下级检察机关的合作、同级检察机关之间的合作和同一检察机关内部各个部门之间的合作。就检察机关内部各个业务部门之间的合作而言,主要是通过检察机关内部的业务管理来实现的。

检察机关内部的业务管理,既是保障检察机关各项工作协调有序、检察权统一行使的关键环节,也是保障检察机关各个内设机构密切合作、检察权高效运行的有效载体,同时也是健全内部制约机制、防止检察权滥用的重要手段。检察业务管理得好坏,直接关系到检察机关能否充分发挥相应司法资源的能量,充分有效地行使检察权,直接关系到检察机关能否正确行使检察权,充分发挥检察权的价值功能,促进检察事业的发展,因而也直接关系到检察机关的前途命运以及检察机关的社会形象。因此,各级检察机关都应当高度重视检察业务管理,最高人民检察院尤其应当在检察业务管理方面发挥最高领导机关的职能作用,规范和保障检察业务管理的科学性,使检察业务管理真正符合检察工作的规律。

检察机关的业务管理,应当重点考虑以下几个方面:

(1) 管理的合目的性。

检察业务的管理要从统一行使检察权和保证检察权高效运作的目的出发,按照一体化的要求来进行。为此,对检察机关各项业务工作的管理要通盘考虑，统筹兼顾，不能顾此失彼，更不能厚此薄彼。为了防止各个业务部门因为业务分工的不同而出现各自为政、各自为战，以及部门之间的相互扯皮、相互顶牛的现象，各级检察机关都要加强检察业务工作的管理，充分发挥检察长对检察工作的统一领导作用，发挥部门负责人的管理职能，在重大案件的办理过程中，在重大活动的进行过程中，要按照一体化的要求，实行统一组织，统一指挥，统一协调，充分发挥整体优势。

（2）管理的科学性。

检察业务管理要按照现代管理科学的理念，进行科学合理的管理。所谓科学管理，就是要在按照管理的一般要求设置管理的模式和指标体系时，充分考虑不同检察业务的不同特点，充分考虑不同类别检察业务自身的规律。管理模式的设置、行为规范的制定、管理指标的确定，既要考虑共同的要求，也要考虑不同的特点。既要加强管理，因为放任不管，就不能有效地发挥整体优势，又不能管得过细、过死，因为那将更不利于调动各个部门和个人的积极性。所谓合理管理，就是对各个业务部门的工作要求和指标设定，要坚持公平合理的原则，保证各个部门经过努力都能够满足管理的要求。管理制度不合理，就容易挫伤某些部门或人员的工作积极性，而不利于调动其工作热情。

（3）管理的有效性。

检察业务的管理，主要是对案件的管理。因为法律监督是通过办理具体案件来实现的，检察权的行使主要是通过办理具体案件来履行法律监督职责。无论是批准逮捕、审查起诉，还是对公安机关的侦查行为和法院的审判活动包括裁判结果的监督，都是围绕具体案件进行的。检察权的滥用也是主要发生在具体案件的办理过程中。因此,能否管理好具体案件的办理活动,既是保障检察权统一正确行使,防止检察权滥用的关键,也是发挥检察一体化的优势,提高工作效率的关键。

对案件的管理,主要是通过对案件线索、办案流程、办案质效的管理和对办案情况的监督来实现的。为此,就需要制定统一的管理规范,通过统一的管理规范,使全国各级检察机关都能够在办理案件方面保持统一性。这种统一性也是彼此配合、相互协作的保证。

对案件的管理,更重要的是对检察官个人能力之外的事项如何及时处理的问题。比如,对于涉案人数较多、案情复杂的案件,一个检察官难以承办时,需要多个检察官组织起来共同办理;一个案件在当地办理可能受到地方势力的阻扰,需要安排异地的检察院办理;一个案件涉及多个地区的调查取证或多地利益,需要其他地方检察机关协作配合;案件影响重大,需要上一级检察院直接办理,等等。在这类情况下,都需要发挥一体化的优势,统筹利用检察机关的资源办理有关案件。而在这种情况下,能否采取切实可行的措施,合理利用检察资源,高效率、高质量地办理案件,是检察业务管理有效性的重要体现。

(4)考评机制的合理性。

考评作为激励先进、鞭策后进的一种手段,在各项工作中都会经常被使用。考评作为一种督促机制,在保证各个部门之间的配合与合作方面,具有更为重要的作用。但是考评手段如果运用不当,也会导致与考评目的相反的结果。考评手段的合理运用,关键是以下三个方面:

一是考评指标的设计。考评指标不但对检察业务活动具有强势的引领作用,而且对调动各个部门的积极性、促进各个部门之间的配合与合作具有积极的保障作用。在实践中，有些考评指标设计得不合理，不仅不利于发挥各个部门的积极性，而且使某些部门无论怎么干都不能在考评中获得高分，而某些部门可能无需做很大的努力就能在考评拿到高分，甚至在年初就决定了其无论如何都能完成工作任务。某些考评指标的设计不符合检察工作的规律，不但不能引导检察人员正确行使检察权，而且可能导致片面追求某些工作指标的达到而弄虚作假，滥用职权。

二是考评活动的组织实施。考评离不开一定的指标体系，但是这些指标体系中的数据统计如果不能保证实事求是的进行，考评就无法反映工作的真实情况。而建立在不真实的数据统计基础上的考评结果，自然不可能发挥考评手段应有的积极作用。因此，在检察业务管理工作中，不能只重视考评这种形式，不能以为年年都在考评就尽到了管理的职责，而应当重视对考评效果的分析，防止考评流于形式。

目前在检察业务考评中，特别值得注意的问题是数据的真实性问题。一般认为，运用现代化的管理手段进行统计，数据都是真实可靠的。其实不然。一些地方人民检察院为了满足上级人民检察院对考评数据的要求，人为地把一个案件拆分为多个案件，以追求办案的数量。如自侦案件、公益诉讼案件、检察建议案件等。一些地方人民检察院甚至按照事后案件处理的情况补填前面办案环节中的有关情况。如为了追求量刑建议的采纳率，在提起公诉时不填具体的量刑建议，待法院判决后，根据法院判处的刑罚填写具体的量刑建议，以确保量刑建议被采纳率达到95%以上。一些地方人民检察院对某些可能扣分的情况，人为地不让其进入程序，以防止被扣分。比如，为了保证"案－件比"符合要求，对于需要退回补充侦查的案件，不经过案件管理部门正式退回侦查机关，而是通过非正式的渠道，让侦查机关补充侦查。凡此种种，都不可能在相关统计数据中反映出来。而这样做的结果，就使上级人民检察院的管理形同虚设。

三是对考评数据的评价。考评离不开对各种工作数据的统计。问题在于不仅要看数据，还要客观合理地分析数据中反映的情况。比如，对法院的无罪判决，曾经一些单位就是只看有没有、有多少，而不具体分析每一个无罪判决产生的真实原因和具体情况，导致个别检察机关和检察人员为了避免无罪判决而不惜违法办案。再如，有的检察院在考核中规定，凡是当事人有投诉的，都要扣分。考核时只统计投诉的次数，而没有人分析投诉的具体原因。其结果，对一些办案本身不存在任何违法或错误的检察官而言，就感到十分困惑，难以接受。如果没有对统计数据进行实事求是的具体分析，仅仅通过数据反映的问题来考核检察官办案的质量和效果，就很难得出正确的结论，很难客观公正地评价检察官的工作业绩和业务水平。

另外，考评的目的一方面是督促各级检察机关和检察人员认真负责地、积极主动地履行法定职责，另一方面也是提高办案的质量和效果。因此，对案件质量和效果的评查应该作为考评的一项重要内容。不能片面强调甚至追求数据统计和比较，更应该重视案件质量和效果的考察。在这个方面，更应当具体分析纳入评查范围的案件。只有通过对案件办理的质量和效果的具体分析，才能保证考核的合理性、科学性。但是，对办案质量和效果的考核应当以数量为基础。一个检察官一年总共办了10个案件，没有1个案件有质量问题；另一个检察官一年办了200个案件，有5个案件质量有问题。如果不同时考虑办案的数量，仅仅评价有问题的案件，就会让受考核的检察官产生"鞭打快牛"的感觉，导致其产生少办案或不办案的想法。这样考核的结果很可能与考核的初衷是相悖的。

（五）一体化中的责任制

一体化虽然强调整体性、统一性，但必须以个体的责任担当为基础、以个体的主体性、积极性为前提。只有一体化中的各个个体都能积极主动的发挥作用，一体化才有可能高效运行，也才能保证职权的有效行使。如果一体化中的各个个体职责不明、责任不分，人人都不愿担当或不知如何担当，只是单纯地听命于上级，一体化就可能是死水一滩，整体的效能就不可能真正发挥。因此，在检察权的一体化运行中重视调动和发挥各个检察人员的积极性、主动性，是检察管理的重要内容，也是检察一体化必须着力解决的问题。

早在1997年中央首次提出司法改革的时候，司法责任制的问题就作为改革的重点内容被提出了。如党的十五大报告中提出"推进司法改革……建立冤案、错案责任追究制度"。为此，最高人民检察院于1998年7月17日颁布了《人民检察院错案责任追究条例（试行）》。其中明确规定："检察官在办理案件中造成错案的，应当追究法律责任、纪律责任。"2000年2月15日，最高人民检察院推出了《检察改革三年实施意见》，其中进一步提出要改革检察官办案机制，建立健全检察官办案责任制；要全面建立主诉、主办检察官办案责任制，健全、落实检察业务工作中的主诉、主办检察官办案责任制，依法明确主诉、主办检察官承办案件的程序和职权。2015年9月29日最高人民检察院印发了《关于完善人民检察院司法责任制的若干意见》，明确提出："完善人民检察院司法责任制的目标是：健全司法办案组织，科学界定内部司法办案权限，完善司法办案责任体系，构建公正高效的检察权运行机制和公平合理的司法责任认定、追究机制,做到谁办案谁负责、谁决定谁负责。"2018年修改的《人民检察院组织法》第8条规定:"人民检察院实行司法责任制,建立健全权责统一的司法权力运行机制。"第34条进一步规定:"人民检察院实行检察官办案责任制。检察官对其职权范围内就案件作出的决定负责。检察长、检察委员会对案件作出决定的,承担相应责任。"由此可见,司法责任制的问题是检察机关长期关注的、制约检察权运行的一个重大问题,也是一个长期不能有效解决的难点问题。

1. 司法责任制的瓶颈。

落实司法责任制,最根本的是分权的问题。因为,检察权是法律赋予人民检察院的职权,而人民检察院又是在检察长的领导下行使检察权的。检察权是由检察长统一行使,还是由检察官分别行使,就涉及检察一体化的工作机制问题。如前所述,人民检察院的职能作用主要是通过办理案件来实现的,办理案件的活动不可能完全由检察长一个人来完成,而必须依靠众多的检察人员来完成。检察人员在办理案件的过程中有没有职权、有什么样的职权,直接关系到案件办理的结果。这就必然涉及检察长与承办案件的检察官如何分权的问题。如果检察权集中在检察长手里,承办案件的检察人员就只是检察长行使检察权的助手甚至工具,检察人员就丧失了主体性的存在感,就不可能有积极性、主动性和责任感。如果检察权完全由承办案件的检察人员来行使,检察长的领导权就会架空,检察一体化也就无法实现。因此,在检察长与检察官之间合理地分配检察权,就成为检察一体化中最为重要的一个问题,也成为司法责任制中的核心问题。

过去曾经有一种观点认为,检察长既然统一领导检察院的工作,检察工作中出现任何问题,检察长都得承担责任,所以检察长必须了解检察院的每一项工作的每一个环节，对每一个案件负责。并且，检察院办理的每一个案件都是以检察院的名义对外的，检察长必须掌控每一个案件的办理情况。否则，就无法实现对检察工作的统一领导。在这种观念下，检察院办理的每一个案件、每一个环节都要向检察长（包括主管的副检察长）汇报，并听从检察长的指示。然而实践证明，检察长既没有足够的时间和精力认真负责地听取本院办理的每一个案件的汇报，也没有能力对每一个办案环节都发出正确的指示。所谓的"把关"即审批案件往往流于形式，变为一种机械的工作流程。与此同时，承办案件的检察人员无职无权，也就没有责任担当的意识，没有提高办案水平的动力。这种状况，迫使检察机关不得不转变观念，一次又一次地推行责任制，通过分权来提高检察人员的责任感、提高检察机关办案的质量和效果。但是在以往的实践中，检察权并没有真正实现在检察长与检察官之间的分配，所以检察机关的司法责任制就始终没有真正落实。可以说，检察一体化中的分权问题是推行责任制的瓶颈和长期没有解决的难点问题。

因此，笔者认为，既然要实行司法责任制，就必须实实在在地分权给承办案件的检察官。因为权力最本质的特征是做出决定的选择权，而不仅仅是从事某项活动。做出决定意味着主体在不同的行为中进行选择取舍的自由。只能这样、不能那样，就不能叫作出决定。如果没有作出决定的权力，就不可能有真正意义上的权力分配。

检察一体化中的分权是就检察权而言的。每一个检察院都是既有检察权，也有行政管理权。行政管理权包括人事管理权、经费管理权、事务管理权、党务管理权等，作为一个组织体应当具有的管理职能，当然也存在一个分权的问题，但这种分权不是在检察人员之间分权，而是在领导干部之间分权，并且遵循下级服从上级的原则组织实施。而检察权的分权只能在有权行使检察权的人员即检察官（包括检察长、副检察长、检察业务部门负责人、员额检察官）之间分权。

按照《人民检察院组织法》的规定，检察权包括该法第20条规定的8项职权，即依照法律规定对有关刑事案件行使侦查权；对刑事案件进行审查，批准或者决定是否逮捕犯罪嫌疑人；对刑事案件进行审查，决定是否提起公诉，对决定提起公诉的案件支持公诉；依照法律规定提起公益诉讼；对诉讼活动实行法律监督；对判决、裁定等生效法律文书的执行工作实行法律监督；对监狱、看守所的执法活动实行法律监督；法律规定的其他职权，以及该法第21条规定的"人民检察院行使本法第二十条规定的法律监督职权，可以进行调查核实，并依法提出抗诉、纠正意见、检察建议"的职权。在这些职权中，除了人民检察院组织法明确规定应当由上级人民检察院行使的职权[1]之外，其他职权都应当在同一检察院内部的检察官之间进行分配。由于这些职权主要是通过办理案件来行使的，分权实际上也就是哪些人在办理案件中享有哪些职权。[2]

笔者认为，同一检察院内部，所有办理案件的职权，原则上都应当由有权独立办理案件的检察官来行使。正如《检察官法》第7条规定的，"检察官的职责：（一）对法律规定由人民

---

[1] 《人民检察院组织法》第24条规定了四项职权：认为下级人民检察院的决定错误的，指令下级人民检察院纠正，或者依法撤销、变更；可以对下级人民检察院管辖的案件指定管辖；可以办理下级人民检察院管辖的案件；可以统一调用辖区的检察人员办理案件。

[2] 所谓"谁办案，谁负责；谁决定，谁负责"，实际上就把"办案"与"决定"分割开来了。办案的人如果没有决定权，也就不可能对所办案件"负责"了。决定的人如果不办案，也就很难做出符合案件实际的决定来。因此，在办案的过程中"分权"，应当是在承办案件的不同主体之间分配案件的决定权，而不是谁行使办案权、谁行使决定权的问题。

检察院直接受理的刑事案件进行侦查；（二）对刑事案件进行审查逮捕、审查起诉，代表国家进行公诉；（三）开展公益诉讼工作；（四）开展对刑事、民事、行政诉讼活动的监督工作；（五）法律规定的其他职责。"这个规定明显地意味着，检察官在办理案件的过程中享有完整的检察权。如进行侦查的职权当然就包括是否立案、是否采取某些侦查措施、是否采取强制措施等职权；审查逮捕、审查起诉的职权，当然就包括何时提审犯罪嫌疑人、如何询问证人、是否退回补充侦查或补充调查、是否批准逮捕、是否提起公诉以及不起诉等职权；开展公益诉讼，当然就包括要不要调查核实、要不要发出检察建议、是否提起公益诉讼等职权；对刑事、民事、行政诉讼活动实行法律监督，当然包括是否调卷审查、是否会见当事人、是否进行调查核实、是否提起抗诉等职权。如果检察官在审查案件的时候，只能作出批准逮捕的决定，但不能作出不批准逮捕的决定；只能作出提起公诉的决定，但不能作出不起诉的决定；或者只能作出不抗诉的决定，但不能作出抗诉的决定。这种职权至少是残缺不全的。

　　检察官之间进行分权，不应当是在同一个职权中分割出能行使的部分与不能行使的部分，而应当是此检察官行使哪些方面的职权、彼检察官行使哪些方面的职权。如果把某个方面的职权分配给某个检察官行使，那么，该检察官在办理具体案件的过程中就应当享有这个方面的完整的职权，即他通过对案件全部证据材料的审查判断，就有权依照法律的规定，作出肯定的决定，或者作出否定的决定。这是办理案件的亲历性司法规律的必然要求，也是行使职权的本质标志。当然，检察官是在检察长领导下开展工作的，检察官办理的案件，涉及重大事项特别是重大案件时，应当提交检察长决定。

这样分权并不意味着检察长就完全丧失了对本院办理的所有案件的控制权。因为检察长作为检察院的领导享有对各项检察工作的领导权,这种领导权当然包括对检察业务的领导权。而在检察业务方面,除了案件的办理权之外,还有对案件的管理权、调配权和监控权。这些权力恰恰是检察长独享的职权(当然,可以委托副检察长代为行使)。检察长包括副检察长在自己承办的案件中行使员额检察官的所有职权,在自己具体承办的案件之外,还应当行使领导者的职权即对案件的管理权、调配权、监控权。

对案件的管理权,是指对检察院依据法律规定受理的所有案件,组织检察官具体办理的职权。如对本院受理的重大案件组织多名检察官形成办案组来办理,对检察官所办理的案件进行督促、统计、评估,发现倾向性问题时组织检察官进行分析讨论,以提高检察院办理案件的质量和效果,提高检察官办理案件的水平和解决重点疑难问题的能力等。

对案件的调配权,是指对本院受理的案件,在自动轮案的基础上,把某些特殊的案件人为地指定给某个更适合办理该案的检察官来办理,或者在一个检察官难以办理的情况下指定其他检察官协助办理或者组织检察官团队来办理。调配权还包括检察长或者副检察长亲自办理自动轮案时分配给其他检察官办理的案件,以及提请上级人民检察院办理或者交给下级人民检察院办理某个具体案件等。

对案件的监控权,是指检察长可以随时随地了解[1]检察官

---

[1] 以往在检察实践中,检察长主要是通过听取汇报的方式了解案件的办理情况,并开头发出指令。这种方式容易造成对检察官办理案件的干预。随着网络技术的广泛应用,检察长应当主要通过网络监控系统来了解案件的进展及其办理情况,以避免直接听取口头汇报对检察官形成不当的压力。

办理的案件,并在认为可能出现错误时发出指令,提示承办案件的检察官注意某些要点或问题,或者阻止检察官做出错误的决定,或者行使调配权把该检察官正在办理的案件交给其他检察官来办理。检察长完全可以通过对检察官做出决定的每一个案件或事项进行监控,发现问题,及时纠正,以弥补检察官办理案件中可能出现的错误。

  行使这些职权,是检察长作为人民检察院的领导者应该具有的责任和担当,也是检察一体化的内在逻辑。检察长在行使这些职权的过程中,如果认为关系重大、难以担当时,可以提交检察委员会讨论决定,即将权力移交给检察委员会。检察官在行使职权的过程中,如果认为自己难以正确做出决定时,也可以提请检察长来决定或者将案件交给其他检察官办理。

  责任正是建立在这种分权基础上的。只有赋予承办案件的检察官以完整的办理案件的职权,才有可能培育起检察官的主体意识和担当精神。如果出现错案,追究承办案件的检察官的责任就是顺理成章、合情合理的。正所谓"谁办案谁负责"。也只有这样,才有可能真正建立完备的司法办案责任体系,才有可能构建公正高效的检察权运行机制和公平合理的责任追究机制。

  2. 司法责任制的配套措施。

  司法责任制的落实,需要相应的综合配套措施。对此,笔者曾在《论司法责任制综合配套改革》一文[1]中予以详述。从司法责任制实施的实践中看,还有两个问题值得更多的关注:

---

  [1] 参见张智辉:《论司法责任制综合配套改革》,载《中国法学》2018年第2期。该文在反思司法责任制改革历程的基础上,提出了司法责任制改革必须综合配套的理论基础,论证了全面推行司法责任制需要完善的综合配套措施。

第一，检察官办案的保障机制问题。

因为检察官办理案件总是需要一定的物质条件和工作条件，而这些条件是检察官自身不可能解决的问题。检察院能否充分保障检察官办理案件所必需的物质条件和工作条件，也就成为检察官能否依法独立公正行使检察权不可或缺的方面。人民检察院应当为检察官办理案件提供所需的各种条件。如去看守所提审犯罪嫌疑人或者走访其他案件当事人时的交通工具、办案所需要的设备装备和经费，办案中需要查询的资料和需要了解的信息，以及办理案件必须花费的时间和精力等，都需要由检察官所在的检察院予以提供或保障。如果不能及时提供有用的必需品，检察官就很有可能成为难为无米之炊的巧妇，检察权的行使也就难免要打折扣。因此，在放权检察官的同时，如何有效地保障检察官办案之所需，是制约司法责任制能否全面落实和有效推行的一个不容忽视的重要方面。至于检察官的职业保障问题，将在后文中论述。

办案的保障机制，目前最突出的问题有两个：一是人员配备问题。检察官办理案件仅仅凭检察官个人的力量往往是难以完成的，也不符合调查取证必须二人同时进行的法律规定。因此，给有权办理案件的检察官配备一定数量的助手，是落实司法责任制的必然要求，也是检察官办案不可或缺的工作条件。但是，目前在实践中，一些检察院往往不能保证每一个有权办案的员额检察官都有一定数量的助手。检察官不得不承担许多具体的事务性工作，以致影响到办案的效率和效果。二是时间保障问题。目前多数检察院由于过多地开展各项与检察工作无关的活动，或者更多地参与当地的社会治理或其他活动，而使本来以办理案件为主业的检察官根本没有时间和精力花在办理案件方面，更谈不上研究实践中遇到的特殊案件以提升自己的办案水平。一些检察官不得不利用自己的业余时间来办理案件，其办案的质量和效果必然受到影响。

解决这个问题，必须加强检察机关的人才培养和队伍建设。检察机关应当通过招录和培训，建立起能够满足办案需要的专业化的检察辅助人员队伍，有足够的检察辅助人员来协助检察官办理案件。同时，检察机关应当尽可能地减少检察行政人员，以确保有限的编制尽可能多地用在办理案件方面。

解决这个问题，最重要的是转变检察机关的管理理念和管理模式，突出依法办理案件在检察机关的主业地位，保证检察机关的各项工作围绕充分履行法律监督职责来展开。检察机关的各级领导应当时刻牢记自己的根本职责和使命担当，清醒地意识到检察机关存在和发展的根本价值在于通过检察权的行使来维护国家法律的统一正确实施。检察机关在依法治国的进程中如果不能很好地发挥法律监督职能作用，就失去了存在的意义，就很难得到党和人民的信任，检察机关的其他各项工作也就难以顺利进行。因此，全国各级检察机关都应当下大力气使自己从各种各样的与法律监督职能无关的事务中解脱出来，特别是让员额检察官从那些与行使检察权无关的事务中解脱出来，以便有充足的时间和精力办理案件。这是依法履行法律监督职责最基本的保障，也是提高法律监督质效的基本条件。

第二，检察辅助人员的管理问题。

在推行司法责任制的改革中，检察机关普遍实行了对检察人员的分类管理。除了员额检察官作为行使检察权的主体享有独立办理案件的职权之外，其他办案中的检察人员统称为检察辅助人员。检察辅助人员如何定位、如何管理、如何发展，由于缺乏明确的制度性规定，以致成为司法责任制中的盲区。在员额检察官制度改革中，为了调动员额检察官办理案件的积极性，在中央政法委员会的统一领导下，全国各地普遍给员额检察官增加了办案津贴。这种做法明显地增强了员额检察官的职业荣誉感和责任心，但也给检察辅助人员带来了一定的负面影响。特别是一些资历较老但又因种种原因没有进入员额的检察人员，因收入待遇相对降低而消极怠工。一些新进的检察辅助人员也因为检察院员额检察官编制的限制而感到晋升无望，影响其工作的积极性和责任感。[1] 员额检察官没有助手难以有效地办理案件，有了助手，如果助手不能认真负责地协助检察官工作，同样难以有效地办理案件。

按照1979年人民检察院组织法和1995年检察官法的规定，人民检察院设有助理检察员的职务，助理检察员可以代行检察员的职权，也可以在条件具备时晋升为检察员。书记员也可以晋升为助理检察员。因此，作为检察员的助手，检察员带领助理检察员和书记员办理案件，助理检察员和书记员服从检察员的工作安排，形成了良好的工作关系。但是随着司法体制改革的推进和人民检察院组织法、检察官法的修改，助理检察员的职务序列被取消并不再是检察官，书记员通过购买社会服务来录用，检察辅助人员在一定程度上失去了归属感和晋升通道，其工作的积极性和责任心也就难以充分发挥。这是员额检察官普遍感到检察辅助人员不好用的根本原因。

笔者认为，解决这个问题，还是需要通过改革来完成。修改后的检察官法明确规定："人民检察院应当加强检察官助理队伍建设，为检察官遴选储备人才"。一方面，检察机关应当根据这个规定，构建从检察官助理中选拔检察官的制度，以打

---

[1] 检察辅助人员主要涉及三类人员：一是司法警察；二是检察官助理；三是书记员。司法警察按照人民警察的编制序列受警察法的保障，但检察官助理和书记员的职业保障问题目前还没有明确的法律规定。

通检察官助理走向检察官队伍的通道。检察机关的书记员不仅需要具备法律专业知识,而且应当具备高度的责任心和事业心,因此有必要改变通过购买社会服务临时性聘用书记员的做法,构建优秀的书记员向检察官助理、检察官晋升的渠道,以建立专业的稳定的书记员队伍。这样可以有效地增强检察官助理、书记员的进取心和责任心,为其职业选择和晋升提供制度性的保障。另一方面,应当明确规定检察官对协助其行使职权的检察辅助人员具有管理和指挥的职权。检察辅助人员应当服从检察官的工作安排,应当在检察官的指挥下从事检察官办案过程中的事务性工作,帮助检察官办理好案件。与此同时,应当加强对检察官助理、书记员的管理和考核,督促其认真负责地完成检察官交给的工作任务,使其真正成为检察官办理案件的助手。对检察辅助人员的考核,以及检察辅助人员的晋升,应当着重听取检察官的意见,以保证检察官对检察辅助人员的指挥落到实处。这是全面落实司法责任制过程中不能不着力解决的问题。

四、检察权运行的保障机制

在我国,检察权是宪法和法律赋予人民检察院的基本职权,是国家权力的重要组成部分。检察权能否有效地行使,直接关系到国家宪法和法律能否在全国范围内统一、正确地实施,直接关系到中国特色社会主义法治建设的进程。我国宪法和法律在赋予人民检察院检察权的同时,规定了一系列保障检察权有效行使的措施。这对检察机关依法行使检察权、维护国家法律的尊严,起了积极的保障作用。但是,人民检察院行使检察权,无论是在法律上,还是在实践中,其保障机制还存在许多不尽完善的地方,这在一定程度上妨碍了检察权的有效行使,使人民检察院面对违反法律和错误执法、不当执法的现象时，难以充分履行宪法和法律赋予自己的神圣职责，难以有效地维护国家法律的统一正确实施。这种状况，经过多年的司法体制改革，有了一定的改善，但尚未从根本上改变，还有待于通过改革进一步完善。

检察权运行的保障机制涉及三个方面的内容：一是检察机关的独立性，即检察机关在机构设置、领导体制、职权行使、人事管理包括检察官身份等方面必需具有独立的制度性保障；二是法律赋予检察机关的职权在法律的具体规定中应当具有明确性；三是检察机关行使职权时必需的经费应当给予充分的保障。由于检察机关独立性的问题在前文中已有论述，在此着重探讨第二、第三个问题。

（一）法律授权的明确性

为了保障检察权的有效行使，法律在赋予检察机关职权的时候，应当对之作出明确的、具体的规定。法律关于法律监督职权的具体规定，是检察机关履行法律监督职责的法律保障，是强化法律监督的基本前提。如果缺乏法律关于法律监督的具体规定，强化法律监督就只是一种良好的愿望和呼唤，而无法真正发挥其作用，检察机关也就难以担负起维护公平正义的重望。这是因为：

第一，检察机关的法律监督是一种运用公权力实施的具有一定强制力的活动，其行使公权力的基础是法律有明确的授权。现代法治的基本原理是：对于私权利，法律没有禁止的，就是可为的；对于公权力，法律没有赋予的，就是不可为的。检察机关进行法律监督的权力是宪法和法律赋予检察机关的一项重要权力，是国家权力的重要组成部分。检察机关履行法律监督职责，必然要产生一定的法律效果从而对其他国家机关的权力行使、对有关国家机关工作人员的行为，甚至对其他社会主体的活动具有制约作用。因此这种权力的行使，应当以法律的明确规定为前提。检察机关必须在法律规定的范围内履行法律监督的职责，不能逾越法律的藩篱去进行法律监督。这在客观上就需要法律对检察机关的职权及其效力作出明确的具体的规定。法律对检察机关的职权规定得明确具体，既是为检察机关履行法律监督职责提供了必要的法律保障，使检察机关履行法律监督职责有法可依，同时也是划定了检察机关的职权范围，为其他国家机关和社会主体监督检察机关是否切实履行了法律监督职责提供了评价的依据，为防止检察权的滥用提供了法律屏障。

第二，法律监督的对象主要是具有执法权和司法权的国家机关及其工作人员，检察机关在履行法律监督职责的过程中所受到的阻力比其他国家机关履行职责时所受到的阻力要大得多，因此必须有法律的明确授权作后盾。法律监督虽然包括了对一切社会主体遵守和执行法律的情况进行监督，但是最主要的还是对具有执法权和司法权的国家机关及其工作人员行使公权力的过程中出现的违反法律的情况进行的监督。由于监督的对象主要是行使公权力的主体，这类主体本身掌握着一定的公权力，并且这种公权力并不亚于检察机关的权力，甚至有的比检察机关的权力还要大，因而具有与检察机关的法律监督进行对抗的能力和条件。如果法律对检察机关的授权不明确，这些监督对象就会以各种借口和理由拒绝检察机关的法律监督。另外，由于中国历来是一个权力本位的国家，人们对自己手中的权力看得非常尊贵，不愿意受到别人哪怕是别的国家机关的些微质疑，更不愿意受到法律监督。如果不是法律明确规定检察机关有权对其监督，绝大多数国家机关及其工作人员是断然不愿意接受与其地位相当甚至还没有自己地位高的检察机关的监督的。因此，强化法律监督，首先就必须由法律对检察机关的职权作出明确具体的规定，甚至包括对监督对象的义务作出相应的规定。这是检察机关实施法律监督的基本保障。

第三，在实践中，法律授权不明确，检察机关就难以实施法律监督。从多年来检察机关履行法律监督职责的实践看，法律有明确规定的情况下，尚且存在不愿意接受检察机关法律监督的国家机关及其工作人员，更不用说没有法律规定或者法律规定不明确的情况了。例如，1996年《刑事诉讼法》第87条明确规定："人民检察院认为公安机关对应当立案侦查的案件而不立案侦查的，或者被害人认为公安机关对应当立案侦查的案件而不立案侦查，向人民检察院提出的，人民检察院应当要求公安机关说明不立案的理由。人民检察院认为公安机关不立案理由不能成立的，应当通知公安机关立案，公安机关接到通知后应当立案。"（2018年《刑事诉讼法》第113条）但是，在实践中曾经出现过有的检察机关就应当立案而公安机关不立案的刑事案件，向应当立案的公安机关多次发出立案通知书，公安机关仍然不予立案的现象。又如，《刑事诉讼法》第8条明确规定："人民检察院依法对刑事诉讼实行法律监督。"而死刑复核是刑事诉讼法明确规定的一个程序。从逻辑上讲，检察机关依法对刑事诉讼实行法律监督，也就包括了对死刑复核程序的法律监督。但是在最高人民法院收回死刑复核权的时候，一些法院工作人员却强调，刑事诉讼法并没有明确规定检察机关可以进行监督，因而检察机关不能对死刑复核进行法律监督。《刑事诉讼法》第209条规定，人民检察院发现人民法院审理案件违反法律规定的诉讼程序，有权向人民法院提出纠正意见。但是，该法并没有规定人民法院不接受人民检察院的纠正意见时如何处理。如果人民法院审理案件的活动中存在违法行为，并且在人民检察院提出纠正意见后拒不纠正时，人民检察院同样无法有效行使该法赋予自己的法律监督权。再如，《刑事诉讼法》第267条赋予人民检察院对暂予监外执行的监督权，然而这种监督权只是对批准暂予监外执行决定的监督权。该法第268条规定，暂予监外执行的情形消失后，罪犯刑期未满的，应当及时收监。但是如果执行机关不予收监，人民检察院是否有权要求执行机关将罪犯收监执行，该法并未明确规定。该法对执行机关是否有义务将执行情况，特别是暂予监外执行的情形是否消失的情况告知人民检察院，没有任何规定。如果执行机关不将执行情况告知人民检察院，人民检察院就很难发现执行过程中是否存在违法情况，更谈不上进行监督，该法第276条赋予人民检察院的"对执行机关执行刑罚的活动是否合法实行监督"的权力就难以行使。只有行使检察权的规定而没有关于检察权效力的规定以及对不接受检察监督或妨碍检察权行使的行为如何处理的规定，检察机关要想履行法律监督职责，在实践中往往是难以实现的。

此外，我国《民事诉讼法》第14条规定，人民检察院有权对民事诉讼实行法律监督；《行政诉讼法》第11条也规定，人民检察院有权对行政诉讼实行法律监督。但是，人民检察院如何以及通过什么方式对民事、行政审判活动实行监督，这种监督有何效力，这两个法律都没有明文规定，只是在《民事诉讼法》第215条和《行政诉讼法》第93条中规定人民检察院对人民法院已经发生法律效力的判决、裁定，发现违反法律、法规规定的，有权按照审判监督程序提出抗诉。然而这两个法律既没有规定人民检察院有权参与民事诉讼和行政诉讼，又没有规定人民法院必须把自己的判决、裁定送交人民检察院审查，人民检察院何以发现人民法院已经发生法律效力的判决、裁定认定事实的主要证据不足或者适用法律确有错误，以及人民法院违反法定程序，可能影响案件正确判决、裁定或者审判人员在审理该案件时有贪污受贿、徇私舞弊、枉法裁判行为，至少在制度上是没有保障的。不仅如此，按照《行政诉讼法》第93条的规定，人民检察院虽然有权提出抗诉，但是人民检察院提出抗诉以后，人民法院是否应当再审，再审时是否应当通知提出抗诉的人民检察院出席再审法庭陈述抗诉理由，该法并没有任何规定。如果人民法院对人民检察院提出抗诉的案件不再审，或者再审时不通知或不允许提出抗诉的人民检察院出席再审法庭，人民检察院依然无法对这类审判活动实行监督。而在实践中，检察机关并不直接参与民事诉讼，要对审判活动进行监督，仅仅根据当事人的申诉是不够的，而必须了解人民法院的审判情况，才能判断审判活动中是否存在违反法定程序或者裁判不公的问题。但是当检察机关根据当事人的申诉向有关的人民法院及其工作人员了解审判情况时，有的法院及其工作人员常常拒不向检察机关提供任何情况，甚至不允许检察机关查阅审判案卷。其理由是法律没有明文规定。这种状况，在一定程度上反映了一个无可辩驳的事实，那就是：没有法律明确具体的规定作依据，检察机关对公权力的法律监督就寸步难行。

　　从实践中看，人民检察院在行使检察权的过程中面临着许多困难，其中甚为突出的问题是检察权缺乏应有的权威性。对于人民检察院提出的行政处分建议、纠正违法通知，有关机关想理则理，不想理就不理。明显违法的行为，有关机关就是不接受监督，检察机关毫无办法。特别是对于执法机关在执法过程中发生的违法行为，人民群众多次向人民检察院申诉，要求人民检察院监督纠正，而人民检察院的纠正意见在有关部门不予理睬的情况下，检察机关同样束手无策，无法有效地履行法律赋予自己的法律监督的职权。这种情况的出现，固然与人民检察院行使检察权的水平有关，但主要的原因还是法律上对检察权的行使缺乏有效的保障机制。

  基于以上理由，笔者认为，既然宪法明确规定"人民检察院是国家的法律监督机关"，既然刑事诉讼法、民事诉讼法、行政诉讼法明确规定人民检察院依法对刑事诉讼、民事诉讼和行政诉讼实行法律监督，人民警察法也规定人民警察执行职务的活动接受人民检察院的法律监督，那么，人民检察院组织法以及其他相关的法律就应当对检察机关实行法律监督的具体权能以及法律监督的效力作出明确的规定。这样才能保障检察机关真正依法对法律规定的情形实行法律监督。例如，《民事诉讼法》第215条规定了人民检察院对人民法院已经发生法律效力的判决、裁定、调解书提出抗诉的职权，就应当同时规定人民检察院为了行使这种职权可以调取人民法院已经发生法律效力的判决、裁定、调解书，人民法院应当予以提供。否则，检察机关在审理民事诉讼当事人提出的申诉时，如果不能及时调取人民法院已经发生法律效力的判决书、裁定书或者调解书，仅凭当事人提供的材料，就很难全面了解人民法院已经发生法律效力的判决、裁定或调解是否确有错误，就难以决定是否需要提出抗诉。同样地，该条规定人民检察院对审判程序中审判人员的违法行为有权向同级人民法院提出检察建议，就应当同时规定人民检察院可以对审判程序中审判人员的违法行为进行调查，并且规定有关审判人员有义务接受调查。如果人民检察院无权对审判人员的违法行为进行调查，仅凭当事人的举报或者控告，很难得出审判人员在审判程序中是否存在违法行为的结论。

法律对检察机关法律监督职权的规定，应当包括实行法律监督的对象、职权范围以及监督对象的义务，甚至应当包括监督对象不接受法律监督的救济措施。例如，俄罗斯1992年颁布的《俄罗斯检察院组织法》，在规定俄罗斯检察院对侦查的监督时，不仅规定了"内容"，而且规定了监督的职权，同时还规定了监督对象的义务；在规定检察院对法院的监督时，同样是首先规定了监督的内容，并且规定了监督的手段，也规定了监督对象的义务。《白俄罗斯检察官法》在规定检察官的监督权时，也作了类似的规定。可以说，这些法律规定既是对检察机关履行监督职能的实践经验的科学总结，也是保障检察机关监督的有效性的法律基础。这种立法例，对于把检察机关定位为法律监督机关的我们国家来说，尤其值得借鉴。

当然，我们并不是要完全照搬他国的做法，而是应当遵循法律监督的一般规律，从中国的实际情况出发，对检察机关法律监督的职权、行使这种职权的方式以及这种职权对其他主体的拘束力，作出明确的法律规定。只有这样，才有可能充分发挥法律监督在维护公平正义、保障法律正确实施中应有的作用。

可喜的是，2018年修改后的《人民检察院组织法》第21条明确规定："人民检察院行使本法第二十条规定的法律监督职权，可以进行调查核实，并依法提出抗诉、纠正意见、检察建议。有关单位应当予以配合，并及时将采纳纠正意见、检察建议的情况书面回复人民检察院。"这是对以往法律监督无力现状的法律回应，对增强法律监督的效果必将起到很好的作用。当然，这个法律规定，还有待在其他法律中予以具体化，也还有待"有关单位"的共识。如果法律监督可能涉及的有关单位不予认可，该规定的效果就会大打折扣。

(二) 经费保障的充足性

检察机关的经费问题直接关系到检察机关的生存,因而是检察权行使的最基本的保障问题。我国检察机关的经费保障体制,历来存在着检察机关自身难以克服的问题,以致严重影响到检察权的行使。

1. 保障体系问题

检察机关的经费保障是随国家整体的财政体制供给的。而国家财政实行的是"分灶吃饭"的财政体制,地方经济的发展状况直接决定地方国家机关的经费供给。检察机关在哪个地区,就直接受哪个地区财政状况的影响。地方财政状况比较好的,检察机关的经费就可能有保障;地方财政状况不够好的,检察机关的经费也就供给不足;地方财政状况比较差的,检察机关的经费就没有保障。这种经费供给体制,一方面,使一些地方的检察机关特别是基层人民检察院的经费供给严重不足,直接影响了检察权的行使;另一方面,使全国各地检察机关的经费保障状况形成很大的差别,难以保障检察权行使的统一性。这种状况,与检察机关的工作性质和检察权行使的宗旨发生明显的冲突,使宪法规定的"最高人民检察院领导地方各级人民检察院和专门人民检察院的工作、上级人民检察院领导下级人民检察院的工作"的领导体制在实践中难以落实,使检察权行使的统一性受到严重的冲击。

在前几轮司法体制改革中,这个问题引起了中央的高度重视。通过中央财政转移支付的方式,大大缓解了欠发展地区检察机关和审判机关的经费困难。但并未从根本上解决这个问题。因为中央财政转移支付只是解决了办案经费和专项经费,而司法机关最基本的人头费、办公费、福利待遇等经费,还是由地方财政支付。于是,党的十八届四中全会决议提出探索建立省以下地方法院检察院人财物统一管理的制度。其中就包括从体制上解决地方司法机关的经费保障问题。然而,由于这个问题的复杂性和"分灶吃饭"的财政体制的制约,地方司法机关的经费保障依然是一个尚待解决的问题。

2. 经费预算问题

检察机关的经费保障虽然在全国地方包括中央都纳入了政府财政预算的序列,但是预算方面存在的严重缺陷,使这种预算并没有发挥经费保障的作用。这些缺陷突出地表现在四个方面:

(1) 预算制度问题。

首先,我们国家目前的预算制度虽然有法律规定,但是依然存在着很大的随意性,财政收入纳入预算的只是其中的一部分,预算外的支出依然占有很大的比例。能否争取到这种预算外支出,在很大程度上取决于有关单位领导人的权威、游说水平甚至包括非正常手段。这种状况,不仅不断地滋生着腐败,而且影响到检察机关正常的经费供给。

其次,无论是国家的预算法还是地方性法规,都没有明确规定检察机关的经费供给在国家或地方的财政收入中应当占多大的比例或者保持什么样的水准。这就使各地究竟给检察机关提供什么样的经费保障完全取决于地方主要领导对检察工作的认识和对检察机关的态度。如果当地主要领导对检察工作比较重视和支持,检察机关在财政预算中所占的份额就可能多一些;如果当地主要领导对检察机关有意见或者没有引起足够的重视,检察机关的经费在当地财政预算中所占的份额就要少一些。

最后,一些地方长期实行"以收定支"的办法,一个单位"创收"得多,财政供给的就多,"创收"得少,财政供给的就少。这对于调动各个单位增加财政收入的积极性当然是有益的。问题是检察机关并不是一个可以"创收"的单位,非要根据检察机关在办案中收缴的赃款数量来决定给予检察机关的经费,实际上就是强迫检察机关违法行使检察权。因为检察机关作为办案的中间环节,并没有处理赃款的权力。要求检察机关上交赃款,实际上是要检察机关对自己无权处理的赃款予以上交财政,并且根据上交的赃款来决定给予检察机关的经费,这在实践中可能会导致有的检察机关为了解决自己的经费问题而收缴不该收缴的款项。这对检察权行使的公正性、廉洁性是一个巨大的冲击。

(2) 经费预算方式问题。

按照流行的预算方式,所有需要财政支付的经费统一归口政府财政部门进行预算,一揽子报人大批准。在报人大批准之前,预算究竟如何编制,没有统一的标准。即使是中央财政预算,凭什么给一个部门编制的预算比给另一个部门编制的预算要多出好多倍,既没有可资查询的依据,也没有充分的理由说明。在预算编制过程中,财政部门不是实际考察各个部门究竟需要多少经费,而是根据往年经费使用情况首先给各个部门下达一个额度,要求各个部门在给定的额度限额内编制预算,而完全不考虑这个部门是否需要这么多或者是否能够满足履行职责的需要。这样编制出来的预算,本身就缺乏合理性和公平性,自然也就难以反映各个部门的实际需求。但是由于它是"一揽子"提交人大审议的,人大代表很难就各项预算的具体情况提出意见,原则意见又不便于修改。所以,形式上预算是由人大批准的,实际上预算是由一个部门控制的。这种状况同样使检察机关的预算处于在制度上难以保障的状况。这种预算方式,在客观上使许多地方检察机关预算内的经费严重不足。

为了能够在预算外追加经费,就必须走行政审批的渠道。而这种依赖行政审批的途径解决检察机关经费保障不足的问题,必然导致检察权对行政权的依赖。这种依赖关系,就难以避免地要与宪法规定的"人民检察院依照法律规定独立行使检察权,不受行政机关、社会团体和个人的干涉"的原则相冲突。

(3)经费监管问题。

由于检察机关的经费供给缺乏法律上的、制度上的保障,一些检察机关就不得不或者必然要"各显神通",通过各种合法的或非法的、正常的或非常规的、合理的或不合理的手段,为检察机关收集经费。无论是上级人民检察院还是同级地方党委,对这种情况,不得不或者只能是或者有意无意地"睁一只眼闭一只眼"。这在一定程度上就在无形之中助长了滥用检察权的做法。不仅如此,由于某些经费并不是来自正常的财政拨款,财政部门的监管就难以触及。而这些经费的使用情况同样面临着被滥用的问题。这对检察机关的建设和检察权的正确行使,都具有负面的影响。

(4)地方平衡问题。

检察机关虽然是国家的法律监督机关,但是实际上由于上述原因的存在,不仅全国各地检察机关的物质保障、工资收入、福利待遇差别很大,即使是在同一个省市,不同区县司法机关的差别都是很大的。这种状况的长期存在,导致司法队伍的心理不平衡。而这种由切身利益引起的心理不平衡必然有碍于司法权包括检察权的充分行使和公正行使。特别是近年来随着司法机关领导干部异地交流力度的加大,一些领导干部从收入高的地方调到收入相对较低的地方工作,不满情绪必然会影响到行使检察权的活动,以致给检察权的依法公正行使构成潜在的风险。

检察机关既然是"国家的"法律监督机关，检察机关的经费自然应当由国家财政统一保障。即使是国家财政一时还难以足额保障而不得不主要依靠地方财政来保障，国家也应当制定统一的保障标准或规则并监督这些规则的执行，使检察机关的经费真正能够满足检察权行使的需要，从而不因为生存问题而拿检察权作交易。这对保障检察机关依法独立行使检察权，具有特别重要的意义。

五、检察权行使的制约机制

按照权力运作的一般规律，检察权的行使本身也存在一个受制约的问题。作为法律监督机关的人民检察院，其履行法律监督职责的活动，也应当受到有效的监督制约。这是社会主义民主与法治建设的必然要求，也是由检察机关的性质和任务决定的，是保证检察权正确行使和保持检察机关自身清正廉洁的现实需要。

（一）检察机关接受监督的主要内容

检察机关接受监督的内容是十分广泛的。从理论上说，检察机关行使检察权的一切活动都应当受到监督。从实际情况看，检察机关应当接受的监督主要有以下四个方面：

1. 是否切实履行法律监督职责

人民检察院是国家专门的法律监督机关。作为法律监督机关，人民检察院的基本职责就是监督法律的实施，保障法律在全国范围内统一正确的实施。检察机关没有肩负起法律监督的职责就是最大的失职。因此，对检察机关的监督以及检察机关应当接受的监督，首先是是否切实履行了法律监督的职责，是否严格地依照法律规定进行监督，是否全面地履行了法律赋予检察机关的各项职权，有无顾此失彼的情况，有无放弃法律监督职责的现象，以及对于公民的举报、控告和申诉是否认真负责地予以查处，有效地维护了社会和法律的公平正义。

2. 在履行法律监督职责过程中有无违反法律的情况

人民检察院接受监督的重点是在履行法律监督职责的职能活动中有无违反法律、滥用检察权的情况。检察权是国家权力的重要组成部分，它对监督客体具有一定的强制作用。为了防止检察权的滥用可能给公民或者其他主体的权利或活动造成不应有的影响，有必要对检察权的行使情况进行严格的监督。检察机关履行检察权的各个环节、各项活动，都要受到监督，其中重点应当是：检察机关及其工作人员是否利用检察权谋取私利，是否滥用检察权侵害案件当事人的合法权益，是否在办理案件的过程中违反实体和程序的法律规定，特别是检察机关在行使检察权中的自由裁量权时，有无违反法律的基本原则和解释，不当侵害当事人利益的情况。

3. 在职能活动之外有无违反法律政策的情况

人民检察院是国家机关之一，它除了法律监督的职能活动之外还要进行其他一系列活动。在这些活动中有无违反国家法律、政策、规章、条例的情况，也应当受到监督。例如，检察机关在系统内部的行政管理中、在本单位的财务管理中、在与其他部门协作中，有无违反有关规定的情况，应当受到党的纪律检查部门和国家监察机关、审计部门的监督。

4. 检察人员有无违法乱纪的情况

检察机关行使检察权的职能活动是通过其内部的检察人员进行的，所以其检察人员履行职责的活动自然在接受监督之列。检察机关的工作人员即检察人员在办案过程中有无滥用权力，以权谋私的行为，有无办"关系案""人情案"的情况，有无其他各种违法乱纪的行为，以及检察人员的职业道德等，都是检察机关接受监督的重要内容。

（二）检察机关外部的监督制约机制

对检察机关行使职权的活动，一切社会主体都可以进行监督。其中主要的监督制约来自以下六个方面：

1. 国家权力机关的监督

检察机关的职权是从国家权力中分离出来的一种权力，检察机关理应服从国家权力机关的决定，接受国家权力机关的监督，并向国家权力机关负责。不仅如此，由于法律监督本身的特殊性，检察权的有效行使不能靠监督者与被监督者的意见一致来实现，不能完全依赖于被监督者的同意和认可，被监督者对于检察权的制约，不应当成为对检察权的行使进行监督的主要形式。因此，对检察权是否正确行使的监督，主要应当通过国家权力机关对检察机关的监督来实现。通过加强和改善国家权力机关对检察机关的监督，可以有效地保障法律监督权的正确行使。

关于国家权力机关对检察机关的监督，法律有明确的规定。《宪法》第3条第3款规定："国家行政机关、监察机关、审判机关、检察机关都由人民代表大会产生，对它负责，受它监督。"第62条规定："全国人民代表大会行使下列职权：……（二）监督宪法的实施……（九）选举最高人民检察院检察长"。第63条规定："全国人民代表大会有权罢免下列人员：……（六）最高人民检察院检察长。"第67条规定："全国人民代表大会常务委员会行使下列职权：（一）解释宪法，监督宪法的实施……（六）监督国务院、中央军事委员会、国家监察委员会、最高人民法院和最高人民检察院的工作……（十三）根据最高人民检察院检察长的提请，任免最高人民检察院副检察长、检察员、检察委员会委员和军事检察院检察长，并且批准省、自治区、直辖市的人民检察院检察长的任免。"第138条规定:"最高人民检察院对全国人民代表大会和全国人民代表大会常务委员会负责。地方各级人民检察院对产生它的国家权力机关和上级人民检察院负责。"《人民检察院组织法》第9条也规定:"最高人民检察院对全国人民代表大会及其常务委员会负责并报告工作。地方各级人民检察院对本级人民代表大会及其常务委员会负责并报告工作。各级人民代表大会及其常务委员会对本级人民检察院的工作实施监督。"

2006年8月27日第十届全国人民代表大会常务委员会第二十三次会议通过《中华人民共和国各级人民代表大会常务委员会监督法》对各级人大常委会的监督工作,从范围到程序,作出了具体、明确的规定。其中,第5条规定:"各级人民代表大会常务委员会对本级人民政府、人民法院和人民检察院的工作实施监督,促进依法行政、公正司法。"第8条规定:"各级人民代表大会常务委员会每年选择若干关系改革发展稳定大局和群众切身利益、社会普遍关注的重大问题,有计划地安排听取和审议本级人民政府、人民法院和人民检察院的专项工作报告。"第22条规定:"各级人民代表大会常务委员会参照本法第九条规定的途径,每年选择若干关系改革发展稳定大局和群众切身利益、社会普遍关注的重大问题,有计划地对有关法律、法规实施情况组织执法检查。"第31条规定:"最高人民法院、最高人民检察院作出的属于审判、检察工作中具体应用法律的解释,应当自公布之日起三十日内报全国人民代表大会常务委员会备案。"第33条规定:"全国人民代表大会法律委员会和有关专门委员会经审查认为最高人民法院或者最高人民检察院作出的具体应用法律的解释同法律规定相抵触,而最高人民法院或者最高人民检察院不予修改或者废止的,可以提出要求最高人民法院或者最高人民检察院予以修改、废止的议案，或者提出由全国人民代表大会常务委员会作出法律解释的议案，由委员长会议决定提请常务委员会审议。"第35条规定："全国人民代表大会常务委员会组成人员十人以上联名，省、自治区、直辖市、自治州、设区的市人民代表大会常务委员会组成人员五人以上联名，县级人民代表大会常务委员会组成人员三人以上联名，可以向常务委员会书面提出对本级人民政府及其部门和人民法院、人民检察院的质询案。"第38条规定："质询案以口头答复的，由受质询机关的负责人到会答复。质询案以书面答复的，由受质询机关的负责人签署。"第44条规定："县级以上地方各级人民代表大会常务委员会在本级人民代表大会闭会期间，可以决定撤销本级人民政府个别副省长、自治区副主席、副市长、副州长、副县长、副区长的职务；可以撤销由它任命的本级人民政府其他组成人员和人民法院副院长、庭长、副庭长、审判委员会委员、审判员，人民检察院副检察长、检察委员会委员、检察员，中级人民法院院长，人民检察院分院检察长的职务。"

这些规定表明，第一，全国各级人民代表大会及其常务委员会都有权监督人民检察院的工作；第二，人大对检察机关的监督是一种宏观性的监督。

按照宪法和监督法的规定，人大对检察机关的监督，主要有六种形式：一是通过立法规定法律监督机关的职权范围和行为模式；二是通过选举、任命和罢免各级人民检察院的检察长、副检察长、检察委员会委员、检察员或者撤销其职务等方式，审查其任职资格、考察监督其履行职责的情况；三是通过审议和听取工作报告包括专项工作报告，监督检察机关的工作情况；四是通过执法检查，就检察工作中关系改革发展稳定大局和群众切身利益、社会普遍关注的重大问题进行监督；五是全国人大常务委员会对最高人民检察院所做出的与法律的精神相抵触的司法解释进行监督；六是通过对具体案件的质询监督检察机关执行法律的具体情况。

对于来自人大的监督，检察机关应当无条件地服从。因为人大的监督带有权源监督的性质，不仅直接决定着检察机关的职权来源，而且直接决定着检察机关对检察权的行使。检察机关应当按照人大的要求和决定行使检察权。特别是对人大组织的执法监督和听取检察机关的专项工作汇报，检察机关应当实事求是地反映真实情况，毫不保留地提供相关数据、介绍相关案件、汇报相关活动的开展情况，确保人大有关部门和人员对检察工作的全面了解，特别是对存在问题的了解。

2. 党的领导

我国《宪法》序言中指出："中国新民主主义革命的胜利和社会主义事业的成就，是中国共产党领导中国各族人民，在马克思列宁主义、毛泽东思想的指引下，坚持真理，修正错误，战胜许多艰难险阻而取得的。……中国各族人民将继续在中国共产党领导下，在马克思列宁主义、毛泽东思想、邓小平理论、"三个代表"重要思想、科学发展观、习近平新时代中国特色社会主义思想指引下，坚持人民民主专政，坚持社会主义道路……"宪法的这个规定确立了中国共产党在我们国家的领导地位，也决定了中国共产党对作为国家法律监督机关的检察机关的领导权。

党对检察机关的领导，本身就包含了党对检察机关重大人事安排的决策权；对检察工作方针政策的决定权；对检察机关行使检察权的各项职能活动的监督权等。党的领导从根本上决定着检察机关行使检察权的政治方向，直接涉及检察权行使过程中遇到的各项重大问题，是对检察权最有效的监督。

检察机关应当坚定不移地把自己的各项工作置于党的领导之下，自觉地服从党的领导。特别是要坚决贯彻执行党的路线方针政策，用党的路线方针政策指导检察机关履行法律监督职责的具体实践，要把党中央的各项决策部署作为检察机关行使职权的政策依据。党委通过组织部门考察检察机关的领导班子和后备干部时，检察机关应当积极配合，实事求是地提供有关人员的真实情况，力求把最优秀、最能胜任的干部推荐到领导岗位。党委通过党的政法委员会过问检察机关办理的具体案件时，检察机关应当如实汇报案情及其办理情况，认真听取党委政法委的意见。对于党中央以及各级党委就检察工作提出的批评意见，检察机关应当认真研究解决问题的方案，切实整改，确保检察工作的政治方向。

3. 监察机关的监督

2018年3月20日全国人民代表大会通过的《中华人民共和国监察法》决定构建集中统一、权威高效的中国特色国家监察体制。各级监察委员会是行使国家监察职能的专责机关，依照本法对所有行使公权力的公职人员（以下称公职人员）进行监察，调查职务违法和职务犯罪，开展廉政建设和反腐败工作，维护宪法和法律的尊严。监察委员会监察的对象是所有公职人员，其中自然包括检察机关的工作人员。按照监察法的规定，监察委员会的职责有三：一是对公职人员开展廉政教育，对其依法履职、秉公用权、廉洁从政从业以及道德操守情况进行监督检查；二是对涉嫌贪污贿赂、滥用职权、玩忽职守、权力寻租、利益输送、徇私舞弊以及浪费国家资财等职务违法和职务犯罪进行调查；三是对违法的公职人员依法作出政务处分决定；对履行职责不力、失职失责的领导人员进行问责；对涉嫌职务犯罪的，将调查结果移送人民检察院依法审查、提起公诉；向监察对象所在单位提出监察建议。检察机关所有公职人员作为监察委员会监督的对象，其行为自然要受到监察委员会的监督。

监察委员会的监督是代表国家进行的政治监督。检察机关无疑应当自觉接受监察委员会的监督。特别是对监察委员会查办检察机关公职人员的职务违法犯罪行为，检察机关应当积极主动地予以配合，帮助监察委员会查明有关的事实真相。

此外，监察委员会查办公职人员的职务犯罪案件，需要移送检察机关审查起诉，与检察机关之间也存在着互相配合、互相制约的关系。检察机关在审查监察委员会移送的案件时，既要依法独立行使检察权，认真负责地审查案件，确保有罪的人依法受到追究，并确保无罪的人不受刑事追究，也要自觉接受监察委员会的监督，慎重考虑监察委员会提出的意见。在具体案件的办理过程中，对于需要退回补充调查的，应当说明退回补充调查的事项的原因，积极配合监察委员会查明案件的事实真相，确保提起公诉的案件符合审判中心主义的证据要求。监察委员会对检察机关的工作提出意见和要求时，检察机关应当虚心接受，认真研究解决。

4. 其他国家机关的制约

《宪法》第 135 条规定："人民法院、人民检察院和公安机关办理刑事案件，应当分工负责，互相配合，互相制约，以保证准确有效地执行法律。"人民检察院组织法和刑事诉讼法对此都做了相同的规定。公、检、法三机关互相制约，在一定意义上，也可以说是互相监督。检察机关在刑事诉讼中的职能活动，其本身也必然要受到人民法院和公安机关的制约。这种制约，是通过法律规定的各个诉讼环节上的分工及其规则和程序来实现的。这种制约，就使检察机关行使职权的活动不可避免地要受到其他机关的制约甚至审查。检察机关在其他方面履行职责的活动，也同样要受到有关国家机关的制约。这种制约，特别是在诉讼环节上，公安机关、审判机关对检察机关行使检察权的活动依照职权所进行的制约，对于防止检察权的滥用和不当使用，具有特别重要的意义。

此外，检察机关在办理公益诉讼案件、处理行政执法与刑事执法的衔接问题过程中，也涉及与行政机关的关系。在这个过程中，检察机关就与有关行政机关处于一种相互制约的关系之中。有关行政机关履行法定职责的活动情况受检察机关的法律监督，而且其本身对检察机关也具有监督制约作用。

在履行法律监督职责的过程中处理检察机关与其他国家机关的关系时，检察机关不能始终以监督者自居。应当看到，在刑事诉讼过程中，公检法三家是分工负责、互相配合、互相制约，其他司法机关对检察机关行使检察权的活动具有制约作用。检察机关不仅应当尊重其他机关的制约，而且应当认真对待其他机关的制约，随时反省自己的工作。在诉讼监督的过程中，检察机关既要切实履行法律监督职责，也要尊重其他机关履行职责的活动，设身处地地考虑对方的职权行使和实际情况，确保法律监督实现双赢、多赢、共赢的效果。

5. 人民群众的监督

《人民检察院组织法》第11条明确规定："人民检察院应当接受人民群众监督，保障人民群众对人民检察院工作依法享有知情权、参与权和监督权。"人民群众对检察机关行使检察权的活动进行监督，有四个主要途径：一是人民群众可以通过举报、控告等方式，对检察机关及其工作人员违反法律的行为，向有管辖权的上级检察机关反映情况，督促上级检察机关进行处理。二是人民群众作为有关案件的当事人，可以充分行使法律赋予当事人的诉讼权利，监督检察机关办理案件的情况，并请求有关机关纠正检察机关违反法律规定的决定。三是案件当事人可以通过法律规定的救济途径，就检察机关的不当决定启动救济机制，如对于检察机关作出的不起诉决定，被害人不服时既可以向上一级人民检察院提出申诉，请求提起公诉，也可以直接向人民法院提起诉讼；认为检察机关采取的强制措施不当时，犯罪嫌疑人可以提出申诉。四是通过人民监督员对检察机关办理案件的情况进行监督。《人民检察院组织法》第27条规定："人民监督员依照规定对人民检察院的办案活动实行监督。"在实践中，人民监督员对检察机关办理的侦查案件的立案侦查活动、行使批准逮捕权的情况、行使起诉裁量权的情况以及其他行使检察权的情况，进行监督。

对于人民群众的监督，检察机关应当遵循"以人民为中心"的理念，认真负责地审视自己的工作，及时处理并答复有关当事人提出的问题，力求让人民群众在检察机关办理的每一个案件中看到或感受到公平正义的实现。尤其是人民群众所反映的具体案件，应当组织专业人员仔细审查。如果发现确实存在问题，就应当及时依法纠正，并回复有关人员；如果没有问题，也应当向有关人员进行释法说理，让其了解检察机关办理有关案件的法律依据，说明当时作出处理的理由，使有关人员理解检察机关对有关案件的处理是合法的公正的。

6. 社会舆论的监督

舆论监督也是人民群众对检察机关行使检察权的情况进行监督的一种重要形式。舆论监督不同于人民群众就具体案件直接向检察机关提出的情况，而是通过易于传播的大众媒介向社会公开提出对检察机关所办理的具体案件或者对检察机关的工作情况提出批评意见。舆论监督由于其监督主体的特定性和监督形式的特殊性，被视为一种独立的监督。舆论监督对于一切行使公共权力的机关和人员都是一种非常有效的广为使用的监督手段。对于检察机关行使检察权中存在的问题或者违法办案的情况，通过舆论传播媒介，及时向社会披露，必然对检察机关产生重大的直接的影响，促使检察机关改进工作，正确履行法律赋予的职权。这对保障检察权的正确行使是非常有效的。

对于社会舆论的监督，检察机关应当在不泄露国家秘密的前提下尽可能多地公布有关舆论监督所指向的人和事的真实情况，包括有关案件的办理情况，以及检察机关内部调查处理的情况，以真诚的态度接受舆论监督，而不能为了自己的形象而向社会公众隐瞒事件的真相。特别是对舆论监督所指向的人和事，应当实事求是地查明媒体所披露的事件的真实情况，既不能对舆论采取敷衍、隐瞒的态度，也不能因为舆论监督而不分青红皂白地处理有关人员。

来自外部的监督制约，无论表现为哪一种形式，都是为了促进检察机关的工作，都是保证检察权依法正确行使的必要手段。检察机关对于来自外部的监督制约，应当始终保持虚心接受、认真整改的态度，负责任地对待每一个监督案件或事件，依法依理、实事求是地作出处理，确保检察权的正确行使。

对于来自外部的监督制约，检察机关目前的受理机制实际上是多元化的。来自人大政协的监督，通常是由检察院的办公室受理，由检察长督办。来自执政党内部的监督往往是检察长亲自受理并负责贯彻执行。来自监察机关的监督，通常是由检察机关内部的纪检监察部门或政治部门协助办理。来自其他办案部门的制约，通常是由一个业务部门直接受理并回复的。来自案件当事人的举报、申诉，通常是由检察机关内部的控告申诉部门受理，并转交有关业务部门办理或者控告申诉部门自己办理。来自新闻媒体的监督,通常是由检察机关内部的新闻宣传部门受理,并转交有关业务部门办理。

这种工作机制客观上是由部门之间的职能分工决定的,也具有简便易行的功效。但实际上难以真正发挥外部监督制约的作用。因为,这些部门由于各种关系,很容易与提出监督制约意见的部门达成共识,使监督制约意见不了了之,而受理之后又转交原来的办案部门负责答复,原办案部门即使不是同一个办案人员审查,也更容易袒护本部门的办案人员,作出维护原办案人员或有利于认可原办理意见的决定。因此,要真正发挥外部监督制约机制的作用,就必须改进这种传统的处理模式,将外部监督制约的所有意见、建议和要求归口到案件管理部门统一受理,统一组织力量进行审查处理,并由检察长亲自督办。这样才能摆脱原来的办案思维,客观地重新审视受到监督制约的案件,才能保证受到监督制约的案件予以及时、合法、公正的处理。

(三) 检察机关内部的监督制约机制

为了防止检察权的滥用,检察机关在内部采取了种种措施建立监督制约机制。诸如制定一系列规章制度规范检察权的行使,分解检察权,建立考评机制等。这些措施,对于防止检察权的滥用,起了很大的积极作用。但是也应该看到,检察机关内部曾经实行的某些监督制约机制,是以人为地分割检察权、牺牲效率、浪费资源为代价的,有些甚至是不合理的。

笔者认为,检察机关内部的监督制约机制,应当重点从以下四个方面入手:

1. 严格控制强制性侦查手段的启动程序和终止案件的程序

为了及时有效地发现违法情况的存在,检察机关必然需要运用调查手段。但是由于强制性侦查手段直接涉及对公民,特别是国家工作人员人身权利和财产权利的限制,因此必须特别谨慎地使用,严格限制其使用的范围。为此,检察机关在政策指导上,应当强调更多地寻求不直接限制人身自由、不直接限制财产权利的调查手段的使用,而不能过多地指望强制性侦查手段。在程序控制方面,应当严格强制性侦查手段的审批程序和批准理由,尽可能地减少强制性侦查手段的使用。另外,在程序进行过程中终止案件,也是一个容易出现不当运用自由裁量权的环节。各级检察机关都应当加强对这个环节的控制,防止以权谋私的现象发生。

随着检察职权的法律调整,检察机关直接立案侦查的案件范围大大缩减。尽管如此,对于检察机关直接立案侦查的案件,在适用强制措施以及运用强制性侦查手段的时候,还是应当慎之又慎,坚持确有必要原则,并把拘留、逮捕、指定居所监视居住等强制措施的适用、强制性侦查手段的使用等涉及限制人身自由的环节作为内部监督制约的重点环节,设置必要的制衡。其中,立案要强调一定的事实基础和审批程序,强制措施的选择适用要有充分的理由和一定的节制,强制性侦查手段的使用要强调必要性并有跟踪监督的措施,结案特别是撤销案件要经过集体研究决定。这些程序上的制约是防止检察权滥用的制度保障。

2. 强化对案件流程的管理

每个检察院都应当根据本院办理案件的实际情况建立案件流程管理机制,强化对案件办理过程的管理。通过对案件流程的管理,及时发现和防止违法办案的情况,特别是及时纠正超时限办案的情况和无故拖延的现象,保证及时迅速地处理案件。

2010 年,检察机关在总结深圳市检察系统案件管理经验的基础上普遍设立了案件管理部门，其初衷是加强对检察机关办理案件的统一管理。最初设立案件管理中心，主要是为了实现统一收送和分流案件、统一录入案件信息和对外窗口、统一管理法律文书、统一管理赃款赃物、统一案件质量考评，对案件流程全程同步监控，实现从程序到实体的全面规范化管理。随着案件管理部门的普遍设立和不断探索，检察机关的案件管理部门逐渐形成了四大职能和十项业务，即对检察机关办理的所有案件承担管理、服务、参谋、监督四大职能，具体包括十项业务：（1）统一负责案件受理、流转；（2）统一负责办案流程监控；（3）统一负责扣押、冻结款物的监管；（4）统一负责以人民检察院的名义制发的案件文书的监管；（5）统一负责接待辩护人、诉讼代理人；（6）统一负责组织办案质量评查和检察业务考评；（7）统一负责业务统计、分析；（8）负责案件管理工作宏观指导（或对执法办案风险评估预警；或案件服务窗口的查询服务）；（9）会同有关部门管理、完善检察机关统一业务应用系统；（10）负责院领导交办的其他工作。

随着检察改革的不断深化，检察机关案件管理部门的作用越来越受到重视。《人民检察院刑事诉讼规则》第665条规定：人民检察院负责案件管理的部门发现本院办案活动具有下列情形之一的，应当及时提出纠正意见：（一）查封、扣押、冻结、保管、处理涉案财物不符合有关法律和规定的；（二）法律文书制作、使用不符合法律和有关规定的；（三）违反羁押期限、办案期限规定的；（四）侵害当事人、辩护人、诉讼代理人的诉讼权利的；（五）未依法对立案、侦查、审查逮捕、公诉、审判等诉讼活动以及执行活动中的违法行为履行法律监督职责的；（六）其他应当提出纠正意见的情形。情节轻微的，可以口头提示；情节较重的，应当发送案件流程监控通知书，提示办案部门及时查明情况并予以纠正；情节严重的，应当同时向检察长报告。办案部门收到案件流程监控通知书后，应当在十日以内将核查情况书面回复负责案件管理的部门。《人民检察院民事诉讼监督规则》《人民检察院行政诉讼监督规则》《人民检察院公益诉讼办案规则》等规范性文件都作了类似的规定，其目的是通过案件管理部门对人民检察院管辖的所有案件的受理、期限、程序、质量等进行管理、服务、监督、预警。

在实践中，案件管理确实对检察机关办理案件的活动起到了规范的作用，特别是在流程管理方面，对检察官所办案件的时限预警、对办案的程序要求、对法律文书的规范化等，案件管理部门发挥了积极有效的作用。尤其是在利用现代科技手段进行案件数据的统计、分析方面，案件管理发挥了非常显著的作用，成为领导决策的重要参考。

但是，也应当看到，现行的案件管理往往流于形式，只能发现和纠正表面上的问题，很难真正发挥对案件质量的监管作用。一方面是因为案件管理部门只负责案卷的收发传递，不可能实质性地介入案件办理过程，因而不可能真正了解案件办理中存在的真实问题。另一方面是因为检察官在办理案件的过程中，对于真正可能出问题的环节或者经不起审查的做法，往往不让其进入流程。例如，随着认罪认罚从宽制度的立法及其实施，最高人民检察院提出了"应用尽用"的要求，一些地方检察院为了提高认罪认罚从宽案件的适用比率，对一些犯罪嫌疑人不愿认罪的案件，有的办案检察官以不签署具结书就将提出较重的量刑建议相威胁，迫使犯罪嫌疑人认罪认罚并签署具结书。这种做法实际上并不符合认罪认罚从宽制度适用的本意，但案件管理部门看到具结书，就会将其统计在本院的成绩单上。这样的案件管理不但不能发挥监督管理的作用，反而为违规办案、弄虚作假提供了渠道。

因此,要真正发挥案件管理的作用,就必须改变仅仅满足于案件数据统计的做法(尽管这种做法是完全必要的),把统计数据的触角延伸到办案的实际。案件管理部门应当定期走访和了解案件办理的真实情况,考察最高人民检察院制定的与案件办理有关的各项诉讼规则具体落实情况,甄别案件数据的真实性、合法性,分析案件办理中存在的问题,而不是仅仅通过数据统计来汇总办案的情况。尤其是对统计数据的分析,应当尽可能地符合各地案件办理的实际情况[1],尽可能地剔除"水分"。如果统计的数据本身是虚假的或者是有"水分"的,那么,用以作为领导决策的依据就可能误导领导作出不切实际的决策。

3. 建立案件督察制度

检察机关应该改变管理理念,下决心取消现行的下指标式的考评机制。因为这种下指标式的考评机制,不符合检察工作的基本规律,即一个检察院每年办多少案件,这不是由自己决定的,而是由发案的情况决定的;有多少不起诉的案件,不是由事先规定的数字来控制的,而是由案件的具体情况决定的;无罪判决率的高低,也不是由检察机关自己决定的,而是由法院根据案件审理的情况决定的。检察机关自己对办案情况的考评,只能是考察所受理的案件是否接受办结、所办理的案件有无质量问题特别是有无办"关系案""金钱案""人情案"的现象。而这种情况只有通过对具体案件的考察才能发现。

因此,检察机关内部监督的重点应当是通过对个案的办理

---

[1] 在检察机关的案件数据统计中,经常可以看到100%或者95%以上。这些数据是否真实、是否存在着人为改变统计方式或者计算方法的情况,就不得而知。

过程进行考察来发现办案中存在的问题，进而提出改进的措施，而不应当是通过一般性的数据来控制办案。通过对个案的督察，也容易发现办案人员是否存在违反法律规定的操作行为以及是否有不称职的办案人员，进而提出纠正或处理的意见。

在实践中，最高人民检察院对全国各级人民检察院、上级人民检察院对下级人民检察院都会组织经常性的督察、巡视。但是这种督察巡视主要是政治巡视和检务督察，很少深入具体案件，对行使检察权活动的监督作用甚微。

为保证检察权依法公正行使的需要，笔者认为，检察机关的督察巡视工作，除了政治巡视和一般性的检务督察之外，应当把重点放在行使检察权方面，即建立案件督察制度。最高人民检察院和上级人民检察院应当定期不定期地对各地各级检察机关所办理的案件进行巡回督察，通过对所办案件的检查，了解检察机关行使检察权的情况。

一是通过对各个检察院办理案件的整体情况进行检查督导，把发现和纠正办案中带有普遍性的问题，作为工作的重点，而不是把文明礼貌、工作作风、心得体会、经验总结等形式化、表面化的问题作为重点。对于发现行使检察权过程中普遍存在的问题进行督促整改，才能使督察巡视活动不致流于形式，真正发挥其应有的作用。

二是通过对各个检察院所办案件的随机抽样检查，把发现违反规定办案、人为导致司法不公的案件作为重点，切实解决检察权行使过程中个别检察人员违法办案的问题。特别是对当事人反复申诉、举报的案件，督导组或巡视组应当重点审查，作出权威性的结论。

三是通过走访案件当事人了解检察官办理案件的具体情况，而不是通过走访人大代表、政协委员去了解人民群众对检察机关的凭印象给出的一般性反映。只有深入具体案件，了解案件当事人对检察机关办案情况的切身感受，才能真正了解人民群众对检察机关的评价，才能准确判定人民群众的满意度。

4. 强调上级的领导责任

由于检察机关实行的是最高人民检察院领导地方各级人民检察院和专门检察院的工作、上级人民检察院领导下级人民检察院的工作的领导体制，地方各级人民检察院的工作自然要受到最高人民检察院和上级人民检察院的领导。这种领导本身就包含着督查督导的监督责任。因此，检察机关上下级之间的领导关系对于下级人民检察院行使检察权的活动具有直接的监督作用，是检察权运行的监督制约机制中极为重要的一个环节。

上级检察机关要落实对下级检察机关的领导责任，一个重要的方面就是上级检察机关应当通过提供政策指导、督办、检查等形式，加强对下级检察机关行使检察权的情况进行检查督促；通过受理和调查处理社会各界对下级检察机关和检察人员在办案中的违法行为和不当决定的举报、投诉或申诉，监督下级检察机关正确行使检察权。

在实践中，上级检察机关对案件当事人就检察人员违法办案情况提出的举报、投诉，往往是直接转给有关人员所在检察院的纪检监察部门进行审查处理，个别情况下也会由收到举报、投诉或申诉的本级检察院的纪检监察部门进行调查处理；对于申诉案件更多的也是直接移交给原办案的检察院进行处理。这种做法实际上是推卸了作为上级领导机关的监督责任。

最高人民检察院和上级人民检察院应当把审查社会各界，特别是案件当事人对检察人员的举报、投诉以及就具体案件提出的申诉，作为监督下级人民检察院检察权行使状况的重要渠道和手段，亲力亲为、认真负责地加以对待。通过对举报、投诉、申诉的审查处理，一方面，可以更真切地了解到各级各个检察院行使检察权的实际情况，以便有针对性地行使领导权，进行切中要害的督查指导，有效地纠正检察机关在行使检察权的过程中实际存在的问题；另一方面，可以更具体地了解当事人提出问题的症结所在，能够针对当事人提出的问题提出具体的处理意见，或者有针对性地向提出举报、投诉或申诉的当事人进行释法说理，作出令人信服的答复，从而真正做到"案结事了"。

以往存在一些案件，当事人长期申诉得不到有效的解决，以致越积越严重，一个普遍的原因，就是上级检察机关没有亲自处理，而是把申诉案件移交给原来的办案单位，而原来的办案单位，或者由于思维定式和对原有证据的认识没有改变而不认为有错，进而不予纠正；或者因为原办案人员还在位甚至已经成为单位的领导而不敢纠正；或者因为时过境迁，新的领导班子不愿为以前领导班子的错误"买单"，或者因为新的领导班子已经无力承担纠错的责任；或者因为原办案单位对当事人的答复始终是相同的理由，无法得到当事人的认同。凡此种种，都可能导致当事人的反复长期申诉，使申诉案件久拖不决。如果是上级检察机关对审理的举报、投诉或者申诉能够亲自直接办理，问题就有可能及时得到处理，就可能取得"案结事了"的效果，而不至于出现申诉人反复长期申诉的现象。

因此，强调上级检察机关的领导责任，既是上级检察机关对下级检察机关行使领导权，监督下级检察机关更好地行使检察权的重要手段，也是上级检察机关承担领导责任，解决下级检察机关难以解决的问题的重要措施。